MEDIDAS DO COMPORTAMENTO ORGANIZACIONAL

S618m Medidas do comportamento organizacional: ferramentas
de diagnóstico e de gestão / Mirlene Maria Matias Siqueira
(Org.) ; Álvaro Tamayo [et al.]. – Porto Alegre : Artmed, 2008.
344 p. ; 23 cm.

ISBN 978-85-363-1121-0

1. Psicologia - Trabalho. I. Siqueira, Mirlene Maria Matias.
II. Tamayo, Álvaro.

CDU 159.9:331

Catalogação na Publicação Mônica Ballejo Canto – CRB 10/1023.

MEDIDAS DO COMPORTAMENTO ORGANIZACIONAL

FERRAMENTAS DE DIAGNÓSTICO E DE GESTÃO

MIRLENE MARIA MATIAS SIQUEIRA
E COLABORADORES

2008

© Artmed Editora S.A., 2008

Capa
Tatiana Sperhacke

Ilustração da capa
©*iStockphoto.com/Nicholas Monu*

Preparação do original
Aline Pereira de Barros

Leitura final
Carla Rosa Araujo

Supervisão editorial
Mônica Ballejo Canto e Carla Rosa Araujo

Projeto e editoração
Armazém Digital Editoração Eletrônica – Roberto Vieira

Reservados todos os direitos de publicação, em língua portuguesa, à
ARTMED® EDITORA S.A.
Av. Jerônimo de Ornelas, 670 - Santana
90040-340 Porto Alegre RS
Fone (51) 3027-7000 Fax (51) 3027-7070

É proibida a duplicação ou reprodução deste volume, no todo ou em parte, sob quaisquer formas ou por quaisquer meios (eletrônico, mecânico, gravação, fotocópia, distribuição na Web e outros), sem permissão expressa da Editora.

SÃO PAULO
Av. Angélica, 1091 - Higienópolis
01227-100 São Paulo SP
Fone (11) 3665-1100 Fax (11) 3667-1333

SAC 0800 703-3444

IMPRESSO NO BRASIL
PRINTED IN BRAZIL
Impresso sob demanda na Meta Brasil a pedido de Grupo A Educação.

Autores

Mirlene Maria Matias Siqueira (Org.)
Doutora em Psicologia pela Universidade de Brasília (1995). Professora titular da Universidade Metodista de São Paulo. Graduada em Psicologia pela Universidade de Brasília (1974), especialização em Pesquisa Social pela Universidade Federal de Uberlândia (1982). Mestre em Psicologia pela Universidade de Brasília (1978).

Álvaro Tamayo
Doutor em Psicologia pela Université de Louvain (Bélgica), foi professor emérito da Universidade de Brasília e professor na pós-graduação da Universidade Católica de Brasília. Durante uma década foi professor da Université de Moncton (Canadá). Era pesquisador 1-A do CNPq e conselheiro editorial de várias revistas nacionais.

Antonio Virgílio Bittencourt Bastos
Doutor em Psicologia pela Universidade de Brasília (1994). Possui graduação em Psicologia pela Universidade Federal da Bahia (1976). Mestre em Educação pela Universidade Federal da Bahia (1982).

Áurea de Fátima Oliveira
Doutora em Psicologia pela Universidade de Brasília (2004). Possui graduação em Psicologia pela Universidade Federal de Uberlândia (1986), mestrado (1997). Desde 1994 é professora da Universidade Federal de Uberlândia, onde realiza atividades de ensino, pesquisa e extensão em Psicologia Organizacional e do Trabalho.

Helenides Mendonça
Doutora em Psicologia pela Universidade de Brasília. Possui graduação em Psicologia, professora no curso de graduação em Psicologia na Universidade Católica de Goiás (UCG) desde 1988. Foi coordenadora do estágio em Psicologia Organizacional de 1994 a 1998 e diretora do Departamento de Psicologia no período de 2003 a 2006. Atualmente é Pró-Reitora de Desenvolvimento Institucional. De-

senvolve estudos na linha de pesquisa "processos psicossociais do trabalho, indivíduo e organizações". Coordena o grupo de pesquisa sobre organizações, trabalho e saúde (GEPOTS). Leciona e orienta no programa de pós-graduação *stricto sensu* em Psicologia.

Juliana Barreiros Porto

Doutora em Psicologia pela Universidade de Brasília (2004), com bolsa sanduíche com Universidade Complutense de Madrid. É psicóloga e mestre em Psicologia. Professora do Mestrado em Psicologia da Universidade Católica de Brasília.

Katia Puente-Palacios

Doutora em Psicologia pela Universidade de Brasília (2002) tendo realizado uma parte deste na Groningen Rijksuniversiteit, na Holanda. Possui graduação em Psicologia Industrial pela Pontifícia Universidad Católica de Quito – Equador (1989). Mestre em Psicologia pela Universidade de Brasília (1993). Professora adjunta da Universidade de Brasília onde atua tanto na graduação quanto na pós-graduação.

Lívia de Oliveira Borges

Doutora em Psicologia pela Universidade de Brasília (1998) e estágio pós-doutoral em Psicologia Social pela Universidade Complutense de Madri (2005). Possui graduação em Psicologia pela Universidade Federal do Rio Grande do Norte (1982). Mestre em Administração pela Universidade Federal do Rio Grande do Norte (1988). Professora da Universidade Federal do Rio Grande do Norte.

Maria Cristina Ferreira

Doutora em Psicologia pela Fundação Getulio Vargas – RJ (1985). Possui graduação em Psicologia pela Universidade do Estado do Rio de Janeiro (1972), mestrado em Psicologia pela Fundação Getulio Vargas – RJ (1977). Professora titular da Universidade Salgado de Oliveira.

Maria das Graças Torres da Paz

Doutora em Psicologia. Professora da Universidade Católica de Brasília e pesquisadora associada do Instituto de Psicologia da Universidade de Brasília. Desenvolve suas atividades de ensino, pesquisa e consultoria em Psicologia Organizacional e do Trabalho.

Maria do Carmo Fernandes Martins

Doutora em Psicologia pela Universidade de Brasília (1999). É professora associada da Universidade Federal de Uberlândia, onde ministra disciplinas nos cursos de Graduação e de Mestrado em Psicologia. Coordenou o programa de Pós-Graduação em Psicologia por três anos e meio. Atua como orientadora de iniciação científica do curso de Graduação em Psicologia e como orientadora de mestrado no Programa de Pós-Graduação.

Mário César Ferreira
Doutor em Ergonomia pela École Pratique des Hautes Etudes (Paris, França). Psicólogo do trabalho. Atualmente é professor adjunto no Departamento de Psicologia Social e do Trabalho do Instituto de Psicologia da UnB. É pesquisador do CNPq onde executa projeto (2005-2008) na temática "Qualidade de vida no trabalho (QVT) no setor público: Da assistência à prevenção".

Sinésio Gomide Júnior
Doutor em Psicologia pela Universidade de Brasília (1999). Possui graduação em Formação de Psicólogo pela Universidade de Brasília (1982). Mestre em Psicologia Social e da Personalidade pela Universidade de Brasília (1986). Professor adjunto da Universidade Federal de Uberlândia.

CO-AUTORES

Ana Magnólia Mendes
Pós-doutora em Psicodinâmica e Clínica do Trabalho pelo Conservatoire National des Arts et Métiers (CNAM), Paris. Doutora em Psicologia pela Universidade de Brasília (sanduíche na University of Bath, Inglaterra), professora do Departamento de Psicologia Social e do Trabalho e do Programa de Pós-graduação em Psicologia Social, do Trabalho e das Organizações – PSTO, Instituto de Psicologia, Universidade de Brasília. Pesquisadora do CNPq. Coordenadora do Laboratório de Cultura e Saúde nas Organizações (LACSO) e do GEPSAT – Grupo de Estudos e Pesquisa em Saúde e Trabalho.

Antônio Alves-Filho
Mestre em Administração, ênfase em Recursos Humanos, pela Universidade Federal do Rio Grande do Norte (1999). Possui graduação em Psicologia (1993). Como psicólogo atua na área organizacional tendo trabalhado em grandes empresas no setor de RH. Desde 2000 é professor da Faculdade Natalense Para o Desenvolvimento do RN – FARN e, atualmente, coordena o curso de Psicologia nessa mesma Faculdade. É membro do Grupo de Estudo em Saúde Mental e Trabalho – GEST, UFRN, tendo artigos publicados sobre motivação para o trabalho no setor bancário e na saúde em revistas científicas.

Carlos Alberto Freire Medeiros
Doutor em Administração pela Universidade de São Paulo (2003). Possui graduação em Administração de Empresas pela Universidade Federal do Rio Grande do Norte (1990). Mestre em Administração pela Universidade Federal do Rio Grande do Norte (1997). Professor adjunto da Universidade Federal do Rio Grande do Norte.

Eveline Maria Leal Assmar

Doutora em Psicologia pela Universidade Federal do Rio de Janeiro (1994), mestrado em Psicologia pela Fundação Getulio Vargas – RJ (1988). Possui graduação em Sociologia pela Pontifícia Universidade Católica do Rio de Janeiro (1966), graduação em Psicologia pela Universidade Federal do Rio de Janeiro (1983). Professora titular da Universidade Salgado de Oliveira.

Igor Gomes Menezes

Mestre em Psicologia pela Universidade Federal da Bahia (2006). Possui graduação em Psicologia pela Universidade Federal da Bahia (2003). Atualmente é membro do Grupo de Pesquisa da Universidade Federal da Bahia, bolsista do Conselho Nacional de Desenvolvimento Científico e Tecnológico, psicometrista do Instituto de Hospitalidade e professor assistente da Universidade Federal do Vale do São Francisco.

Marília Nunes Fernandes

Possui graduação em Formação de Psicólogo pela Universidade Federal de Uberlândia (2004). Atualmente é mestranda pelo Programa de Pós-graduação em Psicologia Aplicada na Universidade Federal de Uberlândia.

Rebeca da Rocha Grangeiro

Mestre em Psicologia pela Universidade Federal da Bahia (2006). Possui graduação em Psicologia pela Universidade Federal do Ceará (2002). Professora da Universidade Salvador, professora titular da Faculdade de Tecnologia e Ciências de Salvador, e Faculdades Jorge Amado. Pesquisadora do Instituto de Pesquisas Aplicadas da UNIFACS.

Sumário

Prefácio 13
Apresentação 17

1. **Bases do poder organizacional** 21
   Maria do Carmo Fernandes Martins

2. **Clima organizacional** 29
   Maria do Carmo Fernandes Martins

3. **Comportamentos éticos organizacionais** 41
   Sinésio Gomide Júnior
   Marília Nunes Fernandes

4. **Comprometimento organizacional** 49
   Antonio Virgílio Bittencourt Bastos
   Mirlene Maria Matias Siqueira
   Carlos Alberto Freire Medeiros
   Igor Gomes Menezes

5. **Confiança do empregado na organização** 97
   Áurea de Fátima Oliveira
   Álvaro Tamayo

6. **Contexto de trabalho** 111
   Mário César Ferreira
   Ana Magnólia Bezerra Mendes

7. **Cultura organizacional** 125
   Maria Cristina Ferreira
   Eveline Maria Leal Assmar

8. **Envolvimento com o trabalho** 139
   Mirlene Maria Matias Siqueira

9. Equipes de trabalho 145
   Katia Puente-Palacios

10. Estilos de funcionamento organizacional 161
    Maria das Graças Torres da Paz
    Ana Magnólia Bezerra Mendes

11. Identificação organizacional 179
    Áurea de Fátima Oliveira

12. Justiça no trabalho 189
    Sinésio Gomide Júnior
    Mirlene Maria Matias Siqueira

13. Modelo de gestão de pessoas agency-community 199
    Antonio Virgílio Bittencourt Bastos
    Rebeca da Rocha Grangeiro

14. Motivação e significado do trabalho 215
    Lívia de Oliveira Borges
    Antônio Alves-Filho
    Álvaro Tamayo

15. Atitudes retaliatórias 249
    Helenides Mendonça

16. Satisfação no trabalho 265
    Mirlene Maria Matias Siqueira

17. Saúde organizacional 275
    Sinésio Gomide Júnior
    Marília Nunes Fernandes

18. Suporte no trabalho 283
    Mirlene Maria Matias Siqueira
    Sinésio Gomide Júnior

19. Valores do trabalho 295
    Juliana Barreiros Porto
    Álvaro Tamayo

20. Valores organizacionais 309
    Álvaro Tamayo

Índice 341

Lista das medidas

Escala de bases de poder do supervisor – EBPS 26
Escala de clima organizacional – ECO 35
Escala de percepção de comportamentos
éticos organizacionais – EPCEO 47
Escala de comprometimento organizacional afetivo – ECOA 78
Escala de comprometimento organizacional calculativo – ECOC 79
Escala de comprometimento organizacional normativo – ECON 80
Escala de bases do comprometimento organizacional – EBACO 80
Escala de intenções comportamentais de comprometimento
organizacional – EICCO 82
Escala de confiança do empregado na organização – ECEO 106
Escala de avaliação do contexto de trabalho – EACT 120
Instrumento brasileiro para avaliação da
cultura organizacional – IBACO 133
Escala de envolvimento com o trabalho – EET 143
Escala de interdependência de resultados – EIR 158
Escala de interdependência de tarefas – EIT 159
Escala de estilos de funcionamento organizacional – EEFO 175

Lista de medidas

Escala de identificação organizacional – EIO 187

Escala de percepção de justiça distributiva – EPJD 196

Escala de percepção de justiça de procedimentos – EPJP 196

Escala *agency-community* 211

Inventário da motivação e do significado do trabalho – IMST 235

Escala de percepção e julgamento da retaliação
organizacional – EPJR 259

Medida de atitude em relação à retaliação
organizacional – MARO 261

Escala de satisfação no trabalho – EST 272

Escala de percepção de saúde organizacional – EPSaO 280

Escala de percepção de suporte social no trabalho – EPSST 291

Escala de percepção de suporte organizacional – EPSO 292

Escala de valores relativos ao trabalho – EVT 304

Escala de valores organizacionais – EVO 323

Inventário de valores organizacionais – IVO 326

Inventário de perfis de valores organizacionais – IPVO 329

Prefácio

Este livro é parte de um grande esforço de muitos importantes pesquisadores brasileiros que, conscientemente, ajudaram a consolidar a área de Psicologia Organizacional e do Trabalho (POT) como importante subárea da psicologia, que é capaz de produzir conhecimentos relevantes para a sociedade, de realizar intervenções de alto nível em ambientes complexos, bem como formar profissionais competentes para atuação em organizações.

Antes de prefaciar o livro, gostaria de descrever o contexto no qual esses pesquisadores trabalharam para, após muito esforço, construírem o que agora disponibilizam a você, leitor.

Nas décadas de 1970 e 1980, os profissionais que desejassem realizar estudos em organizações e trabalho precisavam recorrer necessariamente a autores estrangeiros, pois praticamente não havia pesquisas nacionais que os auxiliassem a realizar o seu trabalho a contento.

A formação em Psicologia Organizacional e do Trabalho (ou psicologia industrial) era uma grande aventura, cheia de desafios, frustrações e sobressaltos. Havia poucos livros em português que tratavam de temas relevantes relativos a microcomportamento organizacional. Em gestão de pessoas, geralmente estudávamos em livros de autores da administração de empresas. Estudos de Psicologia do Trabalho, do mesmo modo, se me lembro bem, também eram dificultados pelos desafios a que estávamos sujeitos para confrontar nossas perguntas a respeito de pesquisa, medidas, delineamentos e abordagens teóricas estratégicas com as de pesquisadores e profissionais de outros países. Um desses desafios era conseguir cópias de textos nacionais e internacionais. Era uma verdadeira batalha! Esperávamos, muitas vezes, seis meses, um ano ou mais, para completarmos uma busca bibliográfica. Nunca tínhamos certeza de que havíamos localizado amostras representativas da produção científica nas áreas de interesse.

Em algumas subáreas como seleção de pessoal e avaliação de desempenho, ganha-pão de muitos psicólogos da época (talvez ainda de hoje?), havia grande abundância de produção científica internacional, porém de difícil acesso.

Se quiséssemos estudar comportamento organizacional, a situação era a mesma. Lembro-me de estudos nacionais sobre satisfação no trabalho, em que se penava para conseguir ler as centenas de artigos que estavam sendo publicados no exterior sobre o tema. Não queríamos, no Brasil, reinventar a roda, tampouco queríamos ficar de fora das discussões acadêmicas e profissionais feitas mundo afora sobre temas tão relevantes para a nossa área. Peço desculpas pelo *nós*. Não resisti e me revelei contemporânea dos autores deste livro, porque sou das mais antigas e que viram isto tudo acontecer e os progressos provenientes desses desafios.

Encontrávamos (e continuamos encontrando) guarida nos braços da psicometria. Ela nos dava respostas quando precisávamos definir bem os nossos problemas de pesquisa e procurar distinguir questões teórico-conceituais de questões metodológicas. Grandes pesquisadores nacionais da psicometria, a quem todos admiramos e a quem todos ou quase todos nós recorremos pedindo ajuda para a realização de validação estatística de instrumentos, indicaram bons caminhos para o fortalecimento da psicologia organizacional e do trabalho no Brasil, que agora parece cada vez mais fortalecida, saudável e vigorosa, com muitos pesquisadores interessados e empenhados em produzir conhecimentos de alta qualidade científica e acadêmica, aplicáveis à realidade brasileira.

Nas décadas de 1970 e 1980, nós também estudávamos Psicologia Social, como fazemos até a atualidade. Nela sempre encontramos apoio teórico e metodológico para nossas questões de pesquisa. Alguns dos pesquisadores formados na década de 1990 sofreram forte influência da Psicologia Social, sendo que alguns deles hoje realizam pesquisas nas duas áreas da psicologia (social e POT).

Encontramos apoio em várias subáreas da psicologia durante a trajetória de formação de pesquisadores e de crescimento da produção de conhecimentos em Psicologia Organizacional e do Trabalho no Brasil. Entretanto, ainda não éramos (será que já somos?) reconhecidos pela sociedade e pela profissão como uma área relevante e capaz de produzir conhecimentos capazes de melhorar a qualidade de vida das pessoas no trabalho. O foco em assuntos ligados ao trabalho humano e a organizações não era e talvez ainda não seja visto no Brasil como assunto para psicólogos.

A identidade dessa subárea da psicologia, em fase de franca consolidação, entretanto, é forte e bem demarcada. Temos pesquisa nacional, com participantes brasileiros, contextos organizacionais autênticos e pesquisadores nativos. Temos pesquisadores e publicações voltados para relevantes temáticas ligadas ao comportamento organizacional. Ao mesmo tempo, outros livros estão sendo publicados sobre assuntos concernentes à Psicologia do Trabalho. Há, portanto, sinais de produção regular e farta de conhecimentos, que ora se apresenta à sociedade como resposta ao investimento que o país fez na formação de pesquisadores em POT nas últimas três décadas.

Este livro é um exemplo claro do esforço de nossos pesquisadores, que colocam, neste momento, à disposição da sociedade, em especial dos psicólogos, um conjunto de instrumentos de mensuração de múltiplos construtos de interesse em comportamento organizacional. Esse trabalho envolveu pesquisadores de vários lugares do Brasil, que atuam em diferentes Instituições de Ensino Superior do país.

O livro é resultado de muito trabalho: grandes revisões bibliográficas, difíceis coletas de dados primários em ambientes organizacionais diversos, enorme esforço de análise, interpretação e publicação de resultados em congressos e outros eventos científicos.

As revisões bibliográficas que embasaram as discussões teórico-conceituais e a escolha das estratégias de pesquisa foram buscadas em artigos, livros e em outras publicações de diversas outras disciplinas e áreas afins como sociologia, antropologia, economia, administração, além da psicologia social e psicologia organizacional.

As pesquisas, apesar de apresentarem temas distintos, possuem muita coisa em comum. Uma delas é a busca de referenciais teóricos consistentes que conferem um caráter científico ao construto que originou cada instrumento. A outra é a busca de medidas baseadas na realidade de organizações e de participantes brasileiros. Outra ainda, é a preocupação com a validação estatística das medidas, conforme os padrões técnicos exigidos pela psicometria moderna, aplicada ao estudo de comportamento organizacional.

Mas para que tanto esforço?

Creio que há duas grandes implicações desse esforço: a primeira delas é fornecer à sociedade instrumentos cientificamente construídos e validados para a intervenção efetiva na realidade de organizações e trabalho. A segunda implicação diz respeito ao apoio à formação de novos pesquisadores e profissionais de alto nível na área que, tendo consciência da produção de conhecimentos e tecnologias de qualidade comparável à produção internacional, aplicável à realidade brasileira, ficarão estimulados a estudar os temas abordados neste livro e, quem sabe, queiram ingressar em programas de pós-graduação *stricto sensu* em psicologia para se unir a nós na consolidação da POT no Brasil.

Parabéns aos pesquisadores que se dispuseram a explicar o que fizeram e com isto abriram novas trilhas de aprendizagem a pesquisadores e profissionais de POT, antigo *lobo mau* da psicologia!

É, pois, com grande satisfação que prefacio este livro. Desejo a todos os leitores que o aproveitem para tratar de problemas humanos em contextos de trabalho. Espero que os autores, estes e outros, continuem produzindo muito e que, além disso, nos brindem com mais livros como este em todas as especialidades da POT.

Gardênia da Silva Abbad

Apresentação

A procura por instrumentos de diagnóstico e de gestão do comportamento organizacional é crescente. Tal demanda ocorre porque cresce o número de cursos de graduação e de especialização que exigem o desenvolvimento de estudos científicos como trabalhos de conclusão de curso. Existe também interesse entre os estudantes de cursos de mestrado e de doutorado nas áreas de administração e psicologia por temas do comportamento organizacional. Por outro lado, a prática em gestão de pessoas incorpora o diagnóstico de crenças, afetos, sentimentos e comportamentos considerados relevantes para a competitividade organizacional em um ambiente de acirrada busca por conquista de mercados. Ainda como interesse gerencial, observa-se a preocupação dos dirigentes organizacionais acerca dos possíveis impactos que a política empresarial teria sobre os trabalhadores, seja sobre sua saúde, bem-estar ou qualidade de vida. Essa confluência de interesses revela que o campo de estudos em questão requer de seus pesquisadores a capacidade de apresentar, de maneira organizada, os principais avanços obtidos na área.

As tentativas pioneiras de sistematização dos avanços na área ocorreram na Inglaterra e enfatizaram a estruturação do seu campo de estudos. Assim, surgiram, na década de 1960, as primeiras propostas de delimitação do campo do comportamento organizacional. Ele foi concebido da mesma forma que os estudos voltados para mapear a estrutura e a dinâmica organizacional, bem como mapear o entendimento de como indivíduos e grupos se comportariam em tal contexto. A demarcação do campo foi justificada por ele se constituir de uma ciência que se configurava como emergente e quase independente, apoiada em outras áreas de conhecimento como psicologia, sociologia e economia, tomando por objeto de análises as atividades organizacionais, as quais em seu percurso de evolução foram sintetizadas em três níveis distintos, mas interligados: a organização como um todo (nível macro), as equipes/grupos (nível meso) e os indivíduos (nível micro).

No Brasil, os estudos que abordaram inicialmente temas do comportamento organizacional datam dos anos de 1970 quando já se estudava, em especial, satisfação e motivação no trabalho. Atualmente, encontram-se variados temas do comportamento organizacional sendo investigados por meio de dissertações de mestrado, teses de doutorado e trabalhos de conclusão de cursos de especialização e de graduação. Livros na forma de manuais incluem temas diversificados denotando a riqueza conceitual que este campo de conhecimento aglutina. Revistas científicas brasileiras de administração e psicologia com circulação nacional incluem, de modo sistemático, estudos que abordam relações entre variáveis do comportamento organizacional ou que tratam da construção de suas medidas.

Este livro é composto por 20 capítulos que abordam, particularmente, temas específicos do comportamento organizacional. Cada capítulo organiza-se a partir de cinco seções: uma introdutória que apresenta a revisão da literatura sobre o tema; a segunda seção descreve o processo de construção e validação de uma ou mais medidas relativas ao tema do capítulo; a terceira oferece instruções ao leitor de como proceder para aplicar a medida, apurar os resultados e interpretá-los; a quarta contém as referências e a quinta apresenta o formato final das medidas sugerido pelos autores. Ao todo, são 31 medidas resultantes de pesquisas nacionais desenvolvidas ao longo de uma década, as quais se iniciaram em 1995. A maioria delas já foi divulgada em revistas científicas, teses de doutorado ou apresentações em congressos. Algumas são produções inéditas resultantes de estudos recentemente concluídos.

Os temas do comportamento organizacional tratados nos capítulos cobrem um vasto campo teórico-conceitual. Abordam aspectos amplos da dinâmica organizacional como bases de poder, clima, cultura, ética, equipes, saúde, valores, contexto de trabalho, estilos de funcionamento organizacional e modelo de gestão de pessoas. Outros focalizam dimensões psicossociais que emergem no contexto organizacional, tais como confiança, comprometimento, identificação, justiça, motivação/significado do trabalho, retaliação, satisfação e suporte.

A estruturação dos capítulos contendo o referencial teórico-conceitual e a medida para um dado tema do comportamento organizacional permitirá ao leitor realizar diagnósticos ancorados na teoria e suportados por instrumentos de medição válidos e precisos.

Os autores principais dos capítulos são doutores em psicologia, sendo a maioria formada pelo Programa de Doutorado em Psicologia do Instituto de Psicologia da Universidade de Brasília. Atualmente, eles integram como docentes os Programas de Pós-Graduação da Universidade de Brasília (UnB), Universidade Católica de Brasília (UCB), Universidade Católica de Goiás (UCG), Universidade Federal da Bahia (UFBa), Universidade Federal do Rio Grande do Norte (UFRN), Universidade Federal de Uberlândia (UFU), Universidade Gama Filho (UGF), Universidade Metodista de São Paulo (Umesp) e Universidade Salgado de Oliveira (Universo).

Finalizando esta apresentação, gostaria de expressar meus agradecimentos a todos os autores pela confiança em mim depositada e, em especial, à Tânia Elena Bonfim pela orientação na organização dos originais. O desafio de reunir pesquisadores das quatro regiões do país só foi possível pela disposição de todos em colaborar com essa obra coletiva.

Mirlene Maria Matias Siqueira
Organizadora

1
Bases do poder organizacional

Maria do Carmo Fernandes Martins

French e Raven começaram, em 1959, a desenvolver uma teoria sobre poder social, na qual defendiam que as relações entre as pessoas baseavam-se em trocas sociais e que estas trocas tinham por base relações de influência. Segundo estes autores, esse sistema de influência era sustentado pela utilização de cinco bases de poder nas quais uma pessoa se apoiava para exercer poder sobre a outra. Bases de poder foram, então, definidas como insumos que geravam dependências da outra parte.

French e Raven (1959) referiram-se a cinco bases de poder: poder de recompensa, poder coercitivo, poder legítimo, poder de perícia e poder de referência. Eles chegaram a discutir uma sexta base, o poder de informação, que não foi classificada entre as principais bases de poder (Podsakoff e Schriesheim, 1985) por depender, segundo French e Raven, de outras duas bases, a base de poder de referência e a de perícia.

Classificações diferentes foram apresentadas por outros autores como Kipnis, Schmide e Wilkinson (1980), Patchen (1974), Shukla (1982) e Rahim e Afza (1993), mas a taxonomia proposta por French e Raven (1959) e aperfeiçoada por Raven (1993) foi a que recebeu maior atenção dos estudiosos, tendo influenciado sobremaneira estudos posteriores. Além disso, esta taxonomia foi confirmada por muitos estudos realizados ao longo dos quase 50 anos que transcorreram depois de sua formulação (Posdsakoff e Schriescheim, 1984; Rahim e Afza, 1993; Rodrigues e Assmar, 2003; Hinkin e Schriescheim, 1989).

Para French e Raven (1959), a base de poder de recompensa foi definida como aquela alicerçada na habilidade de uma pessoa fornecer à outra algo considerado pela última como um prêmio ou na capacidade de a primeira remover ou diminuir possíveis punições destinadas à última.

O poder de coerção possui sentido oposto ao poder de recompensa e envolve a habilidade de uma pessoa ter sob seu controle coisas importantes para outra. Quem exerce coerção, baseia-se na expectativa do outro de que a pessoa pode puni-lo se ele falhar. Quem coage, vale-se de condições negativas que ameaçam o outro. Então, o poder coercitivo depende de quanto o que uma pessoa controla é negativo para a outra e da probabilidade da outra evitar isto.

Para French e Raven (1959), o poder legítimo baseia-se no reconhecimento de uma pessoa de que a outra tem o poder legal, concludente, de influenciá-la e que ela tem por obrigação aceitar esta influência. O poder de perícia baseia-se no fato de uma pessoa reconhecer que a outra domina certo conhecimento, que é especialista em determinado assunto e que, por isto, não deve questioná-la. A base de poder de referência é aquela que se sustenta no reconhecimento de uma pessoa de que a outra é um modelo, alguém a ser imitado.

Assim, poder legítimo deve-se à posição que o poderoso ocupa; poder de coerção, diz respeito ao controle do poderoso sobre punições; poder de recompensa refere-se ao controle do poderoso sobre prêmios; poder de perícia, baseia-se no conhecimento ou na especialidade do poderoso e ao reconhecimento por parte do influenciado de que este poderoso é especialista em determinado aspecto, e poder de referência deve-se ao reconhecimento de que o influenciador serve como modelo de identificação para o influenciado.

A taxonomia das bases de poder de French e Raven (1959) foi trazida para o âmbito do comportamento organizacional para se estudar as relações entre supervisor e supervisionado, já que estas relações também são sociais.

No contexto dos estudos organizacionais, Johnson e Scollay (2000) demonstraram que bases de poder afetam os conflitos e a influência dentro dos grupos ou das organizações e Yukl (1994) identificou que elas produzem impacto no comprometimento, na confiança e na resistência do empregado. Para Yukl (1994), as bases de referência, perícia, poder legítimo e de recompensa estão positivamente relacionadas com comprometimento e com confiança organizacionais, enquanto poder de coerção provoca resistência. Para Rahim (1989), as bases de poder legítimo, de perícia e de referência associam-se positivamente com confiança do empregado, mas poder de recompensa, não. As bases de poder de recompensa e de coerção estão associadas com resistência, o que, segundo Johnson e Scollay (2000), caracterizam-nas como uma forma de conflito. Além disso, alguns estudiosos como Hinkin e Schriesheim (1989, 1990), Johnson e Payne (1997), Rahim (1989), Schriesheim, Hinkin e Podsakoff (1991) e Yukl e Falbe (1991) identificaram associações positivas entre poder de perícia e de referência com satisfação e desempenho dos subordinados. Isto demonstra a importância de sua identificação nas organizações.

Todavia, a medida das bases de poder foi um problema discutido por muito tempo por estudiosos como Patchen (1974), Yukl (1981), Podsakoff e Schriesheim (1985), Hinkin e Schriesheim (1989) e Rahim, Antonioni, Krumov e Ilieva (2000). Até 1985 as medidas das bases de poder de French e Raven (1959) eram bastante criticadas por não atenderem às exigências psicométricas adequadas (Schriesheim, Hinkin e Podsakoff, 1985). Por isso, em 1989, Hinkin e Schriesheim desenvolveram e validaram fatorialmente uma escala denominada Escala de Bases de Poder do Supervisor (EBPS), composta por 20 itens, para avaliar as cinco bases de poder social propostas por French e Raven (1959). Vale ressaltar que a ESBP de Hinkin e Schriesheim (1989) tinha por objetivo medir as bases de poder do supervisor, tendo sido, portanto, construída focalizando as relações de poder entre supervisor e subordinados no ambiente de trabalho. A EBPS foi validada por análises fatoriais exploratórias; os fatores revelaram ótimos índices de precisão, conforme se pode constatar na próxima seção. O texto a seguir relatará o estudo de adaptação e validação fatorial da EBPS no Brasil conduzido por Martins e colaboradores (2006).

ADAPTAÇÃO E VALIDAÇÃO DA ESCALA DE BASES DE PODER DO SUPERVISOR – EBPS

Os 20 itens da EBPS (Hinkin e Schriesheim, 1989) foram traduzidos e adaptados semanticamente à língua portuguesa por Martins e colaboradores (2006). As autoras submeteram os itens à avaliação de três especialistas nas línguas inglesa e portuguesa para garantir uma tradução confiável e adaptada ao trabalhador brasileiro. Verificaram, depois disso, a clareza e a compreensão dos 20 itens, discutindo-os com 10 trabalhadores de escolaridade correspondente ao ensino fundamental e ajustaram alguns itens para que se tornassem mais claros. A EBPS foi, então, aplicada a 312 trabalhadores de diversas empresas privadas, de ramos de atividades variados. A escolaridade mínima dos trabalhadores era de ensino médio.

Os sujeitos registravam suas respostas em uma escala de 5 pontos, sendo o valor 1 correspondente a "discordo totalmente" e o 5 a "concordo totalmente". Estas respostas foram codificadas em um banco de dados e submetidas às análises estatísticas dos componentes principais com rotação oblíqua (*oblimin*) e, posteriormente, à dos eixos principais com rotação Promax para verificação da validade (qualidade psicométrica que verifica se a escala realmente mede o que se propõe a medir) e aos cálculos do alfa de Cronbach para verificação da confiabilidade (outra qualidade psicométrica que avalia se a escala mede com precisão).

Os cálculos indicaram quatro fatores com valores próprios iguais ou maiores do que 1,0 que explicavam, no mínimo, 7% de variância cada um. Os quatro fatores, juntos, explicaram 59% da variância total e reuniam 15 dos 20 itens iniciais da EBPS de Hinkin e Schriesheim (1989), todos com cargas fatoriais = 0,48: **base de poder legítimo** (Fator 1, com 4 itens e α de 0,81); **base de poder de perícia** (Fator 2, com 4 itens e α de 0,84), **base de poder de coerção** (Fator 3, com 3 itens e α de 0,85) e **base de poder de recompensa** (Fator 4, com 4 itens e α de 0,72). A **base de poder de referência** não foi identificada entre os trabalhadores que participaram do estudo. Assim, a EBPS adaptada e validada para trabalhadores brasileiros avalia quatro das cinco bases de poder propostas por French e Raven (1959) e confirmadas por Hinkin e Schriesheim (1989), conforme se pode observar no Quadro 1.1. A EBPS completa, com instruções, 15 itens e escala de respostas se encontra ao final do capítulo.

QUADRO 1.1

Denominações, definições, itens integrantes e índices de precisão dos fatores da EBPS

Denominações	Definições	Itens	Índices de precisão
Base de poder legítimo	Reconhecimento de uma pessoa de que a outra tem o poder legal de influenciá-la e que ela tem por obrigação aceitar esta influência.	2, 5, 13 e 14	0,81
Base de poder de perícia	Reconhecimento por parte de uma pessoa de que a outra domina certo conhecimento e que, por isto, não deve ser questionada.	3, 7, 10 e 15	0,84
Base de poder de coerção	Habilidade de uma pessoa ter sob seu controle coisas importantes que ameaçam a outra.	4, 11 e 12	0,85
Base de poder de recompensa	Poder de fornecer à outra pessoa algo considerado um prêmio ou capacidade de remover ou diminuir punições destinadas ao outro.	1, 6, 8 e 9	0,72

APLICAÇÃO, APURAÇÃO DOS RESULTADOS E INTERPRETAÇÃO DA EBPS

A aplicação da EBPS poderá ser feita de forma individual ou coletiva. Deve-se cuidar para que os respondentes tenham entendido as instruções e o modo de assinalar suas respostas. É necessário assegurar também que o ambiente de aplicação seja tranqüilo e confortável, lembrando que o tempo de aplicação da EBPS é livre.

Como a EBPS é uma escala composta por quatro fatores (multifatorial), seus resultados devem ser apurados por fator. Assim, se terá um resultado (ou média fatorial) para cada um dos fatores, ou seja, o diagnóstico das bases de poder do supervisor será feito baseando-se em quatro fatores.

Isso é feito somando-se os valores marcados pelos respondentes em cada item de cada fator e dividindo-se o resultado total pelo número de itens. Desse modo, por exemplo, para o Fator 1, "Base de poder legítimo", somam-se os valores das respostas aos itens 2, 5, 13 e 14 e divide-se o resultado por 4. Depois, somam-se as médias de cada respondente em cada fator e divide-se pelo número de respondentes e assim sucessivamente. Os resultados das médias fatoriais deverão ser sempre um número entre 1 e 5 que é a amplitude da escala de respostas.

Para interpretar as médias das bases, deve-se considerar que quanto maior for o valor da média fatorial, mais aquela base de poder é utilizada pelo supervisor. Além disso, valores maiores que 4 indicam que a base de poder é bastante utilizada e valores menores do que 2,9 indicam que a base é pouco utilizada. Assim, quanto maior a média, mais utilizada é a base e quanto menor, menos utilizada ela é.

A EBPS resultou de trabalhos internacionais e de um extenso trabalho brasileiro feito por Martins e colaboradores (2006) que demonstrou sua validade e sua fidedignidade. As características psicométricas que garantem a boa qualidade da escala só permanecem se ela for utilizada sem alteração de qualquer uma de suas partes.

Escala de bases de poder do supervisor – EBPS

Apresentação

A seguir há uma lista de frases que podem ser usadas para descrever comportamentos que supervisores (ou chefes) podem apresentar frente aos seus subordinados. Leia cuidadosamente cada frase pensando em seu supervisor. Então, decida até que ponto você concorda que ele poderia fazer isto com você.

Marque o número que representa sua opinião na coluna à direita de cada frase. Use os números seguintes para suas respostas:

1 Discordo totalmente	2 Discordo	3 Nem concordo nem discordo	4 Concordo	5 Concordo totalmente

Meu chefe pode ...

1. Aumentar meu salário.	
2. Fazer-me sentir que tenho compromissos a cumprir.	
3. Dar-me boas sugestões técnicas sobre meu trabalho.	
4. Tornar meu trabalho difícil para mim.	
5. Fazer-me perceber como eu deveria cumprir as exigências do meu trabalho.	
6. Influenciar a organização para conseguir um aumento de salário para mim.	
7. Dividir comigo suas experiências ou treinamentos importantes.	
8. Conseguir benefícios especiais para mim.	
9. Influenciar a organização para me dar uma promoção.	
10. Fornecer para mim conhecimento técnico necessário ao trabalho.	
11. Tornar as coisas desagradáveis para mim.	
12. Tornar meu trabalho desagradável.	
13. Fazer-me perceber que eu tenho responsabilidades para cumprir.	
14. Fazer-me reconhecer que eu tenho tarefas para realizar.	
15. Dar-me dicas relacionadas ao trabalho.	

REFERÊNCIAS

FRENCH, J. R. P.; RAVEN, B. The bases of social power. In CATWRIGHT, D. (Ed.). *Studies in social power.* Ann Arbor, MI: Institute for Social Research, 1959.

HINKIN, T. R.; SCHRIESHEIM, C. A. Development and application of new scales to measure the French and Raven (1959) bases of social power. *Journal of Applied Psychology*, Berkeley, CA, v. 74, n.4, p. 561-567, Aug. 1989.

_____ . Relationships between subordinate's perceptions of supervisor's influence tactics and attributed bases of supervisory power. *Human Relations*, v.43, p. 221-237, 1990.

JOHNSON, P. E.; PAYNE, J. Power, communicator styles, and conflict management styles: a web of interpersonal constructs for the school principal. *International Journal of Educational Reform*, v. 6, n. 1, p. 40-53, Jan. 1997.

JOHNSON, P. E.; SCOLLAY, S. J. Scholl-based, decision-making councils: conflict, leader power and social influence in the vertical team. *Journal of Educational Administration*, London, v.39, n.1, p. 47-66, Jan. 2000.

KIPNIS, D.; SCHMIDT, S. M.; WILKINSON, I. Intraorganizational influence tactics: Explorations in getting one's way. *Journal of Applied Psychology*, Berkeley, CA, n. 65,n. 4, p. 440-452, Aug.1980.

MARTINS, M. C. F. et al.. *Adaptação e validação fatorial da escala de bases de poder de French e Raven*. In: CONGRESSO BRASILEIRO DE PSICOLOGIA ORGANIZACIONAL E DO TRABALHO, 2., 2006, Brasília. Anais...Brasília: SBPOT,2006. v. 1, p.1.

PATCHEN, M. The locus and basis of influence on organizational decisions. *Organizational Behavior and Human Performance*, n. 11, n.2, p. 195-221, Apr.1974.

PODSAKOFF, P. M.; SCHRIESHEIM, C. A. Field studies of French and Raven's bases of power: critique, reanalysis, and suggestions of future research. *Psychological Bulletin*, v. 97, n.3, p. 387-411, May 1985.

RAHIM, M. A. Relationship of leader power to compliance and satisfaction with supervision: evidence from a national sample of managers. *Journal of Management*, v. 15, n.4, p. 545-576, Dec. 1989.

RAHIM, M. A.; AFZA, M. Leader power, commitment, satisfactions, compliance, and propensity to leave a job among U.S. accountants. *The Journal of Social Psychology*, Washington, DC, v. 133, n.5, p.611-626, Oct.1993.

RAHIM, M. A. et al. Power, conflict and effectiveness: a cross-cultural study in the United States and Bulgaria. *European Psychologist*, Jena, Germany, v. 5, n. 1, p. 28-33, Mar. 2000.

RAVEN, B. T. The bases of power: origins and recent development. *Journal of Social Issues*, v.49, n. 4, p. 227-251, 1993.

RODRIGUES, A.; ASSMAR, E. Influência social, atribuição de causalidade e julgamentos de responsabilidade e justiça. *Psicologia Reflexão e Crítica,* Porto Alegre, v. 16, n. 1, p.191-201, 2003.

SCHRIESHEIM, C. A.; HINKIN, T. R.; PODSAKOFF, P.M. Can ipsative and single-item measures produce erroneous results in field studies of French and Raven's five bases of power? An empirical examination. *Journal of Applied Psychology,* Berkeley, CA, v.76, n.1, p. 106-114, Feb. 1991.

SHUKLA, R. K. Influence of power bases in organizational decision making: a contingency model. *Decision Sciences*, Atlanta, GA, v. 13, n.3, p. 450-470, July 1982.

YUKL, G. A. *Leadership in organizations*. Englewood Cliffs, NJ: Prentice-Hall, 1981.

_____ . *Leadership in organizations*. Englewood Cliffs, NJ: Prentice-Hall, 1994.

YUKL, G. A.; FALBE, C. M. Importance of different power sources in downward and lateral relations. *Journal of Applied Psychology,* Berkeley, CA, v. 76, n.3, p. 416-423, June 1991.

2
Clima organizacional

Maria do Carmo Fernandes Martins

Clima organizacional é um conceito importante para a compreensão do modo como o contexto do trabalho afeta o comportamento e as atitudes das pessoas neste ambiente, sua qualidade de vida e o desempenho da organização. Fala-se em clima organizacional para referir-se às influências do ambiente interno de trabalho sobre o comportamento humano. Devido às rápidas mudanças que vêm ocorrendo nos anos da globalização, as empresas têm tentado conhecer melhor a dinâmica da vida organizacional, buscando identificar como trabalhadores expostos a uma série de estímulos oriundos da organização e do ambiente de trabalho têm percepções similares e atribuem significados semelhantes aos aspectos importantes da vida organizacional. Segundo Schneider e Reichers (1983) estas percepções constituem a base do clima organizacional.

A idéia de que grupos e organizações possuem um clima ou uma cultura remonta a Lewin, Lippitt e White (1939), para quem o comportamento humano pode ser um produto das características da pessoa e de seu ambiente psicológico (Glick, 1985). Com o passar dos anos, os estudos, além de demonstrarem a preocupação com o ambiente psicológico, deixaram clara a preocupação com as influências sociais, situacionais e organizacionais no comportamento do ser humano (Glick, 1985; Payne e Pugh, 1976).

Até 1985 poucos pesquisadores haviam estudado clima organizacional (Schneider, 1985). Este termo era citado somente por autores interessados na qualidade de vida no trabalho (Martins, 2000; Martins et al., 2004; Toro, 2001). Todavia, na década de 1990, o estudo do clima organizacional ganhou fôlego. Nesta década aparecem muitos estudos do clima em instituições escolares (Toro, 2001), em hospitais, em organizações financeiras e em organizações em geral (Tamayo, 1999).

Todavia, ainda existia confusão sobre seu conceito. A primeira dessas confusões foi compreender clima organizacional como sinônimo de clima psicológico. A necessidade de distinção entre estes dois conceitos fez com que os estudiosos, depois de muitas discussões e investigações, concluíssem que clima organizacional é constituído por elementos cognitivos, enquanto clima psicológico constitui-se de elementos afetivos. Autores como James e Jones (1974) e Schneider e Reichers (1983) distinguem os termos, conceituando clima psicológico como o significado da ligação individual no contexto de trabalho e clima organizacional como percepções ligadas a um aspecto particular do trabalho, partilhadas pelos trabalhadores (Martins, 2000).

Outra confusão referia-se à superposição do conceito de clima com outros construtos como satisfação no trabalho e cultura organizacional. Satisfação é uma atitude do indivíduo para com o seu trabalho, classificada por Siqueira e Gomide Júnior (2004) como um vínculo do trabalhador com seu trabalho (ver Capítulo 16), constituída por componentes cognitivos e afetivos (Brief e Weiss, 2002; Martins, 1984; Tamayo, 1999). Satisfação no trabalho pode ser definida como "julgamento avaliativo, positivo ou negativo, que o trabalhador faz sobre seu trabalho ou situação de trabalho" (Brief e Weiss, 2002, p. 6).

Por outro lado, clima organizacional é formado por percepções compartilhadas pelos trabalhadores. Na avaliação de satisfação verifica-se o quanto o empregado "gosta ou não" de determinados aspectos do ambiente organizacional; na avaliação de clima organizacional verifica-se a percepção, a descrição da ausência ou da presença destes aspectos. Portanto, clima organizacional é uma variável de natureza cognitiva, enquanto satisfação no trabalho é uma atitude e, como tal, composta por elementos afetivos e cognitivos (Martins, 2000; Tamayo, 1999).

Os conceitos de clima e cultura organizacional também foram tratados como similares (por exemplo, em Katz e Khan, 1966). A evolução dos estudos mostra uma distinção nítida entre os construtos. Cultura é um construto muito mais profundo que clima (Schneider, 1985). Clima está relacionado às percepções e interpretações comuns das dimensões das atividades, do ambiente e das políticas que caracterizam a organização (Brown e Leigh, 1996; Martins, 2000; Tamayo, 1999). Cultura está mais voltada para a compreensão e para o compartilhamento do sistema de normas e de valores que dão origem às políticas e às atividades da organização e para os modos através dos quais eles são comunicados e transmitidos (Martins, 2000; Schneider, 1985). Dessa forma, cultura seria formada por padrões de referência criados por um dado grupo que influenciam o modo de perceber, pensar e sentir dos membros deste grupo.

Clima organizacional envolve alguns elementos da cultura, mas é mais superficial do que esta. Pode-se afirmar que clima é parte da cultura e está relacionado ao que pode ser experimentado de modo mais imediato (Tamayo, 1999). Para Toro (2001), cultura organizacional inspira as filosofias gerenciais e as práticas administrativas e estas moldam o clima organizacional. Uma mesma organização pode possuir vários climas em diferentes setores, mas possui uma só cultura.

Clima organizacional consiste "em percepções compartilhadas que os membros desenvolvem através das suas relações com as políticas, as práticas e os procedimentos organizacionais tanto formais quanto informais" (Toro, 2001, p.33). Essas percepções compartilhadas possuem valor estratégico, pois alimentam a formação de juízos/opiniões acerca da realidade de trabalho. Os juízos, por sua vez, determinam as ações, reações e decisões das pessoas e, assim, podem provocar impactos importantes nas organizações. O estudo do clima organizacional continua a interessar os estudiosos e as organizações por causa desses impactos.

Para Tamayo (1999), variáveis do nível do indivíduo como valores pessoais (desejo de clareza, harmonia e justiça, desejo de desafios, independência e responsabilidade, desejo de facilitação do trabalho, suporte e reconhecimento e desejo de relacionamento social amistoso e caloroso) e as características de personalidade influenciam o clima organizacional. No nível da organização, o principal influenciador do clima é a estrutura organizacional (Bastien, Mcphee e Bolton, 1995; Tamayo, 1999; Toro, 2001) composta, segundo Tamayo (1999, p. 253), por sete dimensões:

1. hierarquias e linhas de *staff*;
2. número de níveis organizacionais;
3. tamanho da organização;
4. tamanho da subunidade;
5. abrangência do controle;
6. grau de centralização e
7. grau de hierarquização.

Para Drexler (1977), a estrutura organizacional comporta ainda duas outras características: o tamanho da organização e a integração com a equipe de trabalho.

O clima organizacional pode influenciar a satisfação e o rendimento no trabalho (Alvarez, 1992; Toro, 2001) e a motivação dos trabalhadores no trabalho (Toro, 2001). Isto funciona como regulador da produtividade dos funcionários e da empresa como um todo (Toro, 2001). Um melhor conhecimento do clima organizacional pode colaborar para a melhoria da qualidade de vida do homem no trabalho, para a otimização do desempenho das organizações e para o esclarecimento das relações entre esta e outras variáveis do comportamento organizacional (Martins et al., 2004).

Na próxima seção serão relatadas a construção e a validação fatorial da ECO de autoria de Martins e colaboradores (2004).

CONSTRUÇÃO E VALIDAÇÃO DA ESCALA DE CLIMA ORGANIZACIONAL – ECO

Clima organizacional pode ser definido como o conjunto das percepções dos empregados sobre diversos aspectos da organização que mais freqüentemente constam dos estudos sobre este tema: comunicação, envolvimento, coesão, suporte do supervisor, recompensa, autonomia, orientação das tarefas, pressão no trabalho, clareza das tarefas, controle, inovação e conforto físico (Balboa, 1992; Friedlander e Magulies, 1969; Halpin e Croft, 1962; Kolb, Rubin e McIntyre, 1978; Lafollette e Sims, 1975; Leitão, 1994; Litwin e Stringer, 1968; Martins, 2000; Martins et al., 2004; Payne e Pheysey, 1971; Payne e Pugh, 1976; Schneider e Bartlett, 1970; Tamayo, 1999; Toro, 2001).

Todavia, este conceito sofre interpretações diversas, principalmente por parte das organizações de trabalho que, freqüentemente, o confundem com satisfação no trabalho. Clima organizacional diz respeito apenas ao que é percebido pelo empregado sobre características da organização. Se estas características o agradam ou não, como ele se sente a respeito delas, diz respeito à satisfação no trabalho, assunto que será tratado neste livro em outro capítulo.

A ECO é uma escala multidimensional construída e validada com o objetivo de avaliar a percepção do trabalhador sobre várias dimensões do clima organizacional. Foram construídos 127 itens para representar as 12 dimensões mais freqüentemente apontadas em estudos nacionais e internacionais, sobre as quais os trabalhadores deveriam manifestar-se. Este conjunto de 12 aspectos compõe, segundo Martins e colaboradores (2004), a base comum do clima organizacional. Seis desses aspectos são identificados em mais de 80% dos estudos publicados: estilo de liderança, suporte do chefe e/ou da organização, relacionamento entre colegas, clareza da tarefa, pressão e controle.

Os 12 aspectos foram definidos operacionalmente e submetidos ao exame de 40 juízes que, baseados em vários textos sobre clima organizacional, tinham como tarefa indicar aspectos que representassem cada uma das 12 dimensões de clima organizacional. A partir destas indicações, foram elaborados entre 8 e 12 itens por aspecto, perfazendo um total de 127.

Depois de testadas a clareza, a adequação e a compreensão, os 127 itens foram respondidos por 1244 trabalhadores, do nível de apoio ao de diretoria, oriundos de diversas organizações públicas (31%) e privadas (69%) de várias cidades das regiões do Triângulo Mineiro, Alto Paranaíba e noroeste do Estado de Minas Gerais, de múltiplos ramos de atividades. As respostas dos participantes foram obtidas por meio de uma escala de 5 pontos, sendo o valor 1 correspondente a "discordo totalmente" e o 5 a "concordo totalmente".

As respostas dos participantes foram submetidas à análise dos eixos principais com rotações oblíqua (*oblimin*) e ortogonal (*varimax*), a primeira para testar as intercorrelações entre os fatores, que foram baixas, e a segunda para extraí-los.

Permaneceram na Escala fatores com valores próprios maiores ou iguais a 1,5 que explicaram, pelo menos, 2% da variância total cada um e itens com cargas fatoriais maiores ou iguais a 0,40. A Escala final validada ficou composta por 63 itens agrupados em 5 fatores que explicaram 35% da variância total, todos semanticamente interpretáveis, denominados **apoio da chefia e da or-**

ganização (Fator 1, com 21 itens e α= 0,92), **recompensa** (Fator 2, com 13 itens e α= 0,88), **conforto físico** (Fator 3, com 13 itens e α= 0,86), **controle/pressão** (Fator 4, com 9 itens e α= 0,78) e **coesão entre colegas** (Fator 5, com 7 itens e α= 0,78), conforme exposto no Quadro 2.1. Ao final deste capítulo encontra-se a ECO completa com as instruções, a escala de respostas e os 63 itens.

APLICAÇÃO, APURAÇÃO DOS RESULTADOS E INTERPRETAÇÃO DA ECO

A aplicação da ECO poderá ser feita de forma individual ou coletiva. Deve-se cuidar para que os respondentes tenham entendido as instruções e o

QUADRO 2.1
Denominações, definições, itens integrantes e índices de precisão dos fatores da ECO

Denominações	Definições	Itens	Índices de precisão
Apoio da chefia e da organização	Suporte afetivo, estrutural e operacional da chefia e da organização fornecido aos empregados no desempenho diário de suas atividades no trabalho.	1 ao 21	0,92
Recompensa	Diversas formas de recompensa usadas pela empresa para premiar a qualidade, a produtividade, o esforço e o desempenho do trabalhador.	22 ao 34	0,88
Conforto físico	Ambiente físico, segurança e conforto proporcionados pela empresa aos empregados.	35 ao 47	0,86
Controle/pressão	Controle e pressão exercidos pela empresa e pelos supervisores sobre o comportamento e desempenho dos empregados.	48 ao 56	0,78
Coesão entre colegas	União, vínculos e colaboração entre os colegas de trabalho.	57 ao 63	0,78

modo de assinalar suas respostas. É necessário assegurar também que o ambiente de aplicação seja tranqüilo e confortável, lembrando que o tempo de aplicação da ECO é livre.

Como a ECO é uma escala composta por 5 fatores (multifatorial), seus resultados devem ser apurados por fator. Assim, se terá um resultado (ou média fatorial) para cada um dos fatores, ou seja, o diagnóstico do clima organizacional será feito baseando-se em 5 aspectos (os fatores da ECO).

Isso é feito somando-se os valores marcados pelos respondentes em cada item de cada fator e dividindo-se o total pelo número de itens. Desse modo, por exemplo, para o Fator 1, **apoio da chefia e da organização**, somam-se os valores das respostas aos itens 1 até o 21 e divide-se o resultado por 21. Depois, somam-se as médias de cada respondente em cada fator e divide-se pelo número de respondentes e assim sucessivamente. Os resultados das médias fatoriais deverão ser sempre um número entre 1 e 5 que é a amplitude da escala de respostas.

Para interpretá-los, deve-se considerar que quanto maior for o valor da média fatorial, melhor é o clima organizacional. Além disso, valores maiores que 4 tendem a indicar bom clima e menores que 2,9 a apontar clima ruim. Porém, isto é inverso no caso do Fator 4, **controle/pressão**. Neste caso, quanto maior o resultado, pior será o clima porque maior será o controle e a pressão exercidos sobre os empregados. Para o Fator 4, os valores maiores que 4 apontam clima ruim (porque existe muita pressão e controle excessivo) e os menores que 2,9, bom clima (existe pouca pressão e baixo controle). Isto deve ser considerado sempre no contexto de cada fator.

A ECO é resultado de um longo estudo empírico que demonstrou sua validade (qualidade psicométrica que verifica se a escala realmente mede o que se propõe a medir) e sua fidedignidade (cálculos do α de Cronbach para verificação da confiabilidade, outra qualidade psicométrica que avalia se a escala mede com precisão). Ressalte-se que estas características psicométricas só permanecem se a ECO for utilizada sem alteração de qualquer de suas partes conforme apresentada no Quadro 2.1.

Escala de clima organizacional – ECO

Caro colaborador,

Neste questionário você vai encontrar uma série de frases que descrevem características das empresas e que foram levantadas em diferentes organizações de trabalho. Por favor, avalie o quanto estas características descrevem a empresa onde você trabalha. O importante é que você dê sua opinião sobre as características da sua empresa COMO UM TODO.

Para responder, leia as características descritas nas frases a seguir e anote junto a cada frase o número que melhor representa sua opinião, de acordo com a seguinte escala:

1	2	3	4	5
Discordo totalmente	Discordo	Nem concordo nem discordo	Concordo	Concordo totalmente

01.	Meu setor é informado das decisões que o envolvem.
02.	Os conflitos que acontecem no meu trabalho são resolvidos pelo próprio grupo.
03.	O funcionário recebe orientação do supervisor (ou chefe) para executar suas tarefas.
04.	As tarefas que demoram mais para serem realizadas são orientadas até o fim pelo chefe.
05.	Aqui, o chefe ajuda os funcionários com problemas.
06.	O chefe elogia quando o funcionário faz um bom trabalho.
07.	As mudanças são acompanhadas pelos supervisores (ou chefes).
08.	As mudanças nesta empresa são informadas aos funcionários.
09.	Nesta empresa, as dúvidas são esclarecidas.
10.	Aqui, existe planejamento das tarefas.
11.	O funcionário pode contar com o apoio do chefe.
12.	As mudanças nesta empresa são planejadas.
13.	As inovações feitas pelo funcionário no seu trabalho são aceitas pela empresa.
14.	Aqui, novas idéias melhoram o desempenho dos funcionários.

(Continua)

(Continuação)

Escala de clima organizacional – ECO

15. O chefe valoriza a opinião dos funcionários.	
16. Nesta empresa, os funcionários têm participação nas mudanças.	
17. O chefe tem respeito pelo funcionário.	
18. O chefe colabora com a produtividade dos funcionários.	
19. Nesta empresa, o chefe ajuda o funcionário quando ele precisa.	
20. A empresa aceita novas formas de o funcionário realizar suas tarefas.	
21. O diálogo é utilizado para resolver os problemas da empresa.	
22. Os funcionários realizam suas tarefas com satisfação.	
23. Aqui, o chefe valoriza seus funcionários.	
24. Quando os funcionários conseguem desempenhar bem o seu trabalho, eles são recompensados.	
25. O que os funcionários ganham depende das tarefas que eles fazem.	
26. Nesta empresa, o funcionário sabe por que está sendo recompensado.	
27. Esta empresa se preocupa com a saúde de seus funcionários.	
28. Esta empresa valoriza o esforço dos funcionários.	
29. As recompensas que o funcionário recebe estão dentro das suas expectativas.	
30. O trabalho bem feito é recompensado.	
31. O salário dos funcionários depende da qualidade de suas tarefas.	
32. A produtividade do empregado tem influência no seu salário.	
33. A qualidade do trabalho tem influência no salário do empregado.	
34. Para premiar o funcionário, esta empresa considera a qualidade do que ele produz.	
35. Os funcionários desta empresa têm equipamentos necessários para realizar suas tarefas.	

(Continua)

(*Continuação*)

36. O ambiente de trabalho atende às necessidades físicas do trabalhador.	
37. Nesta empresa, o deficiente físico pode se movimentar com facilidade.	
38. O espaço físico no setor de trabalho é suficiente.	
39. O ambiente físico de trabalho é agradável.	
40. Nesta empresa, o local de trabalho é arejado.	
41. Nesta empresa, existem equipamentos que previnem os perigos do trabalho.	
42. Existe iluminação adequada no ambiente de trabalho.	
43. Esta empresa demonstra preocupação com a segurança no trabalho.	
44. O setor de trabalho é limpo.	
45. Os equipamentos de trabalho são adequados para garantir a saúde do empregado no trabalho.	
46. Nesta empresa, a postura física dos empregados é adequada para evitar danos à saúde.	
47. O ambiente de trabalho facilita o desempenho das tarefas.	
48. Aqui, existe controle exagerado sobre os funcionários.	
49. Nesta empresa, tudo é controlado.	
50. Esta empresa exige que as tarefas sejam feitas dentro do prazo previsto.	
51. A freqüência dos funcionários é controlada com rigor por esta empresa.	
52. Aqui, o chefe usa as regras da empresa para punir os funcionários.	
53. Os horários dos funcionários são cobrados com rigor.	
54. Aqui, o chefe pressiona o tempo todo.	
55. Nesta empresa, nada é feito sem a autorização do chefe.	
56. Nesta empresa existe uma fiscalização permanente do chefe.	
57. As relações entre as pessoas deste setor são de amizade.	
58. O funcionário que comete um erro é ajudado pelos colegas.	

(*Continua*)

(*Continuação*)

Escala de clima organizacional – ECO	
59. Aqui, os colegas auxiliam um novo funcionário em suas dificuldades.	
60. Aqui nesta empresa, existe cooperação entre os colegas.	
61. Nesta empresa, os funcionários recebem bem um novo colega.	
62. Existe integração entre colegas e funcionários nesta empresa.	
63. Os funcionários se sentem à vontade para contar seus problemas pessoais para alguns colegas.	

REFERÊNCIAS

ÁLVAREZ, G. G. El constructo "clima organizacional": concepto, teorías, investigaciones y resultados relevantes. *Revista Interamericana de Psicología Ocupacional*, Medelín, Colombia, v. 11, n. 1-2, p. 25-50, 1992.

BALBOA, C. R. Clima organizacional como predictor de productividad bancaria. *Revista Interamericana de Psicologia Ocupacional*, Medelín, Colombia, v. 11, n. 1-2, p.139-149, 1992.

BASTIEN, D. T.; MCPHEE, R. D.; BOLTON, K. A. A study and extended theory of the structuration of climate. *Communication-Monographs*, London, v. 62, n. 2, p. 87-109, June 1995.

BRIEF, A. P.; WEISS, H. M. Organizational behavior: affect in the workplace. *Annual Review of Psychology*, New York, v. 53, p. 279-307, 2002.

BROWN, S. P.; LEIGH, T. W. A new look at psychological climate and its relationship to job involvement, effort, and performance. *Journal of Applied Psychology*, Berkeley, CA, v. 81, n. 4, p. 358-368, Aug. 1996.

DREXLER, J. Organizational climate: its homogeneity within organizations. *Journal of Applied Psychology*, Berkeley, CA, v. 62, n. 1, p.38-42, Feb. 1977.

FRIEDLANDER, F.; MAGULIES, N. Multiples impacts of organizational climate and individual value systems upon job satisfaction. *Personnel Psychology*, Houston, TX, v. 22, n.1, p. 171-183, Spring 1969.

GLICK, W. H. Conceptualizing and measuring organizational and psychological climate: pitfalls in multilevel research. *Academy of Management Review*, Birmingham, AL, v.10, n. 3, p.601-616, July 1985.

HALPIN, A. W.; CROFT, D. B. *The organizational climate schools*. Chicago: University of Chicago, 1962.

JAMES, L. R.; JONES, A. P. Organizational climate: a review of theory and research. *Psychological Bulletin,* Washington, DC, v.81, n. 12, p. 1096-1112, Dec. 1974.

KATZ, D.; KAHN, R. L. *The social psychology of organizations*. Nova York: Wiley & Sons, 1966.

KOLB, D.; RUBIN, I.; MCINTYRE, J. *Psicologia organizacional:* uma abordagem vivencial. São Paulo: Atlas, 1978.

LAFFOLLET, W. R.; SIMS, H. P. Is satisfaction redundant with organizational climate? *Organizational Behavior and Human Performance,* Stanford, CA, v.13, n. 2, p. 275-278, Apr. 1975.

LEITÃO, J. S. S. *Relações entre clima organizacional e transferência de treinamento*. 1994. 109 p. Dissertação (Mestrado em Psicologia) – Instituto de Psicologia, Universidade de Brasília, Brasília, 1994.

LEWIN, K.; LIPPITT, R.; WHITE, R. K. Patterns of aggressive behavior in experimentally created social climates. *Journal of Social Psychology,* Washington, DC, v. 10, n.2, p. 171-299, May 1939.

LITWIN, G. H.; STRINGER JR., R. A. *Motivation and organizational climate*. Boston: Harvard Business School, 1968.

MARTINS, M. C. F. Clima organizacional: o estado da arte. *Revista da Sociedade de Psicologia do Triângulo Mineiro,* Uberlândia, v. 3, n. 1, p. 12-18, jan./jun. 2000.

_____. *Satisfação no trabalho:* elaboração de instrumento e variáveis que afetam a satisfação. 1984. 204 p. Dissertação (Mestrado em Psicologia) – Instituto de Psicologia, Universidade de Brasília, Brasília, 1984.

MARTINS, M. C. F. et al. Construção e validação de uma escala de medida de clima organizacional. *Revista Psicologia Organizações e Trabalho,* Florianópolis, v. 4, n. 1, p. 37-60, jan. 2004.

PAYNE, L. R.; PHEYSEY, D. C. Stern's organizational climate index: a reconceptualization and application to business organizations. *Organizational Behavior and Human Performance,* Stanford, CA, v. 9, n.1, p. 120-125, 1971.

PAYNE, R. L.; PUGH, S. S. Organizational structure and organization climate. In:. DUNNETTE, M.D, (Ed.). *Handbook of industrial and organizational psychology*. Chicago: Rand McNally, 1976. p. 1125-1173.

SCHNEIDER, B. Organizational behavior. *Annual Review of Psychology,* Palo Alto, CA, v. 36, p. 573-611, Jan. 1985.

SCHNEIDER, B.; BARTLETT, C. J. Individual differences and organizational climate II: measurement of organizational climate by the Multi-Trait, Multi-Rater Matrix. *Personnel Psychology,* Houston, TX, v. 23, n.3, p. 493-512, Autumn 1970.

SCHNEIDER, B.; REICHERS, A. E. On the etiology of climates. *Personnel Psychology*, Houston, TX, v. 36, n. 1, p. 19-39, Spring 1983.

SIQUEIRA, M. M. M.; GOMIDE JR., S. Vínculos do indivíduo com o trabalho e com a organização. In: ZANELLI, J.C.; BORGES-ANDRADE, J.E.; BASTOS, A.V.B. *Psicologia, organizações e trabalho no Brasil*. Porto Alegre: Artmed, 2004. p. 300-328.

TAMAYO, A. Valores e clima organizacional. In: PAZ, M.G.T.; TAMAYO, A. (Org). *Escola, saúde mental e trabalho*. Brasília: UnB, 1999. p.241-269.

TORO, F. A. *El clima organizacional:* perfil de empresas colombianas. Medellín: Cicel, 2001.

3
Comportamentos éticos organizacionais

Sinésio Gomide Júnior
Marília Nunes Fernandes

A ética deixou de ser uma questão estritamente do indivíduo que enfrenta dilemas morais em sua vida, adquirindo uma dimensão maior, a organizacional, que impacta o público interno, especificamente os empregados, e a sociedade como um todo, passando a ser objeto de estudo do comportamento organizacional (Cardoso, 2000). A ética é um tema de crescente interesse para a sociedade e envolve tanto as organizações públicas quanto as privadas (Zylbersztajn, 2002).

O comportamento ético nas e das organizações tem sido visto como um tema controverso, tanto pelo relativismo cultural associado ao conceito (padrões culturais influenciam as escolhas dos indivíduos na sociedade de tal modo que procedimentos aceitos por determinadas culturas podem ser rejeitados por outras) quanto pelo tratamento dado pelos economistas, cientistas das organizações e outros profissionais que atuam com o tema (Zylbersztajn, 2002).

Em 1966, Katz e Kahn ressaltaram que os principais componentes de uma organização seriam os papéis, as normas e os valores, e que esses três elementos definiriam e orientariam o funcionamento da empresa. Conforme os autores, as normas organizacionais estariam enraizadas nos valores e poderiam ser consideradas como uma operacionalização destes valores. As normas organizacionais definiriam explicitamente as formas de comportamento esperadas dos membros de uma organização e os valores proporcionariam uma justificativa mais elaborada e generalizada, tanto para o comportamento apropriado como para as atividades e funções do sistema (Katz e Kahn, 1966).

O conceito de ética organizacional está bem próximo da noção de normas proposta por Katz e Kahn (1966). Ética empresarial é definida como um conjunto de regras, princípios e padrões que regem e orientam o comportamento da organização no mundo dos negócios (Aguilar, 1996; Ferrell, Fraedrich e Ferrell, 2001). Srour (2000) definiu ética empresarial como práticas organizacionais baseadas em valores morais e destacou sete dimensões teóricas:

a) qualidade no trabalho e respeito no trato interpessoal;
b) valores de igualdade de oportunidades e tratamento não-discriminatório;
c) importância do cliente;
d) respeito pelos prazos;
e) confiabilidade, credibilidade e estabilidade de normas e objetivos;
f) capacitação e autodesenvolvimento e
g) comprometimento com normas sociais e integração com a comunidade.

No entanto, há uma confusão na literatura entre ética empresarial e responsabilidade social que, embora sejam conceitos intimamente relacionados, não podem ser adotados como sinônimos (Ferrell, Fraedrich e Ferrell, 2001; Sousa, 2005). A responsabilidade social consiste na obrigação da empresa de maximizar seu impacto positivo sobre os clientes, os fornecedores, os proprietários, os empregados, a comunidade e o governo, bem como minimizar os impactos negativos. Ferrell, Fraedrich e Ferrell (2001) apresentaram quatro dimensões de responsabilidade social: a dimensão legal, que implica em cumprir leis e regulamentos promulgados ou baixados pelo governo para estabelecer padrões mínimos de comportamento responsável; a dimensão ética, relativa a comportamentos esperados ou proibidos no que se refere às pessoas da empresa e à comunidade, mesmo que não codificadas em lei; a dimensão filantrópica, que se refere às contribuições das empresas à qualidade de vida e bem-estar da sociedade e, por último, a dimensão econômica, que se refere à maneira como os recursos para a produção de bens e serviços são distribuídos no sistema social.

Ferrell, Fraedrich e Ferrell (2001) argumentaram que a ética empresarial não significa simplesmente discorrer sobre o que deve ou não ser feito em uma dada situação. Os autores associam sistematicamente os conceitos de responsabilidade ética e tomada de decisões dentro da empresa. A tendência atual consiste em passar de iniciativas éticas de base legal para iniciativas cujas raízes estejam na cultura ou na integridade das empresas nas quais a ética esteja presente como um dos valores fundamentais (Ferrell, Fraedrich e Ferrell, 2001). As empresas têm reconhecido que programas eficazes de ética nos negócios são bons para o desempenho de suas atividades (Aguilar, 1996). Nesse sentido, o autor ressaltou que o custo da conduta antiética pode ir muito além das penalidades legais, notícias desfavoráveis na imprensa ou prejuízos nas relações com clientes. Muitas vezes, a conseqüência é o dilaceramento do "espírito organizacional". Da mesma maneira que a conduta antiética tem o potencial de arruinar a empresa, o comportamento ético tem o de contribuir, de forma importante, para a obtenção da excelência organizacional (Aguilar, 1996). O comportamento ético por parte da empresa é esperado e exigido pela sociedade (Monteiro, Espírito Santo e Bonacina, 2005).

É indispensável adotar uma abordagem ética que seja coerente com os valores da cultura praticados na organização, já que os valores culturais antecedem qualquer reflexão ética (Srour, 1998). A credibilidade de uma instituição depende da prática efetiva de valores, como integridade, honestidade, transparência, qualidade do produto, eficiência do serviço e respeito ao consumidor (Velasquez, 1998). Outra proposição semelhante foi feita por Monteiro, Espírito Santo e Bonacina (2005), segundo a qual a ética é definida como as normas e os valores efetivamente dominantes em uma empresa. Além disso, as autoras discutiram que os valores éticos organizacionais influenciam a conduta ou o comportamento ético da organização. Assim, os comportamentos éticos decorrem da avaliação dos valores éticos predominantes na organização (Monteiro, Espírito Santo e Bonacina, 2005; O'Fallon e Butterfield; 2005).

Srour (1998) ainda ressaltou que os valores culturais podem ser manifestos em um código de ética que autentique as opções ou ações organizacionais. Dessa forma, ao fundamentar decisões, as organizações legitimam seus atos de gestão e contribuem para sua permanência ao longo do tempo. Para Zylbersztajn (2002), os códigos de conduta são utilizados pelas organizações como forma de regular as ações dos agentes e alinhar a sua conduta com a dos acionistas. Além disso, são indicadores da preocupação ética das organizações. Então, a ética organizacional contém elementos formais e informais: códigos de ética, políticas, comunicação, treinamentos, monitoramento do sistema, sanções e recompensas do lado formal, e atenção a climas éticos e cultura organizacional do lado informal. Em particular, iniciativas éticas organizacionais variam em termos do tipo de controle que elas incorporam: controle baseado na aquiescência às políticas e expectativas ou controle enraizado na propagação e modelagem de um conjunto de valores éticos que se tornaram internalizados pelos empregados, tornando-se, de fato, parte da cultura da organização (Treviño, Weaver e Reynolds, 2006).

Achados da literatura sobre a relação entre tomada de decisão ética e variáveis organizacionais – códigos de ética, clima e cultura ética, tipo de organização, tamanho organizacional e recompensas e punições – sugerem que há uma relação positiva entre a existência de códigos de ética, cultura, clima ético e tomada de decisão ética. E, ainda, relações inversas entre tamanho organizacional e tomada de decisão ética. Quanto às variáveis recompensas e punições, os comportamentos antiéticos são mais prevalentes em organizações que recompensam comportamentos antiéticos e menos prevalentes em organizações que punem esses comportamentos antiéticos (O'Fallon e Butterfield, 2005).

Pesquisas empíricas sobre resultados relacionados à ética da organização têm sido modestas, talvez, em parte, devido às dificuldades de obter permissão para coletar dados sobre assuntos legais e éticos dentro das organizações (Treviño e Weaver, 2003). Assim, para o estudo da ética organizacional, os pesquisadores utilizam principalmente os documentos das empresas (Cardoso, 2000; Tamayo, 1998).

No entanto, há uma outra perspectiva de estudo baseada na percepção dos empregados sobre os valores ou comportamentos éticos organizacionais, por meio de instrumentos de medida válidos e confiáveis (Tamayo, 1998), como o que será apresentado neste capítulo.

Neste capítulo será apresentada a Escala de Percepção de Comportamentos Éticos Organizacionais (EPCEO) – aqui em sua primeira divulgação – construída e validada pelos autores deste capítulo, baseada nos estudos de Gomide Jr. e colaboradores (2003). Nas próximas seções serão destacados os métodos aplicados para a construção e a validação da EPCEO, com as propriedades psicométricas e o cômputo dos escores fatoriais médios da EPCEO.

CONSTRUÇÃO E VALIDAÇÃO DA ESCALA DE PERCEPÇÃO DE COMPORTAMENTOS ÉTICOS ORGANIZACIONAIS – EPCEO

A Escala de Percepção de Comportamentos Éticos Organizacionais (EPCEO) foi construída com base nos estudos de Gomide Jr. e colaboradores (2003). A EPCEO avalia a percepção dos empregados quanto aos comportamentos éticos da organização que os emprega. O instrumento inicial (pré-validação) apresentava 25 itens que procuravam abarcar as sete dimensões teóricas propostas por Srour (2000):

a) qualidade no trabalho e respeito no trato interpessoal;
b) valores de igualdade de oportunidades e tratamento não-discriminatório;
c) importância do cliente;
d) respeito pelos prazos;
e) confiabilidade, credibilidade e estabilidade de normas e objetivos;
f) capacitação e autodesenvolvimento e
g) comprometimento com normas sociais e integração com a comunidade.

Para a validação, o instrumento foi aplicado a 243 empregados de empresas públicas (35,4%) e privadas (64,6%) da região do Triângulo Mineiro, sendo 36,5% do gênero masculino, a maioria com ensino médio completo (43,1%) e idade média de 29,73 anos (DP = 8,6 anos) que indicaram seus graus de concordância com o conteúdo de cada item em uma escala de quatro pontos (1= Discordo totalmente, 2 = Apenas discordo, 3 = Apenas concordo, 4 = Concordo totalmente). A escala foi submetida à análise fatorial dos eixos principais (PAF), com rotação oblíqua (*oblimin*), cargas fatoriais iguais ou superiores a 0,40, autovalores iguais ou superiores a 1,5. A partir das análises, emergiram dois fatores correlacionados entre si (r = 0,63) que explicaram, em conjunto, 45,75% da variância do construto. O instrumento final ficou composto por 21 itens. No entanto, um item foi excluído do segundo fator em função da sua interpretação semântica ou pureza conceitual, ou seja, o item foi excluído em função de não se coadunar semanticamente com o fator. A exclusão desse item ocasionou uma pequena redução no valor do alfa de Cronbach, que passou de 0,83 para 0,82. Então, o instrumento final ficou composto por 20 itens, distribuídos em dois fatores. O primeiro fator denominado **Gestão do sistema** ficou composto de 14 itens, com cargas fatoriais variando de 0,41 a 0,84, correlações item-total de 0,54 a 0,73, com média de 0,64. O coeficiente de confiabilidade foi bastante satisfatório (α de Cronbach = 0,92). O segundo fator, denominado **Orientação para o cliente**, reteve seis itens, com cargas fatoriais entre 0,58 e 0,76, correlações item-total de 0,46 a 0,67 (com média de 0,59) e coeficiente de confiabilidade satisfatório (α de Cronbach = 0,82).

O Quadro 3.1 reúne as denominações, as definições, os itens integrantes e os índices de precisão dos fatores da EPCEO. A escala completa com as instruções e os itens encontra-se ao final deste capítulo.

QUADRO 3.1

Denominações, definições, itens integrantes e índices de precisão dos fatores que compõem a EPCEO

Fator/Nome	Definições	Itens	Índices de precisão
Gestão do sistema	Crenças do empregado de que a organização possui políticas, regras e normas claras e honestas de gestão.	1, 6, 7, 9, 10, 11, 12, 13, 14, 15, 16, 17, 19, 20.	0,92
Orientação para o cliente	Crenças do empregado de que a organização estabelece relações claras e honestas com seus clientes.	2, 3, 4, 5, 8, 18.	0,82

APLICAÇÃO, APURAÇÃO DOS RESULTADOS E INTERPRETAÇÃO DA EPCEO

A aplicação da EPCEO poderá ser feita de forma individual ou coletiva. Deve-se cuidar para que os respondentes tenham entendido as instruções e o modo de assinalar suas respostas. É necessário assegurar também que o ambiente de aplicação seja tranqüilo e confortável, lembrando que o tempo de aplicação da EPCEO é livre.

A Escala de Percepção de Comportamentos Éticos Organizacionais (EPCEO) é bifatorial, portanto, o cálculo dos escores fatoriais médios será obtido somando-se os valores assinalados pelos respondentes em cada um dos itens que integra cada fator e dividindo este valor pelo número de itens do fator (para o Fator 1, a soma será dividida por 20 e para o Fator 2 por 6). O resultado obtido deverá ficar entre um e quatro.

A interpretação dos escores fatoriais médios deve considerar que quanto maior for o valor obtido, maior é a percepção do respondente de que sua organização apresenta comportamentos éticos quanto ao aspecto contemplado pelo fator (Gestão do sistema ou Orientação para o cliente). Assim, médias fatoriais iguais ou menores que 2,0 tenderiam a indicar que o empregado não percebe comportamentos éticos conforme enunciado pelo fator; médias iguais ou maiores que 3,0 tenderiam a indicar que o empregado percebe o comportamento ético enunciado, enquanto médias entre 2,1 e 2,9 tenderiam a indicar uma dúvida do respondente quanto à presença dos comportamentos éticos enunciados pelo fator.

Vale ressaltar que a EPCEO resultou de um estudo empírico por meio do qual foram validadas as instruções, os fatores, a escala de respostas e os itens. Dessa forma, os indicadores psicométricos, aqui descritos, não poderão ser garantidos caso seja alterada qualquer uma das partes que compõem a escala.

Escala de percepção de comportamentos éticos organizacionais – EPCEO

A seguir, estão frases que podem traduzir o que você pensa sobre seu trabalho e sobre a organização onde você trabalha. Assinale sua opinião sobre cada uma delas, anotando, nos parênteses, sua concordância conforme os códigos abaixo:

1 = Discordo totalmente
2 = Apenas discordo
3 = Apenas concordo
4 = Concordo totalmente

A empresa onde eu trabalho...

1. ( ) ... oferece oportunidade para a correção de erros.
2. ( ) ... oferece seus produtos a preços competitivos.
3. ( ) ... oferece seus produtos nos prazos prometidos.
4. ( ) ... presta informações precisas e objetivas a seus clientes, quando solicitada.
5. ( ) ... respeita e valoriza seus clientes.
6. ( ) ... trata com igualdade a todos os empregados.
7. ( ) ... trata seus empregados, na empresa, como possuidores de direitos e deveres.
8. ( ) ... busca assegurar honestidade em suas transações com seus clientes.
9. ( ) ... reconhece, publicamente, dentro e/ou fora da empresa, os trabalhos bem-feitos.
10. ( ) ... possui políticas que impedem que seus empregados sejam humilhados e/ou discriminados na empresa.
11. ( ) ... estabelece prazos compatíveis com as tarefas a serem executadas.
12. ( ) ... possui objetivos que são conhecidos por todos.
13. ( ) ... possui políticas justas de avaliação de seus empregados.
14. ( ) ... possui políticas que permitem a participação de todos os envolvidos nas tomadas de decisão.
15. ( ) ... possui políticas que permitem aos gerentes permanente renovação de seus conhecimentos.
16. ( ) ... possui políticas que são conhecidas por todos.
17. ( ) ... possui regras e normas que foram definidas a partir da consulta a todos os envolvidos.
18. ( ) ... responde, de maneira precisa, às demandas de sua clientela.
19. ( ) ... possui políticas que permitem aos empregados contínua revisão de seus conhecimentos.
20. ( ) ... não modifica as regras e normas sem prévia consulta aos envolvidos.

REFERÊNCIAS

AGUILAR, F. J. *A Ética nas empresas*. Rio de Janeiro: Zahar, 1996.

CARDOSO, C.C. Éticas e política éticas em contexto empresarial. In: RODRIGUES, S. B.; CUNHA, M. P. (Org.). *Estudos organizacionais:* novas perspectivas na administração de empresas: uma coletânea luso-brasileira. Iglu: SP, 2000. p. 306-334.

FERRELL, O. C.; FRAEDRICH, J.; FERRELL, L. *Ética empresarial*. Rio de Janeiro: Reichmann & Affonso, 2001.

GOMIDE JR., S. et al. Construção e validação de um instrumento de medida de percepção de comportamentos éticos organizacionais. In: REUNIÃO ANUAL DA SOCIEDADE BRASILEIRA DE PSICOLOGIA, 33., 2003, Belo Horizonte, *Resumos de comunicação científica*. Belo Horizonte: Sociedade Brasileira de Psicologia, 2003. p. 280.

KATZ, D.; KAHN, R. L. *The social psychology of organizations*. New York: Wiley, 1966.

MONTEIRO, J. K.; ESPÍRITO SANTO, F. C.; BONACINA, F. Valores, ética e julgamento moral: um estudo exploratório em empresas familiares. *Psicologia: Reflexão e Crítica*, Porto Alegre, v. 18, n. 2, maio/ago. 2005.

O'FALLON, M. J.; BUTTERFIELD, K. D. A review of the empirical ethical decision-making literature: 1996-2003. *Journal of Business Ethics*, New York, v. 59, n. 4, p. 375-413, July 2005.

SOUSA, W. M.V. *As percepções de comportamentos éticos e de justiça: seus impactos no elo afetivo indivíduo-organização*. 2005. 94 f. Dissertação (Mestrado em Psicologia) – Instituto de Psicologia, Universidade Federal de Uberlândia, Uberlândia, 2005.

SROUR, R. H. *Ética empresarial*. Rio de Janeiro: Campus, 2000.

_____ . *Poder, cultura e ética nas organizações*. Rio de Janeiro: Campus, 1998.

TAMAYO, A. Valores organizacionais: sua relação com satisfação no trabalho, cidadania organizacional e comprometimento afetivo. *Revista de Administração*, São Paulo, v. 33, n. 3, p. 56-63, jul.-set. 1998.

TREVIÑO, L. K.; WEAVER, G. R. *Managing ethics in business organizations*. Stanford, CA: Stanford Business Books, 2003.

TREVIÑO, L. K.; WEAVER, G. R.; REYNOLDS, S. J. Behavioral ethics in organizations: a review. *Journal of Management*, Nashville, v. 32, n. 6, p. 951-990, Dec. 2006.

VELÁSQUEZ, M.G. *Business ethics:* concepts and cases. Saddle River: Prentice-Hall, 1998.

ZYLBERSZTAJN, D. Organização ética: um ensaio sobre comportamento e estrutura das organizações. *Revista de Administração Contemporânea*, Rio de Janeiro, v. 6, n. 2, p. 123-143, maio-ago. 2002.

4
Comprometimento organizacional

Antonio Virgílio Bittencourt Bastos
Mirlene Maria Matias Siqueira
Carlos Alberto Freire Medeiros
Igor Gomes Menezes

Os estudos sobre comprometimento no trabalho, especialmente o comprometimento organizacional, embora com raízes bem mais antigas, têm um intenso crescimento a partir do final da década de 1970, tornando-se, ao longo das décadas seguintes, um dos construtos mais intensamente investigados em Comportamento Organizacional.

Não diferindo de inúmeros outros domínios das ciências sociais e, em particular, de outras tradições de estudos em Comportamento Organizacional, a pesquisa sobre comprometimento no trabalho é marcada pela diversidade de definições e modelos teóricos de referência que conduzem a uma proliferação de instrumentos de medida, resultando em *fragmentação e redundância conceitual*. Marco importante da consciência deste quadro é o trabalho de Morrow (1983) que, já naquele momento, identificara 29 conceitos e medidas relacionadas a comprometimento. A autora organiza tal diversidade fixando cinco grandes "focos" de comprometimento, a saber: **valores**, **organização**, **carreira**, **trabalho** e **sindicato**, nos quais ela agrupa construtos e propostas de escalas para mensurá-los. Estamos, aqui, diante de uma das fontes de diversificação da pesquisa sobre comprometimento – há múltiplos focos ou partes do contexto que podem ser alvo do vínculo do indivíduo, dentro e fora do ambiente de trabalho. Em recente trabalho de metanálise, Cooper-Hakim e Viswesvaran (2005), ao analisarem as relações entre múltiplos comprometimentos no trabalho, apontam evidências para um construto psicológico mais geral comum para a maioria deles, assinalam que a redundância conceitual não é o principal problema e encontram um padrão similar de relações entre comprometimentos e outras variáveis-critério. Cohen (2003), por outro lado, nos oferece um completo levantamento de estudos sobre a validade discriminante das escalas mais antigas e obsoletas e das mais estabelecidas na área, cujos resultados são centrais para a discussão da redundância conceitual destes múltiplos comprometimentos no trabalho.

Meyer e Herscovitch (2001), na busca de um modelo integrativo para a compreensão do comprometimento no trabalho, examinam uma amostra representativa de definições oriundas de autores com diferentes perspectivas e voltados para diferentes focos de comprometimento. Apesar de toda a variabilidade, especialmente quando se consideram os focos específicos de comprometimento, os autores apontam que "todas as definições de comprometimento fazem, em geral, referência ao fato de que comprometimento é

a) uma força que estabiliza e coage;
b) dá direção ao comportamento (por exemplo, restringe liberdade, liga a pessoa a um curso de ação)" (Meyer e Herscovitch, 2001, p.301).

As diferenças relacionam-se aos detalhes relativos à natureza ou à origem de tal força que direciona o comportamento.

Neste cenário de pluralidade de conceitos e medidas existentes, afirma Swailes (2002), a medida de comprometimento organizacional destaca-se como uma das mais distintivas, possuindo menor redundância em relação a outros focos de comprometimento.

Até final dos anos de 1980, pode-se afirmar que a pesquisa internacional esteve fortemente dominada pela perspectiva desenvolvida por Porter e colaboradores (1974) e consolidada no clássico trabalho de Mowday, Porter e Steers (1982) – aqui nomeada de *afetiva*, embora os autores a denominem de *atitudinal* – enfatiza a natureza afetiva do processo de identificação do indivíduo com os objetivos e valores da organização. As três dimensões utilizadas pelos autores para definição do construto ressaltam nesta noção de identificação:

a) forte crença e aceitação dos valores e objetivos da organização;
b) o forte desejo de manter o vínculo com a organização e
c) a intenção de se esforçar em prol da organização.

Tal abordagem desenvolveu aquela que viria a ser a mais difundida e aceita medida de comprometimento organizacional – OCQ (Organizational Commitment Questionnaire), com formulação inicial de Porter e Smith (1970). Na sua versão completa, o OCQ é integrado por 15 itens, e por 9 na sua versão condensada que eliminou aqueles itens relacionados a intenções comportamentais que ampliavam a extensão do construto e geravam problemas em pesquisas sobre as conseqüências do comprometimento organizacional. Muitos estudos, inclusive nacionais, atestam a natureza unidimensional da medida e os ótimos indicadores psicométricos de validade e fidedignidade do OCQ (Morrow, 1983; Blau, 1987; Borges-Andrade, Afanasief e Silva, 1989; Bastos, 1994; Commeiras e Fournier, 2001).

No entanto, mesmo tomando-se um único foco – a organização – o próprio conceito de *comprometimento organizacional* ainda é cercado de controvérsias. Reichers (1985) parte do pressuposto de que as organizações não são algo monolítico ou uma entidade indiferenciada que elicia uma identificação por parte do indivíduo. Pelo contrário, elas são constituídas de múltiplos segmentos que nem sempre partilham os mesmos objetivos e valores. Entre esses segmentos destacam-se, por exemplo, a cúpula gerencial, o grupo de trabalhadores, os consumidores ou clientes e os sindicatos. Novas facetas são propostas, entre outras, por Gregersen (1993) – topo gerencial, supervisores, colegas de trabalho e os clientes, além da medida global de comprometimento organizacional.

Embora a multidimensionalidade do comprometimento organizacional possa ocorrer ao se considerarem as diferentes facetas desta complexa unidade denominada *organização*, a maior parte da pesquisa voltou-se para outra fonte de diversidade – as formas, a natureza do comprometimento, a partir dos processos psicológicos que se encontram na base do seu estabelecimento. Jaros, Jermier, Koehler e Sincich (1993) destacam duas questões que cercam o conceito de comprometimento organizacional:

a) discordâncias quanto à sua natureza atitudinal ou comportamental;
b) crescimento do consenso, na vertente atitudinal, de que se trata de um construto multidimensional, embora as pesquisas ainda não sejam conclusivas quanto aos seus componentes.

Há, ainda, múltiplos conceitos de comprometimento: normativo, comprometimento de valor, comprometimento de identificação, afetivo, calculativo, instrumental, moral, comprometimento de continuação.

Duas questões tornam-se, então, relevantes para a compreensão das questões conceituais e teóricas que direcionam o rumo das pesquisas sobre comprometimento organizacional a partir de meados dos anos de 1980. A primeira questão, menos intensamente explorada, reporta-se à natureza atitudinal e/ou comportamental do construto. A segunda envolve a discussão das **bases** ou da natureza do vínculo de comprometimento com a organização, consolidando uma visão multidimensional do construto e contribuindo para a construção de diferentes modelos conceituais e suas correspondentes medidas.

As raízes de uma perspectiva multidimensional do comprometimento organizacional encontram-se em alguns trabalhos seminais. Etzioni (1975) relaciona diferentes formas de como o poder é exercido nas organizações (via coerção, remuneração e pressão normativa) a três formas de envolvimento dos trabalhadores (*alienativo, calculativo* e *moral*). Embora o autor levante nove possibilidades de vínculos de *compliance*, três são predominantes: o padrão alienativo, associado às práticas de controle que enfatizam as sanções/punições (estratégia coercitiva); o calculativo, ao uso de recompensas materiais (estratégia utilitária) e o moral, decorrente do uso de recompensas simbólicas (estratégia normativa).

Outro antecedente importante encontra-se na tipologia de comprometimento proposta por Kanter (1968). O autor também se refere a três formas de comprometimento – *continuação, coesão* e *controle* – que podem ser combinadas pelo indivíduo, embora uma possa ser dominante. O comprometimento de *continuação* tem origem no clássico trabalho de Becker (1960), sendo conceitualizado como um processo que aprisiona a pessoa a cursos de ações em função da trocas laterais (*side bets*) ou dos sacrifícios e investimentos acumulados que ocorrem ao longo do tempo. O enfoque originado do trabalho pioneiro de Becker foi operacionalizado, inicialmente, por Ritzer e Trice (1969) e por Hrebiniak e Alluto (1972), que propuseram escalas para avaliar a probabilidade de o trabalhador deixar a organização caso recebesse alguns incentivos externos, tais como melhor pagamento, maior *status* e maior liberdade.

Outro trabalho que vale registrar é a proposta de O'Reilly e Chatman (1986) que, além de partir das idéias de A. Etzioni, recupera o clássico trabalho de Kelman (1958) sobre os processos de influência social, ao propor que o comprometimento é produzido por três bases independentes:

a) *compliance* (submissão) ou envolvimento instrumental, motivado por recompensas extrínsecas;
b) *identification* (identificação) ou envolvimento baseado em um desejo de afiliação e
c) *internalization* (internalização) ou envolvimento causado pela congruência entre os valores individuais e organizacionais.

A intensa investigação sobre as bases do comprometimento a partir de meados dos anos de 1980 terminou por consolidar, não sem resultados contraditórios quanto à dimensionalidade das medidas, o modelo tridimensional desenvolvido por Meyer, Allen e colaboradores como aquele que veio a substituir o modelo unidimensional proposto por Porter nos anos de 1970, em termos de dominância na pesquisa sobre comprometimento organizacional.

Partindo de estudos que comparavam as vertentes afetivas (Porter e Mowday) e de continuação (Hrebiniak e Alluto) Meyer e Allen (1984) encontraram evidências de um modelo bidimensional de comprometimento. Mais adiante, Meyer e Allen (1991) conceitualizam o comprometimento organizacional em três componentes:

a) comprometimento como um apego (*affective commitment*), ou afetivo, com a organização;
b) comprometimento percebido como custos associados a deixar a organização, que os autores chamam de *continuance commitment* e
c) comprometimento como uma obrigação em permanecer na organização, que os autores denominam de *obligation* e depois reconceitua-

lizaram como *normative commitment* (Meyer, Allen e Smith, 1993, p. 539) e que chamamos de normativo.

O modelo gerou um conjunto de três escalas, inicialmente maiores e que foram reduzidas para seis itens cada. Apesar do suporte encontrado na maioria dos estudos, são apontados alguns problemas nas escalas propostas pelos autores. Culpeper (2000) aponta vários problemas e indica que reformulações poderiam ampliar significativamente a validade e a confiabilidade das mesmas.

Meyer e colaboradores (2002) apresentam uma metanálise de um conjunto de 155 estudos que utilizaram pelo menos um dos componentes do modelo desenvolvido por Meyer e Allen. Entre várias outras conclusões e recomendações para pesquisas futuras, os autores indicam: a generalidade do modelo em várias culturas, embora as correlações entre os componentes afetivo e normativo mostrem-se bem maiores em outros países que não os Estados Unidos da América, muitas vezes não se reproduzindo o modelo de três dimensões; a dimensionalidade do componente de *continuação* que se divide em dois componentes adicionais, ambos negativamente correlacionados com os componentes afetivo e normativo (falta de alternativas e sacrifícios percebidos).

Todas as bases do comprometimento aqui apresentadas inserem-se em uma perspectiva que toma tal construto como uma atitude. No entanto, como assinalado anteriormente, há uma vertente que destaca a necessidade de tratar o comprometimento a partir de indicadores comportamentais ou de processos que vinculam o sujeito a um curso específico de ação. O rótulo comprometimento comportamental busca enfatizar o efeito do comportamento passado sobre as escolhas futuras. Para Kiesler e Sakamura (1966), o comprometimento é um vínculo do indivíduo com atos ou comportamentos, fazendo com que as cognições relativas a tais atos se tornem mais resistentes a mudanças posteriores. O comprometimento com uma ação emerge quando o indivíduo se sente responsável pela ação, considera tal ação significativa, acha que ela tem conseqüências importantes e se considera responsável por tais conseqüências (Salancik, 1977). Três elementos são fundamentais para gerar o comprometimento – a volição, a visibilidade e a irreversibilidade das ações (Salancik, 1982), por estarem na base do sentimento de responsabilidade para com o curso de ação escolhido.

De forma sintética, o Quadro 4.1, inspirado em Swailes (2002), nos oferece uma visão sintética da diversidade que marca a mensuração das diferentes bases do comprometimento organizacional, destacando aqueles autores que produziram reflexões iniciais sobre cada uma das dimensões do comprometimento organizacional.

Mowday (1998) afirma que há uma sobreposição conceitual entre os diversos modelos propostos para conceitualizar o comprometimento. Para Mowday

QUADRO 4.1
Diferentes bases do comprometimento e autores seminais

Bases de comprometimento	Autores seminais
Comprometimento afetivo ou atitudinal – baseado na aceitação dos objetivos da organização.	Etzioni (1961): Envolvimento moral. Kanter (1968): Comprometimento de coesão Porter et al. 1974 Mowday et al. (1982) O'Reilly e Chatman (1986): internalização
Comprometimento de continuação, calculativo ou instrumental – baseado nas trocas e na avaliação dos custos associados à saída da organização.	Becker (1960): *side-bets* Kanter (1968): comprometimento de continuação Meyer e Allen (1984) O'Reilly e Chatman (1986): *compliance*
Comprometimento normativo – baseado no sentimento de lealdade e obrigação para com a organização.	Kanter (1968): comprometimento de controle O'Reilly e Chatman (1986): identificação Meyer, Allen e Smith (1993)
Comprometimento comportamental – vínculo com ações.	Kiesler e Sakamura (1966) Salancik (1977, 1982)

(1998), o comprometimento atitudinal/afetivo é similar à dimensão internalização proposta por O'Reilly e Chatman (1986) e também à dimensão afetiva proposta por Meyer e Allen (1991). Do mesmo modo, não é difícil a percepção de que a dimensão *compliance*, ou submissão, seja similar a dimensão *continuance*, ou instrumental como se chama aqui, e que reúne indivíduos com poucas alternativas de trabalho e baixa qualificação. Ou seja, a questão da dimensionalidade do construto ainda é uma questão aberta e deverá mobilizar mais pesquisas no presente e futuro. Como adequadamente assinala Swailes (2002), apesar do refinamento das medidas, não se pode descartar a possibilidade de que as alterações no mundo do trabalho e, em especial, nos modelos de gestão de pessoas, nos conduzam a alterações no próprio conceito de comprometimento, o que demanda novos investimentos em construção e validação de instrumentos.

O presente capítulo apresenta um conjunto de escalas desenvolvidas para mensurar comprometimento organizacional. As três primeiras, de autoria de M. M. Siqueira, são versões nacionais para as três bases de comprometimento como conceitualizadas por Meyer e Allen; a EBACO, medida construída e validada por C. A. Medeiros, trabalha com um modelo mais ampliado de bases do comprometimento, incorporando bases que surgem de estudos sobre a dimensionalidade das três bases mais estudadas; finalmente, a EICCO escala construída e validada por A. V. Bastos e I. Menezes oferece uma alternativa de avaliação de comprometimento organizacional a partir de intenções comportamentais, tomando as bases instrumental e afetiva como explicações construídas pelos trabalhadores.

CONSTRUÇÃO E VALIDAÇÃO DA ESCALA DE COMPROMETIMENTO ORGANIZACIONAL AFETIVO – ECOA[1]

A Escala de Comprometimento Organizacional Afetivo (ECOA) é uma medida unidimensional que permite avaliar a intensidade com que um empregado nutre sentimentos positivos e negativos frente à organização que o emprega. Portanto, ela permite aferir o compromisso de base afetiva.

Durante a sua fase de construção, 18 sentimentos (15 positivos e 3 negativos) foram selecionados para representar o vínculo afetivo do empregado com a organização. Após avaliação que visava aferir a compreensão das instruções e itens da ECOA, 192 trabalhadores indicaram, em uma escala de cinco pontos (1 = nada; 2 pouco; = 3 = mais ou menos; 4 = muito; 5 = extremamente), a intensidade com que haviam vivenciado cada um dos 18 sentimentos. Submetendo-se os dados à análise dos componentes principais (PC) e às rotações oblíqua (*oblimin*) e ortogonal (*varimax*), emergiram três agrupamentos de itens com autovalores superiores a 1,0, explicando 68,2% da variância total. Contudo, nenhum dos métodos de rotação aplicado produziu agrupamentos de itens com conteúdos psicológicos interpretáveis, observando-se apenas que o fator três retinha os três itens da escala com formulação negativa. Diante deste resultado, procurou-se analisar a concisão e a homogeneidade dos itens. Estabeleceu-se como critério de concisão um desvio padrão menor que a média do item e como homogeneidade uma correlação item-total igual ou superior a 0,40.

Os resultados indicaram que os 18 itens da ECOA eram concisos e homogêneos, apresentando valores de correlação item-total entre 0,50 e 0,83. A precisão da escala (α de Cronbach) foi de 0,95, valor altamente satisfatório.

Com o objetivo de propor uma forma reduzida para a ECOA, foram selecionados itens que detinham correlações item-total (homogeneidade) mais elevadas. Dentre os 18 itens, cinco apresentaram homogeneidade iguais ou superiores a 0,80, para os quais foi calculado um novo coeficiente de precisão, obtendo-se um valor de 0,93. Uma correlação alta e quase perfeita ($r = 0,95$;

---

[1] Autor: Siqueira, M.M.M. (1995).

p < 0,01) foi obtida entre as formas completa (18 itens) e reduzida (5 itens) da ECOA. Com os elevados índices de confiabilidade que detém em sua forma completa ou reduzida, a ECOA poderá ser utilizada em investigações científicas ou situações práticas de avaliação, quando for necessário mensurar o grau de comprometimento afetivo nutrido pelo empregado frente à organização empregadora. A medida encontra-se no final do capítulo.

Aplicação, apuração dos resultados e interpretação da ECOA

A aplicação da ECOA, seja em forma completa ou em versão reduzida, poderá ser feita de forma individual ou coletiva. Deve-se cuidar para que os respondentes tenham entendido as instruções e o modo de assinalar suas respostas. É necessário assegurar também que o ambiente de aplicação seja tranqüilo e confortável, lembrando que o tempo de aplicação da ECOA é livre.

Sendo uma medida unidimensional, tanto em sua forma completa (18 itens) como em sua forma reduzida (5 itens), o cômputo do escore médio de cada respondente poderá ser obtido somando-se os valores assinalados em cada um dos itens e dividindo-se este valor pelo número de itens da escala. Para a forma completa o total resultante do somatório deverá ser dividido por 18, enquanto para a versão reduzida o total deverá ser dividido por 5. Nas duas versões, completa e reduzida, os valores de escores médios deverão ficar entre 1 e 5. Quando for utilizada a forma completa, os valores assinalados pelos respondentes para os três itens negativos deverão ser **invertidos**, antes de se proceder ao cômputo dos escores médios. Se o respondente marcou 1, será invertido para 5 e assim sucessivamente conforme a seguinte indicação: **1 será invertido para 5; 2 será invertido para 4; 3 será mantido 3; 4 será invertido para 2; 5 será invertido para 1**. Os itens negativos e que deverão ser invertidos estão assinalados (**) na apresentação da ECOA ao final do capítulo.

Para interpretar os resultados obtidos por meio da ECOA em sua forma completa ou reduzida, deve-se considerar que quanto maior o valor do escore médio, mais forte é o compromisso afetivo com a organização. Valores entre 4 e 5 podem sinalizar que o empregado sente-se afetivamente comprometido com a organização. Valores entre 3 e 3,9 sugerem indecisão do empregado quanto ao seu vínculo afetivo. Valores entre 1 e 2,9 podem indicar frágil compromisso afetivo com a organização.

Ressalta-se que a medida, tanto em sua forma completa como reduzida, resultou de estudo empírico por meio do qual foram validados os seus itens, sua escala de respostas e as instruções. Portanto, não é possível garantir a qualidade de medida da ECOA caso seja alterada qualquer parte de sua composição aqui apresentada.

CONSTRUÇÃO E VALIDAÇÃO DA ESCALA DE COMPROMETIMENTO ORGANIZACIONAL CALCULATIVO – ECOC[2]

As crenças de um empregado acerca de perdas ou custos associados ao rompimento das relações de trabalho com uma organização poderão ser avaliadas por meio da Escala de Comprometimento Organizacional Calculativo (ECOC). Tais crenças constituem o compromisso de base calculativa.

Para cobrir o campo conceitual do construto, 18 frases foram criadas. Tendo sido avaliada a clareza das instruções e dos itens da escala, 192 trabalhadores indicaram, em uma escala de cinco pontos (1= discordo totalmente; 2 = discordo; 3= nem concordo nem discordo; 4 = concordo; 5= concordo totalmente), o quanto concordavam ou discordavam de cada afirmação. Os dados foram submetidos à análise dos componentes principais com autovalores iguais ou maiores que 1,0, extraindo-se componentes através de rotações oblíqua (*oblimin*) e ortogonal (*varimax*), quando se estipulou o valor mínimo de carga fatorial igual ou superior a 0,40. Quatro componentes emergiram destas análises e explicaram 56,8% da variância total, com maior possibilidade de interpretação dos conteúdos entre os itens através da rotação pelo método oblíquo. Dentre os 18 itens, três não atingiram o critério de carga fatorial e foram desconsiderados.

Os 15 itens retidos compõem os conceitos de **perdas sociais no trabalho** (Fator 1, 4 itens, $\alpha = 0,72$), **perdas de investimentos feitos na organização** (Fator 2, 3 itens, $\alpha = 0,71$), **perdas de retribuições organizacionais** (Fator 3, 3 itens, $\alpha = 0,71$) e **perdas profissionais** (Fator 4, 5 itens, $\alpha = 0,78$).

A validade fatorial da ECOC pode ser atestada pela pureza de seus fatores e grandeza das cargas fatoriais dos itens (CF ≥ 0,40). Os resultados do estudo indicaram que os quatro componentes integrantes da ECOC expressavam núcleos conceituais consistentes, além de deterem índices de precisão satisfatórios ($\alpha > 0,70$), conforme mostra o Quadro 4.2. Ao final do capítulo encontra-se a ECOC completa.

Aplicação, apuração dos resultados e interpretação da ECOC

A aplicação da ECOC poderá ser feita de forma individual ou coletiva. Deve-se cuidar para que os respondentes tenham entendido as instruções e o modo de assinalar suas respostas. É necessário assegurar também que o ambiente de aplicação seja tranqüilo e confortável, lembrando que o tempo de aplicação da medida é livre.

---

[2] Autor: Siqueira, M.M.M. (1995).

QUADRO 4.2
Denominações, definições, itens integrantes e índices de precisão dos quatro componentes da ECOC

Denominações	Definições	Itens	Índices de precisão
Perdas sociais no trabalho	Crenças de que perderia a estabilidade no emprego, o prestígio do cargo, o contato de amizade com os colegas de trabalho e a liberdade de realizar o trabalho.	3, 4, 5 e 6	0,72
Perdas de investimentos feitos na organização	Crenças de que perderia os esforços feitos para chegar onde está na empresa, tempo dedicado e investimentos feitos na empresa.	2, 7 e 8	0,71
Perdas de retribuições organizacionais	Crença de que perderia um salário bom e benefícios oferecidos pela empresa.	1, 11 e 12	0,71
Perdas profissionais	Crenças de que prejudicaria a carreira, demoraria a ser respeitado em outra empresa, perderia o prestígio de ser empregado daquela empresa, demoraria a se acostumar com novo trabalho e jogaria fora o esforço empreendido para a aprendizagem das tarefas atuais.	9, 10, 13, 14 e 15	0,78

A ECOC é uma medida multidimensional e, por conta dessa característica, o escore médio de cada um de seus quatro componentes poderá ser obtido somando-se os valores indicados pelo respondente nos parênteses e, a seguir, divide-se esse valor pelo número de itens do componente. Assim, para **perdas sociais no trabalho** somam-se os valores assinalados para os itens 3, 4, 5 e 6 e o somatório deverá ser dividido por 4; para **perdas de investimentos feitos na organização** somam-se os valores assinalados para os itens 2, 7 e 8 e o somatório será dividido por 3; para **perdas de retribuições organizacionais** somam-se os valores assinalados para os itens 1, 11 e 12 e o somatório será dividido por 3; para **perdas profissionais** somam-se os valores assinalados para os itens 9, 10, 13, 14 e 15 e o somatório será dividido por 5. Os quatro escores médios obtidos por meio da ECOC deverão ter valores entre 1 e 5.

Para interpretação dos escores médios deve-se realizar a análise particular de cada um dos quatro componentes da ECOC, considerando-se o valor obtido e o conteúdo semântico do fator contido no Quadro 4.2. A título de exemplo, um escore médio entre 4 e 5 para **perdas sociais no trabalho** sinaliza que o trabalhador tende a acreditar que ao deixar a empresa onde trabalha perderia a estabilidade no emprego, o prestígio do cargo, o contato de amizade com os colegas de trabalho e a liberdade de realizar o trabalho. Escore médio neste componente entre 1 e 2 pode representar que o empregado não acredita que teria essas perdas. Escore médio com valor entre 3 e 3,9 sinaliza incerteza do trabalhador sobre a possibilidade de vir a ter **perdas sociais no trabalho** caso se desligue da empresa onde trabalha.

Para assegurar a manutenção das propriedades da ECOC aqui descritas, recomenda-se manter o formato de suas instruções, das frases e das respostas como estão apresentadas ao final deste capítulo. Caso contrário, não existe garantia de se obter uma avaliação confiável e precisa de comprometimento organizacional calculativo.

CONSTRUÇÃO E VALIDAÇÃO DA ESCALA DE COMPROMETIMENTO ORGANIZACIONAL NORMATIVO – ECON[3]

A concepção psicológica de comprometimento organizacional normativo está assentada em uma esfera cognitiva, pressupondo-se que o trabalhador normativamente comprometido acredita ter obrigações e deveres morais para com a organização, devendo se comportar de forma que possa demonstrá-los. Assim, entende-se que uma forma mais adequada de avaliar este estilo de compromisso seja por meio de frases que possam representar crenças dos trabalhadores sobre suas obrigações e deveres morais para com a organização. Com base nessa compreensão foram elaboradas oito frases para compor a versão inicial da Escala de Comprometimento Organizacional Normativo (ECON).

Após os procedimentos de avaliação do conteúdo semântico da ECON, quando foi aferida a compreensão de suas instruções, escala de respostas e frases (oito itens), procedeu-se ao estudo para verificar sua validade e precisão. Participaram do estudo 208 trabalhadores que indicaram através de uma escala de cinco pontos (1 = discordo totalmente; 2 = discordo; 3 = nem concordo nem discordo; 4 = concordo; 5 = concordo totalmente) o quanto concordavam ou discordavam das oito frases.

Os dados recolhidos foram submetidos à analise dos componentes principais (PC), quando solicitou-se a extração de componentes com autovalores maiores ou iguais a 1,0 e rotação oblíqua (*oblimin*), com o critério de carga

---
[3] Autor: Siqueira, M.M.M. (2000).

fatorial maior ou igual a 0,35. Destas análises emergiu apenas um componente importante (autovalor > 1,0) que explicou 50,87% da variância total, e os oito itens tiveram cargas fatoriais entre 0,38 e 0,85. A análise de precisão da ECON indicou um alfa de Cronbach de 0,86 com a retirada de um item. Portanto, ao final do estudo de validação da ECON a medida ficou constituída por sete itens. Ao final do capítulo encontra-se a ECON com instruções, escala de respostas e itens.

Aplicação, apuração dos resultados e interpretação da ECON

A aplicação da medida poderá ser feita de forma individual ou coletiva. Deve-se cuidar para que os respondentes tenham entendido as instruções e o modo de assinalar suas respostas. É necessário assegurar também que o ambiente de aplicação seja tranqüilo e confortável, lembrando que o tempo de aplicação da ECON é livre.

Sendo a ECON uma medida unidimensional, pode-se obter o seu escore médio somando-se os valores assinalados pelo respondente para cada um dos sete itens. A seguir, deve-se dividir esse somatório por 7. O valor do escore médio ficará entre 1 e 5.

Quando da interpretação do escore médio, deve-se considerar que quanto mais perto de 5, mais o trabalhador acredita em seu compromisso normativo. Escore médio entre 4 e 5 pode revelar que o trabalhador acredita ter obrigações e deveres morais para com a organização onde trabalha. Valor entre 1 e 2 revela o contrário: o trabalhador não acredita que deva manter obrigações e deveres morais para com a organização. Valor entre 3 e 3,9 pode revelar incerteza do trabalhador quanto ao seu compromisso normativo para com a empresa.

Para assegurar as suas propriedades de medida da ECON aqui descritas, recomenda-se manter o formato de suas instruções, das frases e das respostas como estão apresentadas ao final deste capítulo. Caso contrário, não existe garantia de se obter uma avaliação confiável e precisa do compromisso normativo por meio da ECON.

CONSTRUÇÃO E VALIDAÇÃO DA ESCALA DE BASES DO COMPROMETIMENTO ORGANIZACIONAL – EBACO[4]

A pesquisa do comprometimento vem utilizando, como assinalado anteriormente, já há algum tempo, modelos de múltiplas bases para mensurar o comprometimento organizacional. O que vem ocorrendo é que esses modelos

---

[4] Autor: Medeiros, C.A.F. (2003).

não têm encontrado um ajuste preciso às diferentes culturas em que são testados. Mais que um problema de confiabilidade dos instrumentos, a pesquisa também enfrenta um problema de validade para o construto, pois diversos trabalhos não se ajustam aos modelos teóricos propostos. Diversos estudos têm defendido a realização de uma maior investigação das bases do comprometimento organizacional (Mathieu e Zajac, 1990; Bastos, 1993; Meyer e Allen, 1997; Mowday, 1998 e Medeiros et al., 2003).

Nesse contexto de exploração da dimensionalidade do comprometimento, os modelos de conceitualização de mais de uma base do comprometimento têm ganhado espaço, mas a pesquisa na área está longe de chegar a um consenso também nesse aspecto, tornando o comprometimento um conceito em construção. Meyer e Allen (1991, p. 82), na conclusão do importante trabalho que estabeleceu as bases teóricas do modelo de três componentes do comprometimento, afirmam que "não é claro que os três componentes estabelecidos aqui são os únicos componentes relevantes do comprometimento, ou que cada um represente um construto unitário". Para os autores (Meyer e Allen, 1997), é necessário mais trabalho no estudo das bases do comprometimento organizacional, apesar da atenção que já tem sido dispensada ao tema.

Como forma de preencher esta lacuna de identificação e mensuração das bases do comprometimento organizacional foi desenvolvida a Escala de Bases do Comprometimento Organizacional (EBACO), aplicada pela primeira vez por Medeiros (2003). O desenvolvimento da EBACO está apresentado no artigo escrito por Medeiros e colaboradores (2005).

A Escala de Bases do Comprometimento Organizacional foi projetada para mensurar sete bases do comprometimento organizacional: afetiva; obrigação em permanecer; obrigação pelo desempenho; afiliativa; falta de recompensas e oportunidades; linha consistente de atividade e escassez de alternativas. Esta ampliação do número de bases de comprometimento surge de estudos sobre a dimensionalidade das bases instrumental e normativa, com evidência de que estas duas bases são integradas por fatores distintos empírica e conceitualmente.

A escala é composta de 28 itens, sendo 4 para cada uma das 7 bases, respectivamente. No Quadro 4.3, apresentado a seguir, estão descritas as bases do comprometimento organizacional e algumas de suas principais fundamentações teóricas.

Para a validação da EBACO, foram reunidos 819 casos, compreendendo 266 recepcionistas de 82 hotéis e 553 empregados de 12 organizações privadas, não-governamentais e públicas. Este contingente de trabalhadores inclui diversas categorias ocupacionais, a exemplo de professores, bancários, vendedores do comércio varejista, servidores públicos municipais, industriários, entre outras.

Os dados recolhidos foram submetidos à análise dos componentes principais (PC), quando solicitou-se a extração de componentes com autovalores

QUADRO 4.3
Bases do comprometimento e fundamentação teórica da EBACO

Bases do comprometimento organizacional	Fundamentação teórica da base
Afetiva	Comprometimento afetivo – Mowday, Porter e Steers (1982); Congruência de valores – Kelman (1958); Introjeção – Gouldner (1960); Envolvimento moral – Etzioni (apud Mowday, Porter e Steers, 1982); Adesão – Thévenet (apud Sá e Lemoine, 1998)
Obrigação em permanecer	Normativo – Meyer e Allen (1991)
Obrigação pelo desempenho	Pressões normativas – Wiener (1982) e Jaros et al. (1993); Controle – Kanter (apud Mowday, Porter e Steers, 1982)
Afiliativa	Identificação – Kelman (1958); Integração – Gouldner (1960); Identificação – Becker (1992); Coesão – Kanter (apud Mowday, Porter e Steers, 1982); Afiliativa – Medeiros e Enders (1999)
Falta de recompensas e oportunidade	Envolvimento calculativo – Etzioni (apud Mowday, Porter e Steers, 1982); Oportunidade – Thévenet (apud Sá e Lemoine, 1998); Recompensas – Becker (1992)
Linha consistente de atividade	Trocas laterais – Becker (1960); Hrebiniak e Alutto (1972)
Escassez de alternativas	Continuação – Meyer e Allen (1991)

maiores ou iguais a 1,0 e rotação *varimax*, com o critério de carga fatorial maior ou igual a 0,40. Destas análises emergiram sete fatores que explicam 61,8% da variância total. Cada fator é integrado por quatro itens, com cargas fatoriais elevadas, variando de 0,45 a 0,85 e que guardam inteira correspondência com os fatores teóricos que nortearam a concepção da escala.

O Quadro 4.4 descreve os fatores extraídos, indica o número dos itens que os integram e apresenta os níveis de precisão encontrados. Os coeficientes alfa de Cronbah variam entre os fatores. Três fatores possuem alfas bem elevados, iguais ou acima de 0,80. Dois fatores apresentam escores entre 0,73 e 0,77. Finalmente, dois fatores apresentam índices de precisão mais baixos,

QUADRO 4.4

Denominações, definições, itens integrantes e índices de precisão (*alfa*) dos sete fatores da EBACO

Denominações	Definições	Itens	Índices de precisão
Obrigação em permanecer	Crença de que tem uma obrigação em permanecer; de que se sentiria culpado em deixar; de que não seria certo deixar; e de que tem uma obrigação moral com as pessoas da organização.	1, 2, 3, 4	0,87
Afetiva	Crença e identificação com a filosofia, os valores e os objetivos organizacionais.	5, 6, 7, 8	0,84
Afiliativa	Crença que é reconhecido pelos colegas como membro do grupo e da organização.	9, 10, 11, 12	0,80
Escassez de alternativas	Crença de que possui poucas alternativas de trabalho se deixar a organização.	13, 14, 15, 16	0,73
Obrigação pelo desempenho	Crença de que deve se esforçar em benefício da organização e que deve buscar cumprir suas tarefas e atingir os objetivos organizacionais.	17, 18, 19, 20	0,77
Linha consistente de atividade	Crença de que deve manter certas atitudes e regras da organização com o objetivo de se manter na organização.	21, 22, 23, 24	0,65
Falta de recompensas e oportunidade	Crença de que o esforço extra em benefício da organização deve ser recompensado e de que a organização deve lhe dar mais oportunidade.	25, 26, 27, 28	0,59

entre 0,59 e 0,65. Ao final do capítulo encontra-se a EBACO com instruções, escala de respostas e itens.

Aplicação, apuração dos resultados e interpretação da EBACO

A avaliação do comprometimento organizacional deve ser aplicada individualmente, mas seus resultados devem ser interpretados em grupo. É desaconselhável a avaliação dos resultados individualmente, pois a literatura do comprometimento revela que grande parte do comprometimento no trabalho é função de variáveis organizacionais.

É importante manter registradas as avaliações realizadas ao longo do tempo, para que seja possível comparar e avaliar os impactos que as políticas e práticas organizacionais causam no comprometimento dos empregados. Para isso, as avaliações têm que ser feitas, preferencialmente, em 30 empregados por vez, procurando não repeti-las em duas ou mais coletas sucessivas. Em organizações que não possuem empregados suficientes, pode-se dividi-los em três ou quatro grupos e fazer avaliações regulares, não repetindo os grupos. É importante também evitar que os empregados sejam do mesmo setor; o melhor é que representem todos os setores da organização.

Abaixo se encontra um roteiro que deve ser seguido para calcular e interpretar os resultados obtidos com o uso desta escala:

1. Calcule a média que os respondentes deram para cada indicador ou item da escala.
2. Multiplique a média encontrada pelo peso de cada indicador. Estatisticamente, alguns indicadores possuem um coeficiente de correlação maior com a base do que os outros, daí a necessidade de se realizar o procedimento de multiplicação pelos pesos, de modo que o escore obtido em cada base de comprometimento reflita a importância de cada item na definição do fator. Utilize os pesos apresentados nos quadros a seguir para calcular o escore de cada um dos fatores que correspondem às diferentes bases do comprometimento organizacional:

Base: Afetiva	Pesos
Desde que me juntei a esta organização, meus valores pessoais e os da organização têm se tornado mais similares.	0,74
A razão de eu preferir esta organização em relação a outras é por causa do que ela simboliza, de seus valores.	0,76
Eu me identifico com a filosofia desta organização.	0,80
Eu acredito nos valores e objetivos desta organização.	0,78

Base: Obrigação em permanecer	Pesos
Eu não deixaria minha organização agora porque eu tenho uma obrigação moral com as pessoas daqui.	0,78
Mesmo se fosse vantagem para mim, eu sinto que não seria certo deixar minha organização agora.	0,79
Eu me sentiria culpado se deixasse minha organização agora.	0,82
Acredito que não seria certo deixar minha organização porque tenho uma obrigação moral em permanecer aqui.	0,85

Base: Obrigação pelo desempenho	Pesos
Todo empregado deve buscar atingir os objetivos da empresa.	0,65
Eu tenho obrigação em desempenhar bem minha função na empresa.	0,81
O bom empregado deve se esforçar para que a empresa tenha os melhores resultados possíveis.	0,81
O empregado tem a obrigação de sempre cumprir suas tarefas.	0,70

Base: Afiliativa	Pesos
Nesta empresa, eu sinto que faço parte do grupo.	0,72
Sou reconhecido por todos na empresa como um membro do grupo.	0,82
Sinto que meus colegas me consideram como membro da equipe de trabalho.	0,76
Fazer parte do grupo é o que me leva a lutar por esta empresa.	0,68

Base: Falta de recompensas e oportunidades	Pesos
Se eu já não tivesse dado tanto de mim nesta organização, eu poderia considerar trabalhar em outro lugar.	0,45
A menos que eu seja recompensado de alguma maneira, eu não vejo razões para despender esforços extras em benefício desta organização.	0,77
Minha visão pessoal sobre esta organização é diferente daquela que eu expresso publicamente.	0,72
Apesar dos esforços que já realizei, não vejo oportunidades para mim nesta empresa.	0,60

Base: Linha consistente de atividade	Pesos
Procuro não transgredir as regras aqui, pois assim sempre manterei meu emprego.	0,69
Na situação atual, ficar com minha organização é na realidade uma necessidade tanto quanto um desejo.	0,58
Para conseguir ser recompensado aqui é necessário expressar a atitude certa.	0,71
Farei sempre o possível em meu trabalho para me manter neste emprego.	0,65

Base: Escassez de alternativas	Pesos
Se eu decidisse deixar minha organização agora, minha vida ficaria bastante desestruturada.	0,59
Eu acho que teria poucas alternativas se deixasse esta organização.	0,77
Uma das conseqüências negativas de deixar esta organização seria a escassez de alternativas imediatas de trabalho.	0,84
Não deixaria este emprego agora devido à falta de oportunidades de trabalho.	0,78

3. A avaliação de cada base do comprometimento organizacional deve considerar, portanto, os quatro indicadores correspondentes que permaneceram na escala após as análises fatoriais. Some o resultado dos quatro indicadores multiplicados por seus respectivos pesos para avaliar cada base. Avalie, então, como sua organização se encontra em relação a cada uma das bases do comprometimento, a partir dos níveis que se encontram nos quadros a seguir.

Base: Afetiva	
Resultado encontrado	Interpretação do resultado
Abaixo de 5,87	Baixo comprometimento
Entre 5,87 e 11,21	Comprometimento abaixo da média
Entre 11,21 e 16,55	Comprometimento acima da média
Maior que 16,55	Alto comprometimento

Base: Obrigação em permanecer

Resultado encontrado	Interpretação do resultado
Abaixo de 10,62	Baixo comprometimento
Entre 10,62 e 14,69	Comprometimento abaixo da média
Entre 14,69 e 18,75	Comprometimento acima da média
Maior que 18,75	Alto comprometimento

Base: Obrigação pelo desempenho

Resultado encontrado	Interpretação do resultado
Abaixo de 3,60	Baixo comprometimento
Entre 3,60 e 8,38	Comprometimento abaixo da média
Entre 8,38 e 13,34	Comprometimento acima da média
Maior que 13,34	Alto comprometimento

Base: Afiliativa

Resultado encontrado	Interpretação do resultado
Abaixo de 14,77	Baixo comprometimento
Entre 14,77 e 16,82	Comprometimento abaixo da média
Entre 16,82 e 17,88	Comprometimento acima da média
Maior que 17,88	Alto comprometimento

Base: Falta de recompensas e oportunidades

Resultado encontrado	Interpretação do resultado
Abaixo de 4,36	Baixo comprometimento
Entre 4,36 e 8,78	Comprometimento abaixo da média
Entre 8,78 e 13,20	Comprometimento acima da média
Maior que 13,20	Alto comprometimento

Base: Linha consistente de atividade	
Resultado encontrado	Interpretação do resultado
Abaixo de 8,52	Baixo comprometimento
Entre 8,52 e 12,13	Comprometimento abaixo da média
Entre 12,13 e 15,63	Comprometimento acima da média
Maior que 15,63	Alto comprometimento

Base: Escassez de alternativas	
Resultado encontrado	Interpretação do resultado
Abaixo de 11,46	Baixo comprometimento
Entre 11,46 e 14,78	Comprometimento abaixo da média
Entre 14,78 e 17,85	Comprometimento acima da média
Maior que 17,85	Alto comprometimento

4. Para interpretar os resultados obtidos, considere que algumas bases do comprometimento possuem relação diretamente proporcional ao desempenho das organizações, outras inversamente proporcional. Portanto, nas bases afetiva, afiliativa, obrigação em permanecer e obrigação pelo desempenho é importante um ALTO comprometimento; nas bases instrumentais, escassez de alternativas, linha consistente de atividade e falta de recompensas e oportunidades é importante que o comprometimento seja BAIXO.

CONSTRUÇÃO, DESENVOLVIMENTO, VALIDAÇÃO E PADRONIZAÇÃO DA ESCALA DE INTENÇÕES COMPORTAMENTAIS DE COMPROMETIMENTO ORGANIZACIONAL – EICCO[5]

Não obstante a clássica distinção entre medidas atitudinais e comportamentais de comprometimento organizacional, Mowday, Porter e Steers (1982) apontam para uma necessidade de se integrarem as duas perspectivas. O domínio da perspectiva atitudinal, a pouca atenção dos pesquisadores à pers-

---
[5] Autor: Bastos, A.V.B.; Menezes, I.G. (2003).

pectiva comportamental e a demanda por integrar tais perspectivas coloca o desafio de se buscar um modelo teórico que embase as relações entre atitude e comportamento para uma mais completa compreensão do processo de comprometimento organizacional. Se o foco da perspectiva atitudinal está voltado para as crenças, afetos e comportamentos que se dirigem a um objeto, sendo os comportamentos uma conseqüência das atitudes, a perspectiva comportamental considera que as pessoas se comprometem com ações, sendo as atitudes geradas pelos comportamentos.

Ajzen e Fishbein (1977, 1980) consideram que as dificuldades em se criar uma associação entre as abordagens atitudinal e comportamental devem-se à pouca atenção conferida a outras variáveis que fazem parte da relação e que são igualmente importantes para predizer comportamentos a partir de atitudes. Uma das variáveis mais amplamente exploradas como participativas nessa relação diz respeito às *intenções comportamentais*.

Dentre as teorias que consideram a existência das intenções como componente predecessor ao comportamento destaca-se a teoria de Ajzen e Fishbein (1977), as quais desenvolveram a Teoria da Ação Racional (TRA), cujo modelo engloba quatro noções: afeto, crenças, intenções e comportamento. O *afeto* refere-se aos sentimentos do indivíduo em direção a um objeto, pessoa ou evento, para cuja avaliação, o objeto da atitude deverá ser colocado perante o indivíduo em uma dimensão bipolar, de modo que possa apresentar maior nível de desejabilidade ou indesejabilidade frente ao objeto sob avaliação. O componente *crenças* diz respeito à informação que a pessoa tem sobre o objeto da atitude, vinculando um objeto a um atributo. O terceiro elemento, *intenção comportamental*, indica a probabilidade subjetiva de um sujeito desempenhar um comportamento, a qual poderá ser avaliada criando uma situação em que a pessoa, ao longo de uma dimensão de probabilidade subjetiva, relacione essa probabilidade com sua ação. Por fim, o *comportamento* refere-se ao que a pessoa efetivamente realiza, recorrendo a fatos observáveis.

Fundamentado no modelo conceitual proposto por Ajzen e Fishbein (1977) e Ajzen (1988), a Escala de Intenções Comportamentais de Comprometimento Organizacional (EICCO) foi construída, desenvolvida, validada e padronizada tomando o elemento 'intenções comportamentais' como um elo que intermedeia a relação entre a atitude (sentimentos), crenças (cognições) e o comportamento comprometido propriamente dito. Para tanto, ela oferece uma amostra de situações-problema com cursos alternativos de ação, como estratégia para averiguar em que medida as escolhas efetuadas pelos sujeitos indicam comprometimento com a sua organização empregadora. Pode-se afirmar, também, que a EICCO apóia-se naquele núcleo central que define o conceito de comprometimento, como apontado por Meyer e Herscovitch (2001) – uma força que estabiliza e direciona o comportamento em relação a um alvo.

Outra característica importante da EICCO apóia-se na perspectiva comportamental como concebida por Salancik (1977, 1982) ao considerar que as bases do comprometimento consistem de explicações construídas pelos sujeitos para justificar e dar sentido ao seu comportamento. Assim, a EICCO busca, em um único instrumento, mensurar tanto a intensidade do comprometimento organizacional (pelas escolhas de cursos de ação entre duas alternativas postas hipoteticamente ao sujeito) como, também, o peso dos elementos afetivos e instrumentais na escolha realizada. Conforme a sua concepção, a escala pode permitir, inclusive, investigar que tipos de comportamentos pró-organização são mais fortemente associados a uma base mais afetiva ou instrumental. A escolha por estas duas bases apóia-se, por seu turno, nas idéias apresentadas por Kelman (2006) que, analisando os vínculos entre indivíduos e sistemas sociais, reconhece que os três processos de influência que estabelecera anteriormente (*compliance*, identificação e internalização) estruturam-se sobre duas principais fontes de *attachment* – sentimental e instrumental.

O modelo teórico que embasou a construção da escala apoiou-se em trabalhos como o de Randall, Fedor e Longenecker (1990), uma das poucas pesquisas voltadas para identificar descritores comportamentais de comprometimento organizacional. Em estudos anteriores (Bastos, 1995; Costa e Bastos, 1995; Bastos e Vieira, 2002), por meio de entrevistas abertas foi possível identificar, em amostras de trabalhadores brasileiros, vários indicadores comportamentais do construto. Resultados de análises fatoriais apontaram cinco grandes fatores como suficientes para agrupar a diversidade de indicadores levantados: **presença/permanência**; **produtividade/qualidade**; **defesa da organização**; **compartilhar/interferir** e **doação/empenho extra**. Uma primeira versão da escala foi proposta e validada previamente, apresentando indicadores que necessitavam de aperfeiçoamentos (Bastos et al., 2003).

Diferente do modelo clássico de uma escala Likert, com sentenças que requisitam a informação do nível de concordância com o seu conteúdo, a EICCO apresenta ao respondente um conjunto de situações-problema hipotéticas que exigem escolhas sobre o que fazer ou como agir. Tais situações foram criadas para representar os cinco grandes fatores anteriormente apontados, buscando-se uma formulação geral que pudesse ser aplicada a contextos organizacionais muito diversificados. Para cada situação-problema são identificados dois cursos de ação alternativos que representam os pólos de comprometimento e não-comprometimento com a organização. Solicita-se ao respondente que indique, em um *continuum* de sete pontos, de que opção ou pólo a sua ação se aproximaria. Nesse sentido, o tipo de escala escolhida se aproxima mais do modelo da escala de diferencial semântico (Osgood, Suci e Tannenbaum, 1957). Segue-se a recomendação de Likert (1932) para a construção de escalas de preferências, fazendo-se com que as opções oferecidas (A e B) alternassem indicadores positivos e negativos de comprometimento, para evitar erro da resposta estereotipada à esquerda ou à direita da escala de resposta (Pasquali, 1998).

Integra a EICCO uma segunda mensuração referente ao peso dos elementos afetivos e instrumentais na determinação da escolha por um curso de ação. Para cada item solicitava-se que o respondente indicasse o peso ou a importância destes dois componentes em uma escala de três pontos: *nenhuma, pouca e muita*.

Na sua última versão submetida ao processo de validação (Menezes, 2006), a escala contava com 27 itens ou situações-problema que cobriam as principais dimensões comportamentais de comprometimento. Para a validação foram investigados 291 trabalhadores de 10 empresas privadas e públicas do Estado da Bahia. O instrumento desenvolvido foi aplicado em diferentes setores das organizações, contemplando profissionais com distintas funções e níveis de escolaridade, visando uma maior variabilidade da amostra. A composição amostral foi do tipo não-probabilística por julgamento, seguindo o mesmo padrão das demais pesquisas que buscam avaliar o construto.

Distintas técnicas de validação foram combinadas para o estudo da validação do instrumento, fazendo-se uso tanto dos princípios da Teoria Clássica dos Testes (TCT) quanto dos fundamentos da Teoria de Resposta ao Item (TRI). A TRI, também conhecida como Teoria do Traço Latente, emerge nos anos de 1950, com os trabalhos de Lord (1952), Lazersfeld (1959), Rasch (1960) e Birnbaum (1968), trazendo novos modelos de análise que ampliam as informações sobre a qualidade psicométrica dos itens de um instrumento ao focalizar principalmente o item e não o instrumento como um todo.

Como a aplicação dos princípios da Teoria de Resposta ao Item para escalas graduadas exige o estudo da variabilidade das categorias de resposta, o que impactará diretamente no nível de discriminação do item, verificaram-se valores inferiores a 15-85% para cada intervalo de resposta em todos os itens da escala, critério indicativo de pequena variabilidade dos intervalos de resposta (Yela, 1956, apud Sisto, Santos e Noronha, 2006). Além disso, partindo-se do pressuposto de que os limiares (*steps*) das categorias devem seguir critérios hierárquicos, constatou-se que, em praticamente todos os itens, as categorias mostraram-se desordenadas. O estudo desses dois princípios da TRI para escalas graduadas forneceu subsídios empíricos para a decisão final de recategorização dos itens em um formato dicotômico. Com base nessa decisão, os valores de 1 a 3 foram recodificados para 1 (baixo comprometimento) e os intervalos de 5 a 7 foram recodificados como 2 (alto comprometimento). O valor 4, intervalo intermediário da escala, foi considerado como um valor de não-resposta (*missing*).

Como foram utilizados procedimentos de validação também pela TCT, foi testada a hipótese de normalidade da distribuição média dos itens de comprometimento, a qual foi constatada pelo teste Bera-Jarque, que apresentou um valor de 5,93 (inferior a 5,99, atestando a normalidade da distribuição). A garantia de uma distribuição normal legitimou o uso dos procedimentos psicométricos adotados para validação via Teoria Clássica dos Testes, possibilitando um maior poder de comparabilidade com os dados provenientes das análises pela Teoria da Resposta ao Item.

Para o estudo da validade do construto foram realizados três tipos de análise fatorial:

1. Análise Fatorial *Full Information*, para variáveis politômicas.
2. Análise Fatorial *Full Information* para variáveis dicotômicas (método de extração por componentes principais e rotação oblíqua do tipo Promax).
3. Análise Fatorial Clássica, para variáveis politômicas (método de extração por componentes principais e rotação ortogonal do tipo *varimax* com normalização Kaiser).

Pelos resultados das três análises de fatores foram excluídos dois itens, pois apresentaram baixas cargas fatoriais (inferiores a 0,30) em todas as análises. Três itens foram eliminados por apresentarem baixos níveis de significância na matriz de intercorrelações. Um item foi eliminado por apresentar um baixo nível de adesão, o que corresponderia a um baixo nível de dificuldade e, finalmente, outro item foi eliminado por mostrar-se mal ajustado ao modelo esperado (*goodness-of-fit*), além de apresentar um valor de intercepto muito baixo e grande nível de dificuldade.

A versão final da EICCO foi assim constituída com 20 itens, distribuídos em quatro fatores:

1. **participação**;
2. **melhor desempenho e produtividade**;
3. **empenho extra ou sacrifício adicional**;
4. **defesa da organização**.

Vale destacar aqui que todas as situações criadas para avaliar o fator **presença/permanência** foram eliminadas ao longo do processo de validação. Tal resultado requer desenvolvimentos teóricos posteriores, já que desejar permanecer ou continuar como membro da organização é uma das mais clássicas dimensões definidoras do construto, como na proposta de Mowday e colaboradores (1982). Estudos posteriores devem, ainda, avaliar como se comporta tal fator, considerando-se a sua importância na história da pesquisa sobre comprometimento. Por outro lado, não se pode descartar a possibilidade de que as mudanças no mundo do trabalho e novos padrões de vínculos entre empregado e organização, como afirma Swailes (2002), conduzam a uma nova definição do construto.

Uma vez realizada a validação do construto, procedeu-se ao exame da fidedignidade da escala, obtido pelo coeficiente alfa de Cronbach (α). Três fatores demonstraram valores de alfa inferiores a 0,70: **participação** ($\alpha=0,64$); **melhor desempenho e produtividade** ($\alpha=0,63$); e **empenho extra ou sacrifício adicional** ($\alpha=0,62$). O fator **defesa da organização** apresentou um α

de 0,77, valor considerado aceitável para avaliação do nível de consistência interna entre os itens do fator. O Quadro 4.7 reúne as denominações, as especificações, os itens integrantes e os coeficientes de precisão pela TCT dos fatores que compõem a EICCO.

Embora os coeficientes de fidedignidade de maneira geral tenham demonstrado valores abaixo do esperado pela TCT, pode-se constatar um valor elevado geral de confiabilidade considerando-se os parâmetros da TRI. Um critério de análise da confiabilidade da escala como um todo, indispensável na

QUADRO 4.7

Denominações, especificações, itens integrantes e índices de precisão dos fatores que compõem a EICCO

Nomes dos fatores	Especificações	Itens	Coeficientes de precisão
Participação	É composto de fatores relacionados à intenção dos trabalhadores em participar das atividades, das políticas e dos programas da organização da qual fazem parte, de modo a identificar problemas e pontos fracos, bem como fornecer sugestões e resoluções para estes.	1, 2, 5, 7, 10 e 20	0,64
Melhor desempenho e produtividade	Corresponde ao aumento do nível de desempenho e produtividade do funcionário mediante solicitação da organização, bem como sua capacidade de reavaliar as formas de trabalho, modificando-as.	3, 11, 13, 14 e 17	0,63
Empenho extra ou sacrifício adicional	Corresponde à dedicação e ao empenho extras dos funcionários em prol da organização, como respostas às necessidades emergenciais da empresa, bem como à abdicação temporária, ou até mesmo permanente, de benefícios e vantagens.	4, 9, 15 e 19	0,62
Defesa da organização	Diz respeito à disposição em defender a organização frente às críticas alheias, exibindo preocupação com a sua imagem interna e externa.	6, 8, 12, 16 e 18	0,77

validação final dos itens pela TRI é o estudo da Curva de Informação do Teste, dada pela função de informação do teste (TIF). Esta curva consiste na distribuição ao longo de uma escala teta que indica, no caso da EICCO, o grau em que os respondentes aderem ao traço latente mensurado, isto é, ao comprometimento organizacional. A TIF fornece, portanto, o nível de precisão da medida e deve se mostrar superior a 10,0 (Hambleton, 2004).

A TIF da EICCO obteve sua máxima informação (pico da curva) a 15,5804, com um pequeno erro padrão estimado em 2,640. O ponto máximo de informação corresponde ao valor de teta igual a -0,875 (em uma escala que varia de -3 a +3), o que significa que o máximo da precisão do teste pode ser alcançado a esse nível do traço latente. A média geral de informação foi de 7,119, o que permitiu a obtenção de um índice de fidedignidade de 0,88, valor considerado ótimo na validação de instrumentos psicométricos. Como não foi constatada a presença de itens que prejudicassem os valores gerais de confiabilidade da escala e dos fatores, nenhum item foi excluído tendo em vista a melhoria do alfa de Cronbach ou da correlação item-total.

Para todos os itens da EICCO seguem-se dois itens que buscam investigar se o peso da decisão sobre as situações que envolvem intenções comportamentais de comprometimento com a organização tenderia mais para razões emocionais (base afetiva) ou para recompensas e custos associados à permanência na organização (base instrumental). A justificativa da opção por uma postura associada a um maior ou menor grau de comprometimento é recorrente aos 20 itens da EICCO e apresenta três categorias de resposta relativas à importância dos motivos que justificam a escolha: nenhuma, pouca ou muita.

Ao final deste capítulo encontra-se a versão completa da Escala de Intenções Comportamentais de Comprometimento Organizacional.

Aplicação, apuração dos resultados e interpretação da EICCO

Por se tratar de um instrumento psicométrico impresso e que assume características auto-administradas, a EICCO pode ser aplicada individual ou coletivamente. Não há uma exigência de duração máxima para a complementação da tarefa, embora o tempo médio de respostas aos 20 itens da escala gire em torno de 20 minutos.

É importante que o respondente esteja em um ambiente tranqüilo e livre de distrações, respeitando-se as condições mínimas de padronização das condições de aplicação que foram adotadas para a amostra normativa. Não é recomendada a entrega da EICCO para posterior recolhimento visto fugir à uniformização dos procedimentos de aplicação e, conseqüentemente, ao controle do ambiente adequado.

O cálculo dos escores dos fatores da EICCO assim como da escala total pode ser feito de forma simples por meio da média aritmética dos itens que integram cada fator, assim como da média aritmética de todos os itens que integram a escala. Este escore, de acordo com a escala utilizada, irá variar de 1 (menor comprometimento) a 7 (máximo comprometimento).

O estudo de validação da EICCO, no entanto, avançou no sentido da normatização dos resultados obtidos (Menezes, 2006), estabelecendo a correspondência entre os escores obtidos na escala utilizada com faixas percentílicas que descrevem diferentes níveis ou patamares de comprometimento (nos diferentes fatores avaliados), assim como da importância das bases afetiva e instrumental como justificativas para tal comprometimento. O uso de normas intragrupo permite interpretar, comparativamente, os resultados de qualquer indivíduo em particular, ou setor, ou mesmo organização, com os resultados obtidos na amostra utilizada como referência para a normatização.

Ao combinar procedimentos de normatização da TCT e TRI, os escores médios obtidos podem ser localizados em postos percentílicos, definidos em quatro faixas de desempenho: Baixo (1 a 19); Médio Baixo (20 a 44); Médio Alto (45 a 69) e Alto (70 a 100). A criação dessas faixas de desempenho guardam uma relação direta com a divisão dos valores em quatro níveis pela escala teta da TRI. O Quadro 4.8 traz uma exposição das normas de classificação para os quatros níveis de comprometimento organizacional.

Da mesma maneira foram obtidas as faixas de desempenho para as bases de comprometimento organizacional. Como se trabalhou com a importância dos motivos da escolha por uma ou outra opção de resposta, as bases foram divididas nas três faixas de desempenho correspondentes às categorias de res-

QUADRO 4.8

Tabela de normas da escala de intenções comportamentais de comprometimento organizacional

	Escala percentílica			
	01 – 19	20 – 44	45 – 69	70 – 100
Participação	≤ 4,50	4,51 < x ≤ 5,50	5,51 < x ≤ 6,17	> 6,17
Empenho extra ou sacrifício adicional	≤ 4,40	4,41 < x ≤ 5,00	5,01 < x ≤ 5,80	> 5,80
Melhor desempenho e produtividade	≤ 4,40	4,41 < x ≤ 5,40	5,41 < x ≤ 6,20	> 6,20
Defesa da organização	≤ 4,25	4,26 < x ≤ 5,00	5,01 < x ≤ 6,25	> 6,25
Escore médio	≤ 4,43	4,44 < x ≤ 5,35	5,36 < x ≤ 6,10	> 6,10
	Baixo	Médio baixo	Médio alto	Alto

posta. Para a base afetiva ficaram definidos os seguintes **níveis de importância**: Nenhuma (1 a 19), Pouca (20 a 39) e Muita (40 a 100).

QUADRO 4.9
Tabela de normas para interpretação do grau de importância da base afetiva para a tomada de decisões que envolvem comprometimento organizacional

	Escala percentílica		
	01 – 19	20 – 39	40 – 100
Participação	≤ 2,00	2,01 < x ≤ 2,33	> 2,33
Empenho extra ou sacrifício adicional	≤ 1,75	1,76 < x ≤ 2,00	> 2,00
Melhor desempenho e produtividade	≤ 1,80	1,81 < x ≤ 2,20	> 2,20
Defesa da organização	≤ 1,91	1,92 < x ≤ 2,20	> 2,20
Escore médio	≤ 1,90	1,91 < x ≤ 2,25	> 2,25
	Nenhuma	Pouca	Muita

Já para a base instrumental, os postos percentílicos foram dispostos da seguinte forma: Nenhuma (1 a 19), Pouca (20 a 59) e Muita (60 a 100).

QUADRO 4.10
Tabela de normas para interpretação do grau de importância da base instrumental para a tomada de decisões que envolvem comprometimento organizacional

	Escala percentílica		
	01 – 19	20 – 59	60 – 100
Participação	≤ 1,83	1,84 < x ≤ 2,33	> 2,33
Empenho extra ou sacrifício adicional	≤ 1,75	1,76 < x ≤ 2,75	> 2,75
Melhor desempenho e produtividade	≤ 2,00	2,01 < x ≤ 2,75	> 2,75
Defesa da organização	≤ 1,40	1,41 < x ≤ 2,20	> 2,20
Escore médio	≤ 1,85	1,86 < x ≤ 2,45	> 2,45
	Nenhuma	Pouca	Muita

Este conjunto de normas propostas para o uso da EICCO permite identificar tanto o nível de comprometimento organizacional de indivíduos como de grupos e de organizações. Da mesma maneira, pode-se avaliar o peso com que elementos afetivos e instrumentais são utilizados para justificar as decisões que os indivíduos tomam e que podem conduzir a comportamentos indicadores de comprometimento com a organização. O importante, no entanto, é que a identificação dos níveis de comprometimento e do peso das duas bases, agora, podem ser interpretados a partir de parâmetros comparativos extraídos da amostra em que a escala foi validada e normatizada. Vale ressaltar, contudo, que estudos mais abrangentes que envolvam maior número de organizações e trabalhadores poderão conduzir a normas mais adequadas à realidade nacional.

A EICCO caracteriza-se, assim, como uma escala que oferece situações-problema específicas ao trabalhador, buscando-se inferir das escolhas efetuadas a força da presença do traço latente por ela mensurada. Nesse sentido, a escala revela-se congruente com os princípios de uma perspectiva comportamental para se estudar o comprometimento organizacional, que deve ser visto como um processo que vincula o indivíduo a um curso de ação, cujos comportamentos indicam um sentimento de responsabilidade para com as metas, objetivos e destino da organização a que pertence. De forma coerente com tal perspectiva, as bases do comprometimento organizacional são tomadas como explicações construídas pelo sujeito para justificar o curso de ação escolhido. Tais justificativas ou explicações podem, inclusive, ser construções *a posteriori*, algo bastante conveniente a um paradigma cognitivista para a compreensão do comportamento organizacional.

Escala de comprometimento organizacional afetivo – ECOA

Abaixo estão listados vários sentimentos que alguém poderia ter em relação à empresa onde trabalha. Gostaríamos de saber **o quanto você sente estes sentimentos**. Dê suas respostas anotando, nos parênteses que antecedem cada frase, aquele número (de 1 a 5) que melhor representa sua resposta.

1 = Nada
2 = Pouco
3 = Mais ou menos
4 = Muito
5 = Extremamente

A empresa onde trabalho faz-me sentir...

( ) Confiante nela.
( ) Desgostoso com ela.**
( ) Empolgado com ela.
( ) Fiel a ela.
( ) Apegado a ela.
( ) Orgulhoso dela.®
( ) Contente com ela.®
( ) Responsável por ela.
( ) Distante dela.**
( ) Dedicado a ela.
( ) Entusiasmado com ela.®
( ) Preocupado com ela.
( ) Encantado com ela.
( ) Desiludido com ela.**
( ) Envolvido com ela.
( ) Fascinado por ela.
( ) Interessado por ela.®
( ) Animado com ela ®

® Itens da forma reduzida.
** Itens com formulação negativa e que deverão ter os valores assinalados invertidos.

Escala de comprometimento organizacional calculativo – ECOC

As frases abaixo falam de algumas perdas e dificuldades que você teria se pedisse demissão da empresa onde está trabalhando e fosse trabalhar para outra empresa. Gostaríamos de saber **o quanto você concorda ou discorda de cada frase**. Dê suas respostas anotando, nos parênteses que antecedem cada frase, aquele número (de 1 a 5) que melhor representa sua resposta.

1 = Discordo totalmente
2 = Discordo
3 = Nem concordo nem discordo
4 = Concordo
5 = Concordo totalmente

Pedir demissão da empresa onde trabalho e ir trabalhar para outra empresa não valeria a pena porque...

1. ( ) Eu teria dificuldades para ganhar um salário tão bom quanto o que tenho hoje.
2. ( ) Eu jogaria fora todos os esforços que fiz para chegar aonde cheguei dentro desta empresa.
3. ( ) Eu perderia a estabilidade no emprego que tenho hoje nesta empresa (garantias de não ser demitido).
4. ( ) Eu teria dificuldade para conseguir outro cargo que me desse o mesmo prestígio que tenho com o meu cargo atual.
5. ( ) Eu demoraria a encontrar em outra empresa pessoas tão amigas quanto as que eu tenho hoje entre meus colegas de trabalho dentro desta empresa.
6. ( ) Eu perderia a liberdade que tenho de realizar meu trabalho dentro desta empresa.
7. ( ) Eu estaria desperdiçando todo o tempo que já me dediquei a esta empresa.
8. ( ) Eu deixaria para trás tudo o que já investi nesta empresa.
9. ( ) Eu estaria prejudicando minha vida profissional.
10. ( ) Eu demoraria a conseguir ser tão respeitado em outra empresa como sou hoje dentro desta empresa.
11. ( ) Eu deixaria de receber vários benefícios que esta empresa oferece aos seus empregados (vale-transporte, convênios médicos, vale-refeição, etc.).
12. ( ) Eu teria mais coisas a perder do que a ganhar com este pedido de demissão.
13. ( ) Eu perderia o prestígio que tenho hoje por ser empregado desta empresa.
14. ( ) Eu levaria muito tempo para me acostumar a um novo trabalho.
15. ( ) Eu estaria jogando fora todo o esforço que fiz para aprender as tarefas do meu cargo atual.

Escala de comprometimento organizacional normativo – ECON

A seguir são apresentadas frases relativas à empresa onde você trabalha. **Indique o quanto você concorda ou discorda de cada uma delas.** Dê suas respostas anotando, nos parênteses que antecedem cada frase, aquele número (de 1 a 5) que melhor representa sua resposta.

1 = Discordo totalmente
2 = Discordo
3 = Nem concordo nem discordo
4 = Concordo
5 = Concordo totalmente

( ) Continuar trabalhando nesta empresa é uma forma de retribuir o que ela já fez por mim.
( ) É minha obrigação continuar trabalhando para esta empresa.
( ) Eu seria injusto com esta empresa se pedisse demissão agora e fosse trabalhar para outra.
( ) Neste momento esta empresa precisa dos meus serviços.
( ) Seria desonesto de minha parte ir trabalhar para outra empresa agora.
( ) É a gratidão por esta empresa que me mantém ligado a ela.
( ) Esta empresa já fez muito por mim no passado.

Escala de bases do comprometimento organizacional – EBACO

Levando em conta o seu sentimento, responda as afirmativas abaixo de acordo com a escala a seguir:

Discordo			Concordo		
1 Discordo totalmente	2 Discordo muito	3 Discordo pouco	4 Concordo pouco	5 Concordo muito	6 Concordo totalmente

1. Desde que me juntei a esta organização, meus valores pessoais e os da organização têm se tornado mais similares.
2. A razão de eu preferir esta organização em relação a outras é por causa do que ela simboliza, de seus valores.

(Continua)

(*Continuação*)

3. Eu me identifico com a filosofia desta organização.
4. Eu acredito nos valores e objetivos desta organização.
5. Eu não deixaria minha organização agora porque eu tenho uma obrigação moral com as pessoas daqui.
6. Mesmo se fosse vantagem para mim, eu sinto que não seria certo deixar minha organização agora.
7. Eu me sentiria culpado se deixasse minha organização agora.
8. Acredito que não seria certo deixar minha organização porque tenho uma obrigação moral em permanecer aqui.
9. Todo empregado deve buscar atingir os objetivos da empresa.
10. Eu tenho obrigação em desempenhar bem minha função na empresa.
11. O bom empregado deve se esforçar para que a empresa tenha os melhores resultados possíveis.
12. O empregado tem a obrigação de sempre cumprir suas tarefas.
13. Nesta empresa, eu sinto que faço parte do grupo.
14. Sou reconhecido por todos na empresa como um membro do grupo.
15. Sinto que meus colegas me consideram como membro da equipe de trabalho.
16. Fazer parte do grupo é o que me leva a lutar por esta empresa.
17. Se eu já não tivesse dado tanto de mim nesta organização, eu poderia considerar trabalhar em outro lugar.
18. A menos que eu seja recompensado de alguma maneira, eu não vejo razões para despender esforços extras em benefício desta organização.
19. Minha visão pessoal sobre esta organização é diferente daquela que eu expresso publicamente.
20. Apesar dos esforços que já realizei, não vejo oportunidades para mim nesta empresa.
21. Procuro não transgredir as regras aqui, pois assim sempre manterei meu emprego.
22. Na situação atual, ficar com minha organização é na realidade uma necessidade tanto quanto um desejo.
23. Para conseguir ser recompensado aqui é necessário expressar a atitude certa.
24. Farei sempre o possível em meu trabalho para me manter neste emprego.
25. Se eu decidisse deixar minha organização agora, minha vida ficaria bastante desestruturada.
26. Eu acho que teria poucas alternativas se deixasse esta organização.
27. Uma das conseqüências negativas de deixar esta organização seria a escassez de alternativas imediatas de trabalho.
28. Não deixaria este emprego agora devido à falta de oportunidades de trabalho.

Escala de intenções comportamentais de comprometimento organizacional – EICCO

Esse questionário destina-se a conhecer o seu relacionamento com vários aspectos da sua vida no trabalho.

Responda com sinceridade todas as questões, pois não existem respostas certas ou erradas.

Mesmo que sinta dificuldade em escolher uma das opções, procure responder a todas as questões.

Instruções:

Em cada questão do questionário você irá encontrar situações que descrevem realidades do dia-a-dia do trabalho em uma organização. Frente a estas situações você deverá posicionar-se, considerando as duas opções extremas (**A** e **B**) descritas nos quadros.

Marque com um X o intervalo entre as duas opções que indica o nível de proximidade de sua decisão em relação às duas opções oferecidas. O intervalo do meio deve ser assinalado quando você estiver em dúvida ou não souber que opção escolher.

Após fazer sua opção, responda à questão sobre o nível de importância atribuído aos motivos que mais pesaram em sua decisão. Para responder, marque com um X uma das três opções de resposta, que variam do extremo grau de importância ao menor nível de importância. Não se esqueça de atribuir o nível de importância para ambos os motivos listados.

Exemplo:

Imagine que você recebe uma proposta de trabalho de outra organização de menor porte do que a sua, mas que oferece um salário significativamente superior ao que você recebe na organização em que trabalha atualmente. O que você faria?

Opção A	Opção B
Eu *não* tomaria alguma iniciativa no sentido de mudar para a nova empresa.	Eu tomaria alguma iniciativa no sentido de mudar para a nova empresa.

Indique, abaixo, a importância dos motivos que justificam a opção (A ou B) que você escolheu.

Motivos	Nenhuma	Pouca	Muita
Gostar ou me sentir afetivamente ligado à organização.		X	
Ter ganhos ou evitar perdas em agir dessa forma.			X

1. Imagine que sua organização implantou um sistema de críticas e sugestões acessível a todos os funcionários. Que posição você assumiria?

Opção A		Opção B
Mesmo tendo críticas e sugestões, eu as guardaria para mim mesmo.	☐☐☐☐☐☐☐	Caso eu tivesse críticas e sugestões, as apresentaria à organização.

Indique, abaixo, a importância dos motivos que justificam a opção (A ou B) que você escolheu.

Motivos	Nenhuma	Pouca	Muita
Gostar ou me sentir afetivamente ligado à organização.			
Ter ganhos ou evitar perdas em agir dessa forma.			

2. A organização está enfrentando um problema cujo encaminhamento está confiado a um outro setor de trabalho que não o seu. Você possui alguma idéia de como resolvê-lo. O que você faria?

Opção A		Opção B
Eu me ofereceria para ajudar.	☐☐☐☐☐☐☐	Eu *não* me ofereceria para ajudar.

Indique, abaixo, a importância dos motivos que justificam a opção (A ou B) que você escolheu.

Motivos	Nenhuma	Pouca	Muita
Gostar ou me sentir afetivamente ligado à organização.			
Ter ganhos ou evitar perdas em agir dessa forma.			

3. Na sua organização você é avaliado como tendo uma produtividade satisfatória. No entanto, ela lhe solicita um aumento desta produtividade por tempo indeterminado, mantendo as mesmas condições de trabalho. O que você faria?

Opção A		Opção B
Eu manteria o mesmo nível de desempenho e produtividade que tenho.	☐☐☐☐☐☐☐	Eu procuraria melhorar minha produtividade e meu desempenho.

Indique, a seguir, a importância dos motivos que justificam a opção (A ou B) que você escolheu.

4. A organização na qual você trabalha teve de fazer uma redução no quadro de pessoal, requerendo de você a realização de mais tarefas do que as prescritas para o seu cargo, tendo em vista a manutenção do nível de produtividade organizacional. Diante da solicitação e sabendo que você possui o conhecimento necessário para realizar essas novas atividades, o que você faria?

Opção A	Opção B
Eu assumiria essas novas tarefas.	Eu *não* assumiria essas novas tarefas.

Indique, abaixo, a importância dos motivos que justificam a opção (A ou B) que você escolheu.

Motivos	Nenhuma	Pouca	Muita
Gostar ou me sentir afetivamente ligado à organização.			
Ter ganhos ou evitar perdas em agir dessa forma.			

5. A organização na qual você trabalha adota um modelo de gestão participativa para que seus funcionários possam se envolver no processo de elaboração de novos projetos a partir do próximo ano. Diante da possibilidade de participação, o que você faria?

Opção A	Opção B
Eu me ofereceria para participar do planejamento estratégico.	Eu *não* me ofereceria para participar do planejamento estratégico.

Indique, abaixo, a importância dos motivos que justificam a opção (A ou B) que você escolheu.

Motivos	Nenhuma	Pouca	Muita
Gostar ou me sentir afetivamente ligado à organização.			
Ter ganhos ou evitar perdas em agir dessa forma.			

6. Em uma conversa descontraída com seus colegas de trabalho, um deles questiona e critica a empresa onde você trabalha. Que posição você assumiria?

Medidas do comportamento organizacional

Opção A		Opção B
Eu *não* defenderia a organização das críticas do colega.	☐☐☐☐☐☐☐	Eu defenderia a organização das críticas do colega.

Indique, abaixo, a importância dos motivos que justificam a opção (A ou B) que você escolheu.

Motivos	Nenhuma	Pouca	Muita
Gostar ou me sentir afetivamente ligado à organização.			
Ter ganhos ou evitar perdas em agir dessa forma.			

7. Imagine que a organização em que você trabalha convoque uma reunião de voluntários uma vez por semana, no horário após o expediente, a fim de discutir questões de interesse da própria organização. O que você faria?

Opção A		Opção B
Eu compareceria a estas reuniões, caso eu tivesse tal horário disponível	☐☐☐☐☐☐☐	Mesmo que pudesse, eu não participaria destas reuniões.

Indique, abaixo, a importância dos motivos que justificam a opção (A ou B) que você escolheu.

Motivos	Nenhuma	Pouca	Muita
Gostar ou me sentir afetivamente ligado à organização.			
Ter ganhos ou evitar perdas em agir dessa forma.			

8. Um dos clientes da organização na qual você trabalha dirige críticas ao atendimento prestado pela empresa e insinua que a maior concorrente possui uma qualidade de atendimento superior. Qual a posição que você assumiria?

Opção A		Opção B
Eu *não* defenderia a organização das críticas do cliente.	☐☐☐☐☐☐☐	Eu defenderia a organização das críticas do cliente.

Indique, abaixo, a importância dos motivos que justificam a opção (A ou B) que você escolheu.

Motivos	Nenhuma	Pouca	Muita
Gostar ou me sentir afetivamente ligado à organização.			
Ter ganhos ou evitar perdas em agir dessa forma.			

9. A organização em que você trabalha está passando por dificuldades financeiras e, portanto, necessita de maior dedicação dos seus empregados. Que posição você assumiria?

Opção A		Opção B
Eu continuaria mantendo o mesmo nível de dedicação.	☐☐☐☐☐☐☐	Eu procuraria aumentar a minha dedicação.

Indique, abaixo, a importância dos motivos que justificam a opção (A ou B) que você escolheu.

Motivos	Nenhuma	Pouca	Muita
Gostar ou me sentir afetivamente ligado à organização.			
Ter ganhos ou evitar perdas em agir dessa forma.			

10. Imagine que, devido a algum motivo irrisório, haja divergências e tensões entre diferentes setores dentro da organização em que você trabalha. O que você faria para melhorar tal situação?

Opção A		Opção B
Eu interviria no sentido de ajudar a superar as divergências e tensões entre diferentes setores.	☐☐☐☐☐☐☐	Eu *não* interviria e deixaria que os setores resolvessem as divergências e tensões por si mesmos.

Indique, abaixo, a importância dos motivos que justificam a opção (A ou B) que você escolheu.

Motivos	Nenhuma	Pouca	Muita
Gostar ou me sentir afetivamente ligado à organização.			
Ter ganhos ou evitar perdas em agir dessa forma.			

11. A organização onde você trabalha está sendo reestruturada, o que implica em redimensionamento de setores e remanejamento de pessoal. Estas mudanças são vistas pela organização como necessárias para a melhoria de seu desempenho e produtividade. Que posição você assumiria diante destas mudanças?

Opção A		Opção B
Eu faria o possível para *não* mudar de setor.	☐☐☐☐☐☐☐	Eu mudaria de setor.

Indique, abaixo, a importância dos motivos que justificam a opção (A ou B) que você escolheu.

Motivos	Nenhuma	Pouca	Muita
Gostar ou me sentir afetivamente ligado à organização.			
Ter ganhos ou evitar perdas em agir dessa forma.			

12. Sua organização foi indicada para concorrer a um prêmio anual como uma das melhores empresas para se trabalhar. É necessário que seus funcionários apresentem para a comissão de avaliação os principais aspectos positivos em se trabalhar para a organização. Diante de tal necessidade, qual a posição que você assumiria?

Opção A		Opção B
Eu apresentaria as vantagens em trabalhar para a organização.	☐☐☐☐☐☐☐	Eu *não* apresentaria as vantagens em trabalhar para a organização.

Indique, abaixo, a importância dos motivos que justificam a opção (A ou B) que você escolheu.

Motivos	Nenhuma	Pouca	Muita
Gostar ou me sentir afetivamente ligado à organização.			
Ter ganhos ou evitar perdas em agir dessa forma.			

13. Imagine que você foi chamado para substituir um colega de outro setor durante um mês e que terá de aprender como executar as tarefas relacionadas ao cargo. Qual posição você assumiria?

Opção A		Opção B
Eu recusaria a proposta e *não* buscaria aprender as novas tarefas.	☐☐☐☐☐☐	Eu aceitaria a proposta e buscaria aprender as novas tarefas.

Indique, abaixo, a importância dos motivos que justificam a opção (A ou B) que você escolheu.

Motivos	Nenhuma	Pouca	Muita
Gostar ou me sentir afetivamente ligado à organização.			
Ter ganhos ou evitar perdas em agir dessa forma.			

14. O sistema de avaliação de desempenho da sua organização detectou que a produtividade da sua equipe de trabalho não foi satisfatória como um todo, embora o seu desempenho tenha sido o esperado. Buscando a melhoria do desempenho geral da equipe, ela lhe solicita que aumente conjuntamente o seu nível de produtividade. Diante da solicitação, o que você faria?

Opção A		Opção B
Eu buscaria elevar o meu nível de produtividade, tendo em vista a melhoria do desempenho da equipe.	☐☐☐☐☐☐	Eu *não* buscaria elevar o meu nível de produtividade, mantendo meu atual padrão de desempenho.

Indique, abaixo, a importância dos motivos que justificam a opção (A ou B) que você escolheu.

Motivos	Nenhuma	Pouca	Muita
Gostar ou me sentir afetivamente ligado à organização.			
Ter ganhos ou evitar perdas em agir dessa forma.			

15. A empresa redefiniu as metas de desempenho para o próximo ano e isso exigirá de você uma carga de trabalho adicional. Que posição você assumiria?

Opção A		Opção B
Eu *não* mudaria minha forma de trabalhar, não me adequando às novas metas.	☐☐☐☐☐☐	Mudaria minha forma de trabalhar para me adequar às novas metas.

Indique, abaixo, a importância dos motivos que justificam a opção (A ou B) que você escolheu.

Motivos	Nenhuma	Pouca	Muita
Gostar ou me sentir afetivamente ligado à organização.			
Ter ganhos ou evitar perdas em agir dessa forma.			

16. Em um contexto fora de sua organização, algumas pessoas que não trabalham nela tecem comentários criticando-a. Qual a posição que você assumiria?

Opção A		Opção B
Eu defenderia a organização das críticas.		Eu não me exporia frente às pessoas defendendo a organização.

Indique, abaixo, a importância dos motivos que justificam a opção (A ou B) que você escolheu.

Motivos	Nenhuma	Pouca	Muita
Gostar ou me sentir afetivamente ligado à organização.			
Ter ganhos ou evitar perdas em agir dessa forma.			

17. A organização está implantando programas de melhoria do seu desempenho e da qualidade de seus produtos e serviços. Este programa exige mudanças na sua forma de trabalhar e a necessidade de uma nova adaptação ao seu trabalho. O que você faria?

Opção A		Opção B
Eu não me engajaria no programa.		Eu me engajaria no programa.

Indique, abaixo, a importância dos motivos que justificam a opção (A ou B) que você escolheu.

Motivos	Nenhuma	Pouca	Muita
Gostar ou me sentir afetivamente ligado à organização.			
Ter ganhos ou evitar perdas em agir dessa forma.			

18. Considerando-se o conjunto das organizações similares, a organização onde você trabalha é reconhecida como a menos conceituada e que apresenta a imagem mais negativa dentre as demais. Sendo solicitado pela organização a engajar-se em atividades que visem a melhoria da imagem da organização, o que você faria?

Opção A	Opção B
Eu tomaria alguma iniciativa no sentido de promover a melhoria da imagem da organização.	Eu *não* tomaria qualquer iniciativa no sentido de promover a melhoria da imagem da organização.

Indique, abaixo, a importância dos motivos que justificam a opção (A ou B) que você escolheu.

Motivos	Nenhuma	Pouca	Muita
Gostar ou me sentir afetivamente ligado à organização.			
Ter ganhos ou evitar perdas em agir dessa forma.			

19. Em um determinado momento, sua organização necessita que você assuma encargos ou tarefas que se distanciam de seus interesses profissionais atuais. O que você faria?

Opção A	Opção B
Não aceitaria tais encargos e tarefas, apesar da necessidade da organização.	Aceitaria assumir tais encargos e tarefas para atender às necessidades da organização.

Indique, abaixo, a importância dos motivos que justificam a opção (A ou B) que você escolheu.

Motivos	Nenhuma	Pouca	Muita
Gostar ou me sentir afetivamente ligado à organização.			
Ter ganhos ou evitar perdas em agir dessa forma.			

20. Em comparação com organizações similares, os processos de trabalho sob a responsabilidade do seu setor são mais lentos, tendo suas principais atividades um caráter rotineiro. Você possui uma idéia inovadora e que poderia otimizar o tempo de trabalho e tornar o trabalho mais diversificado. O que você faria?

Opção A		Opção B
Eu *não* difundiria minha idéia para a organização.	☐☐☐☐☐☐☐	Eu difundiria minha idéia para a organização.

Indique, abaixo, a importância dos motivos que justificam a opção (A ou B) que você escolheu.

Motivos	Nenhuma	Pouca	Muita
Gostar ou me sentir afetivamente ligado à organização.			
Ter ganhos ou evitar perdas em agir dessa forma.			

REFERÊNCIAS

AJZEN, I. *Attitudes, personality, and behavior*. Chicago: Dorsey, 1988.

AJZEN, I.; FISHBEIN, M. *Belief, attitude, intention and behavior:* an introduction to theory and research. Massachusetts: Addison-Wesley, 1977.

_____. *Understanding attitude and predicting social behavior.* Englewood Cliffs, NJ: Prentice-Hall, 1980.

BASTOS, A. V. B. *Comprometimento no trabalho:* a estrutura dos vínculos do trabalhador com a organização, a carreira e o sindicato. 1994. 274 f. Tese (Doutorado em Psicologia) – Instituto de Psicologia, Universidade de Brasília, Brasília, 1994.

_____. *Comprometimento organizacional:* um balanço dos resultados e desafios que cercam essa tradição de pesquisa. *Revista de Administração de Empresas,* São Paulo, v. 33, n. 3, p. 52-64, maio/jun. 1993.

_____. *Desenvolvimento de uma escala comportamental para medida de comprometimento organizacional*. In: REUNIÃO ANUAL DE PSICOLOGIA, 25., 1995, Ribeirão Preto. *Anais...* Ribeirão Preto: Sociedade Brasileira de Psicologia, 1995. p. 357-358.

BASTOS, A. V. B.; VIEIRA, S. R. F. *A natureza do comprometimento e sua relação com comportamentos comprometidos:* um estudo de caso em uma empresa metalúrgica. In: SEMINÁRIO ESTUDANTIL DE PESQUISA, 20., 2002, Salvador. *Anais...* Salvador: Edufba, 2002. p. 240.

BASTOS, A. V. B. et al. *Comprometimento organizacional e validação de um novo instrumento de medida do construto*. In: CONGRESSO NORTE-NORDESTE DE PSICOLOGIA, 3., João Pessoa. *Anais...* João Pessoa: Conselho Federal de Psicologia, 2003. p. 419-420.

BECKER, H. S. Notes on the concept of commitment. *The American Journal of Sociology,* Chicago, v. 66, p. 32-40, July 1960.

BECKER, T. E. Foci and bases of commitment: are they distinctions worth making? *Academy of Management Journal*, New York, v.35, n.1, p. 232-244, Mar. 1992.

BIRNBAUM, A. Some latent trait models and their use in inferring and examinee's ability. In: Lord, F. M.; NOVICK, M. R. (Org.). *Statistical theories of mental test scores*. Reading, MA: Addison-Wesley, 1968. p. 17-20.

BLAU, G. J. Using a person-environment fit model to predict job involvement and organizational commitment. *Journal of Vocational Behavior*, Orlando, v. 30, n. 3, p. 240-257, June 1987.

BORGES-ANDRADE, J. E.; AFANASIEF, R. S.; SILVA, M. S. Mensuração de comprometimento organizacional em instituições públicas. In: REUNIÃO ANUAL DE PSICOLOGIA, 19., 1989, Ribeirão Preto. Anais... Ribeirão Preto: Sociedade Brasileira de Psicologia, 1989. p. 236.

COHEN, A. *Multiple commitments in the workplace*. London: Lawrence Erlbaum, 2003.

COMMEIRAS, N.; FOURNIER, C. Critical evaluations of Porter et al.'s organizational commitment questionnaire: implications for researchers. *Journal of Personal Selling & Sale Management*, New York, v. 21, n. 3, p. 239-246, Summer 2001.

COOPER-HAKIM, A.; VISWESVARAN, C. The construct of work commitment: testing an integrative framework. *Psychological Bulletin*, Washington, v.131, n. 2, p. 241-259, Mar. 2005.

COSTA, C. A.; BASTOS, A. V. B. *Indicadores comportamentais de comprometimento com a organização*. In: SEMINÁRIO DE PESQUISA ESTUDANTIL DA UFBA, 16., 1995, Salvador. Anais... Salvador: UFBA, 1995. p. 215-217.

CULPEPPER, R. A. A test of revised scales for the Meyer and Allen (1991) three-component commitment construct. *Educational and Psychological Measurement*, Virginia, v. 60, n. 4, p. 604-616, Aug. 2000.

ETZIONI, A. *A comparative analysis of complex organizations*. New York: Free Press, 1975.

GOULDNER, H. P. Dimensions of organizational commitment. *Administrative Science Quarterly*, New York, 4, p. 468-490, Mar. 1960.

GREGERSEN, H. B. Multiple commitments at work and extrarole behavior during three stages of organizational tenure. *Journal of Business Research*, London, v.26, n.1, p. 31-47, Jan. 1993.

HAMBLETON, R. K. Theory, methods and practices in testing for the 21st century. *Psicothema*, Barcelona, v.16, n.4, p. 696-701, May 2004.

HREBINIAK, L. G.; ALLUTO, J. A. Personal and role-related factors in the development of organizational commitment. *Administrative Science Quarterly*, New York, v.17, n. 4, p. 555-573, Dec. 1972.

JAROS, S. J. et al. Effects of continuance, affective, and moral commitment on the withdrawal process: an evaluation of eight structural equations models. *Academy of Management Journal*, Birmingham, v.36,n.5, p. 951-995, Oct. 1993.

KANTER, R. M. Commitment and social organization: a study of commitment mechanism in utopian communities. *American Sociological Review*, Columbus, v.33, n.4, p. 499-517, 1968.

KELMAN, H. C. Compliance, identification, and internalization: three processes of attitude change. *Journal of Conflict Resolution*, New Haven, v.2, p.51-60, Mar. 1958.

_____. Interests, relationships, identities: three central issues for individuals and groups in negotiating their social environment. In: FISKE, S. T.; KAZDIN, A. E.; SCHACTER, D. L. (Ed.). *Annual Review of Psychology*, Palo Alto, v. 57, n. 1, p. 1-26, Sept. 2006.

KIESLER, C. A.; SAKAMURA, J. A. A test of a model for commitment. *Journal of Personality and Social Psychology*, Washington, v. 3, n.3, p. 349-353, Mar. 1966.

LAZERSFELD, P. F. Latent structure analysis. In: KOCH, S. *Psychology*: a study of science. New York: McGraw-Hill, 1959. p. 476-543.

MATHIEU, J. E.; ZAJAC, D. M. A review and meta-analysis of the antecedents, correlates, and consequences of organizational commitment. *Psychological Bulletin*, Washington, v. 108, n. 2, p.171-194, Sept. 1990.

MEDEIROS, C. A. F. *Comprometimento organizacional:* um estudo de suas relações com características organizacionais e desempenho nas empresas hoteleiras. 166 f. Tese (Doutorado em Administração) – Programa de Pós Graduação em Administração, Faculdade de Economia e Administração da Universidade de São Paulo, São Paulo, 2003.

MEDEIROS, C. A. F. et al. Comprometimento organizacional: o estado da arte da pesquisa no Brasil. *Revista de Administração Contemporânea*, Curitiba, v. 7, n. 4, p. 187-209, dez. 2003.

MEDEIROS, C.A.F. et al. Três (ou quatro?) componentes do comprometimento organizacional. In: ENANPAD 99, 23., 1999, Foz do Iguaçu. *Anais...* Foz do Iguaçu: ANPAD, 1999.1 CD-ROM.

MEDEIROS, C. A. F. et al. Um estudo exploratório dos múltiplos componentes do comprometimento organizacional. *Revista Eletrônica de Administração*, Porto Alegre, v. 11, n. 1, p. 1-22, jan./fev. 2005.

MENEZES, I. G. *Escala de intenções comportamentais de comprometimento organizacional (EICCO):* concepção, desenvolvimento, validação e padronização. 2006. 355 f. Dissertação (Mestrado em Psicologia), Faculdade de Filosofia e Ciências Humanas, Universidade Federal da Bahia, Salvador, 2006.

MEYER, J. P.; ALLEN, N. J. A three-component conceptualization of organizational commitment. *Human Resource Management Review*, Greenwich, n. 1, p. 61-89, Apr. 1991.

_____. *Commitment in the workplace*: theory, research and application. Thousand Oaks: Sage, 1997.

_____. Testing "side-bet theory" of organizational commitment: some methodological considerations. *Journal of Applied Psychology*, Berkeley, v.69, n.3, p. 372-378, Aug. 1984.

MEYER, J. P.; HERSCOVITCH, L. Commitment in the workplace toward a general model. *Human Resource Management Review*, Greenwich, v. 11, n. 3, p. 299-326, Autumn 2001.

MEYER, J. P.; ALLEN, N. J.; SMITH, C. A. Commitment to organizations and occupations: extension and test of a three-component conceptualization. *Journal of Applied Psychology*, Berkeley, v. 78, n. 4, p. 538-551, Aug. 1993.

MEYER, J. P. et al. Affective, continuance and normative commitment to the organization: a meta-analysis of antecedents, correlates, and consequences. *Journal of Vocational Behavior*, Orlando, v. 61, p. 20-52, Aug. 2002.

MORROW, P.C. Concept redundancy in organizational research: the case of work commitment. *Academy of Management Review*, Birmingham, v. 8, n. 3, p. 486-500, July 1983.

MOWDAY, R. T.; PORTER, L. W.; STEERS, R. M. *Employee-Organization linkages:* the psychology of commitment, absenteeism and turnover. New York: Academic Press, 1982.

MOWDAY, R. T.; STEERS, R. M.; PORTER, L. W. The measurement of organizational commitment. *Journal of Vocational Behavior*, Orlando, v. 14, n. 2, p. 224-247, Apr. 1979.

MOWDAY, R.T. Reflections on the study and relevance of organizational commitment. *Human Resource Management Review*, Greenwich, v. 8, n. 4, p. 387-401, Winter 1998.

O'REILLY III, C.; CHATMAN, J. Organizational commitment and psychological attachment: the effects of compliance, identification, and internalization on prosocial behavior. *Journal of Applied Psychological*, Berkeley, v. 71, n. 3, p. 492-99, Aug. 1986.

OSGOOD, C. E.; SUCI, G.; TANNENBAUM, P. *The measurement of meaning.* Urbana, IL: University of Illinois, 1957.

PASQUALI, L. Histórico dos instrumentos psicológicos. In: PASQUALI, L. (Org.). *Instrumentos psicológicos:* manual prático de elaboração. Brasília: LabPAM-IBAP, 1999. p. 231-258.

PORTER, L. W. et al. Organizational commitment, job satisfaction, and turnover among psychiatric technicians. *Journal of Applied Psychology*, Maryland, v. 5, n. 59, p. 603-609, Oct. 1974.

RANDALL, D. M.; FEDOR, D. B.; LONGENECKER, C. O. The behavioral expression of organizational commitment. *Journal of Vocational Psychology*, Orlando, v. 36, n. 2, p. 210-224, Apr. 1990.

RASCH, G. *Probabilistic models for some intelligence and attainment tests.* Copenhagen: Danmarks Paedogogiske Institut, 1960.

REICHERS, A. A review and reconceptualization of organizational commitment. *Academy of Management Review*, Lexington, KY, v.10, n.3, p.465-476, July 1985.

RITZER, G.; TRICE, H. M. An empirical study of Howard Becker's side-bet theory. *Social Forces*, Raleigh, CN, v.47, p.475-479, 1969.

SÁ, M. A. D.; LEMOINE, C. O estilo de liderança como fator de comprometimento na empresa. In: ENANPAD 98, 22., 1998, Foz do Iguaçu. *Anais...* Foz do Iguaçu, 1998. CD-ROM.

SALANCIK, G. R. Commitment and the Control of Organizational Behavior and Belief. In: STAW, B.M.; SALANCIK, G.R. (Ed.). *New directions in organizational behavior.* Chicago: St. Clair, 1977. p. 1-54.

SIQUEIRA, M. M. M. Análises de três medidas de comprometimento organizacional: afetivo, calculativo e normativo. In: CONFERÊNCIA INTERNACIONAL DE AVALIAÇÃO PSICOLÓGICA, 8., 2000. *Anais...* Belo Horizonte: Pontifícia Universidade Católica de Minas Gerais, 2000. p. 94-95.

_____ . *Antecedentes de comportamentos de cidadania organizacional:* a análise de um modelo pós-cognitivo. 1995. 265 f. Tese (Doutorado em Psicologia) - Instituto de Psicologia, Universidade de Brasília, Brasília, 1995.

SISTO, F. F.; SANTOS, A. A. A.; NORONHA, A. P. P. Uso do Rasch para delimitação de critérios hierárquicos para o Teste de Bender. In: NORONHA, A. P. P.; SANTOS, A. A. A.; SISTO, F. F. (Org.). *Facetas do fazer em avaliação psicológica.* São Paulo: Vetor, 2006. p. 57-80.

SWAILES, S. Organizational commitment: a critique of the construct and measures. *International Journal of Management Review,* v. 4, n. 2, p. 155-178, June 2002.

WIENER, Y. Commitment in organizations: a normative view. *Academy of Management Review,* v. 7, n. 3, p. 418-428, July 1982.

5
Confiança do empregado na organização

Áurea de Fátima Oliveira
Álvaro Tamayo

No cotidiano, as pessoas se preocupam em manter relações sociais que lhes proporcionem um sentido de segurança, ainda que haja a possibilidade de se decepcionarem com outras pessoas, grupos e organizações no decorrer da interação. A confiança é uma das bases da interação social apontada pela literatura, podendo gerar nos indivíduos essa segurança, ainda que não seja plena. Luhmann (1979) esclarece que o mundo social necessita de mecanismos que funcionem como redutores da incerteza, permitindo aos atores criarem expectativas em relação ao comportamento futuro de outros atores. Para este autor, a confiança é um mecanismo básico que reduz a incerteza, permitindo a criação de pressupostos relativos ao comportamento futuro da outra parte envolvida na relação. Ao confiar, o indivíduo acredita que a contraparte não agirá de modo oportunista, vindo a prejudicá-lo. Assim, a confiança é um indicador de que a interação social poderá ser estabelecida e mantida ao longo do tempo.

A concepção da confiança como uma das bases da interação social é creditada por Reed (2001) à norma de reciprocidade proposta por Gouldner em 1960. De acordo com esta norma, quando uma parte beneficia a outra uma obrigação é gerada. O receptor do benefício contrai um débito em relação ao doador, que deverá ser pago ainda que a retribuição do benefício não seja imediata. A norma de reciprocidade postula duas demandas mínimas inter-relacionadas:

a) as pessoas devem ajudar aquelas que as ajudaram;
b) as pessoas não devem prejudicar seus benfeitores. A norma de reciprocidade oferece aos indivíduos uma base realista para a confiança, uma vez que as partes envolvidas em uma relação tenham internalizado essa norma que obriga o receptor de um benefício a retribuí-lo (Gouldner, 1960).

O estudo da confiança também perpassa a questão ética e moral. Ferrel, Fraedrich e Ferrel (2001) ao analisarem as filosofias morais afirmam que os indivíduos tentam se adaptar a elas quando interpretam dilemas éticos, aplicando seu sistema de valores em situações do mundo real. Dessa forma, os indivíduos formam juízos sobre o que acreditam que é certo ou o que é errado. A confiança se situa na filosofia moral denominada ética das virtudes. Do ponto de vista do indivíduo, virtude é a capacidade ou potência moral. É a disposição estável de comportar-se moralmente de maneira positiva, isto é, querer o bem. Segundo Vásquez (1978), a realização moral também é um empreendimento social, isto é, um processo de moralização no qual influem, de maneira diversa, organizações e instituições sociais.

A viabilidade dos sistemas políticos, sociais e econômicos depende da presença de certas virtudes, que se mostram vitais para o funcionamento de uma economia de mercado. O conjunto de virtudes é composto por autocontrole, empatia, eqüidade, veracidade e confiança (Ferrel, Fraedrich e Ferrel, 2001). A virtude da confiança é definida da seguinte forma:

> [....] a predisposição de ter confiança no comportamento de terceiros, ao mesmo tempo assumindo o risco de que a esperada conduta não se realize. A confiança evita atividades que fiscalizem o cumprimento de acordos, contratos e compromissos recíprocos e economiza os custos a ela associados. Há expectativa de que a promessa ou o acordo será cumprido. (Ferrell, Fraedrich e Ferrel, 2001, p.59)

A literatura sobre o tema permite constatar a contribuição de áreas distintas do conhecimento que procuram lançar luz sobre esta variável tão importante nas relações sociais, tanto no que se refere às suas bases de sustentação quanto aos diferentes níveis em que o fenômeno pode ser investigado. É o que se observa nos vários estudos sobre confiança quando esta é concebida como uma predisposição do indivíduo de confiar nos outros, assumindo a forma de uma característica de personalidade estável e diferenciada, sendo desenvolvida por meio do processo de socialização (Kramer, 1999; Mayer, Davis e Schoorman, 1995).

A confiança tem sido investigada também nas relações interpessoais (Bachmann, 2001; Costa, 2000; Jeffries, 2000; Kramer, 1999; Lane e Bacchmann, 1996; Lewicki e Buncker, 1996; McAllister, 1995), nas equipes de trabalho (Valle-Lima, Machado e Castro, 2002), entre unidades organizacionais e ainda entre organizações (Cummings e Bromiley, 1996). Portanto, vários níveis de análise estão colocados para investigação, partindo do indivíduo, passando pelas redes sociais de trabalho e, por último, considerando a influência das organizações sociais sobre os padrões de confiança.

Para melhor entendimento sobre a relação de confiança estabelecida entre o empregado e sua organização de trabalho é necessário delimitar esse nível de análise distinguindo-o dos demais. A confiança interpessoal caracteriza-se pelo contato face a face entre indivíduos, sendo necessárias interações freqüentes que os tornam familiarizados com os interesses e preferências uns dos outros, sem usar recursos institucionais. Há necessidade de um conhecimento personalizado entre o indivíduo confiante e o depositário da confiança, tornando o primeiro seguro e disposto a agir tomando como referência as palavras, as ações e as decisões da outra parte.

A confiança interpessoal tem sido alvo de investigações tanto no que se refere às relações com variáveis do comportamento organizacional, tais como comportamento de cidadania organizacional (Pillai, 1999), satisfação, valores pessoais e antecipação de interações futuras entre clientes (Armstrong e Yee, 2001), como também no desenvolvimento de escalas (Johnson-George e Swap, 1982; Lündassen, 2002; Seligson e Rennó, 2000).

Se no âmbito das relações interpessoais e íntimas, a confiança já se constituía foco de interesse de estudiosos, no âmbito das organizações, tanto as mudanças sociais e econômicas quanto os avanços tecnológicos, provocaram modificações que estimularam a ampliação das investigações em torno do tema. Desse modo, conhecer como se estrutura uma relação de confiança no contexto organizacional passou a ser essencial, visto que contratos e controles formais não são suficientes para assegurar a tranqüilidade das partes envolvidas em uma relação, principalmente quando se trata do vínculo entre o empregado e sua organização de trabalho.

Diferentemente da confiança interpessoal, a confiança organizacional se assenta em bases específicas, dentre elas Kramer (1999) relaciona o conhecimento do papel a ser desempenhado por um indivíduo e não suas habilidades, motivos e intenções particulares. O papel atua como uma procuração para o conhecimento personalizado. Por sua vez, as regras organizacionais, compartilhadas pelos indivíduos, em relação ao comportamento tido como apropriado é outra base da confiança, pois se referem aos requisitos legítimos do sistema. O autor acrescenta que regras explícitas e conhecimento tácito podem ser combinados de modo a produzirem um elevado nível de confiança, permitindo ao empregado fazer inferências a respeito do comportamento de outro indivíduo. Raciocínio semelhante também se aplica à organização, pois o empregado pode inferir as ações organizacionais a partir das normas existentes. Embora as bases de natureza individual e social não tenham sua importância diminuída, papéis e regras por suas características podem ser interpretados como bases específicas da confiança na organização. Eles não requerem conhecimento personalizado e auxiliam na estruturação e funcionamento do sistema, constituindo-se em uma plataforma sobre a qual confiança pessoal e do empregado no sistema empregador possa se estabelecer e desenvolver.

É importante ressaltar que os autores admitem efeitos interativos entre os níveis da confiança (Costa, 2000; Jeffries, 2000). Além disso, Costa (2000) realça a diferença existente entre confiança interpessoal e confiança em instituições, alegando que tal distinção proporciona fundamentos teóricos específicos a serem empregados nos estudos.

A psicologia cognitiva é uma das perspectivas apontadas na literatura para o estudo da confiança. Pautando-se nessa contribuição, Kramer (1999) propõe que confiança seja um conjunto de processos cognitivos inter-relacionados. Mais recentemente, Bastos (2002) revela o impacto da abordagem cognitivista nos estudos organizacionais, utilizando o termo cognição organizacional e aplicando-o aos estudos apoiados nesta perspectiva, os quais investigam como indivíduos e organizações constroem seus ambientes e de que forma os processos se relacionam com importantes produtos organizacionais.

A partir da abordagem cognitivista, utilizou-se o conceito de esquema mental – estruturas mentais usadas para representar o conhecimento, abrangendo uma série de conceitos inter-relacionados em uma organização significativa (Sternberg, 2000) – para elaborar o conceito de confiança do empregado na organização. Os esquemas podem incluir relações entre conceitos permitindo a representação de objetos, dado que o esquema é composto por agrupamentos de conceitos que envolvem um conhecimento genérico (Siqueira, Gomide Jr., 2004). Considerando esta fundamentação, propõe-se a seguinte definição: confiança do empregado na organização é o conjunto de cognições interdependentes que integra crenças a respeito de padrões éticos, credibilidade da comunicação, poder econômico da organização e capacidade desta de reconhecer o desempenho do empregado, tanto financeira quanto profissionalmente.

Este esquema mental representa um conjunto de crenças do empregado sobre a manutenção de padrões éticos, a solidez econômica da organização e a capacidade dela de reconhecer os esforços dos empregados, honrar compromissos, obedecer a leis e normas. Dessa forma, confiança depositada na organização apóia-se nessas crenças elaboradas pelo empregado ao se relacionar e processar as informações do contexto organizacional.

Para fins de investigação e diagnóstico das crenças dos empregados quanto à confiabilidade de sua organização de trabalho será apresentada a Escala de Confiança do Empregado na Organização (ECEO) que foi construída e validada no Brasil.

As próximas seções deste capítulo apresentarão o método aplicado no estudo de seu processo de construção e validação, os resultados que revelaram os indicadores psicométricos da ECEO, bem como as orientações para o cômputo e a interpretação dos seus escores fatoriais médios.

CONSTRUÇÃO E VALIDAÇÃO DA ESCALA DE CONFIANÇA DO EMPREGADO NA ORGANIZAÇÃO – ECEO

A ECEO tem por objetivo medir o quanto o empregado acredita que pode confiar na organização em que trabalha. Trata-se de uma medida multidimensional composta por cinco dimensões: **promoção do crescimento do em-**

pregado, **solidez organizacional, normas relativas à demissão de empregados, reconhecimento financeiro organizacional** e **padrões éticos**.

A construção desta medida deu-se em duas etapas: estudo qualitativo e construção e validação da ECEO. O estudo qualitativo teve por objetivo conhecer as crenças de trabalhadores a respeito da confiança obtendo dessa forma conhecimentos empíricos que pudessem ser agregados àqueles identificados na literatura. Esta etapa consistiu na realização de entrevistas semi-estruturadas com 10 trabalhadores de organizações distintas e representantes de ocupações variadas. Paralelamente, um questionário aberto contendo questões semelhantes às da entrevista foi distribuído a 156 trabalhadores em várias organizações. Os dados obtidos foram tratados por meio de análise de conteúdo e cinco categorias de respostas foram identificadas: **reconhecimento organizacional, credibilidade da comunicação organizacional, solidez da organização, padrões éticos e normas organizacionais**.

A segunda etapa, por sua vez, teve por finalidade a construção e a validação da escala que seguiu os procedimentos psicométricos. Os itens foram elaborados a partir das cinco categorias anteriormente identificadas e avaliados por juízes que verificaram a correspondência entre as categorias e os itens elaborados para representá-las. Adotou-se como critério de eliminação dos itens o índice de concordância dos juízes inferior a 85%. O grupo de oito juízes foi composto por cinco estudantes de pós-graduação e por três professores de psicologia. Dos 121 itens iniciais permaneceram na versão preliminar 78 itens.

A análise semântica, por sua vez, foi realizada com um grupo de oito funcionários de uma organização pública, ocupantes de cargos diferentes e com níveis de instrução variando de primeiro grau incompleto a pós-graduação. Cada funcionário respondeu ao questionário individualmente. Em outro momento, o grupo reuniu-se com o pesquisador e analisou a clareza e a compreensão dos itens e instruções da medida. Em decorrência dessa análise, houve a eliminação de nove itens e correção da linguagem de outros. Então, a versão final contendo 69 itens pôde ser preparada para aplicação.

Do estudo de validação participaram 523 trabalhadores vinculados a organizações públicas e privadas com tempo mínimo de trabalho de três meses. Os participantes indicaram suas respostas utilizando-se de uma escala de cinco pontos que revelava o quanto concordavam ou discordavam de cada afirmação (1 = discordo totalmente; 2 = discordo; 3 = nem concordo nem discordo; 4 = concordo; 5 = concordo totalmente). A proporcionalidade entre o número de itens (69) e de sujeitos (523) é de 7,5. Pasquali (1999) afirma que entre 5 a 10 sujeitos por item do instrumento serão suficientes para responder à questão do tamanho da amostra.

Para extração dos fatores foi realizada análise dos componentes principais que indicou seis fatores com autovalores maiores que 1,5. Posteriormente, utilizou-se o método de extração dos eixos principais (PAF) com rotação oblíqua e adotou-se como critério carga fatorial mínima de 0,35. No estudo, as cargas variaram de 0,35 a 0,73. As análises indicaram que a solução de extração com cinco fatores revelou-se apropriada, contendo fatores coerentes e interpretáveis que explicaram 48,67 % da variância.

Os resultados das análises não confirmaram integralmente os cinco fatores previstos. Os itens que integravam as dimensões iniciais **credibilidade da comunicação organizacional** e **normas organizacionais** ficaram saturados em outros fatores. A abrangência das **normas organizacionais** explica a dispersão dos seus itens entre os fatores, especialmente o componente ético. Na composição deste fator permaneceu itens relativos à adoção de critérios objetivos ou arbitrários utilizados pelas organizações para demitir empregados. Do estudo de validação empreendido, concluiu-se que esta medida é composta por 47 itens que representam cinco fatores: **promoção do crescimento do empregado**, **solidez organizacional**, **normas relativas à demissão de empregados**, **reconhecimento financeiro organizacional** e **padrões éticos**. Os índices de precisão dos fatores (α de Cronbach) variam de 0,79 a 0,93 e a correlação item-total oscila entre 0,43 a 0,81. A versão completa da ECEO com 47 itens encontra-se no final deste capítulo.

QUADRO 5.1

Denominações, definições, itens integrantes e índices de precisão dos componentes da ECEO

Denominações	Definições	Nº itens	Itens	Índices de precisão
Promoção do crescimento do empregado	Incentivo ao crescimento profissional dos empregados por meio de alternativas concretas e reais propostas pela organização, permitindo aos colaboradores prever seu crescimento naquele contexto de trabalho.	7	33, 11, 45, 21, 19, 37, 22	0,92
Solidez organizacional	Refere-se à firmeza, à estabilidade financeira da organização cujos reflexos são o cumprimento de suas obrigações financeiras com os empregados, o pagamento de	12	2, 4, 8, 17, 18, 24, 26, 29, 30, 34, 32, 38	0,86

(Continua)

(Continuação)

Denominações	Definições	Nº itens	Itens	Índices de precisão
	salário pontualmente, a perspectiva de um futuro próspero, bem como a capacidade de superar crises econômicas ocasionadas por planos governamentais e mudanças do mercado.			
Normas relativas à demissão de empregados	Presença ou ausência de normas organizacionais definidas para demissão de empregados, permitindo, ou não, ao empregado prever sua permanência na organização.	6	1, 5, 20, 12*, 28*, 41	0,79
Reconhecimento financeiro organizacional	Os esforços do empregado são reconhecidos e valorizados de forma financeira, principalmente, por meio do salário. A concessão de aumento salarial é percebida como uma das manifestações de reconhecimento por parte da organização. Esse reconhecimento financeiro beneficia ambas as partes.	5	15, 31, 40, 44, 47	0,83
Padrões éticos	Refere-se a princípios éticos como honestidade, igualdade, transparência da organização ao divulgar informações, responsabilidade, manutenção de compromissos e respeito. Tais princípios orientam a relação da organização com seus clientes e empregados ao procurar não prejudicar aqueles com os quais se relaciona.	17	3, 6, 7, 9, 10, 13, 14, 16, 23, 25, 27, 35, 36, 39, 42, 43, 46	0,93

VERSÃO REDUZIDA DA ESCALA DE CONFIANÇA DO EMPREGADO NA ORGANIZAÇÃO

A versão reduzida contendo 28 itens foi obtida a partir do cálculo dos índices de confiabilidade (α de Cronbach), considerando como critério itens com carga fatorial maior que 0,50 representantes de fatores que possuíam o maior número de itens, especificamente, solidez organizacional, promoção do crescimento do empregado e padrões éticos. Os demais fatores permaneceram com os itens originais. A redução do número de itens não afetou negativamente a precisão da medida. O Quadro 5.2 mostra a síntese da versão reduzida.

APLICAÇÃO, APURAÇÃO DOS RESULTADOS E INTERPRETAÇÃO DA ECEO

A aplicação da ECEO, seja em sua forma completa ou versão reduzida, poderá ser feita de forma individual ou coletiva. Deve-se cuidar para que os respondentes tenham entendido as instruções e o modo de assinalar suas respostas. É necessário assegurar também que o ambiente de aplicação seja tranqüilo e confortável, lembrando que o tempo de aplicação da ECEO é livre.

O cálculo do escore médio da ECEO poderá ser obtido somando-se os valores indicados pelo respondente dentro dos parênteses e dividindo-se essa

QUADRO 5.2

Denominações, itens integrantes e índices de precisão dos componentes da ECEO em sua forma reduzida

Denominações	Itens da versão reduzida	Nº de itens	Índices de precisão
Promoção do crescimento do empregado	11, 19, 21, 33, 45	5	0,90
Solidez organizacional	8, 24, 30, 34, 38	5	0,80
Normas relativas à demissão de empregados	1, 5, 12*, 20, 28*, 41	6	0,79
Reconhecimento financeiro organizacional	15, 31, 40, 44, 47	5	0,83
Padrões éticos	3, 9, 10, 35, 36, 43, 46	7	0,88

NOTA: *o valor da escala de resposta deverá ser invertido.

somatória pelo número de itens de cada fator definido nos Quadros 5.1 e 5.2. Dessa forma, será obtido um valor que deverá situar-se entre um (1) e cinco (5).

Ao utilizar a versão completa ou reduzida, os itens assinalados com asterisco deverão ter sua pontuação invertida antes de se proceder ao cálculo do escore médio. Se o respondente marcou 1, será invertido para 5, e assim sucessivamente conforme indicação abaixo: **1 será invertido para 5; 2 será invertido para 4; 3 será mantido 3; 4 será invertido para 2 e 5 será invertido para 1.**

A interpretação dos resultados obtidos deverá considerar que quanto maior for o valor do escore médio, mais o respondente mostra sua concordância com o conteúdo avaliado por um dado fator. Por exemplo, um valor igual a 4,5 no fator **solidez organizacional** indicaria a concordância do respondente em relação à crença dele na solidez de sua organização. Um escore baixo neste fator, por exemplo, 1,5, seria um indicador de que o empregado discorda da solidez de sua organização, ou seja, do ponto de vista financeiro, há dúvidas quanto à firmeza da organização no mercado ou quanto a sua capacidade de sobrevivência. Desse modo, valores entre 4 e 5 são indicadores de concordância enquanto valores situados entre 1 e 2,9 revelam a discordância. Os valores situados entre 3 e 3,9 tendem a mostrar indiferença do respondente.

Objetivando preservar as características da medida é necessário que as instruções, frases e escalas de respostas não sejam modificadas. As alterações realizadas afetarão não somente as qualidades do instrumento bem como interferirão na qualidade dos resultados obtidos.

Escala de confiança do empregado na organização – ECEO

Ao responder este questionário, é preciso que você pense na sua organização de trabalho como um todo e não apenas em sua área de atuação. A seguir, são apresentadas frases que tratam de aspectos de sua organização (empresa, instituição, escola ou órgão público). Para responder, utilize o seguinte código:

1 = Discordo totalmente
2 = Discordo
3 = Nem concordo, nem discordo
4 = Concordo
5 = Concordo totalmente

Dê suas respostas anotando nos parênteses que antecedem cada frase o número (de 1 a 5) que melhor representa sua opinião. Por favor, não deixe questões sem resposta. Lembre-se de que não há respostas certas ou erradas.

01. ( ) Nesta organização, um empregado pode ser demitido sem receber explicações convincentes. ®
02. ( ) Acredito que esta organização terá um futuro próspero.
03. ( ) Esta organização é ética. ®
04. ( ) Esta organização cumpre suas obrigações financeiras com os empregados.
05. ( ) Esta organização considera apenas seus próprios interesses. ®
06. ( ) Esta organização cumpre o que promete aos seus empregados.
07. ( ) O relacionamento desta organização com seus empregados é baseado na honestidade.
08. ( ) Acredito na estabilidade financeira desta organização. ®
09. ( ) O empregado pode acreditar nas informações que esta organização divulga. ®
10. ( ) Para esta organização, o cliente tem o direito de ser informado sobre assuntos que lhe dizem respeito.®
11. ( ) Esta organização oferece condições reais para que o empregado se desenvolva. ®
12. ( ) A demissão de empregados segue um procedimento conhecido por todos.(*) ®
13. ( ) Esta organização evita prejudicar pessoas com as quais se relaciona.
14. ( ) A conduta dos empregados é orientada pela ética desta organização.
15. ( ) O salário pago por esta organização corresponde aos esforços do empregado. ®
16. ( ) O trabalho, nesta organização, tem normas claras.
17. ( ) As pessoas acreditam que esta organização continuará existindo nos próximos anos.
18. ( ) Esta organização consegue sobreviver às interferências do governo.
19. ( ) Esta organização segue normas para promover seus empregados. ®
20. ( ) Os dirigentes desta organização demitem empregados baseando-se em julgamentos pessoais. ®

(Continua)

(*Continuação*)

21.	( )	Esta organização dá oportunidade de crescimento profissional ao empregado. ®
22.	( )	A comunicação entre esta organização e os empregados é clara.
23.	( )	Nesta organização, os empregados são respeitados, independente do cargo ocupado.
24.	( )	Esta organização ocupa uma posição segura na sua área de atuação. ®
25.	( )	Esta organização possui um código de ética que orienta suas ações.
26.	( )	Os salários dos empregados são pagos na data prevista por esta organização.
27.	( )	A honestidade é uma característica desta organização.
28.	( )	As normas para demissão de empregados são claras. (*)®
29.	( )	Esta organização é forte no seu ramo de atuação.
30.	( )	Esta organização está preparada para sobreviver às crises econômicas. ®
31.	( )	Os contratos estabelecidos por esta organização são vantajosos para todos. ®
32.	( )	As normas desta organização são mantidas ao longo do tempo.
33.	( )	Esta organização incentiva o crescimento profissional de seus empregados. ®
34.	( )	A solidez econômica desta organização dá segurança aos empregados. ®
35.	( )	Os clientes desta organização sabem que podem acreditar na solidez dela. ®
36.	( )	Esta organização é conhecida por trabalhar de maneira responsável. ®
37.	( )	Esta organização transmite informações claras aos seus empregados.
38.	( )	Esta organização é conhecida por seu poder econômico. ®
39.	( )	As normas desta organização são aplicadas a todos os empregados.
40.	( )	Esta organização valoriza o trabalho do empregado financeiramente. ®
41.	( )	Aqui, os empregados são demitidos a qualquer momento, independente das normas da organização. ®
42.	( )	Esta organização tem boas intenções ao se relacionar com outras organizações.
43.	( )	Ser honesta com os clientes é princípio ético desta organização. ®
44.	( )	Aumentar salário é uma forma de reconhecimento desta organização. ®
45.	( )	O plano de carreira desta organização permite o crescimento profissional do empregado. ®
46.	( )	O cliente é respeitado nesta organização. ®
47.	( )	O trabalho do empregado é reconhecido por esta organização por meio do salário. ®

* Inversão da escala de resposta.
® Itens da versão reduzida.

REFERÊNCIAS

ARMSTRONG, R. W.; YEE, SIEW-MIN. Do chinese trust chinese? A study of chinese buyers and sellers in Malaysia. *Journal of International Marketing*, Chicago, v. 9, n. 3, p. 63-86, Fall 2001.

BACHMANN, R. Trust, power and control in trans-organizations relations. *Organizations Studies*, Berlin, v.22, n.2, p. 337-365, Mar./Apr. 2001.

BASTOS, A. V. B. Mapas cognitivos e a pesquisa organizacional: explorando aspectos metodológicos. *Estudos de Psicologia*, Natal, v. 7, p. 65-77, 2002. Número especial.

COSTA, A C. A confiança nas organizações: um imperativo nas práticas de gestão. In: RODRIGUES, S. B.; CUNHA, M. P. (Org.). *Estudos organizacionais*: novas perspectivas na administração de empresas: uma coletânea luso-brasileira. São Paulo: Iglu, 2000. p. 284-305.

CUMMINGS, L. L.; BROMILEY, P. The organizational trust inventory (OTI): development and validation. In: KRAMER, R. M.; TYLER, T. R. (Org.). *Trust in organizations:* frontiers of theory and research. Thousand Oaks: Sage, 1996. p.302-330.

FERRELL, O. C.; FRAEDRICH, J.; FERRELL, L. *Ética empresarial:* dilemas, tomadas de decisões e casos. 4. ed. Rio de Janeiro: Reichmann & Affonso, 2001.

GOULDNER, A. W. The norm of reciprocity: a preliminary statement. *American Sociological Review*, Aliso Viejo, v. 25, n. 2, p. 161-178, 1960.

JEFFRIES, F. L.; REED, R. Trust and adaptation in relational contracting. *Academy of Management Review*, Mississipi, v. 25, n. 4, p.873-883, Oct. 2000.

JOHNSON-GEORGE, C.; SWAP, W. Measurement of specific interpersonal trust: construction and validation of a scale to assess trust in a specific other. *Journal of Personality and Social Psychology*, Arlington, v. 43, n.6, p. 1306-1317, Dec. 1982.

KRAMER, R. M. Trust and distrust in organizations: emerging perspectives, enduring questions. *Annual Review of Psychology*, Palo Alto, v. 50, p. 569-598, Feb. 1999.

LANE, C.; BACHMANN, R. The social constitution of trust: supplier relations in Britain and Germany. *Organization Studies*, Berlin, v. 17, n. 3, p.365-395, May/June 1996.

LEWICKI, R. J.; BUNKER, B. B. Developing and maintaining trust in work relationship. In: KRAMER, R. M.; TYLER, T. R. (Org.). *Trust in organizations*: frontiers of theory and research. Thousand Oaks: Sage, 1996. p.114-139.

LUHMANN, N. *Trust and power*. Chichester: Wiley, 1979.

LÜNDASEN, S. Podemos confiar nas medidas de confiança? *Opinião Pública*, Campinas, v. 8, n. 2, p. 304-327, out. 2002.

MAYER, R. C.; DAVIS, J. H.; SCHOORMAN, F. D. An integrative model of organizational trust. *Academy of Management Review*, Mississipi, v. 20, n. 3, p.709-734, July 1995.

McALLISTER, D. J. Affect - and cognition-based trust as foundations for interpersonal cooperation in organizations. *Academy of Management Journal*, Champaign, v. 38, n.1, p. 24-59, Feb. 1995.

OLIVEIRA, A. F. *Confiança do empregado na organização: impacto dos valores pessoais, organizacionais e da justiça organizacional*. 2004. 259 f. Tese (Doutorado em Psicologia) – Instituto de Psicologia, Universidade de Brasília, Brasília, 2004.

PASQUALI, L. Testes referentes a construto: teoria e modelo de construção. In: PASQUALI, L. (Org.). *Instrumentos psicológicos:* manual prático de elaboração. Brasília: LabPAM-IBAAP, 1999. p. 37-72.

PILLAI, R. Fairness perceptions and trust as mediators for transformational and transactional leadership: a two-sample study. *Journal of Management*, Stillwater, v. 25, n. 6, p. 897-917, Nov. 1999.

REED, M. I. Organization, trust and control: a realist analysis. *Organization Studies*, Berlin, v. 22, n.2, p. 201-228, Mar./Apr. 2001.

SELIGSON, M. A.; RENNO, L. R. Mensurando confiança interpessoal: notas acerca de um conceito multidimensional. *Dados – Revista de Ciências Sociais*, Rio de Janeiro, v. 43, n. 4, p.783-803, out./dez. 2000.

SIQUEIRA, M. M. M.; GOMIDE JR., S. Vínculos do indivíduo com o trabalho e com a organização. In: ZANELLI, J. C; BORGES-ANDRADE, J. E.; BASTOS, A. V. B. (Org.). *Psicologia, organizações e trabalho no Brasil*. Porto Alegre: Artmed, 2004. p. 300-330.

STERNBERG, R. J. *Psicologia cognitiva*. Porto Alegre: Artmed, 2000.

VALLE-LIMA, S. M.; MACHADO, M. S.; CASTRO, A. M. G. Confiança: modos de produção e principais determinantes, no relacionamento entre equipes de pesquisa parceiras. *Psicologia: Organizações e Trabalho*, Florianópolis, v. 2, n. 1, p. 93-115, jan./jun. 2002.

VÁSQUEZ, A. S. *Ética*. 3. ed. Rio de Janeiro: Civilização Brasileira, 1978.

6

Contexto de trabalho

Mário César Ferreira
Ana Magnólia Bezerra Mendes

No contexto de intervenção profissional, diagnosticar como os trabalhadores avaliam o seu ambiente de trabalho se constitui em um importante desafio para as abordagens das ciências do trabalho. Neste sentido, captar, tratar e analisar as representações que os indivíduos fazem de seu contexto de trabalho pode ser um diferencial, em certa medida um requisito central, para a adoção de mudanças que visem promover o bem-estar no trabalho, a eficiência e a eficácia dos processos produtivos.

O objetivo deste capítulo consiste em apresentar a Escala de Avaliação do Contexto de Trabalho (EACT), seus fundamentos teóricos e a importância de seu uso como instrumento psicométrico para diagnosticar as condições, a organização e as relações socioprofissionais de trabalho sob a ótica dos próprios trabalhadores (Mendes e Ferreira, 2006).

FUNDAMENTOS TEÓRICOS DA ESCALA DE AVALIAÇÃO DO CONTEXTO DE TRABALHO

A Escala de Avaliação do Contexto de Trabalho (EACT) apóia-se no conceito de Contexto de Produção de Bens e Serviços (CPBS) e busca, mais precisamente, constituir-se em um instrumento de diagnóstico das partes constitutivas desta noção. Vejamos, de início, aspectos fundamentais deste conceito, pois ele fornece as bases conceituais que deram origem ao processo de construção, validação e aplicação da EACT (Ferreira e Mendes, 2003).

Um **CPBS** (Ferreira e Mendes, 2003) expressa:

> (...) o lócus material, organizacional e social onde se opera a atividade de trabalho e as estratégias individual e coletiva de mediação, utilizadas pelos trabalhadores na interação com a realidade de trabalho. Esse con-

texto articula múltiplas e diversificadas variáveis, compondo uma totalidade integrada e articulada. (p. 41)

Esse conceito, utilizado em uma multiplicidade de pesquisas (Cordeiro, 2005; Pereira, 2003; Prado, 2006; Resende 2003; Rasia, 2004; Silva, 2004; Vieira, 2005) apresenta algumas características:

- Ele visa superar o uso disperso e as sobreposições conceituais, por vezes marcados por ambigüidades e dicotomias, de termos como "processo de trabalho", "ambiente de trabalho", "relações de trabalho", "organização do trabalho" dentre outros que estão fortemente presentes na Sociologia do Trabalho, Psicologia Organizacional e Medicina do Trabalho (Antunes 1999, 1999, 2000; Mendes e Tamayo 2001; Mendes e Morrone 2002; Pereira, 2003; Rezende, 2003).
- Ele busca fornecer uma definição mais ampla que articule e explicite (dê visibilidade) as distintas dimensões que tecem, de modo integrado, o espaço institucional (público e privado) de trabalho.
- Ele expressa e sintetiza uma parte do mundo objetivo do trabalho com base na perspectiva da abordagem tridimensional (interação sujeito-atividade-mundo) que serve de fundamento teórico nas abordagens da Ergonomia da Atividade (Ferreira, 2003) e da Psicodinâmica do Trabalho (Mendes, 2004).

O **Contexto de Produção de Bens e Serviços (CPBS)** é constituído por três dimensões interdependentes que, por sua vez, constituem os alicerces teóricos para a definição dos fatores que compõem a Escala de Avaliação do Contexto de Trabalho (EACT). Essas dimensões são denominadas, definidas e caracterizadas no Quadro 6.1.

Essas três dimensões analíticas têm servido de suporte conceitual para o desenvolvimento e execução de inúmeras pesquisas em Ergonomia da Atividade (Ferreira, 2003; Alves Jr., 2005; Aragão, 2004; Rodrigues, 2006) e Psicodinâmica do Trabalho (Resende, 2004; Silva, 2005; Vieira, 2005). Tais dimensões apresentam algumas características:

- Buscam fornecer os parâmetros básicos, configuradores do Contexto de Produção de Bens e Serviços (CPBS).
- Constituem as bases materiais e sociais nas quais se inscrevem a estrutura, os processos e a cultura organizacional.
- São, por definição, complexas em face da variabilidade, diversidade, dinâmica e imprevisibilidade de seus elementos.
- Podem, dependendo de cada Contexto de Produção de Bens e Serviços (CPBS), apresentar papel e importância diferenciados.

QUADRO 6.1
Dimensões, definição e componentes do Contexto de Produção de Bens e Serviços – CBPS

Dimensões analíticas	Definição	Componentes
Organização do trabalho (OT)	É constituída pelos elementos prescritos (formal ou informalmente) que expressam as concepções e as práticas de gestão de pessoas e do trabalho presentes no lócus de produção e que balizam o seu funcionamento.	• Divisão do trabalho: hierárquica, técnica, social. • Produtividade esperada: metas, qualidade, quantidade. • Regras formais: missão, normas, dispositivos jurídicos, procedimentos. • Tempo: duração da jornada, pausas e turnos. • Ritmos: prazos e tipos de pressão. • Controles: supervisão, fiscalização e disciplina. • Características das tarefas: natureza e conteúdo.
Condições de trabalho (CT)	É constituída pelos elementos estruturais que expressam as condições de trabalho presentes no lócus de produção e caracterizam sua infra-estrutura e apoio institucional.	• Ambiente físico: sinalização, espaço, ar, luz, temperatura, som. • Instrumentos: ferramentas, máquinas, documentação. • Equipamentos: materiais arquitetônicos, aparelhagem, mobiliário. • Matéria prima: objetos materiais/ simbólicos, informacionais. • Suporte organizacional: informações, suprimentos, tecnologias.
Relações socioprofissionais (RS)	É constituída pelos elementos interacionais que expressam as relações socioprofissionais de trabalho, presentes no lócus de produção e caracterizam sua dimensão social.	• Interações hierárquicas: chefias imediatas, chefias superiores. • Interações coletivas intra e intergrupos: membros da equipe de trabalho, membros de outros grupos de trabalho. • Interações externas: usuários, consumidores, representantes institucionais (fiscais, fornecedores).

Tais dimensões analíticas fornecem as bases para se compreender a atividade de trabalho dos indivíduos, enquanto estratégias de mediação individual ou coletiva empregadas na gestão das exigências presentes no contexto de trabalho. É com base neste campo conceitual que se inscreve a EACT como medida psicométrica.

Apresenta-se, a seguir, o processo de construção e validação da EACT (Mendes e Ferreira, 2006). A EACT se constitui em um instrumento útil para identificar as representações que os trabalhadores fazem do contexto de trabalho no que tange às condições, à organização e às relações socioprofissionais de trabalho.

CONSTRUÇÃO E VALIDAÇÃO DA ESCALA DE AVALIAÇÃO DO CONTEXTO DE TRABALHO – EACT

A Escala de Avaliação do Contexto de Trabalho (EACT) tem por objetivo captar as representações (Weill-Fassina, Rabardel e Dubois, 1993) que os indivíduos têm de seu contexto de trabalho com bases em três dimensões analíticas interdependentes:

a) condições do trabalho;
b) organização do trabalho e
c) relações socioprofissionais de trabalho.

A validação psicométrica da EACT realizou-se com base na técnica de análise fatorial. Parte-se do pressuposto de que as representações dos indivíduos sobre o contexto de trabalho são influenciadas, fundamentalmente, pelas três dimensões mencionadas. Tais dimensões, por sua vez, são compostas por diversos aspectos interdependentes. Por isso, utiliza-se o método PAF de análise (rotação *oblimin*), com análise de correlação para cada um dos fatores que compõe a escala EACT.

A EACT foi validada com 5.437 trabalhadores de empresas públicas federais do DF. Os perfis (demográfico e profissiográfico) dos respondentes têm as seguintes características:

a) Sexo: feminino (64,2%), masculino (35,1%).
b) Escolaridade: ensino médio completo (38%), superior (61%).
d) Idade: média de 40 anos.
e) Cargos: técnicos (71,1%) e administrativos (38,3%).
f) Tempo de serviço: até cinco anos (46,3%) e com mais de cinco anos (51,6%).

A EACT é composta por três fatores:

a) Organização do Trabalho (OT).
b) Condições de Trabalho (CT).
c) Relações Socioprofissionais (RS) com autovalor de 1,5, variância total de 38,46%, KMO de 0,93 e correlações entre os três fatores acima de 0,25.

As principais características da EACT estão sintetizadas no Quadro 6.2. Uma versão completa da EACT contendo suas instruções, escala de respostas e itens poderá ser encontrada ao final deste capítulo.

QUADRO 6.2
Fatores da EACT, suas definições, itens e índices de precisão

Fatores	Definições	Itens	Índices de precisão
Condições de Trabalho – CT	Expressa a qualidade do ambiente físico, posto de trabalho, equipamentos e materiais disponibilizados para a execução do trabalho.	10 itens • As condições de trabalho são precárias. • O ambiente físico é desconfortável. • Existe muito barulho no ambiente de trabalho. • O mobiliário existente no local de trabalho é inadequado. • Os instrumentos de trabalho são insuficientes para realizar as tarefas. • O posto/estação de trabalho é inadequado para a realização das tarefas. • Os equipamentos necessários para realização das tarefas são precários. • O espaço físico para realizar o trabalho é inadequado. • As condições de trabalho oferecem riscos à segurança das pessoas. • O material de consumo é insuficiente.	0,89

(Continua)

QUADRO 6.2
Fatores da EACT, suas definições, itens e índices de precisão (*continuação*)

Fatores	Definições	Itens	Índices de precisão
Organização do Trabalho – OT	Expressa a divisão das tarefas, normas, controles e ritmos de trabalho.	11 itens • O ritmo de trabalho é excessivo. • As tarefas são cumpridas com pressão de prazos. • Existe forte cobrança por resultados. • As normas para execução das tarefas são rígidas. • Existe fiscalização do desempenho. • O número de pessoas é insuficiente para se realizar as tarefas. • Os resultados esperados estão fora da realidade. • Falta tempo para realizar pausa de descanso no trabalho. • Existe divisão entre quem planeja e quem executa. • As tarefas são repetitivas. • As tarefas executadas sofrem descontinuidade.	0,72
Relações Socioprofissionais – RS	Expressa os modos de gestão do trabalho, da comunicação e da interação profissional	10 itens • As tarefas não estão claramente definidas. • A autonomia é inexistente. • A distribuição das tarefas é injusta. • Os funcionários são excluídos das decisões. • Existem dificuldades na comunicação chefia-subordinado. • Existem disputas profissionais no local de trabalho. • Falta integração no ambiente de trabalho. • A comunicação entre funcionários é insatisfatória. • As informações que preciso para executar minhas tarefas são de difícil acesso. • Falta apoio das chefias para o meu desenvolvimento profissional.	0,87

Aplicação, apuração dos resultados e interpretação da EACT

O uso da Escala de Avaliação do Contexto de Trabalho – EACT requer alguns cuidados importantes. Dentre eles, merecem destaque os aspectos éticos que devem servir de "bússola" no uso deste instrumento de diagnóstico organizacional.* Neste sentido, cabe destacar:

- A importância de consultar sempre o código de ética da profissão, com destaque para as áreas de Administração e Psicologia Organizacional e do Trabalho.
- Sempre que possível é importante guardar sigilo dos resultados, não identificando a instituição e as unidades organizacionais implicadas, salvo expresso consentimento das fontes.
- Deve se assegurar que o material de coleta de dados seja devidamente incinerado (ou algo equivalente) lavrando-se um termo específico que deve conter a assinatura de um "representante" dos respondentes, evitando, desta forma, extravio de material e possibilidade de identificação dos respondentes por meio de análise de caligrafia.
- A credibilidade perante os respondentes é fortemente influenciada pela devolutiva e pela discussão dos resultados obtidos com o uso do instrumento. Portanto, recomenda-se estabelecer regras e planejar o processo de divulgação dos resultados.

No contexto de diagnóstico organizacional, a EACT apresenta as vantagens de:

a) produzir um diagnóstico rápido dos principais indicadores críticos existentes no que concerne às condições, à organização e às relações socioprofissionais de trabalho;
b) identificar quais aspectos encontram-se satisfatórios, críticos e graves, gerando subsídios para o planejamento de ações globais e específicas;
c) fornecer valiosas pistas para o aprofundamento e o refinamento do diagnóstico organizacional, possibilitando formular novas hipóteses de investigação, como também indicando aspectos a serem explorados por meio da realização de entrevistas.

O principal limite da EACT reside na própria natureza psicométrica do instrumento, ou seja, enquanto escala, ela "bate uma fotografia" da represen-

---

* Recomendamos o acesso ao *site* da revista *Psicologia: Teoria e Pesquisa* (http://www.revistaptp.org.br/) onde pode ser encontrada uma valiosa compilação de documentos básicos sobre a temática "ética na pesquisa".

tação coletiva dos respondentes sobre os fatores e itens, mas não revela as causas e o caráter dinâmico do fenômeno constatado. Por exemplo, a EACT pode, em certos casos, indicar que o Fator Organização do Trabalho (OT) aparece com escore global classificado como grave (por exemplo, média de 4,3) e o item "a cobrança por resultados é presente" é o mais problemático. Neste caso, captar as causas e a processualidade de tal indicador crítico (por exemplo, de que forma ocorre tal cobrança? Ela é recente ou antiga?) requer o uso de outros instrumentos de pesquisa. Dialeticamente, tal limite evidencia outra vantagem da Escala de Avaliação do Contexto de Trabalho – EACT como valiosa fonte produtora de novas hipóteses de trabalho.

Sabemos que o mundo do trabalho é, por definição, complexo em face, principalmente, da diversidade e da multiplicidade de variáveis que podem influenciar o comportamento dos indivíduos nos ambientes organizacionais. A aplicação da EACT pode, portanto, contribuir para "simplificar" tal complexidade, auxiliando o profissional a produzir diagnóstico organizacional em bases mais confiáveis e sólidas. Longe de ser um remédio para todos os males organizacionais, a EACT é tão-somente uma "ferramenta" à disposição dos profissionais que atuam no campo das ciências do trabalho.

Interpretação dos resultados

A EACT é construída com base em itens negativos, devendo sua análise ser feita por fator, considerando o desvio padrão em relação ao ponto médio. Os resultados obtidos (médias e desvio padrão) devem ser interpretados conforme parâmetros apresentados na Figura 6.1.

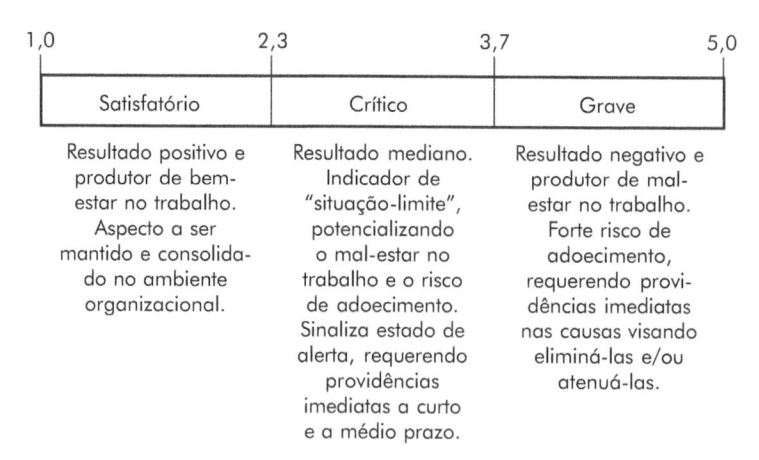

1,0	2,3	3,7	5,0
Satisfatório	Crítico	Grave	
Resultado positivo e produtor de bem-estar no trabalho. Aspecto a ser mantido e consolidado no ambiente organizacional.	Resultado mediano. Indicador de "situação-limite", potencializando o mal-estar no trabalho e o risco de adoecimento. Sinaliza estado de alerta, requerendo providências imediatas a curto e a médio prazo.	Resultado negativo e produtor de mal-estar no trabalho. Forte risco de adoecimento, requerendo providências imediatas nas causas visando eliminá-las e/ou atenuá-las.	

FIGURA 6.1 Parâmetros básicos para interpretação de resultados da EACT.

O tratamento estatístico, por exemplo, por meio do SPSS oferece múltiplas possibilidades de análises, tanto em nível descritivo quanto no âmbito inferencial.

Do ponto de vista do viés descritivo, os resultados obtidos fornecem um primeiro patamar de interpretação: distribuição de freqüências, percentuais, médias e desvio padrão por fatores e itens. Neste nível, o tratamento pode revelar tendências, polarizações (por exemplo, itens satisfatórios *versus* itens graves em um mesmo fator), diferenciações entre fatores e itens (por exemplo, o Fator Organização do Trabalho [OT] apresenta maior peso hierárquico de gravidade sob a ótica dos respondentes) e pareamento combinado (por exemplo, a soma dos resultados "críticos" e "graves" revelando um cenário preocupante).

Do ponto de vista do viés inferencial, é possível examinar o impacto do perfil dos respondentes sobre cada um dos fatores e verificar quais fatores influenciam em maior e menor grau esse perfil. Uma importante alternativa é a análise de co-variância, possibilitando o cruzamento de variáveis demográficas, profissiográficas com as médias dos fatores e itens. Neste caso, é possível constatar se alguns dos dados dos respondentes aparecem de forma associada com os escores de fatores e itens. O uso de tal resultado deve ser judicioso e cauteloso, pois sua divulgação no âmbito institucional pode contribuir para gerar estereótipos nocivos para o próprio trabalho de investigação e pode repercutir negativamente na cultura organizacional (por exemplo, tal item aparece fortemente associado com variáveis de gênero e estado civil).

Escala de avaliação do contexto de trabalho – EACT

Escala de Avaliação do
Contexto de Trabalho – EACT

O **objetivo** da escala é coletar informações sobre **como você percebe o seu trabalho atual**.

Importante:

- As **informações prestadas** por você são **sigilosas** e serão analisadas em conjunto com as informações fornecidas por outras pessoas.
- Fique tranqüilo(a), ao respondê-las. Não é necessário se identificar.

Leia os itens abaixo e escolha a alternativa que melhor corresponde à *avaliação* que você faz do seu *contexto de trabalho*.

| 1 Nunca | 2 Raramente | 3 Às vezes | 4 Freqüentemente | 5 Sempre |

1. O ritmo de trabalho é acelerado	1	2	3	4	5
2. As tarefas são cumpridas com pressão temporal	1	2	3	4	5
3. A cobrança por resultados é presente	1	2	3	4	5
4. As normas para execução das tarefas são rígidas	1	2	3	4	5
5. Existe fiscalização do desempenho	1	2	3	4	5
6. O número de pessoas é insuficiente para se realizar as tarefas	1	2	3	4	5

(Continua)

(*Continuação*)

7. Os resultados esperados estão fora da realidade	1	2	3	4	5
8. Falta tempo para realizar pausa de descanso no trabalho	1	2	3	4	5
9. Existe divisão entre quem planeja e quem executa	1	2	3	4	5
10. As condições de trabalho são precárias	1	2	3	4	5
11. O ambiente físico é desconfortável	1	2	3	4	5
12. Existe barulho no ambiente de trabalho	1	2	3	4	5
13. O mobiliário existente no local de trabalho é inadequado	1	2	3	4	5
14. Os instrumentos de trabalho são insuficientes para realizar as tarefas	1	2	3	4	5
15. O posto de trabalho é inadequado para realização das tarefas	1	2	3	4	5
16. Os equipamentos necessários para realização das tarefas são precários	1	2	3	4	5
17. O espaço físico para realizar o trabalho é inadequado	1	2	3	4	5
18. As condições de trabalho oferecem riscos à segurança física das pessoas	1	2	3	4	5
19. O material de consumo é insuficiente	1	2	3	4	5
20. As tarefas não estão claramente definidas	1	2	3	4	5
21. A autonomia é inexistente	1	2	3	4	5
22. A distribuição das tarefas é injusta	1	2	3	4	5
23. Os funcionários são excluídos das decisões	1	2	3	4	5
24. Existem dificuldades na comunicação chefia-subordinado	1	2	3	4	5
25. Existem disputas profissionais no local de trabalho	1	2	3	4	5
26. Existe individualismo no ambiente de trabalho	1	2	3	4	5
27. Existem conflitos no ambiente de trabalho	1	2	3	4	5
28. A comunicação entre funcionários é insatisfatória	1	2	3	4	5
29. As informações de que preciso para executar minhas tarefas são de difícil acesso	1	2	3	4	5
30. Falta apoio das chefias para o meu desenvolvimento profissional	1	2	3	4	5

(*Continua*)

(*Continuação*)

Escala de avaliação do contexto de trabalho – EACT

Para finalizar, preencha os seguintes dados complementares:

Idade: _____ anos   **Gênero:** ( ) Masculino ( ) Feminino

Escolaridade:

( ) Ensino médio   ( ) Superior incompleto   ( ) Superior   ( ) Pós-graduação

Estado civil: _____

Cargo atual: _____

Tempo de serviço na instituição: _____ anos
Tempo de serviço no cargo: _____ anos

Obrigado pela sua participação!

REFERÊNCIAS

ALVES JR., R. T. *Avaliação de desempenho, atividade de atendimento ao público e custo humano do trabalho em uma empresa pública no Distrito Federal*. 2005. 181 f. Dissertação (Mestrado em Psicologia) – Instituto de Psicologia, Universidade de Brasília, Brasília, 2005.

ANTUNES, R. *Adeus ao trabalho? Ensaio sobre as metamoforses e a centralidade do mundo do trabalho*. 3.ed. São Paulo: Cortez, 1999.

ARAGÃO, J. P. *Exigências cognitivas e estratégias de mediação em auditoria-fiscal da previdência social no Distrito Federal*: errar é preocupante, refiscalizar é pior. 2004. 120 f. Dissertação (Mestrado em Psicologia) - Instituto de Psicologia, Universidade de Brasília, Brasília, 2004.

CORDEIRO, V. R. V. *Atividade de atendimento ao público, treinamento e custo humano no trabalho*: o caso dos gerentes de contas de uma instituição financeira. 2005. 141 f. Dissertação (Mestrado em Psicologia) - Instituto de Psicologia, Universidade de Brasília, Brasília, 2005.

FERREIRA, M. C. O sujeito forja o ambiente, o ambiente forja o sujeito: mediação indivíduo-ambiente. In: FERREIRA, M. C.; ROSSO, S. D. (Org.). *A regulação social do trabalho*. Brasília: Paralelo 15, 2003. p. 21-46.

FERREIRA, M. C.; MENDES, A. M. *Trabalho e riscos de adoecimento*: o caso dos auditores-fiscais da Previdência Social brasileira. Brasília: LPA, 2003.

MENDES, A. M. Cultura organizacional e prazer-sofrimento no trabalho: uma abordagem psicodinâmica. In: TAMAYO, A. et al. *Cultura e saúde nas organizações*. Porto Alegre: Artmed, 2004. p 59-76.

MENDES, A. M.; FERREIRA, M.C. Validação do Inventário Sobre Trabalho e Riscos de Adoecimento (ITRA). In: CONGRESO REGIONAL DE LA SOCIEDADE INTERAMERICANA DE PSICOLOGÍA, 2006, Habana, Cuba. *Anais...* 2006.

MENDES, A M.; MORRONE, C. F. Prazer e sofrimento psíquico no trabalho: trajetória conceitual e empírica. In: MENDES, A. M.; BORGES, L.; FERREIRA, M. C. *Trabalho em transição, saúde em risco.* Brasília: Universidade de Brasília, 2002. p. 15-25.

MENDES, A.M.; TAMAYO, A. Valores organizacionais e prazer-sofrimento no trabalho, *PSICO-USF*, v. 6, n. 1, p. 39-46, 2001.

PEREIRA, J. S. *Vivências de prazer-sofrimento em gerentes de empresa estratégica*: o impacto dos valores organizacionais. 2003. 132 f. Dissertação (Mestrado em Psicologia) - Instituto de Psicologia, Universidade de Brasília, Brasília, 2003.

PRADO, D. I. *O foco é no cidadão e o atendente como fica?* Contexto de atendimento presencial, custo humano da atividade e qualidade de vida no trabalho. 2006. 128 f. Dissertação (Mestrado em Psicologia) - Instituto de Psicologia, Universidade de Brasília, Brasília, 2006.

RASIA, D. *Quando a dor é do dentista!* Custo humano do trabalho de endodontistas e indicadores de Dort. 2004. 122 f. Dissertação (Mestrado em Psicologia) - Instituto de Psicologia, Universidade de Brasília, Brasília, 2004.

REZENDE, S. *Valores individuais e vivências de prazer-sofrimento em bancários de instituições pública e privada do DF.* 2003. 133 f. Dissertação (Mestrado em Psicologia) - Instituto de Psicologia, Universidade de Brasília, Brasília, 2003.

REZENDE, S.; MENDES, A. M. A sobrevivência como estratégia para suportar o sofrimento no trabalho bancário. *Psicologia: Organizações e Trabalho*, Florianópolis, v. 4, n. 1, p. 151-175, 2004.

RODRIGUES, A. V. *Exame médico periódico e qualidade de vida no trabalho.* 2006. 112 f. Dissertação (Mestrado em Psicologia) Instituto de Psicologia, Universidade de Brasília, Brasília, 2006.

WEILL-FASSINA, A.; DUBOIS, D.; RABARDEL, P. *Représentations pour l'action.* Toulouse: Octarès, 1993.

SILVA, R. R. Prazer e sofrimento no trabalho dos líderes religiosos em organização protestante neopentecostal e tradicional. *PSICO-USF*, No prelo.

_____ . *Profissão pastor*: prazer e sofrimento: uma análise psicodinâmica do trabalho de líderes religiosos neopentecostais e tradicionais. 2004. 135 f. Dissertação (Mestrado em Psicologia)- Instituto de Psicologia, Universidade de Brasília, Brasília, 2004.

VIEIRA, A. P. *Prazer, sofrimento e saúde no trabalho de teleatendimento.* 2005. 110 f. Dissertação (Mestrado em Psicologia)- Instituto de Psicologia, Universidade de Brasília, Brasília, 2005.

7
Cultura organizacional

Maria Cristina Ferreira
Eveline Maria Leal Assmar

O interesse pelo estudo da cultura organizacional ganhou força nos anos de 1980, motivado em grande parte pelo excelente desempenho das empresas japonesas na época e pela crença de que o envolvimento dos trabalhadores com os valores e a filosofia destas organizações era o principal fator responsável por seu sucesso. A idéia que passou a prevalecer, então, foi a de que as empresas deviam lançar mão de diferentes estratégias para inculcar nos indivíduos suas prioridades básicas, na medida em que quanto mais forte fosse sua cultura, isto é, quanto mais eles compartilhassem essas prioridades, maiores seriam as possibilidades de elas obterem um bom desempenho econômico-financeiro.

Apoiando-se nesses pressupostos, os pesquisadores organizacionais começaram a averiguar as reais implicações da cultura para o contexto organizacional na busca de modelos e teorias, bem como de instrumentos de medida fidedignos que pudessem oferecer respaldo às observações assistemáticas recolhidas até aquele momento. Assim é que os anos seguintes foram marcados por uma vasta produção científica voltada para a descrição dos diferentes aspectos que configuravam a cultura das organizações e pela análise do modo pelo qual eles se relacionavam a outros fatores característicos do ambiente organizacional, em especial à estrutura da empresa, seu ramo de atividade, seu desempenho financeiro, dentre outros aspectos (Denison, 1990; Gordon e Ditomaso, 1992; Wilkins, 1983).

O exame dessa literatura evidencia que a cultura organizacional tem sido conceituada das mais diversas formas e sob diferentes perspectivas teóricas, o que pode ser atribuído à interdependência existente entre os processos históricos, as estruturas sociais e as experiências subjetivas que se encontram imbricados em sua concepção. Alvesson (1993), por exemplo, considera que a cultura compreende uma forma de pensar a realidade social que não tem correspondência direta com nenhum objeto empírico determinado. Já para Trice e

Beyer (1993), a cultura organizacional consiste em um conjunto de ideologias, de forte carga emocional e resistente a mudanças, que auxilia os membros organizacionais a lidar com as incertezas e ambigüidades.

Segundo Schein (1992), o termo cultura deve ser usado para se designarem as crenças e os pressupostos básicos compartilhados pelos membros de uma organização, os quais operam inconscientemente e definem a visão que a organização tem de seu ambiente e de si própria. Nesse sentido, o autor afirma que a cultura organizacional consiste em um padrão de pressupostos básicos que se mostraram eficazes para resolver os problemas de adaptação externa e integração interna, razão pela qual vão sendo ensinados aos novos membros, passando assim a fazer parte da cultura da organização.

Schein (1992) ressalta, ainda, que a cultura se manifesta em três diferentes níveis, caracterizados, respectivamente, por artefatos visíveis, valores e pressupostos básicos. A arquitetura, a linguagem, a tecnologia, a maneira de vestir e os documentos públicos, isto é, os aspectos visíveis da organização caracterizam os artefatos. Neste primeiro nível da cultura, os elementos culturais são de fácil observação, mas de difícil interpretação, uma vez que a lógica a eles subjacente nem sempre é explicitada, o que dificulta sua compreensão. No segundo nível encontram-se os valores esposados, que consistem em justificativas utilizadas para explicar e predizer os atos dos membros da organização. Tais valores ganham visibilidade por meio das metas, filosofias, normas e regras de comportamento que especificam como as "coisas" devem ser. No último nível da cultura organizacional estão as crenças, as percepções e os sentimentos inquestionáveis, quase sempre inconscientes que caracterizam os pressupostos básicos, responsáveis pelo modo com que os membros sentem, percebem e pensam a organização. O processo de introjeção desses pressupostos é longo e advém do enfrentamento de problemas e de sua adequada solução. Eles surgem, assim, após longo processo de aprendizagem e passam a fazer parte da visão de mundo dos membros da organização. Segundo Schein (1992), este nível é o mais difícil de ser decifrado, muito embora ele constitua a essência da cultura, por se encontrar associado a elementos menos discutíveis e confrontáveis que os valores esposados e os artefatos.

Em uma ampliação do modelo de Schein (1992), Rousseau (1990) defende que a cultura organizacional expressa-se por meio de cinco dimensões: artefatos, padrões de comportamento, normas comportamentais, valores e pressuposições fundamentais. Desse modo, ela acrescenta aos elementos culturais do modelo anterior os padrões de comportamento (mecanismos de tomada de decisão, coordenação e comunicação utilizados na resolução dos problemas organizacionais) e as normas comportamentais (expectativas da organização sobre como seus membros devem comportar-se e interagir com os outros no que se refere, por exemplo, às relações de cooperação ou à competição entre colegas).

No entanto, ao descrever a cultura, a autora (Rousseau, 1990) tem dado prioridade às normas comportamentais, usando para tanto o Inventário de Cultura Organizacional (*Organizational Culture Inventory* – OCI), desenvolvido por Cooke e colaboradores (Cooke e Lafferty, 1984, 1989; Cooke e Rousseau, 1988; Cooke e Szumal, 1993). O referido instrumento identifica 12 estilos culturais, agrupados em três tipos gerais de cultura: cultura construtiva (estilos humanístico-encorajador, afiliativo, de realização e de auto-expressão); cultura passivo-defensiva (estilos convencional, de aprovação, de dependência e de evitação) e cultura agressivo-defensiva (estilos de oposição, de poder, competitivo e perfeccionista).

Apoiando-se nos termos disponíveis na literatura para designar os diferentes elementos que compõem a cultura organizacional, Hofstede e colaboradores (1990) propuseram um modelo de acordo com o qual a cultura se manifesta por meio das práticas organizacionais, as quais englobam os rituais, os heróis e símbolos e os valores. Os rituais consistem em atividades coletivas, supérfluas do ponto de vista técnico, mas socialmente indispensáveis, enquanto os heróis associam-se às personagens vivas ou mortas, reais ou imaginárias, revestidas de prestígio na cultura, que servem de modelo de comportamento para seus membros. Já os símbolos incluem as palavras, os gestos e os objetos com especial significado para a organização. As práticas organizacionais contrapõem-se, assim, aos valores, representados por sentimentos inconscientes e indiscutíveis, que não podem ser diretamente observados e só se modificam segundo sua própria lógica, enquanto as práticas podem ser objeto de mudanças planejadas.

Segundo Hofstede (1998), as práticas configuram-se a partir dos valores dos fundadores e/ou de figuras significativas que ocupam os escalões hierarquicamente superiores da organização, mas nem todos os membros compartilham tais valores, na medida em que não precisam necessariamente confessá-los. No entanto, eles devem adotar as práticas da organização se quiserem fazer parte dela. Desse modo, os valores dos líderes e fundadores indubitavelmente moldam a cultura, porém é por meio das práticas diárias, transmitidas aos membros mediante mecanismos de socialização, que essa cultura afeta seus membros, razão pela qual as percepções compartilhadas de tais práticas constituem a essência da cultura de uma organização. Logo, a cultura organizacional deve ser operacionalizada pelas práticas que a tipificam, reservando-se os valores para a operacionalização da cultura nacional (Hofstede, 1997).

Fundamentando-se em tal referencial, os autores (Hofstede et al., 1990) desenvolveram um questionário com a finalidade de identificar os valores e as práticas que caracterizam a cultura organizacional, o qual diferenciou três dimensões subjacentes aos valores (necessidade de segurança, centralidade do trabalho e necessidade de autoridade) e seis dimensões subjacentes às práticas (orientação para processos *versus* resultados; orientação para empregado *versus* tarefa; orientação paroquial *versus* profissional; sistema aberto *versus* fechado; sistema rígido *versus* flexível; orientação normativa *versus* pragmática. Tal instrumento foi adotado em estudo destinado a comparar os valores e práticas de 20 diferentes unidades organizacionais holandesas e dinamarquesas, tendo-se verificado que as mesmas apresentaram diferenças significativas na maioria das práticas, mas pouco se diferenciaram quanto aos valores que tipificavam sua cultura. Além disso, foi constatado que as práticas organizacionais estavam significativamente correlacionadas à variedade de tarefas, ao tipo de estrutura e aos sistemas de controle característicos de cada unidade, em uma evidência de que elas constituíam de fato o núcleo da cultura (Hofstede et al., 1990).

Para Mallak (2001), as práticas organizacionais constituem o mais complexo componente da cultura corporativa e incluem comportamentos, rituais e cerimônias, tais como reuniões semanais ou mensais, encontros sociais das equipes de trabalho, controle diário de *e-mails*, etc. Embora sejam implementadas por razões eminentemente instrumentais, elas têm como principal objetivo transmitir aos membros organizacionais mensagens sobre a cultura, isto é, sobre os valores que a tipificam, os quais são reforçados todas as vezes que uma determinada prática é posta em ação. Assim, por exemplo, algumas organizações costumam adotar a prática de realizar encontros mensais, em que são discutidos os prazos de entrega aos clientes, como forma de se reforçarem os valores associados à satisfação do cliente.

As práticas e os valores organizacionais mantêm, portanto, uma íntima relação, na medida em que as práticas são grandemente influenciadas pelos valores básicos da organização, embora estejam também sujeitas à influência de outros fatores internos (sistemas de controle de gerenciamento) e externos (pressões competitivas ou imitação) a ela (Verbeke, 2000). Sua aprendizagem se dá por meio dos processos de socialização que têm lugar no ambiente de trabalho, com o intuito de ensinar, principalmente aos novos membros, como proceder e lidar com tal contexto (Karahanna, Evaristo e Srite, 2005).

Em síntese, a revisão de alguns dos principais modelos teóricos desenvolvidos para explicar as diversas formas de manifestação da cultura organizacional evidencia que os mesmos apresentam algumas semelhanças, mas também divergências conceituais que irão influenciar o foco dos estudos sobre tal temática. Contudo, é possível observar que os valores e as práticas organizacionais constituem os elementos culturais mais freqüentemente citados, quando se considera a cultura da organização. Nesse sentido, o Instrumento Brasileiro para Avaliação da Cultura Organizacional (IBACO), apresentado a seguir, representa um esforço de construção de um instrumento originalmente nacional destinado a avaliar a cultura organizacional, por meio de seus valores e suas práticas (Ferreira et al., 2002).

CONSTRUÇÃO E VALIDAÇÃO DO INSTRUMENTO BRASILEIRO PARA AVALIAÇÃO DA CULTURA ORGANIZACIONAL – IBACO[1]

O Instrumento Brasileiro para Avaliação da Cultura Organizacional (IBACO) objetiva avaliar a cultura organizacional por meio dos valores e das práticas que a tipificam, segundo a percepção de seus membros.

O instrumento compõe-se de 94 afirmativas, que devem ser respondidas em escalas variando de 1 ("não se aplica de modo nenhum") a 5 ("aplica-se totalmente"), em função do grau em que o conteúdo de cada afirmativa aplica-se à organização em que o indivíduo trabalha.

A construção do IBACO deu-se em duas etapas. Na primeira, foram realizadas 17 entrevistas com diretores e/ou gerentes de empresas públicas e privadas, nas quais se indagavam as metas prioritárias da organização, as atividades, atitudes e formas de relacionamento nela consideradas mais importantes e os procedimentos adotados para a tomada de decisões, o planejamento de mudanças, a distribuição de recompensas e o atendimento aos clientes internos e externos. A análise de conteúdo das respostas fornecidas a essas entrevistas propiciou a construção de um instrumento inicial composto de 126 itens que, na segunda etapa da pesquisa, foi aplicado a uma amostra de 823 membros de empresas públicas e privadas situadas na cidade do Rio de Janeiro. Os dados obtidos foram analisados mediante o uso de técnicas de análise fatorial exploratória (método dos componentes principais e método dos eixos principais) que indicaram como melhor solução a de 7 fatores, nos quais foram retidos os itens que apresentaram cargas fatoriais iguais ou superiores a 0,30 e congruência conceitual com os demais itens do fator. Tais fatores distribuíram-se em quatro fatores associados a valores e três fatores associados a práticas organizacionais, cuja descrição e coeficientes de consistência interna (α de Cronbach) são apresentados abaixo:

- **Valores de profissionalismo cooperativo**: compõe-se de 23 itens (nos 1, 6, 8, 11, 14, 15, 38, 47, 48, 52, 56, 60, 61, 63, 65, 67, 68, 69, 71, 76, 81, 82, 87) relacionados à valorização dos empregados que executam suas tarefas com eficácia e competência, demonstrando espírito de colaboração, habilidade, dedicação, profissionalismo e capacidade de iniciativa, contribuindo, desse modo, para o alcance das metas comuns da organização. Tal fator obteve alfa de Cronbach igual a 0,93.

---
[1] Autores: Ferreira e colaboradores (2002).

- **Valores de rigidez na estrutura hierárquica de poder**: congrega 13 itens (n°s 12, 17, 29, 32, 45, 50, 57, 70, 83, 84, 86, 90, 92) referentes a valores presentes em organizações definidas por um sistema de autoridade centralizado e autoritário que dificulta o crescimento profissional e o reconhecimento do elemento humano. Seu alfa de Cronbach foi igual a 0,74.
- **Valores de profissionalismo competitivo e individualista**: consiste de 8 itens (n°s 4, 72, 73, 74, 77, 89, 93, 94) que denotam a valorização prioritária da competência, do desempenho e da eficácia individuais na execução de tarefas para a obtenção dos objetivos desejados, ainda que isso implique a necessidade de "passar por cima" dos colegas que almejam objetivos semelhantes. Este fator obteve um alfa de Cronbach de 0,74.
- **Valores associados à satisfação e bem-estar dos empregados**: Reúne 11 itens (n°s 9, 16, 21, 34, 41, 42, 46, 55, 58, 75, 91) concernentes à valorização do bem-estar, da satisfação e da motivação dos empregados, isto é, à humanização do local de trabalho, de modo a torná-lo agradável e prazeroso. Seu alfa de Cronbach foi igual a 0,89.
- **Práticas de integração externa**: É composto de 17 itens (n°s 5, 7, 10, 13, 19, 22, 23, 24, 25, 26, 28, 31, 40, 44, 49, 51, 53) associados a práticas voltadas para o planejamento estratégico, a tomada de decisões e o atendimento ao cliente externo, com foco, portanto, nos escalões superiores da organização. O alfa de Cronbach desse fator foi igual a 0,87.
- **Práticas de recompensa e treinamento**: Congrega 14 itens (n°s 3, 18, 20, 36, 37, 39, 54, 59, 62, 66, 78, 79, 85, 88) relacionados a práticas vinculadas aos clientes internos e aos sistemas de recompensas e treinamento adotados pela empresa. Esse fator obteve um coeficiente alfa de Cronbach igual a 0,82.
- **Práticas de promoção do relacionamento interpessoal**: Consiste de 8 itens (n°s 2, 27, 30, 33, 35, 43, 64, 80) referentes a práticas orientadas para a promoção das relações interpessoais e satisfação dos empregados, favorecendo, assim, a coesão interna. Tal fator ficou com um alfa de Cronbach de 0,75.

Ao final deste capítulo encontra-se o IBACO completo com instruções, itens e escala de respostas.

VERSÃO REDUZIDA DO IBACO – 30 ITENS

Para as situações de diagnóstico ou de pesquisa em que se deseja um instrumento de medida mais sucinto foi desenvolvida, a partir dos itens que apresentaram as maiores cargas fatoriais na versão original, uma versão reduzida do IBACO que mantém, ainda assim, as qualidades psicométricas da versão original. Desta escala, foi retirado o fator de valores associados à rigidez na estrutura hierárquica do poder, em virtude de ele não ter apresentado uma boa consistência interna nesta nova versão.

Desse modo, a versão reduzida do IBACO é composta por 30 itens distribuídos igualmente entre três fatores de valores – **profissionalismo cooperativo** (itens 48, 56, 61, 65, 68), **profissionalismo competitivo** (itens 73, 74, 77, 89, 94) e **satisfação e bem-estar dos empregados** (itens 16, 21, 34, 41, 58) – e três fatores de práticas – **integração externa** (itens 10, 19, 22, 28, 53), **recompensa e treinamento** (itens 20, 36, 54, 79, 85) e **promoção do relacionamento interpessoal** (itens 2, 33, 43, 64, 80) que apresentaram, respectivamente, os seguintes índices de consistência interna: 0,87; 0,76; 0,88; 0,85; 0,80 e 0,71. Os 30 itens que compõem a versão reduzida do IBACO estão assinalados por ® na versão completa que se encontra ao final do capítulo.

APLICAÇÃO, APURAÇÃO DOS RESULTADOS E INTERPRETAÇÃO DO IBACO

A aplicação do IBACO, seja em sua forma completa ou versão reduzida, poderá ser feita de forma individual ou coletiva. Deve-se cuidar para que os respondentes tenham entendido as instruções e o modo de assinalar suas respostas. É necessário assegurar também que o ambiente de aplicação seja tranqüilo e confortável, lembrando que o tempo de aplicação do IBACO é livre.

Na avaliação das percepções individuais sobre a cultura da organização, a correção da escala é feita mediante o cálculo da soma dos pontos atribuídos a cada um dos itens que integram o fator e de sua divisão pelo número de itens que o compõem. Assim, por exemplo, se uma pessoa assinalasse os números 3, 1, 2, 5, 4, 1, 3 e 3, respectivamente, aos itens de números 4, 72, 73, 74, 77, 89, 93 e 94, integrantes do *fator 3*, ela teria atribuído um escore igual a 2,75 {(3 + 1 + 2 + 5 + 4 + 1 + 3 + 3) / 8} a esse fator, com tal resultado constituindo-se em um indicador de sua percepção acerca do grau em que a organização em que ela trabalha valoriza o *profissionalismo competitivo e individualista*.

Considerando-se, porém, que a cultura organizacional consiste em uma característica macroorganizacional, é necessário, em seguida, calcular-se a média dos escores atribuídos ao fator por todos os membros organizacionais que o avaliaram, de modo a se chegar ao escore obtido pela organização como um todo naquele fator. Desse modo, se seis pessoas tivessem avaliado o fator 3 e tivessem a ele atribuído os escores 2,12; 3,35; 4,15; 2,75; 3,89 e 3,88, o escore alcançado pela organização nesse fator seria igual a 3,36 {(2,12 + 3,35 + 4,15 + 2,75 + 3,89 + 3,88)/6}.

Os escores em todos os fatores podem variar de 1 a 5, sendo que, quanto maior o resultado, maior o grau em que o valor ou prática organizacional mensurada pelo fator encontra-se presente na organização avaliada. Assim, um escore igual a 3,36 significa que a organização valoriza moderadamente o profissionalismo competitivo e individualista.

Vale lembrar que o IBACO, tanto em sua forma completa como em sua versão reduzida, resultou de um estudo empírico por meio do qual foram validados os seus fatores, os seus itens, sua escala de respostas e as instruções. Portanto, não é possível garantir os indicadores psicométricos do instrumento aqui descritos, caso seja alterada qualquer parte de sua composição.

Instrumento brasileiro para avaliação da cultura organizacional – IBACO

Você encontrará, nas páginas seguintes, uma série de afirmativas relacionadas às diferentes práticas e procedimentos que são comumente adotados no dia-a-dia das empresas. Assinale o grau em que cada uma delas caracteriza sua empresa, em uma escala de 1 a 5, conforme mostrado abaixo:

1	2	3	4	5
Não se aplica de modo nenhum	Pouco se aplica	Aplica-se razoavelmente	Aplica-se bastante	Aplica-se totalmente

Sua resposta deve refletir o que de fato acontece na empresa e *não* a sua opinião pessoal ou grau de satisfação com o que ocorre. Responda por favor a todas as afirmativas, não deixando nenhuma em branco.

Na empresa em que eu trabalho ...

1. A cooperação é mais valorizada que a competição.
2. Os empregados têm ampla liberdade de acesso aos diretores.®
3. A dedicação dos empregados é recompensada.
4. A competição é estimulada como forma de crescimento pessoal e de busca de poder.
5. A superação de metas pré-estabelecidas é uma preocupação constante.
6. As idéias criativas dos empregados são usadas para a obtenção de melhores resultados com menos recursos.
7. Os empregados têm uma noção clara dos principais objetivos da empresa.
8. As iniciativas individuais dos empregados são estimuladas.
9. O bem-estar dos funcionários é visto como uma forma de garantir maior produção.
10. O atendimento às necessidades do cliente é uma das metas mais importantes.®
11. As iniciativas dos empregados são valorizadas quando não contrariam os interesses da empresa.
12. O crescimento profissional não costuma ser recompensado financeiramente.
13. As decisões mais importantes são tomadas através de consenso da diretoria.
14. A competição dentro das regras de boa convivência é sempre estimulada.
15. O espírito de colaboração é uma atitude considerada muito importante.

(Continua)

(*Continuação*)

Instrumento brasileiro para avaliação da cultura organizacional – IBACO

16. As necessidades pessoais e o bem-estar dos funcionários constituem uma preocupação constante da empresa.®
17. Não há figuras importantes que possam servir de exemplo para os empregados.
18. As recompensas costumam ser dadas a grupos ou a equipes de trabalho que se destacam e não a indivíduos.
19. Persegue-se a excelência de produtos e serviços como forma de satisfazer aos clientes.®
20. Os empregados que apresentam idéias inovadoras costumam ser premiados.®
21. Investe-se no crescimento profissional dos empregados.®
22. O acompanhamento e atendimento das necessidades dos clientes é feito constantemente.®
23. Os gerentes (supervisores, chefes de departamento, etc.) têm autonomia apenas para tomar decisões rotineiras relacionadas a suas áreas de atuação.
24. Os novos produtos e/ou serviços são testados conjuntamente pela empresa e seus clientes.
25. A comunicação das decisões obedece à hierarquia existente na empresa.
26. As decisões surgem principalmente a partir da análise das necessidades do cliente.
27. Investe-se na satisfação dos funcionários para que eles prestem um bom atendimento aos clientes.
28. Mantêm-se relações amigáveis com os clientes.®
29. Manda quem pode, obedece quem tem juízo.
30. Prevalece um grande espírito de união entre os empregados.
31. As decisões têm como principal objetivo o aumento da capacidade competitiva da empresa no mercado.
32. A dificuldade de ascensão profissional leva a empresa a perder bons empregados para os concorrentes.
33. Os chefes imediatos são como pais para os empregados.®
34. Os empregados recebem treinamento para poderem desenvolver sua criatividade.®
35. As necessidades pessoais dos empregados são analisadas caso a caso, não havendo programas ou políticas gerais para esse atendimento.
36. Os empregados são premiados quando apresentam um desempenho que se destaca dos demais.®

(*Continua*)

(*Continuação*)

37. As promoções costumam ser lineares e negociadas com os sindicatos.
38. O envolvimento com os ideais da empresa é uma atitude bastante valorizada.
39. As inovações costumam ser introduzidas por meio de treinamento.
40. As mudanças são planejadas para terem efeito a curto prazo.
41. Programas para aumentar a satisfação dos empregados são regularmente desenvolvidos.®
42. Procura-se manter uma atmosfera de segurança e estabilidade para deixar os empregados satisfeitos e confiantes.
43. É prática comum a comemoração dos aniversários pelos empregados.®
44. O retorno sobre os investimentos é uma preocupação permanente.
45. A criatividade não é recompensada como deveria ser.
46. O crescimento dos empregados que são a "prata da casa" é facilitado e estimulado.
47. Os empregados que conseguem fazer carreira são os que se esforçam e mostram vontade de aprender.
48. A preocupação do empregado com a qualidade de seu serviço é bem vista.®
49. As mudanças obedecem a um planejamento estratégico.
50. Não há espaço para iniciativas individuais dos empregados.
51. Os gerentes (supervisores, chefes de departamento, etc.) têm autonomia para tomar decisões importantes relacionadas a suas áreas de atuação.
52. Ser cordial com os colegas é uma das atitudes mais estimuladas.
53. As inovações são em geral introduzidas para atender às necessidades do mercado.®
54. Eventos sociais com distribuição de brindes são comumente realizados para os empregados.®
55. Investe-se em um bom ambiente de trabalho com o objetivo de se garantir o bem-estar dos funcionários.
56. O esforço e a dedicação ao trabalho são qualidades bastante apreciadas.®
57. As oportunidades de ascensão funcional são limitadas pela rígida estrutura da empresa.
58. Programas destinados a melhorar o bem-estar dos empregados são implementados e testados.®
59. O aniversário da empresa costuma ser comemorado em conjunto com todos os seus empregados.
60. A capacidade de executar uma variedade de tarefas é extremamente valorizada.

(*Continua*)

(*Continuação*)

Instrumento brasileiro para avaliação da cultura organizacional – IBACO

61. O profissionalismo dos empregados é visto como uma grande virtude.®
62. Os familiares dos empregados costumam também participar dos eventos e festas.
63. A ascensão profissional é uma decorrência natural do mérito e competência dos empregados.
64. As relações entre empregados e membros do alto escalão são cordiais e amigáveis.®
65. A preocupação em superar as dificuldades do dia-a-dia é vista como de grande valor.®
66. As promoções são definidas por avaliação de desempenho.
67. Os empregados que fazem carreira rapidamente são os que "vestem a camisa" da casa.
68. Os empregados que demonstram dedicação e espírito de colaboração são os melhores modelos a serem seguidos.®
69. As pessoas que fazem carreira rapidamente são as que demonstram maiores conhecimentos dentro de suas áreas.
70. A falta de recursos financeiros impede a valorização do bem-estar dos empregados.
71. A qualidade do serviço executado é considerada uma das maiores virtudes do empregado.
72. É necessário centralizar para manter a casa arrumada.
73. Somente os bons empregados recebem benefícios que lhes garantem um melhor bem-estar.
74. A criatividade é um dos requisitos básicos para a ocupação de cargos gerenciais.®
75. As idéias criativas dos empregados são postas em prática como forma de torná-los mais motivados.
76. Os empregados que "vestem a camisa" são as figuras mais valorizadas dentro da organização.
77. O crescimento profissional é considerado indispensável à permanência do empregado na casa.®
78. Os empregados com desempenho permanentemente baixo são demitidos.
79. As inovações costumam ser introduzidas através de programas de qualidade.®
80. Os empregados se relacionam como se fossem uma grande família.®

(*Continua*)

(*Continuação*)

81. As iniciativas dos empregados são incentivadas, mas ficam sob o controle de seus chefes imediatos.	☐
82. Os diretores que inovam e promovem mudanças significativas são os verdadeiros modelos a serem seguidos.	☐
83. As pessoas preferem receber ordens para não terem que assumir responsabilidades.	☐
84. O excesso de preocupação com o bem-estar é encarado como prejudicial à empresa.	☐
85. Os empregados costumam ser premiados quando alcançam metas pré-estabelecidas.®	☐
86. É muito difícil fazer carreira dentro da organização.	☐
87. Os empregados que se comprometem com a missão e os ideais da empresa tornam-se modelos para os demais membros da organização.	☐
88. Existem normas que estabelecem o grau de participação dos empregados no processo de tomada de decisões.	☐
89. A competição é valorizada, mesmo que de forma não sadia, porque o objetivo maior da empresa é a produtividade e o lucro.®	☐
90. Os donos da empresa são admirados pelos empregados.	☐
91. Metas pessoais, quando de grande valor, são incorporadas às metas organizacionais.	☐
92. A ascensão profissional depende de sorte.	☐
93. Procura-se eliminar a pessoa malvista.	☐
94. A competição é vista como indispensável à obtenção de bons resultados.®	☐

REFERÊNCIAS

ALVESSON, M. *Cultural perspectives on organizations.* Cambrigde: Cambrigde University, 1993.

COOKE, R. A.; LAFFERTY, J. C. *Level V organizational culture inventory.* Plymouth, MI: Human Synergistics, 1984.

_____ . *Organizational culture inventory.* Plymouth, MI: Human Synergistics, 1989.

COOKE, R. A.; ROUSSEAU, D. M. Behavioral norms and expectations: a quantitative approach to the assessment of organizational culture. *Group and Organization Studies*, Beverly Hills, v. 13, n. 3, p. 245-273, Sep.1988.

COOKE, R. A.; SZUMAL, J. L. Measuring normative beliefs and shared behavioral expectations in organizations: the reliability and validity of the Organizational Culture Inventory. *Psychological Reports,* Missoula, v. 72, n. 3, p. 1299-1330, June1993.

DENISON, D. R. *Corporate culture and organizational effectiveness*. New York: John Wiley & Sons, 1990.

FERREIRA, M.C. et al. Desenvolvimento de um instrumento brasileiro para avaliação da cultura organizacional. *Estudos de Psicologia*, Natal, v. 7, n.2, p. 271-280, jul./dez.2002.

GORDON, G.; DITOMASO, N. Predicting corporate performance from organizational culture. *The Journal of Management Studies*, Oxford, v. 29, n.6, p. 783-798, Nov. 1992.

HOFSTEDE, G. Attitudes, values and organizational culture: disentangling the concepts. *Organization Studies*, Berlin, v.19, n. 3, p. 477-492, May 1998.

_____ . *Cultures and organizations:* software of the mind. New York: McGraw Hill, 1997.

HOFSTEDE, G. et al. Measuring organizational cultures: a qualitative and quantitative study across twenty cases. *Administrative Science Quarterly*, Ithaca, v. 35, n. 2, p. 286-316, June 1990.

KARAHANNA, E.; EVARISTO, J.R.; SRITE, M. Levels of culture and individual behavior: an integrative perspective. *Journal of Global Information Management*, Hershey, v. 13, n. 2, p. 1-20, Apr./June2005.

MALLAK, L. Understanding and changing your organization's culture. *Industrial Management*, Norcross, v. 43, n. 2, p. 18-24, Mar./Apr. 2001.

ROUSSEAU, D. M. Assessing organizational culture: the case for multiple methods. In: SCHNEIDER, B. (Org.). *Organizational climate and culture*. San Francisco: Jossey-Bass, 1990. p. 153-192.

SCHEIN, E. H. *Organizational culture and leadership*. 2nd ed. San Francisco: Jossey-Bass, 1992.

TRICE, H. M.; BEYER, J. M *The culture of work organizations*. Englewood Cliffs, NJ: Prentice Hall, 1993.

VERBEKE, W. A revision of Hofstede et al.'s (1990) organizational practices scale. *Journal of Organizational Behavior*, Chichester, v. 21, n.5, p. 587-602, Aug. 2000.

WILKINS, A. Efficient cultures: exploring the relationship between culture and organizational performance. *Administrative Science Quarterly*, Ithaca, v. 28, n.3, p. 468-488, Sept.1983.

8
Envolvimento com o trabalho

Mirlene Maria Matias Siqueira

Envolvimento com o trabalho foi originalmente definido como "[...] o grau em que o desempenho de uma pessoa no trabalho afeta sua auto-estima" (Lodahl e Kejner, 1965, p. 25). Para sustentar essa concepção os dois autores consideraram que a ligação com o trabalho tem início durante o processo de socialização do indivíduo, quando lhe são transmitidos os valores sociais relativos ao trabalho. Posteriormente, quando ocorrem as experiências pessoais de trabalho estas passam a influenciar diretamente a auto-estima. Consoante a esta concepção, Muckinsky (2004, p. 305) define envolvimento com o trabalho como "[...] o grau de identificação psicológica da pessoa com seu trabalho e a importância do trabalho para a auto-imagem".

Após mais de quatro décadas de sua concepção original, é possível compreender envolvimento com o trabalho mais contemporaneamente como um estado de completa absorção e assimilação pelo trabalho. Para compreensão dessa abordagem faz-se necessário entender o que significa estado de fluxo.

Segundo Csikszentmihalyi (1999), o estado de fluxo ocorre em momentos em que o que nós sentimos, desejamos e pensamos se harmoniza. Estes momentos "[...] costumam ocorrer quando alguém encara metas que exigem respostas apropriadas. É fácil entrar em fluxo em jogos de xadrez, tênis ou pôquer, porque eles possuem metas e regras para a ação que tornam possível ao jogador agir sem questionar o que deve ser feito e como fazê-lo" (p. 36). Ainda segundo este autor, atividades ou experiências de fluxo ocorrem quando há concentração em metas, há *feedback* imediato e quando altos desafios impostos pelas tarefas são respondidos por habilidades individuais. Nestas condições, a energia de um indivíduo estaria concentrada na experiência: desaparecem pensamentos e sentimentos contraditórios, esvai-se a noção de tempo e as horas parecem passar como minutos. Para avaliar se alguém é capaz de experimentar um estado de fluxo, o autor propõe que se responda à seguinte questão: "Você se envolve em algo tão profundamente que nada mais parece importar, a ponto de perder a noção do tempo?" (Csikszentmihalyi, 1999, p. 40).

O trabalho também pode produzir estado de fluxo. Isto ocorre quando as atividades de trabalho incluem desafios que exigem habilidades especiais e as metas e o *feedback* são claros e imediatos. Nestas condições, o trabalho assemelha-se às atividades que produzem fluxo, desencadeando no indivíduo maior envolvimento e transformando a atividade em uma experiência positiva. Assim, poderiam florescer sensações muitos semelhantes às que se experimentam quando alguém pratica seu esporte favorito ou desempenha uma atividade artística (Csikszentmihalyi, 1999).

Envolvimento com o trabalho foi apontado como um dos principais vínculos afetivos do indivíduo com suas atividades profissionais (Siqueira e Gomide Jr., 2004). Segundo estes autores, três características pessoais poderiam predispor o indivíduo a se envolver com um trabalho: pessoas que acreditam em sua capacidade de controlar os fatos que ocorrem em suas vidas, que têm uma visão positiva de si mesmas e que conseguem ver no trabalho que realizam um meio de crescer e satisfazer suas necessidades mais complexas como seres humanos.

O engajamento com o trabalho traz conseqüências positivas tanto para o indivíduo como para a organização em que trabalha. Para o indivíduo, o fato de executar tarefas que lhe permitem entrar em estado de fluxo auxilia-o a vivenciar uma sensação agradável de plena realização de suas potencialidades, de conseguir atingir metas pessoais e profissionais bem como de observar, a cada tarefa realizada, o quão adequadamente está realizando o seu trabalho. Este complexo processo pode aumentar o senso de autovalor do indivíduo, tornando-o mais confiante sobre suas habilidades e competências profissionais e, ao mesmo tempo, propicia ao trabalhador vivenciar um estado prazeroso de engajamento no trabalho. Por conta dessa compreensão, Siqueira e Padovam (s/d) incluíram envolvimento com o trabalho entre uma das três dimensões constituintes de bem-estar no trabalho. Para estas autoras, envolvimento com o trabalho, satisfação no trabalho e comprometimento organizacional afetivo são três vínculos afetivos positivos que propiciam sensações de prazer no trabalho, podendo ser apontados como dimensões psicossociais de bem-estar no trabalho.

Fortalecido como pessoa e como profissional por se sentir envolvido com o trabalho, o indivíduo poderia se transformar em um trabalhador com maiores possibilidades de contribuir com os objetivos organizacionais. Segundo Brown (1996), o engajamento com o trabalho pode ser um importante aspecto psicológico no ambiente organizacional que ajudaria as empresas a conquistar mercados, tornando-se mais competitivas.

Avaliar o grau de envolvimento com o trabalho sem o auxílio de uma ferramenta confiável é uma tarefa relativamente complexa. Entretanto, pesquisadores já elaboraram e validaram medidas que permitem aferir o quanto um trabalhador se encontra, ou não, absorvido por seu trabalho. Este capítulo apresenta a Escala de Envolvimento com o Trabalho, construída e validada por Lodahl e Kejner (1965) e adaptada ao Brasil por Siqueira (1995).

ADAPTAÇÃO E VALIDAÇÃO DA ESCALA DE ENVOLVIMENTO COM O TRABALHO – EET[1]

O envolvimento de um indivíduo com o seu trabalho compreende o grau em que o trabalho realizado consegue prover satisfações para o indivíduo, absorvê-lo completamente enquanto realiza as tarefas e ser importante para a sua vida. Com base nesta concepção, o conceito representa um vínculo afetivo desenvolvido pelo indivíduo frente ao trabalho que realiza.

Para mensurar envolvimento com o trabalho, foram escolhidos oito itens dentre os 20 itens integrantes da escala elaborada por Lodahl e Kejner (1965) e mais dois itens foram criados, totalizando 10 afirmações a composição inicial da EET.

Preliminarmente, foi realizada a avaliação semântica dos itens e das instruções que permitiu investigar a compreensão por trabalhadores sobre as orientações para responder à EET e o quão claras eram as frases da escala (Pasquali, 1999). Posteriormente, os 10 itens da EET foram respondidos por 287 trabalhadores que indicaram, em uma escala de sete pontos (1= discordo totalmente; 2= discordo moderadamente; 3= discordo levemente; 4= nem concordo nem discordo; 5= concordo levemente; 6= concordo moderadamente; 7= concordo totalmente), o quanto concordavam ou discordavam das afirmações.

Análises dos componentes principais e rotação oblíqua (*oblimin*) foram efetuadas com o objetivo de investigar a estrutura fatorial da EET. Estas análises não produziram componentes interpretáveis visto que não foram observados agrupamentos de itens com conteúdos semânticos diferenciados nos três componentes que emergiram.

Procedeu-se, então, à análise dos itens da escala através da verificação de concisão (desvio padrão ≤ média do item) e homogeneidade de cada afirmação (correlação item-total ≥ 0,40). Os cálculos estatísticos revelaram ser todos os itens concisos, mas também apontaram a frágil homogeneidade de cinco deles, visto que detinham correlações item-total inferiores a 0,40. Com estes resultados, a EET ficou reduzida a cinco itens, os quais produziram um coeficiente (α de Cronbach) de precisão confiável de 0,78. Ao final deste capítulo encontra-se a EET completa: instruções, escala de respostas e as cinco frases.

APLICAÇÃO, APURAÇÃO DOS RESULTADOS E INTERPRETAÇÃO DA EET

A aplicação da EET poderá ser feita de forma individual ou coletiva. Deve-se cuidar para que os respondentes tenham entendido as instruções e o modo

---
[1] Autor: Siqueira, M.M.M. (1995).

de assinalar suas respostas. É necessário assegurar também que o ambiente de aplicação seja tranqüilo e confortável, lembrando que o tempo de aplicação da EET é livre.

Para se obter o escore médio da EET de cada pessoa será necessário somar os valores indicados pelo respondente dentro dos parênteses e dividir essa somatória por cinco. O resultado desses cálculos deverá ficar entre um e sete.

Durante a interpretação dos resultados obtidos pela aplicação da EET, deve-se considerar que quanto maior o valor médio obtido, maior será o grau de envolvimento com o trabalho. Valores entre 5 a 7 tendem a indicar envolvimento, tornando este mais forte à medida que o escore se aproxima de 7. Valores entre 1 e 3,9 revelam envolvimento frágil. Naturalmente, o envolvimento torna-se mais frágil ou praticamente inexistente à medida que se aproxima de 1. Valores entre 4 e 4,9 podem representar uma certa indiferença ou desconfiança do indivíduo, naquele momento, sobre a capacidade do seu trabalho atual absorvê-lo.

Deve-se ressaltar que envolvimento com o trabalho não é uma característica estável do indivíduo. As circunstâncias que desenham o escopo do trabalho podem alterar o grau de envolvimento com ele. Assim, características das tarefas como variedade, tempo para executá-las e os desafios que elas impõem ao trabalhador, agregadas às características do líder e às exigências de desempenho de papéis organizacionais conflitantes, orientações ambíguas e despreparo profissional para desempenhar esses papéis podem levar o trabalhador a alterar seu engajamento no trabalho.

Para assegurar que as propriedades de medida da EET sejam preservadas, recomenda-se manter o formato de suas instruções, das frases e das respostas. Caso contrário, não existe garantia de se obter uma avaliação confiável de envolvimento com o trabalho.

REFERÊNCIAS

BROWN, S. P. A meta-analysis and review of organizational research on job involvement. *Psychological Bulletin*, Washington, DC, v. 120, n. 2, p. 235-255, Sept. 1996.

CSIKSZENTMIHALYI, M. *A descoberta do fluxo:* a psicologia do envolvimento com a vida cotidiana. Rio de Janeiro: Rocco, 1999.

LODAHL, T.M.; KEJNER, M. The definition and measurement of job involvement. *Journal of Applied Psychology,* Berkeley, CA, v.49, n. 1, p. 23-33, Jan.1965.

MUCKINSKY, P. M. *Psicologia organizacional.* São Paulo: Pioneira Thomson Learning, 2004.

PASQUALI, L. Testes referentes a construto: teoria e modelo de construção. In: PASQUALI, L. (Org.). *Instrumentos psicológicos:* manual prático de elaboração. Brasília: LabPAM-IBAAP, 1999. p. 37-72.

Escala de envolvimento com o trabalho – EET

A seguir serão apresentadas cinco frases referentes ao seu trabalho atual. **Indique o quanto você concorda ou discorda de cada uma delas.** Dê suas respostas anotando nos parênteses que antecedem cada frase aquele número (de 1 a 7) que melhor representa sua resposta.

1 = Discordo totalmente
2 = Discordo moderadamente
3 = Discordo levemente
4 = Nem concordo nem discordo
5 = Concordo levemente
6 = Concordo moderadamente
7 = Concordo totalmente

( ) As maiores satisfações da minha vida vêm de meu trabalho.
( ) As horas que passo trabalhando são as melhores horas de meu dia.
( ) As coisas mais importantes que acontecem em minha vida envolvem o meu trabalho.
( ) Eu como, vivo e respeito o meu trabalho.
( ) Eu estou pessoalmente muito ligado ao meu trabalho.

SIQUEIRA, M.M.M. *Antecedentes de comportamentos de cidadania organizacional:* análise de um modelo pós-cognitivo. 1995. 265 f. Tese (Doutorado em Psicologia) – Instituto de Psicologia, Universidade de Brasília, Brasília, 1995.

SIQUEIRA, M.M.M.; GOMIDE JR., S. Vínculos do indivíduo com o trabalho e com a organização. In: ZANELLI, J. C.; BORGES-ANDRADE, J. E.; BASTOS, A.V.B. (Org.). *Psicologia, organizações e trabalho no Brasil.* Porto Alegre: Artmed, 2004. p. 300-328.

SIQUEIRA, M. M. M.; PADOVAM, V. A. R. Bases teóricas de bem-estar subjetivo, bem-estar psicológico e bem-estar no trabalho. *Psicologia: Teoria e Pesquisa,* Brasília, DF, 2004. No prelo.

9
Equipes de trabalho
Katia Puente-Palacios

As equipes de trabalho constituem unidades de desempenho cada vez mais utilizadas no cenário organizacional. Esta é uma das razões pelas quais temos testemunhado, nas últimas décadas, um marcado incremento do interesse na compreensão das suas características principais e do seu funcionamento, tanto por parte de pesquisadores, quanto de gestores organizacionais que convivem no dia-a-dia com essas unidades de desempenho. Equipes de trabalho podem ser caracterizadas como entidades sociais inseridas em sistemas maiores, as quais executam tarefas consideradas relevantes para a missão da organização à qual pertencem, uma vez que os seus resultados de desempenho têm conseqüências para o ambiente interno e externo à equipe. São compostas por pessoas que trabalham de maneira interdependente, as quais são identificadas por outros membros da organização como parte da equipe (Hackman, 1987).

Paralelamente ao incremento da adoção de equipes de trabalho, também pode ser observada a quantidade crescente de literatura que aborda não apenas as vantagens da sua implementação no âmbito organizacional, mas também as características destas unidades. Essas características são apresentadas e discutidas no intuito de contribuir com a adequada compreensão da natureza e da dinâmica do seu funcionamento por parte dos diversos atores interessados no seu estudo, dentre os quais, administradores, psicólogos organizacionais e, em geral, gestores, que procuram mecanismos válidos capazes de contribuir para a melhoria dos processos de gestão das organizações.

As características atribuídas a essas unidades de desempenho são diversas, mas uma que aparece reiteradamente como indicadora da natureza mesma das equipes diz respeito à relação de dependência existente entre os seus membros. Equipes de trabalho, portanto, são freqüentemente descritas como grupamentos sociais compostos para atender metas de trabalho convergentes com as metas organizacionais, as quais são plasmadas em um objetivo claramente definido e reconhecido pelos seus membros. Para o alcance de tal objetivo se faz imprescindível a convergência do esforço dos participantes, cujas atividades são complementares na medida em que é necessária a sua cooperação para que o sucesso no desempenho seja atingido, ainda que as contribuições possam ser diferenciadas em termos de natureza e intensidade. A partir desta perspectiva, o cerne das equipes de trabalho está nas relações de interdependência existentes entre seus membros, uma vez que a meta estabelecida poderá ser adequadamente atingida apenas a partir de ações conjugadas.

Guzzo e Shea (1992) defendem que a natureza das equipes de trabalho envolve, invariavelmente, dependência entre os seus membros. Contudo, afirmam, a dependência que ocorre em relação a diversos aspectos não tem sido adequadamente estudada. Portanto, argumentam, é importante investigar o efeito diferenciado que exerce, em decorrência da sua natureza. Ao discorrer sobre as variáveis que explicam a efetividade das equipes de trabalho, os autores manifestam que ela pode ser mais bem compreendida se for investigado o efeito tanto da dependência dos membros em relação às tarefas e aos resultados como a percepção de potência do grupo. Conforme pode ser observado, o modelo proposto pelos autores não se estende na explicação de diversos conjuntos de variáveis, mas enfatiza aquelas consideradas prioritárias por eles. O reduzido número de variáveis explicativas da efetividade não traduz a falta de reconhecimento da importância da participação de outras. Revela, apenas, que não constituem o aspecto central a ser destacado no modelo proposto, uma vez que a ênfase recai no conjunto de elementos citado. Em decorrência do reduzido número de variáveis explicativas (ou antecedentes) apontadas no modelo proposto, ele pode ser considerado, conforme já manifestado por Puente-Palacios e Borges-Andrade (2005), um dos mais parcimoniosos dentre os encontrados na literatura. A parcimônia é um atributo a ser destacado, uma vez que se refere à possibilidade de explicar um determinado fenômeno a partir do menor número possível de preditores. Para tanto, é imprescindível que apenas aqueles considerados mais importantes sejam mantidos e a sua participação seja defendida com base em argumentos teóricos e/ou empíricos consistentes.

O modelo em questão (Guzzo e Shea, 1992) destaca a participação central das três variáveis explicativas brevemente mencionadas:

a) interdependência de tarefas;
b) interdependência de resultados;
c) potência.

Segundo os autores, a **interdependência de resultados** refere-se ao fato das conseqüências do desempenho dos membros do grupo depender, em maior ou menor grau, do trabalho dos outros. Assim, quanto maior a influência do desempenho dos outros membros e maior a importância das conseqüências atreladas, maior a sua interdependência. Isto ocorre, por exemplo, no caso de equipes de vendedores que ganham comissão pelo total de vendas da loja em um período determinado, e não pelo volume de vendas de cada pessoa. Para que alguém receba uma comissão elevada é imprescindível que, não apenas ele mesmo faça muitas vendas, mas também que os outros o façam. Os autores ainda defendem que a magnitude deste tipo de dependência é influenciada pelo sistema de recompensas estabelecido. Assim, se o sistema da organização outorga recompensas no nível do grupo, então a interdependência será maior e, associada a ela, haverá maior probabilidade de ocorrência da efetividade da equipe.

A **interdependência de tarefas**, por sua vez, refere-se à necessidade de realização do trabalho em conjunto, por parte dos membros da equipe, para atingir a meta estabelecida. No modelo proposto é apontado que a interdependência de tarefas é uma variável cujo efeito não está diretamente ligado à efetividade da equipe. Segundo os autores (Guzzo e Shea, 1992), esta variável desempenha o seu papel de maneira conjugada com a interdependência de resultados, afetando conjuntamente a efetividade. Como exemplo pode ser descrito o caso de uma equipe de cirurgia. Para executar a tarefa (fazer um procedimento cirúrgico com sucesso) é imprescindível que o médico cirurgião faça a sua parte. Entretanto, ele sequer poderá dar início ao procedimento sem a presença do anestesista. Isto porque há uma grande interdependência de tarefas entre esses profissionais, e o trabalho em questão exige a participação conjunta de todos os membros da equipe.

O terceiro elemento apontado no modelo de desempenho de equipes proposto por Guzzo e Shea (1992) é a **potência**. Consiste na crença coletiva (compartilhada) dos membros da equipe de que ela pode ser efetiva na execução das tarefas. Os autores a descrevem como um fenômeno sociopsicológico genuíno, mensurável e significante, não capturado antes pelos modelos teóricos de motivação coletiva. Este construto foi investigado posteriormente de maneira mais exaustiva, com o objetivo de identificar os seus preditores (Guzzo et al., 1993). Foram apontados dois conjuntos de variáveis: os **fatores externos ao grupo**, como recursos, objetivos, sistema de recompensas da organização, aprendizagem vicária, persuasão verbal, liderança e reputação da equipe de trabalho, e os **fatores internos ao grupo**, que englobam os objetivos do grupo, o seu tamanho, suas capacidades, suas habilidades, sua experiência e o conhecimento dos membros e seus estados psicológicos. A defesa da participação desta variável na explicação da efetividade das equipes está sustentada em considerações semelhantes às trazidas por Bandura (1977) ao discutir o papel da auto-eficácia: o passo inicial para realizar uma tarefa é acreditar que se é capaz de fazê-la. Da mesma forma aconteceria com as equipes: a primeira condição para ter sucesso na execução de uma tarefa é que a equipe acredite que consegue realizá-la com sucesso.

Além deste conjunto de variáveis relativas tanto à interdependência de tarefas e de resultados como à autopercepção do grupo, Guzzo e Shea (1992) destacam o efeito do **contexto organizacional** e apontam que variáveis oriundas desse cenário exercem, também, influência no desempenho da equipe, embora não outorguem a elas o mesmo destaque dado às já mencionadas.

As proposições teóricas trazidas pelo modelo apresentado foram posteriormente submetidas a comprovação empírica por Saavedra, Earley e Van Dyne (1993). A importância da realização da pesquisa empírica está em oferecer evidências concretas sobre a pertinência dos postulados teóricos defendidos. Os autores investigaram, especificamente, a existência de tipos diferenciados de interdependência (tarefas e resultados). Os resultados encontrados revelaram que membros de equipes conseguem diferenciar o que é depender dos colegas de equipe para realizar as tarefas, de ter atreladas a eles as conseqüências positivas ou negativas do trabalho. Logo, os tipos de dependência em equipes, teoricamente defendidos, foram empiricamente corroborados. De maneira adicional, verificaram quais resultados mais esclarecedores sobre a influência da dependência na efetividade são obtidos quando investigado o efeito conjunto de ambos os tipos de dependência, pois eles mantêm efeitos de interação.

Em anos seguintes, autores como Wageman (1995) e Wageman e Baker (1997), verificaram a existência de efeitos específicos e diferenciados de cada tipo de interdependência (tarefas e resultados) e confirmaram que essas variáveis têm uma participação conjunta, conforme sugerido por Saavedra e colaboradores (1993). Os resultados obtidos nas pesquisas realizadas por estes autores revelam que associações congruentes (elevada interdependência de tarefas associada à elevada interdependência de resultados) produzem melhores resultados, em termos de efetividade da equipe, que associações incongruentes (elevada interdependência de tarefas associada à baixa interdependência de resultados). Assim, segundo os resultados dessas pesquisas, é adequado esperar que equipes de trabalho nas quais as recompensas pelo trabalho resultam do desempenho coletivo e nas quais existe necessidade de cooperação para realizar adequadamente as tarefas, haverá também maiores probabilidades de a equipe atingir bons resultados de desempenho.

O conjunto de indicadores trazidos mostra, portanto, a existência de padrões diferenciados de interdependência, sendo esta relacionada às tarefas e aos resultados no cenário das equipes de trabalho. Evidencia também a necessidade de levá-los em consideração quando há interesse na compreensão das razões subjacentes à efetividade das equipes. Em consonância com esses achados, o presente capítulo apresenta o processo de adaptação e validação de duas medidas ao contexto brasileiro: Escala de Interdependência de Tarefas ([EIT], Puente-Palacios, 2002) e Escala de Interdependência de Resultados ([EIR], Puente-Palacios, 2002). Ambas as escalas foram originalmente desenvolvidas por pesquisadores holandeses (Van Der Vegt, Emans e Van De Vliert, 1998) e, uma vez que cumprem satisfatoriamente com a missão para a qual foram desenvolvidas, foi considerado pertinente investir na sua adaptação ao contexto brasileiro. As escalas apresentadas constituem ferramentas importantes para o diagnóstico daquilo que está sendo mostrado como aspecto de importância capital para a predição da efetividade do desempenho das equipes de trabalho. Logo, terão grande utilidade, não apenas entre pesquisadores e estudantes deste campo, mas fundamentalmente entre gestões organizacionais que procuram ferramentas confiáveis que os guiem na gestão do desempenho daqueles sob seu comando.

ADAPTAÇÃO E VALIDAÇÃO DA ESCALA DE INTERDEPENDÊNCIA DE TAREFAS – EIT[1] – E ESCALA DE INTERDEPENDÊNCIA DE RESULTADOS – EIR[2]

Uma vez que os dados utilizados no processo de validação de ambas as escalas são oriundos da mesma amostra, os procedimentos adotados serão relatados de maneira conjunta, embora sejam apontadas as especificidades identificadas nos resultados de cada escala.

A Escala de Interdependência de Tarefas (EIT) é composta por cinco itens que indagam o respondente sobre a necessidade que ele tem de contar com a ajuda dos outros membros da equipe para realizar as tarefas a ele incumbidas, por exemplo: "Meu desempenho depende de receber informações dos meus colegas". É respondida em uma escala tipo Likert que vai de 1 (concordo totalmente) a 5 (discordo totalmente).

A Escala de Interdependência de Resultados (EIR), por sua vez, é composta por um conjunto de seis itens que focam as possíveis conseqüências, positivas ou negativas, decorrentes das ações de outros membros da equipe. As perguntas são respondidas em uma escala bipolar de sete pontos, a qual possui adjetivos antônimos nos seus extremos, como mostra o exemplo a seguir: "Me beneficia ..1..2..3..4..5..6..7.. prejudica quando os meus colegas atingem as suas metas".

Para a realização da pesquisa relatada neste capítulo contou-se com a informação fornecida por 113 pessoas, membros de 28 equipes de trabalho, todos membros de uma instituição financeira de economia mista. Os dados foram coletados exclusivamente entre funcionários que trabalhavam, na época, em Brasília, DF. A média aritmética do número de pessoas que responderam às escalas, em cada equipe, foi 4,03 e o desvio padrão foi 2,2 (moda = 3; mínimo = 2 e máximo = 13) e essas equipes estavam compostas, em média (média aritmética) por 8,6 pessoas (desvio padrão = 5,9). O tempo de permanência antiguidade dos membros nas equipes foi de aproximadamente um ano e três meses (desvio padrão um ano e cinco meses) e o menor tempo de permanência dos membros nas equipes foi de um mês (na época em que os dados foram coletados) e o maior foi de sete anos (84 meses).

---

[1] Puente-Palacios, K. 2002.
[2] Puente-Palacios, K. 2002.

As análises de dados realizadas foram pautadas pelo objetivo do trabalho: validação, no contexto brasileiro, da EIT e EIR entre membros de equipes de trabalho. Para tanto, em primeira instância foi realizada a investigação da matriz de correlações de cada escala, com o objetivo de levantar evidências sobre a pertinência de enfrentar o desafio de investir na identificação de fatores. Como segundo passo, e uma vez confirmada a pertinência dessa tarefa, foram definidos os procedimentos de identificação e posterior extração dos fatores correspondentes em cada escala, sem desconsiderar o fato de que as escalas originais (Van Der Vegt, Emans e Van De Vliert, 1998, 1999) apresentam solução unifatorial. Em terceiro lugar, foram estabelecidos os procedimentos que seriam utilizados para aferir a confiabilidade interna dos fatores retidos. Para tanto, optou-se pelo uso de dois indicadores: a média aritmética da correlação item-total e o alfa de Cronbach, uma vez que este último é suscetível ao número de itens e tamanho da amostra. Finalmente, após a verificação da confiabilidade foi ainda investigada a validade discriminante das escalas, uma vez que, por se tratar de duas modalidades de interdependência (de tarefas e de resultados) poder-se-ia hipotetizar sobre a falta de especificidade empírica. A validação discriminante refere-se à adoção de procedimentos (quantitativos e/ou qualitativos) que permitam encontrar evidências quanto à diferenciação existente entre dois ou mais construtos. Logo, para os fenômenos focados neste capítulo, não é suficiente defender com argumentos teóricos que eles são fenômenos genuinamente diferentes. É necessário mostrar empiricamente que membros de equipes de trabalho percebem que depender dos outros membros para realizar as tarefas é diferente de depender deles para obter recompensas. Para a realização da validação discriminante foram seguidos os procedimentos adotados por Van Yperen, Van den Berg e Willering (1999), que consistem na realização de uma nova extração de fatores, em número correspondente às escalas testadas, da matriz de dados composta pelos itens de todas as escalas sob investigação.

RESULTADOS OBTIDOS NO PROCESSO DE VALIDAÇÃO DA EIT E DA EIR

A importância de incluir, neste capítulo, os resultados obtidos a partir das análises efetuadas está sustentada na necessidade de mostrar as evidências empíricas que atestam a validade das escalas, assim como favorecer outras possíveis aplicações realizadas no intuito de testá-las novamente. Isto não invalida, entretanto, a sua utilização como ferramentas de diagnóstico, cuja aplicabilidade e interpretação serão discutidas mais adiante. Os resultados relatados a seguir decorrem da adoção dos mesmos procedimentos para ambas as escalas sob análise. Logo, eles serão descritos de maneira concomitante embora tenham sido realizados, de fato, de maneira separada e independente.

Como primeiro passo para a consecução do objetivo traçado foi analisada a fatorabilidade das matrizes de dados. Para tanto, procedeu-se à inspeção da matriz de correlações dos itens de cada escala. A realização deste processo evidenciou presença de correlações significativas entre a totalidade dos itens da EIT. Nela, a média aritmética das correlações encontradas foi 0,55.

No caso da EIR, a média aritmética das correlações significativas encontradas foi 0,39 e não foram significativas para apenas uma das possíveis correlações bivariadas. A importância da realização deste procedimento decorre, segundo Laros e Puente-Palacios (2004), da necessidade de encontrar evidências que sinalizem a pertinência, ou não, de prosseguir com a busca de fatores.

Ainda com o objetivo de verificar a fatorabilidade das matrizes de dados de cada medida em análise, procedeu-se com o cálculo do índice de adequação da amostra de Kaiser-Meyer-Olkin (KMO). Os resultados desta análise revelaram valores de 0,84 para a EIT e de 0,76 para a EIR. Finalmente, o valor obtido para ambas as escalas no cálculo da magnitude do determinante da matriz relevou, juntamente com os dados anteriormente apresentados, que era pertinente investir esforço na identificação de fatores subjacentes à massa de dados de cada uma das escalas investigadas (determinante igual a 0,11 para EIT e a 0,14 para a EIR).

Uma vez tendo encontrado indicadores satisfatórios sobre a pertinência de tentar reduzir os respectivos conjuntos de itens a fatores, procedeu-se com a definição do número adequado de fatores a extrair. A este respeito cabe destacar que além dos critérios matemáticos utilizados, o norte das análises foi dado também pela procura de fatores teoricamente interpretáveis e pelo conhecimento prévio de que as escalas originais tinham solução unifatorial. Os critérios matemáticos utilizados foram o autovalor maior do que 1 que evidencia o número máximo de fatores tolerados pela matriz de dados, o critério de mínimo 3% da variância explicada por fator retido e o critério gráfico do *scree plot,* todos disponíveis no pacote de análises estatísticas SPSS. A aplicação do conjunto de critérios matemáticos e teóricos evidenciou a pertinência de extrair um único fator para cada escala. Com essa solução, a EIT captura 64,4% da variância do fenômeno subjacente enquanto a EIR atinge 49,3% de explicação.

Os resultados encontrados na realização da análise fatorial de cada escala evidenciam valores das cargas fatoriais entre 0,61 e 0,81 para a EIT, e entre 0,37 e 0,86 para a EIR. A confiabilidade interna, mensurada a partir do cálculo do alfa de Cronbach e da média aritmética da correlação item-total, foi de 0,86 e 0,69 para a EIT e de 0,78 e 0,55 para a EIR, respectivamente.

Os resultados apresentados evidenciam a pertinência das soluções obtidas, uma vez que, em ambos os casos, observam-se cargas fatoriais com valores adequados (acima de 0,32), segundo o critério proposto por Tabachnik e Fildell (2007). De maneira adicional, os índices de precisão (α de Cronbach e média da correlação item-total) mostram-se satisfatórios permitindo defender a adequação da solução alcançada.

Ainda tendo encontrado um resultado satisfatório, é imprescindível que o pesquisador investigue em que medida a escala desenvolvida permite a diferenciação do construto que pretende capturar de outros presentes no cenário organizacional. Neste caso, especificamente, essa necessidade é mais premente tendo em vista a similaridade dos construtos mensurados. Logo, resta a pergunta: Existe diferença empírica, além da teórica já apontada, entre interdependência de tarefas e de resultados? Com o objetivo de responder a essa indagação decidiu-se realizar uma análise de validação discriminante, para a qual foram aplicados os procedimentos sugeridos por Van Yperen e colaboradores (1999). Tal procedimento consiste em realizar uma análise fatorial com os itens de todas as escalas que se pretende investigar e, desta matriz de dados, extrair, pelo método *Principal Axis Factoring* (PAF), o número de fatores correspondentes ao número de escalas sob investigação. Para a realização dessa análise foi adotado o método de rotação *varimax*, uma vez que a adoção deste procedimento permite trabalhar com a hipótese de construtos genuinamente diferenciáveis. Adicionalmente, a pertinência do método de rotação escolhido sustenta-se na magnitude da correlação de ambas as variáveis que, embora significativa, revela menos de 10% de variância em comum ($r = 0,25$).

Os resultados encontrados mostraram adequada discriminação entre as escalas EIT e EIR. Cada item apresentou carga significativa apenas no fator correspondente à escala que de fato pertencia e não foi observada a presença de itens complexos. Nesta análise, as cargas fatoriais da EIT oscilaram entre 0,66 e 0,83 e os da EIR entre 0,36 e 0,85.

Conforme o leitor pode verificar, considerando a exigência de carga mínima igual a 0,32, não foi identificada complexidade em qualquer um dos itens, uma vez que eles apresentaram contribuições significativas apenas no fator correspondente à escala da qual eram oriundos. Portanto, os dados revelam que existem, não apenas diferenças teóricas, mas também empíricas, em relação aos construtos interdependência de tarefas e de resultados. Logo, trata-se de atributos das equipes efetivamente diferenciáveis pelos seus membros. No final deste capítulo, são apresentados exemplares das escalas EIT e EIR.

Em termos práticos, os resultados obtidos constituem uma importante contribuição a este campo, pois a crescente implementação de equipes de trabalho no cenário organizacional aponta para a urgente necessidade de identificação do conjunto de variáveis que melhor permite compreender as situações nas quais estas unidades de desempenho atingem resultados mais satisfatórios. Nesse sentido, pode ser afirmado que, no momento atual, conta-se com um número significativo de propostas teóricas que cumprem com essa missão. Entretanto, resta ainda a investigação empírica da pertinência de tais proposições. Para viabilizar isso se faz imprescindível o desenvolvimento de escalas de mensuração que, sendo válidas e confiáveis, permitam investigar a pertinência das explicações teóricas oferecidas àqueles interessados neste campo. O presente trabalho resume a contribuição realizada nesse sentido, ao relatar o trabalho de adaptação ao contexto brasileiro das escalas de avaliação da interdependência de tarefas e de resultados. Essas duas variáveis foram apontadas por Guzzo e Shea (1992) como preditores importantes da efetividade das equipes de trabalho. Segundo eles, a magnitude e a intensidade da dependência existente entre membros de equipes de trabalho constituem elementos explicativos do sucesso da equipe. Logo, o adequado diagnóstico da sua ocorrência é um passo importante na verificação do seu papel explicativo. Tendo em vista essas considerações é pertinente afirmar que os resultados alcançados com a realização do presente trabalho contribuem à realização de tais investigações, pois resumem os esforços despendidos com vistas à validação de escalas de mensuração de tais atributos.

Quanto aos procedimentos e resultados obtidos, cabe destacar a pertinência das escolhas metodológicas realizadas, uma vez que contribuíram na identificação de uma solução fatorial robusta: em ambos os casos as cargas fatoriais foram elevadas evidenciando em que medida cada item contribui para capturar o fenômeno subjacente (média aritmética das cargas fatoriais igual a 0,74 para EIT e a 0,62 para EIR). Portanto, os itens constitutivos de cada escala podem ser considerados bons indicadores do fenômeno que pretendem capturar, quais sejam, a interdependência de tarefas e de resultados. O melhor indicador da existência de dependência em equipes de trabalho (carga fatorial = 0,81) indaga a respeito da dependência do respondente em relação aos colegas de equipe para completar a contento o trabalho atribuído. Logo, traduz a natureza que caracteriza o fenômeno em questão, isto é, a necessidade de receber ajuda dos outros membros da equipe. Em relação à interdependência de resultados, observou-se que o item que melhor representa este construto (carga fatorial = 0,86) questiona o respondente a respeito da medida em que ele percebe como vantajoso (ou não) o sucesso que os colegas da equipe obtêm com a realização das tarefas. Também no caso desta escala é pertinente afirmar que o item representativo traduz adequadamente o cerne do construto que a escala pretende capturar.

Adicionalmente, vale destacar ainda a importância de mostrar evidências concretas da discriminação entre os construtos. Caso essa discriminação não fosse satisfatória, intervenções erradas ou danosas às equipes poderiam ser implementadas ao serem sustentadas na crença (falsa) de fenômenos diferentes. Este fato mostra-se ainda mais prejudicial se lembrado que, segundo a proposta teórica de Guzzo e Shea (1992), os dois tipos de interdependência têm um impacto particular sobre a efetividade das equipes de trabalho. Caso as escalas não discriminassem adequadamente, então, como atribuir maior ou menor efeito a um certo tipo de interdependência quando não haveriam evidências concretas da sua real especificidade? Os resultados obtidos a partir da aplicação dos procedimentos adotados revelam, não apenas a partir de uma perspectiva teórica, mas fundamentalmente empírica, a existência de fenômenos verdadeiramente diferenciáveis. Isso valida adicionalmente as afirmações realizadas por Van der Vegt e colaboradores (2001), ao manifestarem que a interdependência de tarefas e de resultados constituem dois fenômenos diferentes, embora relacionados, os quais possuem características específicas. Assim, membros de uma equipe podem vivenciar elevada dependência de tarefas e baixa dependência de resultados, ou o contrário. Segundo os mencionados autores, o que deve ser levado em consideração, de fato, é o efeito que esses diversos níveis de dependência têm sobre a efetividade das equipes de trabalho. Para tanto, se faz imprescindível contar com ferramentas que permitam capturar adequadamente os fenômenos de interesse. Essa contribuição é oferecida pelo presente trabalho, uma vez que está sendo disponibilizado àqueles interessados neste campo de estudo, instrumentos de mensuração da interdependência de tarefas e de resultados. Porém, como todo estudo, este alerta também para a necessidade de realização de novas pesquisas nas quais seja investigada, não apenas a estabilidade da solução fatorial identificada, mas fundamentalmente a contribuição destas duas variáveis na predição da efetividade de equipes de trabalho. Para a realização destas novas pesquisas e comparação dos resultados aqui apresentados se faz imprescindível que o pesquisador disposto a enfrentar este desafio disponha de informações detalhadas quanto aos processos adotados para a validação realizada. Qualquer comparação com resultados futuros será enriquecida se além dos dados numéricos pudessem ser comparados os passos e os procedimentos seguidos. Já em relação às contribuições práticas, o diagnóstico conjunto do nível de interdependência de tarefas e de resultados permite ao gestor evidenciar de maneira pontual os aspectos em relação aos quais se faz necessária a sua intervenção, pois pode até ser diagnosticado que o caminho a ser seguido é o da adoção de procedimentos de gestão do desempenho de pessoas que trabalham de maneira independente, embora relacionada, e não necessariamente procedimentos de gestão de equipes de trabalho.

APLICAÇÃO, APURAÇÃO DOS RESULTADOS E INTERPRETAÇÃO DA EIT E DA EIR

As escalas apresentadas neste capítulo, embora constituam ferramentas de diagnóstico de atributos relativos às equipes, devem ser respondidas individualmente pelos seus membros, tendo em vista que focam percepções ou avaliações dos respondentes quanto à natureza ou ao desenho do trabalho que executam nas equipes às quais pertencem. A aplicação de ambas as escalas pode ser coletiva, mas não há exigência de ocorrer de maneira presencial, isto é, tanto pode ser aplicada tendo as pessoas reunidas em um mesmo local quanto pode ser encaminhada aos membros das equipes via malote interno ou outro sistema de envio de correspondência. Entretanto, recomenda-se enfaticamente a utilização de um sistema de codificação dos questionários, de maneira que possibilite a identificação de quais membros que pertencem a cada equipe. Em geral, utiliza-se um código composto por quatro dígitos, onde os dois primeiros representam a equipe, enquanto os seguintes designam os membros. Por exemplo: 01/03 seria o código de identificação do sujeito número três, que pertence à equipe um. A importância da utilização de um sistema de codificação como o apresentado fundamenta-se na possibilidade de investigar a possível existência de diferenças entre as equipes quanto à magnitude da interdependência de tarefas ou de resultados, e não apenas entre indivíduos como geralmente ocorre. Essa investigação poderá ser operacionalizada pelo uso de técnicas de análise de variância.

Tendo em vista que as escalas EIT e EIR são compostas por um reduzido número de itens (5 e 6, respectivamente), é de se esperar que a sua aplicação, incluídas as instruções e os esclarecimentos quanto a natureza da pesquisa, demande não mais do que 20 minutos. Ela pode ocorrer tanto dentro quanto fora do local de trabalho.

Uma vez de posse dos dados brutos, o pesquisador deverá proceder às análises correspondentes que permitirão o diagnóstico do atributo em questão. Para tanto, em ambos os casos (escalas EIT e EIR), deverá ser realizado o cálculo da média aritmética de cada conjunto de itens (EIT ou EIR). A aplicação desse procedimento irá redundar na criação de novos atributos (escores) por indivíduo, sendo um relativo à EIT e outro relativo à EIR. A partir desses valores, o pesquisador poderá compor um novo indicador (valor) por equipe, calculando novamente a média aritmética, utilizando como elementos os escores obtidos pelos membros de cada equipe. É nesse momento que fica evidenciada a importância de criar um código de identificação que permita separar os respondentes, de acordo com as equipes que o compõem. Sem essa identificação, as análises pretendidas tornam-se inviáveis. Caso exista interesse na identificação de diferenças entre equipes de trabalho, nos aspectos investigados, o pesquisador deverá optar pelo uso de algum mecanismo de análise de variância.

Os possíveis valores resultantes devem ser tratados de maneira diferenciada, dependendo da escala sob análise, pois enquanto a EIT tem uma escala de respostas de cinco pontos, a EIR tem uma escala de respostas bipolar de sete pontos. Assim, a interpretação dos escores será apresentada de maneira separada para cada escala.

A EIT fornece informações quanto ao grau de dependência existente entre os membros da equipe. Escores elevados (média aritmética das respostas dadas aos cinco itens) sinalizam elevado grau de dependência na realização das tarefas, enquanto escores baixos revelam pouca dependência. Uma vez que a escala de respostas é de cinco pontos, o valor máximo da média aritmética é 5 (cinco itens com valores possíveis de até 5 pontos), e o mínimo é 1. Ao falar de valores elevados faz-se referência a valores que oscilam entre 4 e 5, e a valores baixos entre 1 e 2.

Segundo os postulados teóricos defendidos por Guzzo e Shea (1992), a elevada interdependência de tarefas virá desembocar em maior efetividade da equipe se a interdependência de resultados também for elevada. Logo, é imprescindível a aplicação conjunta destas duas escalas. Valores elevados indicam que os respondentes consideram existir grande dependência entre os membros da equipe para a realização das tarefas, isto é, percebem que as tarefas realizadas por eles são altamente inter-relacionadas. A elevada ou baixa interdependência de tarefas não é, por si só, um aspecto positivo ou negativo. Constitui apenas um indicador cujo efeito sobre a efetividade do desempenho deverá ser avaliado conjuntamente com a magnitude dos escores obtidos na EIR.

Em relação à EIR, composta por seis itens respondidos em escala bipolar de sete pontos, é importante observar que o ponto médio da escala (4) revela escassa dependência, enquanto valores próximos dos extremos (1 ou 7) demonstram elevada dependência. A diferença entre esses extremos firma-se no fato de os valores próximos a 1 denotarem dependência positiva e os valores ao redor de 7 sinalizarem dependência negativa. Assim, é insuficiente falar de elevada (valores médios próximos de 1 ou 7) ou baixa (valores ao redor de 4) dependência de resultados. É necessário observar atentamente se esta dependência é considerada positiva ou negativa pelos membros das equipes. Valores próximos ao valor extremo inferior (1) são indicadores de dependência positiva, enquanto valores próximos ao extremo superior (7) são indicadores de dependência negativa. Caso a média aritmética do grupo analisado fosse próxima de 4, deveria ser entendido que os membros das equipes afirmam que o desempenho dos outros não os afeta, seja de maneira positiva ou negativa. Contudo, assim como destacado no caso da EIT, a adequada interpretação destes resultados e, mais especificamente, a definição de ações a serem adotadas depende da análise conjunta dos dados obtidos em ambas as escalas.

No caso de identificação de convergência entre interdependência de tarefas e de resultados (ambas elevadas, ou ambas baixas) é pertinente esperar maiores níveis de efetividade do que seria esperado se não houvesse tal convergência. Neste caso, não seriam, em tese, necessárias intervenções objetivando mudar estes aspectos. Contudo, se forem observados baixos níveis de dependência de tarefas e de resultados, valeria a pena indagar a razão da criação dessas equipes ou, ainda, questionar se o gestor está lidando, de fato, com equipes de trabalho. Unidades de desempenho nas quais as pessoas não precisam dos outros para realizar as suas tarefas e o desempenho dos colegas não lhes traz qualquer conseqüência podem ser chamadas de equipes de trabalho? A resposta é não. Uma das características que permitem identificar as equipes de trabalho é a dependência entre os seus membros, e, embora esta não seja condição suficiente, é condição necessária.

No caso de identificação de falta de convergência entre o nível de interdependência de tarefas e de resultados (uma elevada e outra baixa), cabe ao gestor promover a adoção, conjuntamente com os membros das equipes, de ações que favoreçam a elevação do nível daquele tipo de dependência que estiver baixa, seja por reestruturação das tarefas ou das conseqüências decorrentes do desempenho.

Se a apuração dos resultados da EIR evidenciar valores médios próximos de 7 (interdependência negativa) cabe iniciar um processo de indagação das razões subjacentes a tal ocorrência. Neste caso, o gestor estaria perante equipes de trabalho nas quais os seus membros afirmam estar sendo prejudicados pelas ações dos outros participantes. Assim, nessas circunstâncias, a probabilidade de encontrar um desempenho pobre nas equipes torna-se perigosamente elevada.

As medidas a serem adotadas, entretanto, devem ser analisadas tendo como base a natureza das tarefas desempenhadas e as pessoas envolvidas. A elevação do grau de dependência de tarefas pode convergir com a interdependência de resultados, mas transformar o processo de trabalho em algo moroso e ineficaz. Logo, não existe um nível ótimo de dependência, de tarefas e de resultados, que desemboque em melhores desempenhos em todos os casos. A análise deverá ser realizada levando em consideração as variáveis envolvidas, tanto relativas às pessoas quanto às tarefas e às equipes como um todo. O diagnóstico oferecido por estas escalas, da mesma forma que fazem outras, consiste em informação pontual que deve ser interpretada no contexto de trabalho específico ao qual as equipes pertencem. Portanto, as ações a serem adotadas a partir do diagnóstico deverão levar em consideração a realidade em que se insere o trabalho dessas equipes.

Escala de interdependência de resultados – EIR

As frases abaixo descrevem a natureza da interação ocorrida entre os membros de uma equipe de trabalho. Para responder você deve escolher um dos números de 1 a 7 e fazer um "X" naquele que melhor reflete o que acontece na *sua* equipe. Quanto mais perto de 1, mais você concorda com a palavra à esquerda e quanto mais perto de 7 mais você concorda com a palavra à direita.

1.	Me **beneficia** .. 1 .. 2 .. 3 .. 4 .. 5 .. 6 .. 7 .. **prejudica** quando os meus colegas atingem as suas metas de trabalho.
2.	Os objetivos que os meus colegas e eu desejamos alcançar com o nosso trabalho são **compatíveis** .. 1 .. 2 .. 3 .. 4 .. 5 .. 6 .. 7 .. **incompatíveis**.
3.	É **vantajoso** .. 1 .. 2 .. 3 .. 4 .. 5 .. 6 .. 7 .. **desvantajoso** para mim quando os meus colegas têm êxito no seu trabalho.
4.	Quando os meus colegas têm sucesso no seu trabalho, isto me **beneficia** .. 1 .. 2 .. 3 .. 4 .. 5 .. 6 .. 7 .. **prejudica** .
5.	Os meus interesses, em relação ao trabalho, e os dos meus colegas **são harmoniosos** .. 1 .. 2 .. 3 .. 4 .. 5 .. 6 .. 7 .. **estão em conflito**.
6.	O sucesso dos meus colegas no trabalho é **positivo** .. 1 .. 2 .. 3 .. 4 .. 5 .. 6 .. 7 .. **negativo** para mim.

Escala de interdependência de tarefas – EIT

Em relação às tarefas desempenhadas nas equipes de trabalho, responda os itens abaixo pensando em que medida você concorda que o fato descrito ocorre na *sua* equipe de trabalho. Utilize a escala de respostas que segue e escreva o número escolhido no espaço respectivo localizado ao final do enunciado de cada item.

1	2	3	4	5
Discordo totalmente	Discordo parcialmente	Nem concordo nem discordo	Concordo parcialmente	Concordo totalmente

1. Meu desempenho depende de receber informações fornecidas pelos meus colegas.
2. Para obter o material e os insumos necessários para a realização do meu trabalho, eu dependo dos meus colegas.
3. Eu dependo de ajuda e suporte dos meus colegas para poder realizar o meu trabalho.
4. Para poder realizar o meu trabalho de maneira adequada, eu dependo dos meus colegas.
5. Meu desempenho no trabalho é profundamente afetado pelo desempenho dos meus colegas.

REFERÊNCIAS

BANDURA, A. self-efficacy: toward a unifying theory of behavior change. *Psychologycal Review*, v. 84, n. 2, p. 191-215, Mar. 1977.

GUZZO, R.; SHEA, G. Group performance and intergroup relations in organizations. In: DUNNETTE, M.; HOUGS, L. (Ed.). *Handbook of industrial and organizational psychology*. Palo Alto: Consulting Psychologists, 1992. p. 269-313.

GUZZO, R. et al. Potency in groups: articulating a construct. *British Journal of Social Psychology*, v. 32, p. 87-106, 1993.

HACKMAN, J. The design of work teams. In: LORSCH, J. (Ed.). *Handbook of organizational behavior*. New York: Prentice-Hall, 1987. p. 315-342.

LAROS E PUENTE-PALACIOS. Validação cruzada de uma escala de clima social. *Estudos de Psicologia*, Natal, v. 9, n. 1, p.113-119, jan./abr. 2004.

PUENTE-PALACIOS, K. E. *Depender ou não depender, eis a questão*: um estudo multinível do efeito de padrões de interdependência na satisfação dos membros das equipes de trabalho. Tese (Doutorado) - Instituto de Psicologia, Universidade de Brasília, Brasília, 2002.

PUENTE-PALACIOS, K. E.; BORGES-ANDRADE, J. O efeito da interdependência na satisfação de equipes de trabalho: um estudo multinível. *Revista de Administração Contemporânea*, Rio de Janeiro, v. 9, n. 3, p. 57-78, jul./set. 2005.

SAAVEDRA, R.; EARLEY, P.; VAN DYNE, L. Complex interdependence in task performing groups. *Journal of Applied Psychology*, v. 78, n. 1, p. 61-72, Feb. 1993.

TABACHNIK, B.; FIDELL, L. *Using multivariate statistics*. 5th ed. Boston: Allyn & Bacon, 2007.

VAN DER VEGT, G.; EMANS, B.; VAN DE VLIERT, E. Effects of interdependencies in project teams. *The Journal of Social Psychology*, v. 139, n. 2, p. 202-214, Apr. 1999.

_____ . Motivating effects of task and outcome interdependence in work teams. *Group and Organizational Management*, v. 23, n. 2, p. 124-143, June 1998.

_____ . Patterns of interdependence in work teams: a two-level investigation of the relations with job and team satisfaction. *Personnel Psychology*, v. 54, n. 1, p. 51-59, Mar. 2001.

_____ . Team members' affective responses to patterns of intragroup interdependence and job complexity. *Journal of Management*, v. 26, n. 4, p. 633-655, Aug. 2000.

VAN YPEREN, N.; VAN DEN BERG, A.; WILLERING, M. Towards a better understanding of the link between participation in decision-making and organizational citizenship behaviour: A multilevel analysis. *Journal of Occupational and Organizational Psychology*, v. 72, n. 3. p. 377-392, Sept. 1999.

WAGEMAN, R. Interdependence and group effectiveness. *Administrative Science Quarterly*, v. 40, p. 145-180, Mar. 1995.

WAGEMAN, R.; BAKER, G. Incentives and cooperation: the joint effects of task and reward interdependence on group performance. *Journal of Organizational Behavior*, v. 18, n. 2, p. 139-158, Mar. 1997.

10
Estilos de funcionamento organizacional

Maria das Graças Torres da Paz
Ana Magnólia Bezerra Mendes

Cada vez mais percebemos o grande desejo dos homens explorarem o seu universo social. A vontade de compreender o seu mundo parece se fortalecer cada vez mais, especialmente entre os pesquisadores das ciências humanas e sociais. Sendo as organizações de trabalho um grupo social inserido em um determinado contexto social, essa mesma necessidade se faz refletir. Compreender as organizações torna-se imprescindível. Daí a construção da Escala de Estilos de Funcionamento Organizacional (EEFO) para avaliar certas formas de sentir, pensar e agir compartilhadas nas organizações, compreendendo-as em uma perspectiva cultural.

Um novo movimento começa a ocorrer para possibilitar a compreensão da cultura organizacional. Superando a visão dicotômica utilizada na perspectiva cartesiana da ciência que concebe determinados construtos como pólos opostos – objetivo/subjetivo, político/simbólico, voluntarismo/determinismo, etc., surge uma perspectiva dialética, quando contradições, oposição, diversidade, variabilidade convivem refletindo a complexidade, mas assegurando a complementaridade. Neste sentido há inter-relações dinâmicas entre o psíquico e o social, o micro e o macro, a liberdade e a dominação.

Contemplar esta nova perspectiva de compreensão da cultura no mundo das organizações implica:

- Concebê-las como sistemas abertos, que interagem com o seu meio ao mesmo tempo em que interagem com seus membros componentes, membros estes que participam deste grupo social com suas características de personalidade e idiossincrasias e que têm suas práticas sociais eivadas de significações e representações.
- Desenvolver conceitos centrados nas pessoas e em suas interações, conceitos estes que enfatizam o papel do indivíduo na configuração de sua organização, assim como de sua sociedade e de sua cultura mais ampla. Significa que a noção de cultura, quer seja a cultura mais ampla onde se encontra inserida a organização, quer seja a própria

cultura organizacional, gira em torno da noção de pessoa, tanto na perspectiva de manipular comportamentos quanto na perspectiva de criar espaços para que se expressem livre e autonomamente. Porém, seria ingênuo admitir que as culturas se fixariam em apenas um desses dois pólos. Há, em todas as sociedades e organizações, as duas formas de expressão cultural, podendo uma delas ser mais enfatizada que a outra.
- Concordar com Cooper e Denner (1998) que consideram as perspectivas materialista e cognitivista nas concepções de cultura. A perspectiva materialista, que corresponde à perspectiva comportamental de Ronner (1984), enfatiza características tecnológicas e ambientais, incluindo tecnologias, artefatos, comportamentos visíveis e modos de organização econômica como parte da cultura. E a perspectiva cognitiva, que corresponde à perspectiva ideacional, também de Ronner (1984), enfatiza crenças, idéias e conhecimentos, entendendo cultura como um conjunto de sistemas simbólicos.
- Reconhecer que são os indivíduos que, por meio de suas ações, contribuem para a construção da organização. Mas também é preciso admitir que os indivíduos agem sempre dentro de contextos que lhes são preexistentes e que, por serem preexistentes, orientam o sentido dessas mesmas ações.
- Considerar a cultura organizacional como um sistema estruturante, compreendido não apenas como um sistema de idéias que dá maior ênfase aos códigos que aos conteúdos e, conseqüentemente, menos atenção às práticas reais dos atores e ao papel que eles desempenham na construção desses conteúdos significantes. Mas um sistema que se estrutura, sobretudo, pelo jogo dos atores que agem na organização e o fazem em um ambiente de múltiplas interações. Assim sendo, tanto as organizações quanto seus atores participam, concomitantemente, na estruturação da sociedade, das suas instituições e da sua cultura, inclusive a organizacional, que lhes servem de referência para suas ações.
- Ter a visão de cultura como um processo e como um produto que ocorre ao mesmo tempo dentro e fora da organização, aceitando-se, ainda, a possibilidade de comparação entre várias culturas com o objetivo de identificar aspectos universais e diversidades.

Com esta nova perspectiva adotada para a compreensão da cultura organizacional, ela pode ser analisada em várias dimensões, inclusive na dimensão do inconsciente. Dentre os autores que têm salientado esse impacto, destaca-se Smircich (1987) que, ao fazer um levantamento sobre a produção do conhecimento sobre cultura organizacional, sintetizou as ênfases dos estudos em cinco áreas temáticas, dentre elas a área em que a cultura organizacional é analisada enquanto um processo inconsciente, ou seja, as formas e práticas organizacionais são manifestações de processos inconscientes dos seus membros.

Morgan (1996), em um dos capítulos do seu livro *Imagens da organização*, traz a metáfora da prisão psíquica como uma perspectiva de análise organizacional, pressupondo que as organizações são criadas e sustentadas por processos conscientes e inconscientes. Para o autor, nessa perspectiva, as organizações são realidades socialmente construídas, mas estas construções assumem existência e poder próprios que lhes permitem exercer um certo grau de controle sobre seus criadores. Mais adiante, diz o autor que todas as forças que ajudam as pessoas e suas organizações a criar sistemas de significados compartilhados que lhes permitem enfrentar seus mundos de forma ordenada podem se tornar limitações que as impedem de agir de outra maneira. Para Morgan (1996), inconsciente e cultura são lados da mesma moeda, sendo a cultura a superfície visível do inconsciente que acompanha o desenvolvimento da sociabilidade humana. Assim sendo, em seus relacionamentos com as organizações os indivíduos estão, na verdade, entrando em contato com dimensões ocultas de si mesmos. As organizações, então, não são apenas influenciadas por seus ambientes, mas também por forças inconscientes de seus membros.

Outros autores como Baum (1987), Diamond (1993), Enriquez (2000), Hirschhorn (1988) e Kets de Vries (1991) também explicam as ações individuais como reações simbólicas a um contexto organizacional específico, sendo a estrutura organizacional influenciada e influenciadora das relações entre seus membros. É nesta direção que a manifestação de um determinado padrão de comportamento reflete a dinâmica comportamental da organização em função de mecanismos simbólicos da relação indivíduo-organização.

Com base no paradigma que busca superar as dicotomias consciente/inconsciente, subjetividade/objetividade, político/simbólico, quantitativo/qualitativo, a Escala de Estilos de Funcionamento Organizacional (EEFO) foi construída para avaliar e medir **estilos de funcionamento organizacional** em uma perspectiva cultural, no nível macrossistêmico. Concebida como o jeito de sentir, pensar e agir compartilhados na organização (Paz e Tamayo, 2004), considera-se que a cultura assim definida também seja fonte e produto de processos de subjetivação.

Para esclarecer esse processo, trabalha-se com o pressuposto de que as ações individuais são reações simbólicas a um contexto organizacional específico (Gabriel, 1999). Assumindo que há uma diversidade de relações estabelecidas entre indivíduo e organização, o autor enfoca esses vínculos por meio dos estilos de caráter que se fundamentam nas fases do desenvolvimento da sexualidade infantil. Usando-se o referencial psicanalítico (Freud, 1905, 1908, 1915, 1930), o estilo de caráter se constitui no suporte básico dos estilos de funcionamento organizacional.

Para Gabriel (1999), a organização é um objeto de investimento pulsional que tem por objetivo satisfazer as necessidades individuais. As relações vivenciadas no espaço de trabalho possibilitam a manifestação de comportamentos associados às fases do desenvolvimento da sexualidade infantil, na qual o indivíduo foi mais estimulado ou reprimido. Quando um indivíduo manifesta comportamentos associados à fase oral, ele tem um estilo de caráter narcisista, precisa de platéia para se sentir comprometido. Quando a manifestação de comportamentos é associada à fase anal, o estilo de caráter é obsessivo, tendo o indivíduo dificuldades de estabelecer contatos pessoais mais profundos com outros, sendo o estilo dirigido pela ordem, por regras. Quando as manifestações de comportamento estão associadas à fase fálica, três estilos de caráter se salientam: o coletivista que tem no conformismo sua grande característica, sendo a submissão ao grupo um comportamento típico; o individualista heróico, cujos comportamentos voltados para conquistas, *status* e poder são a tônica; o individualista cívico, cujos comportamentos retratam a ênfase nas relações de troca.

Para identificar se esses estilos de caráter se faziam presentes em organizações brasileiras, Paz, Mendes e Gabriel (2001) realizaram uma pesquisa em uma empresa de economia mista, usando a técnica de entrevista coletiva para a coleta de dados. A análise de conteúdo das entrevistas não só favoreceu a constatação de que os estilos de caráter se fazem presentes na organização, como possibilitou, ainda, a admissão de que esses estilos são compartilhados pela maioria dos membros organizacionais, transformando-se em um padrão de comportamento da organização como um todo, uma característica cultural das organizações. Considerando que a investigação dos estilos de caráter foi realizada na dimensão microorganizacional, sendo investigados os comportamentos no nível individual, decidiu-se testar empiricamente a ocorrência desses padrões de comportamentos manifestos no nível da organização, na dimensão macrossistêmica. Para tal, objetivou-se a construção e a validação de um instrumento que avaliasse os **estilos de funcionamento organizacional**, definindo o construto como sendo os padrões de comportamentos compartilhados pela maioria dos membros organizacionais, estruturados com base nas relações simbólicas que os indivíduos estabelecem com suas organizações.

Para a pesquisa dos estilos de funcionamento organizacional foram elaborados cinco tipos de estilos com base nos pressupostos teóricos utilizados por Gabriel (1999), mas com outra denominação, para assegurar a diferenciação dos estilos de caráter. Propõe-se o estilo de funcionamento individualista, correspondente ao narcisista, o burocrático relativo ao obsessivo, o afiliativo correspondendo ao coletivista, o empreendedor, ao individualista heróico, e o cívico, ao individualista cívico.

A seguir são descritas as características de cada estilo em termos teóricos e da dinâmica subjacente e, posteriormente, apresentadas as definições operacionais assumidas para fins de construção do instrumento.

ESTILO DE FUNCIONAMENTO INDIVIDUALISTA

A cultura organizacional com este estilo de funcionamento apresenta modos de sentir, pensar e agir que refletem uma fusão indivíduo/organização, cujos vínculos são estabelecidos como se fossem filiais, como na vivência da fase oral dos seus membros. Os membros componentes dessa cultura estabelecem relações socioprofissionais focadas no próprio ego. Por isso, o desejo de que as solicitações no trabalho sejam mais no nível pessoal para satisfazer alguém, especialmente o chefe, do que profissional.

Nesse estilo de funcionamento, a dependência é negada pelos membros, tendo em vista a extrema necessidade dos referenciais externos para se sentirem valorizados. A busca de autonomia e independência, no entanto, depende da aprovação dos superiores, que, se forem carismáticos, mais atenderão aos desejos dos seus subordinados.

O predomínio desse estilo na organização implica em comportamentos voltados para a preocupação com o próprio bem-estar. Os líderes podem ser inescrupulosos e usar em seu próprio benefício estas características de dependência, tirando proveito de uma situação que também é favorável aos seus próprios sentimentos de onipotência, beleza e grandeza.

O estilo de funcionamento individualista, geralmente, não ajuda a organização a crescer, em função de comportamentos mais infantis do ponto de vista do desenvolvimento, os quais podem levar a conflitos, competição e falta de compromisso com a organização.

Ainda assim, as organizações atualmente jogam com essas características primárias como uma possível estratégia para criar vínculos afetivos das pessoas com a organização, levando a uma "paixão" que, ao mesmo tempo, incrementa a produção, mas tem fragilidades na medida em que é uma forma de aprisionamento psíquico que pode reverter-se em "ódio" quando frustrada a satisfação de suas necessidades.

ESTILO DE FUNCIONAMENTO BUROCRÁTICO

O estilo de funcionamento burocrático caracteriza as culturas organizacionais cujas formas de pensar, sentir e agir baseiam-se no controle de normas e regras, como resíduo do que foi vivido na fase anal pelos seus membros. Os indivíduos componentes desta cultura têm seus comportamentos caracterizados pelo envolvimento parcial com a organização, por meio da qual buscam segurança, sendo a lealdade deles mais pelo setor onde estão lotados que pela organização. São culturas que normalmente apresentam resistência a mudanças, têm certa dificuldade de usar a criatividade e não estimulam interações espontâneas, que são vistas como ameaçadoras, resultando no não-envolvimento dos indivíduos em demandas emocionais.

No estilo de funcionamento burocrático, a estrutura organizacional fornece o conforto que seus membros buscam, conforto este também assegurado na imagem de organização como sistema de regras, tempo, rotinas, controle. São culturas que se caracterizam por determinar normas e manter a ordem, o que favorece a descoberta de inconsistências em registros e procedimentos, e pela atenção, por vezes exagerada, à limpeza e aos detalhes. Na observação dos detalhes os membros podem esquecer o espírito no qual as regras são produzidas, se estas geram injustiça. São culturas que possibilitam a implantação de métodos e caminhos que geram eficácia, mas, às vezes, pouco racionais e desumanos. No estilo de funcionamento burocrático, a relação entre colegas é, na maioria das vezes, pouca afetiva, sendo fracos os laços estabelecidos.

O estilo de funcionamento burocrático é mais emergente em organizações hierarquizadas e impessoais, que exigem assiduidade, agendas e checagem de irregularidades. É um estilo de funcionamento no qual ocorre alto profissionalismo, com propostas de redução da ineficácia e dos gastos. Mas também é um estilo que pelas características de controle e resistência à mudança pode dificultar o amadurecimento organizacional, mantendo a organização eficaz, mas não eficiente, revelando-se lenta na busca de novos desafios e com certa dificuldade de ajustamento à realidade, por vezes dinâmica e contraditória.

ESTILO DE FUNCIONAMENTO AFILIATIVO

As culturas com estilo de funcionamento afiliativo apresentam um jeito de sentir, pensar e agir que retrata a organização como um grupo perfeito, refletindo orgulho, confiança e auto-estima organizacional. Estas características são originadas na forma de experienciar a organização, como no período de latência dos seus membros, que antecede a fase fálica propriamente dita, com vivências de idealização e sublimação da pulsão. Nesta cultura, a imagem da organização é de uma divindade para a qual os membros fazem ofertas como se tivessem uma missão secreta a ser cumprida, sendo reforçada a representação de perfeição, sendo qualquer tipo de imperfeição vista como uma influência de fora. Por isso, os membros apresentam comportamentos de lealdade, dependência e corporação. É um estilo de funcionamento que se caracteriza pela dificuldade de encarar os conflitos, que acabam por ser negados, uma vez que tal aceitação implicaria em confrontar membros ou grupos da organização, o que poderia levar a uma quebra no coletivismo típico desse estilo.

O funcionamento deste estilo tem alta proposta moral, sendo inaceitável e reprimida qualquer descrença na organização. São estimulados os sacrifícios pessoais e os membros agem pelos interesses organizacionais, mesmo que recebam pouco retorno, uma vez que são fortes as crenças nas responsabilidades organizacionais.

Nesse estilo de funcionamento, as pessoas tendem a fazer o que o chefe deseja sem questionar sua qualificação, como uma questão de respeito à autoridade, bem como de manter a fantasia da perfeição do chefe, que encontra respaldo no grupo para manter tal situação.

Este estilo de funcionamento tem algumas características muito estimuladas, atualmente, nas organizações. Espera-se que os indivíduos sejam comprometidos, "vestindo a camisa da organização" e cada vez mais produtivos. Apesar de associado à fase fálica, ainda não apresenta características de um desenvolvimento amadurecido à medida que o objeto de satisfação da pulsão é idealizado, sendo esta a maior ameaça ao desenvolvimento organizacional.

ESTILO DE FUNCIONAMENTO EMPREENDEDOR

O funcionamento organizacional em culturas que têm este estilo revela modos de pensar, sentir e agir voltados para os empreendimentos, sem descanso dos membros que estão sempre buscando novos desafios e o apogeu. É um estilo de funcionamento que caracteriza a fase fálica dos seus membros, vivenciada na sua totalidade. Isso implica uma cultura organizacional cujos comportamentos dos membros são voltados para a necessidade de serem admirados pelo que fazem, serem ativos e dominadores nessa busca, sendo o ego ideal, enquanto causa das frustrações, um motivo para novas lutas e estímulo para realizações.

É uma cultura que funciona como uma arena para nobres e heróis, que envolve derrotas e vitórias, sucesso e fracasso e, por isso, alguns sempre serão capazes de salvar a organização, quando em perigo. Neste tipo de estilo, as pessoas podem usar a hierarquia como rota para atingir seu ideal de perfeição contido no ego ideal. Por isso, a cultura prioriza a busca de promoção, reforça a necessidade de existência de níveis hierárquicos, valoriza o reconhecimento pelo prestígio e ainda possibilita o vivenciar de grandes desafios que fazem os membros organizacionais sentirem-se vivos.

Alguns comportamentos característicos desse estilo de funcionamento são muito objetivados nas organizações atuais que se encontram bastante voltadas para a competitividade do mercado, o desafio e as mudanças. A predominância desse estilo nas organizações, que é mais amadurecido do que os anteriormente citados, pode gerar algumas dificuldades quando a busca pelo poder se sobrepuser a outros valores igualmente relevantes para as relações socioprofissionais.

ESTILO DE FUNCIONAMENTO CÍVICO

Este estilo de funcionamento organizacional retrata um jeito de pensar, sentir e agir voltado para as relações de reciprocidade, estando associado ao final da fase fálica dos seus membros, à superação do Édipo e às escolhas de objeto e alvo pulsional socialmente aceitos. Trata-se de uma cultura que investe na admiração dos seus membros em função do que fazem, que valoriza a responsabilidade profissional e o cumprimento das regras. Nessa cultura a organização não é idealizada, pode ser falível e as regras são sujeitas às críticas e às modificações.

Este estilo de funcionamento envolve valores de cidadania e ideais do bem comum, estimulando comportamentos que refletem responsabilidade social e sólida moral nos relacionamentos, favorecendo que seus membros reconheçam a sua competência, assumam o trabalho como valor supremo para conseguirem progredir, obedeçam às regras sem julgá-las perfeitas, critiquem seu próprio desempenho e estejam sempre buscando melhorar. Os membros consideram ser este o espaço profissional que possibilita o seu crescimento, realização e prosperidade, por esta razão, querem fazer carreira nesta organização e dar o melhor de si na expectativa de receber recompensas e atender seus objetivos pessoais.

Trata-se de uma cultura que sabe conviver com os limites eu-outro, respeita os direitos e exige os deveres dos seus componentes, de forma que os membros podem vivenciar a organização como um lugar no qual é possível estabelecer relações de confiança. É o estilo de funcionamento mais amadurecido do ponto de vista das fases de desenvolvimento em função das escolhas objetais e alvos e objetivos da satisfação pulsional.

Igualmente ao estilo empreendedor, os comportamentos típicos dessa forma de funcionar são estimulados nas organizações, embora, algumas vezes, mais no discurso do que na prática.

Com base nessas descrições, foram elaboradas as definições operacionais para cada um dos estilos e construídos os itens que expressam esses modos de pensar, sentir e agir no cotidiano organizacional.

CONSTRUÇÃO E VALIDAÇÃO DA ESCALA DE ESTILOS DE FUNCIONAMENTO ORGANIZACIONAL – EEFO[1]

A partir do modelo teórico apresentado e das descrições dos Estilos de Funcionamento Organizacional, considera-se que os modos de sentir, pensar e

---

[1] Autores: Paz, M.G.T.; Mendes, A.M.B. (2005).

agir compartilhados e repetidos pela maioria dos trabalhadores de uma organização têm expressão na situação de trabalho por meio de comportamentos manifestos, passíveis de serem medidos. A seguir, as definições operacionais dos Estilos de Funcionamento Organizacional adotadas para a construção dos itens do instrumento.

- **Estilo de funcionamento individualista**: modos de pensar, sentir e proceder compartilhados pelos membros da organização, centrados na necessidade de atenção individualizada e de ter seus interesses pessoais atendidos enfaticamente.
- **Estilo de funcionamento burocrático**: modos de pensar, sentir e proceder compartilhados pelos membros da organização, centrados no controle, no cumprimento rígido de normas, regras, ordem e hierarquia.
- **Estilo de funcionamento afiliativo**: modos de pensar, sentir e proceder compartilhados pelos membros da organização, centrados na união, coesão e identificação com o grupo de trabalho e com a organização.
- **Estilo de funcionamento empreendedor**: modos de pensar, sentir e proceder compartilhados pelos membros da organização, centrados na produtividade com competitividade e na realização profissional.
- **Estilo de funcionamento cívico**: modos de pensar, sentir e proceder compartilhados pelos membros da organização, centrados na produtividade e na realização profissional com trocas profissionais e exercício da cidadania.

O passo seguinte consistiu na elaboração de questões pertinentes a cada estilo de funcionamento, que nortearam entrevistas realizadas com membros de diferentes organizações, em um total de 20 sujeitos, para identificar se ocorriam comportamentos compartilhados e característicos de cada estilo. A análise de conteúdo das entrevistas possibilitou a construção de categorias de respostas que corresponderam aos estilos de funcionamento propostos, identificando-se certas semelhanças relativas aos estilos de funcionamento empreendedor e cívico e grande discriminação entre os demais estilos.

As entrevistas, assim como as definições operacionais dos estilos anteriormente propostas, subsidiaram a elaboração dos itens da Escala. Dois procedimentos foram adotados para a análise teórica dos itens, segundo indicação de Fukuda e Pasquali (2002). O primeiro procedimento consistiu na submissão dos itens à análise de oito juízes, que testaram a pertinência item-fator. Mantiveram-se nos fatores os itens que obtiveram um mínimo de 80% de concordância entre os juízes. O segundo procedimento consistiu na compreensão semântica dos itens por 26 trabalhadores de empresas públicas e privadas, o que resultou em pequenas modificações na redação de alguns deles.

A EEFO inicial, com 50 itens, caracterizou-se como uma escala de cinco pontos: 0 = nunca aplicável nesta organização; 1 = pouco aplicável; 2 = razoavelmente aplicável; 3 = muito aplicável; 4 = totalmente aplicável, e foi respondida por 416 empregados de duas organizações privadas e duas públicas.

Para análise estatística dos dados obtidos com a aplicação da EEFO, utilizou-se o pacote estatístico SPSS. Foram feitos os testes de fatorabilidade da matriz correlacional-KMO (índice de Kaiser, Meyer, Olkin), que revelou um bom índice de fatorabilidade da matriz(0,92), segundo Tabachinick e Fidell (2001). A análise de correlação entre os fatores confirmou a interdependência entre eles, razão pela qual ao usar o método de fatoração dos eixos principais (PAF) como técnica de análise fatorial, optou-se pela rotação *oblimin*. Quatro fatores resultaram da análise fatorial com autovalores superiores a 1,2, carga fatorial dos itens maior que 0,30, comunalidades dos itens entre 0,30 e 0,56 e índices de precisão (α de Cronbach*)* variando de 0,79 a 0,83.

Os quatro fatores resultantes foram:

a) estilo de funcionamento empreendedor, que aglutinou itens do estilo de funcionamento empreendedor e do estilo de funcionamento cívico (8 itens, α de Cronbach de 0,80);
b) estilo de funcionamento coletivista (7 itens, α de Cronbach de 0,83);
c) estilo de funcionamento individualista (7 itens, α de Cronbach de 0,79);
d) estilo burocrático (8 itens, α de Cronbach de 0,82), ficando a escala, em sua versão final, composta por 30 itens.

O primeiro fator agrupou itens dos estilos empreendedor e cívico, passando a ser denominado estilo de funcionamento empreendedor, em função da proximidade com o contexto organizacional atual. Ficou definido como o modo de pensar, sentir e agir centrado na realização profissional e na produtividade articuladas às trocas profissionais e à cidadania. No Quadro 10.1 são apresentados os itens do fator.

O segundo fator corresponde ao padrão afiliativo, definido como o modo de pensar, sentir e agir centrado na união, coesão e identificação com o grupo de trabalho e com a organização. Os itens do fator são apresentados a seguir, no Quadro 10.2.

O terceiro fator resultante da análise fatorial foi o estilo de funcionamento individualista, definido como o modo de pensar, sentir e agir centrados na necessidade de receber atenção e atender, de forma enfática, os interesses pessoais. No Quadro 10.3 encontram-se os itens do fator individualista.

O quarto fator é a confirmação do estilo de funcionamento burocrático, definido como formas de pensar, sentir e agir centradas no controle, no funcionamento de regras, normas, ordem e hierarquia. Os itens do fator burocrático estão inseridos no Quadro 10.4.

Medidas do comportamento organizacional **171**

QUADRO 10.1

Itens do fator estilos de funcionamento empreendedor

---

1. Aqui há o reconhecimento de que a organização é importante para o sucesso profissional das pessoas.
4. Esta organização busca sempre novos desafios.
9. Esta organização favorece o trabalho interativo de profissionais de diferentes áreas.
13. As relações de reciprocidade entre as pessoas e a organização são muito valorizadas.
18. Nesta organização a competência é super valorizada.
21. Aqui as oportunidades de ascensão são semelhantes para todas as pessoas.
26. O bem-estar das pessoas é um valor desta organização.
30. Esta organização gosta de inovação.

QUADRO 10.2

Itens do fator estilos de funcionamento afiliativo

---

2. Esta organização é intolerante com o individualismo.
6. Aqui as pessoas têm compromisso e lealdade com a organização, mesmo que recebam pouco retorno.
10. Nesta organização o mérito é de todos.
19. Esta organização valoriza o trabalho coletivo.
14. O lema desta organização é "um por todos, todos por um".
23. Para esta organização o resultado do trabalho é visto como uma realização do grupo.
27. Aqui se o grupo decidiu está decidido.

QUADRO 10.3

Itens do fator estilos de funcionamento individualista

---

3. Os chefes daqui são os deuses a quem se deve idolatrar.
7. Nesta organização as pessoas se consideram o centro do mundo.
11. O lema desta organização é "cada macaco no seu galho".
15. As pessoas desta organização fazem qualquer coisa para chamar a atenção.
20. Aqui as pessoas preferem trabalhar individualmente.
24. Manter relacionamentos com os chefes é um dos prazeres das pessoas desta organização.
28. As pessoas desta organização se consideram insubstituíveis.

> **QUADRO 10.4**
>
> Itens do fator estilos de funcionamento burocrático
>
> ---
>
> 5. Nesta organização o lema é "a repetição leva à perfeição".
> 8. Sem regras não há vida nesta organização.
> 12. A hierarquia é acentuada nesta organização.
> 16. Os laços afetivos são fracos entre as pessoas desta organização.
> 17. O sistema de controle prevalece nesta organização.
> 22. Esta organização dá pouca atenção aos problemas pessoais dos seus membros.
> 25. Aqui as mudanças desorganizam o ambiente de trabalho.
> 29. Nesta organização as ações são rigorosamente planejadas.

Com base nos resultados empíricos observou-se que os padrões individualista, burocrático e afiliativo confirmaram a estrutura teórica proposta por Gabriel (1999), correspondendo aos estilos narcisista, obsessivo e coletivista. No entanto, no mundo das organizações, os estilos individualista heróico e cívico apresentados pelo autor não tiveram suporte empírico, aglutinando-se em um só fator denominado estilo empreendedor. O agrupamento dos dois padrões formando o fator empreendedor pode ser explicado pelo fato de os dois estarem associados à mesma fase de desenvolvimento infantil e terem na sua base a diferenciação da identidade como elemento para estabelecer trocas com o outro e vivenciar relações mais amadurecidas. Devido a tal aglutinação este fator passou por redefinição conceitual, conforme apresentado anteriormente.

A confirmação fatorial empírica da estrutura teórica proposta, demonstra a consistência dos itens por fator e a força do modelo teórico. Ainda, a diversidade da amostra pode ter contribuído para a clara caracterização de cada fator.

Vale ressaltar que todos esses estilos de funcionamento podem estar presentes em uma mesma organização. Considerando que os estilos de funcionamento caracterizam a cultura organizacional – individualista, burocrática, afiliativa ou empreendedora – e que se trabalha com o pressuposto de que há subculturas e contraculturas nas organizações, uma diversidade de estilos pode coexistir, embora um deles deva predominar.

O importante é investigar a predominância de um deles em função da estrutura e dos processos organizacionais, tendo em vista que é na relação simbólica indivíduo-organização que emerge a dinâmica responsável pelos estilos de funcionamento. Essa predominância significa que a organização, simbolicamente, resgata comportamentos relacionados à determinada fase do desenvolvimento infantil na maioria dos seus membros. Esses comportamentos são manifestos no cotidiano organizacional e são avaliados e medidos por meio da Escala de Estilos de Funcionamento Organizacional.

APLICAÇÃO, APURAÇÃO DOS RESULTADOS E INTERPRETAÇÃO DA EEFO

Feitas as considerações sobre cada um dos fatores comprovados empiricamente, vale ressaltar as formas de aplicação da Escala, a apuração e a interpretação dos resultados obtidos. A aplicação pode ser feita individual ou coletivamente, mas a Escala deve ser respondida individualmente, devendo ser despendido um tempo de aproximadamente 15 minutos na realização desta tarefa. Por ser uma escala de 5 pontos com variação de 0 a 4, o ponto médio da escala a ser considerado é 2,0. Médias próximas ao ponto médio da escala significam uma presença moderada de determinado estilo, enquanto que acima de 2,5 o padrão é predominante, e abaixo de 1,5, pouco característico. É evidente que os testes de diferença entre médias devem ser realizados, bem como analisados os desvios padrão. Para a interpretação dos resultados devem ser consideradas as descrições dos estilos de funcionamento feitas anteriormente, sintetizadas a seguir como características culturais das organizações.

Estilo empreendedor

Quando a organização caracterizar-se por um estilo empreendedor, deve-se interpretar que se trata de uma cultura que prima pela competência e pela inovação e que valoriza relações de troca bem estabelecidas, o que significa que a distribuição de recursos e recompensas não é feita de forma igualitária. É um estilo cujo funcionamento favorece a interação profissional e a promoção de um maior bem-estar das pessoas. É uma cultura constituída por pessoas que buscam um lugar especial na sociedade, *status* e reputação, que têm necessidade de colocar-se no mundo de forma individualizada, mas respeitando a conexão social com os outros e a aceitação de que todos podem ter realizações.

Estilo afiliativo

O estilo afiliativo é típico de culturas organizacionais que retratam idealização, coesão e união, fortes características de um padrão coletivista. Este estilo, que se encontra relacionado ao período de latência e retrata o objeto de desejo sendo transferido para organização, caracteriza uma cultura organizacional que oferece segurança, vantagens, assistência, que favorece a percepção de grandiosidade da organização, possibilitando que os seus membros regridam à fase infantil de conformismo, de forma a aceitar as normas e regras impostas pelo grupo sem questionamento, na tentativa de ser aceito. Há forte envolvimento emocional com a organização.

Estilo individualista

O estilo individualista caracteriza uma cultura organizacional que atende enfaticamente às necessidades de admiração e de centralidade dos seus membros na dinâmica organizacional. É uma cultura constituída por pessoas que parecem não considerar os limites da realidade e que têm dificuldade de reconhecimento do outro. Implicitamente, nesta cultura, encontra-se uma forma oral menos elaborada das pessoas buscarem a satisfação das necessidades. A organização funciona como a que nutre esse desejo imediato de satisfação, neutralizando as restrições, contradições e limites impostos pelo ambiente de trabalho. Tal funcionamento impede o indivíduo de adiar a satisfação em prol de necessidades mais profissionais que pessoais.

Estilo burocrático

A existência de um estilo de funcionamento burocrático na organização expressa uma cultura com um forte sistema de regras, com um sistema disciplinar mais rígido no local de trabalho e que valoriza o planejamento. Significa comportamentos de controle característicos da fase anal, geralmente, resgatados em organizações com forte estrutura hierárquica e pouco flexíveis, envolvendo situações de gratificação das necessidades de controle e segurança. Trata-se de uma cultura que investe pouco na atenção aos problemas pessoais dos seus membros, de forma que os laços afetivos entre as pessoas e a organização, assim como entre seus membros, não são fortes.

Escala de estilos de funcionamento organizacional – EEFO

A seguir você vai encontrar uma série de frases que caracterizam a forma de funcionamento de várias organizações. Por favor, avalie o quanto essas formas de funcionamento são aplicáveis à organização em que você está trabalhando no momento. Para responder, leia as características descritas nas frases e, para dar sua opinião, assinale apenas um dos códigos apresentados a seguir:

0	1	2	3	4
Não aplicável	Pouco aplicável	Razoavelmente aplicável	Muito aplicável	Totalmente aplicável

Itens	não aplicável	pouco aplicável	razoavelmente aplicável	muito aplicável	totalmente aplicável
1. Aqui há o reconhecimento de que a organização é importante para o sucesso profissional das pessoas.					
2. Esta organização é intolerante com o individualismo.					
3. Os chefes daqui são os deuses a quem se deve idolatrar.					
4. Esta organização busca sempre novos desafios.					
5. Nesta organização o lema é "a repetição leva à perfeição".					
6. Aqui as pessoas têm compromisso e lealdade com a organização, mesmo que recebam pouco retorno.					
7. Nesta organização as pessoas se consideram o centro do mundo.					
8. Sem regras não há vida nesta organização.					

(Continua)

(Continuação)

Escala de estilos de funcionamento organizacional – EEFO

Itens	não aplicável	pouco aplicável	razoavelmente aplicável	muito aplicável	totalmente aplicável
9. Esta organização favorece o trabalho interativo de profissionais de diferentes áreas.					
10. Nesta organização o mérito é de todos.					
11. O lema desta organização é "cada macaco no seu galho".					
12. A hierarquia é acentuada nesta organização.					
13. As relações de reciprocidade entre as pessoas e a organização são muito valorizadas.					
14. O lema desta organização é "um por todos, todos por um".					
15. As pessoas desta organização fazem qualquer coisa para chamar a atenção.					
16. Os laços afetivos são fracos entre as pessoas desta organização.					
17. O sistema de controle prevalece nesta organização.					
18. Nesta organização a competência é supervalorizada.					
19. Esta organização valoriza o trabalho coletivo.					

(Continua)

(Continuação)

Itens	não aplicável	pouco aplicável	razoavelmente aplicável	muito aplicável	totalmente aplicável
20. Aqui as pessoas preferem trabalhar individualmente.					
21. Aqui as oportunidades de ascensão são semelhantes para todas as pessoas.					
22. Esta organização dá pouca atenção aos problemas pessoais dos seus membros.					
23. Para esta organização o resultado do trabalho é visto como uma realização do grupo.					
24. Manter relacionamentos com os chefes é um dos maiores prazeres das pessoas desta organização.					
25. Aqui as mudanças desorganizam o ambiente de trabalho.					
26. O bem-estar das pessoas é um valor desta organização.					
27. Aqui se o grupo decidiu está decidido.					
28. As pessoas desta organização se consideram insubstituíveis.					
29. Nesta organização as ações são rigorosamente planejadas.					
30. Esta organização gosta da inovação.					

REFERÊNCIAS

BAUM, H.S. *The invisible bureaucracy*. New York: Oxford University,1987.

COOPER, C. R.; DENNER, J. Theories linking culture and psychology: universal and community-specific processes. *Annual Review of Psychology*, Santa Cruz (California), v. 49, p. 559-584, Feb. 1998.

DIAMOND, M. *The unconscious life of organizations*: interpreting organizational identity. London: Quorum Books, 1993.

ENRIQUEZ, E. Vida psíquica e organização. In: MOTA, P.C.F.; FREITAS, E.M. (Org.). *Vida psíquica e organização*. Rio de Janeiro: FGV, 2000. p. 11-22.

FREUD, S. *Character e culture*. New York: Collier Books, 1963. Original de 1908.

_____. O mal estar da civilização. In: _____ . *Edição standard brasileira das obras psicológicas completas de Sigmund Freud*. Rio de Janeiro: Imago, 1974. v. 21, p. 129-138. Original de 1930.

_____. Os instintos e suas vicissitudes. In: _____ . *Edição standard brasileira das obras psicológicas completas de Sigmund Freud*. Rio de Janeiro: Imago, 1996. v. 14, p. 346-384. Original de 1915.

_____. Teoria da sexualidade infantil. In: _____ . *Edição standard brasileira das obras psicológicas completas de Sigmund Freud*. Rio de Janeiro: Imago, 1996. v. 7, p. 37-86. Original de 1905.

FUKUDA, C. C.; PASQUALI, L. Professor eficaz: um instrumento de aferição. *Avaliação Psicológica*, Porto Alegre, v. 1, n.1, p. 1-16, jun. 2002

GABRIEL, Y. *Organizations in depth*. London: Sage, 1999.

HIRSCHHORN, L. *The workplace within*. Cambridge, Mass: MIT, 1988.

KETS DE VRIES, M. F. R. *The neurotic organization*. São Francisco: Jossey-Bass, 1991.

MORGAN, G. *Imagens da organização*. São Paulo: Atlas, 1996.

PAZ, M. G. T.; TAMAYO, A. Perfil cultural das organizações. In: TAMAYO, A. *Cultura e saúde nas organizações*. Porto Alegre: Artmed, 2004. p. 19-38.

PAZ, M. G. T.; MENDES, A. M.; GABRIEL, I. Configurações de poder organizacional e estilos de caráter. *Psicologia: Organizações e Trabalho*, Florianópolis, v. 1, n. 1, p. 141-169, jan./jun. 2001.

RONNER, R. P. Toward a conception of culture for cross-cultural psychology. *Journal of Cross-Cultural Psychology*, Bellingham (Washington), v. 15, n. 2, p. 111-138, June 1984.

SMIRCICH, L. Concepts of culture and organizational analysis. *Administrative Science Quarterly*, Ithaca (New York), v. 28, n. 3, p. 339-358, Sept. 1983.

TABACHNICK, B. G.; FIDELL, L.S. *Using multivariate statistics*. 4th ed. San Francisco: Allyn & Bacon, 2001.

11
Identificação organizacional
Áurea de Fátima Oliveira

Identificação organizacional é um conceito que diz respeito à maneira como as crenças do indivíduo sobre uma organização passam a fazer parte da sua identidade. A fundamentação teórica desse conceito respalda-se nas Teorias da Identidade Social e da Autocategorização (Tajfel, 1978; Pratt, 1998).

A Teoria da Identidade Social afirma que as pessoas constroem a si mesmas a partir de um conjunto de características essenciais que é usado para a definição de seu autoconceito, especificando também que as pessoas se engajam em interpretações e práticas com o intuito de dar continuidade a esse autoconceito no tempo e no espaço. Segundo Tajfel (1978), o autoconceito compreende a identidade pessoal que abrange atributos idiossincráticos (disposições, habilidades) e a identidade social que se refere à classificação em grupos salientes, por exemplo, nacionalidade e afiliação política. O autor afirma que a identidade social é uma parte do autoconceito derivada do conhecimento do indivíduo sobre o grupo social, juntamente com a importância e o significado emocional atribuído à inclusão em um dado grupo.

Em termos da identificação organizacional, no mínimo três aspectos da Teoria da Identidade Social são importantes. Primeiro, a categorização é vista como um processo cognitivo básico. De acordo com essa teoria, os membros de um grupo não precisam interagir ou mesmo sentir um forte elo interpessoal para perceberem a si mesmos como membros de um grupo. Em resposta à questão "Quando os indivíduos se identificam?", a Teoria da Identidade Social sugere que a identificação ocorre sempre que os indivíduos percebem a si mesmos como membros de uma coletividade.

Segundo, a identificação social tem resultados comportamentais e perceptuais. Quando uma identidade social é saliente, o indivíduo tende a perceber e agir de modo a se conformar com as normas e os estereótipos daquele grupo social. Dessa forma, as percepções das diferenças entre membros do próprio grupo tornam-se minimizadas. Por outro lado, os membros do grupo externo podem ser percebidos de forma estereotipada e, às vezes, depreciativa. Isso resulta na maximização das diferenças entre o grupo de inclusão e o grupo externo. Machado (2003) reforça essa posição ao afirmar que a identidade social é constituída não somente pela representação que o indivíduo faz dele mesmo no seu ambiente social, mas também considera os grupos de oposição aos quais ele não pertence.

Terceiro, a Teoria da Identidade Social supõe que os indivíduos são motivados a realizar uma distinção positiva de seu grupo ao compará-lo com outros grupos, tendendo a preservar e promover uma imagem positiva. Freqüentemente, o indivíduo engaja-se em várias estratégias visando essa finalidade.

A Teoria da Autocategorização, por sua vez, explora como os indivíduos se classificam enquanto membros de um grupo social, maximizando as semelhanças intracategoria e diferenças intercategorias (Pratt, 1998), focalizando as cognições subjacentes ao processo de comparação social. Especificamente, esta teoria procura estabelecer um elo entre identidade pessoal e grupal e examinar a interação entre os níveis intragrupo e intergrupo. Os grupos são representados como protótipos ou modelos que capturam características do grupo de inclusão, embora nem sempre de forma precisa. Exemplos de modelos são os membros típicos do grupo (membros reais que melhor representam o grupo) ou tipos ideais (uma abstração de características do grupo). A formação da identidade se dá através do processo de comparação e o indivíduo consegue estabelecer o lugar dele no ambiente social. Nesse processo são consideradas as semelhanças e as diferenças entre os vários grupos de comparação.

A Teoria da Autocategorização difere da Teoria da Identidade Social por explicar como os membros formam categorias sociais em vez de destacar o impacto dessas categorias sobre o conflito entre grupos. Além disso, é relevante na categorização a influência do contexto no sentido de evocar identidade pessoal ou social, ou seja, utilizar recursos e habilidades particulares ou se valer do seu grupo social.

O trabalho de Tajfel (1978) realiza a ligação entre os conceitos de identidade social e categorização social, sendo esta compreendida como o ordenamento do ambiente social em termos do agrupamento de pessoas de maneira que isso faça sentido para o indivíduo. Esse ordenamento ajuda a estruturar a compreensão causal do ambiente social e contribui enquanto um guia para a ação. Em toda categorização social são feitas diferenciações entre o grupo de inclusão do indivíduo e grupos externos usados na comparação. Nesse processo de categorização, o indivíduo utiliza vários significados, por exemplo, a divisão de pessoas em categorias sociais cujo significado, para o indivíduo é, geralmente, associado com avaliações positivas ou negativas dessas categorias. Estes significados diferenciais tendem a promover diferenças subjetivas em certas dimensões entre as categorias e as similaridades subjetivas dentro de categorias.

Esse suporte teórico fundamenta o trabalho dos autores que investigam o construto identidade organizacional e como se dá o processo de identificação do indivíduo com sua organização de trabalho.

"A identidade organizacional é uma forma específica da identidade social na qual o indivíduo define a si mesmo em termos de sua inclusão em uma organização particular" (Mael e Ashforth, 1995, p. 312). O pressuposto é que as organizações e seus grupos são categorias sociais e, portanto, existe em seus membros a percepção de que fazem parte dela. Dito de outra forma, Machado (2003) considera a existência das organizações na mente de seus membros e a identidade organizacional é uma parte da identidade individual.

A organização, enquanto categoria social, pode ser percebida como personificando atributos que são prototípicos dos membros ou da própria organização, enquanto uma abstração. No sentido real, os indivíduos que se identificam vêem a si mesmos como uma personificação da organização. Esta concepção da identidade organizacional é compartilhada por Dutton, Dukerich e Harquail (1994) ao considerar que o autoconceito de um indivíduo abrange os mesmos atributos da organização por ele percebidos, configurando uma ligação cognitiva denominada identidade organizacional. No processo de construção da identidade organizacional está presente a identificação, pois não há identidade sem identificação (Machado, 2003).

A conceituação de Pratt (1998) sugere que a identificação ocorre quando as crenças do indivíduo sobre a organização tornam-se auto-referentes ou autodefinidoras, ou seja, o indivíduo integra àquelas crenças em sua identidade. O ponto central da concepção desse autor está nas crenças do indivíduo em relação ao objeto que pode ser outro indivíduo, grupo ou mesmo idéias. A identificação organizacional, explicitamente, refere-se ao aspecto social do autoconceito.

As razões que levariam o indivíduo a se identificar com a organização são atribuídas por Pratt (1998) às necessidades de segurança, de afiliação, de autopromoção e holísticas. O indivíduo procura encontrar formas de lidar com situações que geram insegurança. Além disso, Tajfel (1978) afirma que o grupo social realiza sua função de proteger a identidade social de seus membros mantendo uma distinção positiva e valorizada do grupo de inclusão quando comparado a outros. Se o grupo não oferece condições adequadas para preservar a identidade social, o indivíduo, psicológica ou objetivamente, o deixará. Assim, a inclusão em um grupo oferece segurança ao indivíduo, e, provavelmente, afeta seu autoconceito. A identificação também se relaciona às necessidades de vincular-se a uma pessoa ou grupo (afiliação). Assim, a identificação parece estar relacionada às necessidades sociais do indivíduo. O autor também afirma que os indivíduos são motivados a perceber os grupos dos quais participa como sendo mais positivos do que os grupos externos, promovendo autovalorização através do *status* e do prestígio. Por fim, as necessidades holísticas referem-se à busca de um significado para a vida.

Se na perspectiva do indivíduo há ganhos decorrentes do processo de identificação, do ponto de vista organizacional Cheney (1983 apud Dutton, Dukerich e Harquail, 1994) destaca que a identificação organizacional tem sido ligada também, teórica ou empiricamente, a uma variedade de atitudes no trabalho, no comportamento e nos resultados – incluindo motivação, satisfação no trabalho, desempenho, orientação de papel e conflito, interação entre empregados e realização do serviço. O estudo da identificação organizacional pode contribuir na explicação de políticas e atividades organizacionais, incluindo socialização, seleção de pessoal, treinamento, promoção e transferência e auxiliando também na compreensão das bases do "poder de referência" no contexto organizacional.

A partir dessas considerações, compreender o processo de identificação poderá contribuir tanto para o indivíduo quanto para a organização. A proposta articulada por Pratt (1998) relativa aos modos de identificação é que será descrita a seguir e se constituirá na fundamentação da medida apresentada na segunda parte deste capítulo.

Dois modos da identificação são propostos por Pratt (1998):

1. identificação por afinidade (reconhecimento) – O indivíduo identifica-se com uma organização que ele acredita ter valores e crenças similares aos seus. "Usamos organizações que nós vemos como similares a nós mesmos para nos referirmos a nós mesmos" (Pratt, 1998, p. 174). É um processo onde "igual procura igual". Identificação, nesse sentido, não envolve mudança da identidade, mas é um meio de compreender o relacionamento do indivíduo com a organização, pois há uma espécie de parentesco entre ambos. O autor propõe que o indivíduo não precisa tornar-se um membro da organização para identificar-se com ela. A idéia contida aqui é o conceito ampliado de membro organizacional, onde os limites entre o público interno e externo são mais difusos. Essa posição de Pratt (1998) já era defendida por Mael e Ashforth (1995), que consideraram a possibilidade da identificação mesmo na ausência de interação do indivíduo com um grupo. Por outro lado, há de se considerar a distinção entre níveis de estudo da identidade proposta por Machado (2003) que argumenta a favor da construção da identidade social como um processo permanente na vida do indivíduo ao interagir com grupos sociais com finalidades diversas. Tal suposição conduz ao conceito expandido de membro organizacional em que o indivíduo, de alguma forma, tem acesso a informações da organização, sem estar em contato freqüente com ela.
2. identificação por imitação (o ato de tornar-se idêntico) – Aqui, o indivíduo incorpora crenças e valores da organização, de forma gradual ou rapidamente, em sua identidade. Esse processo pressupõe uma consciência do indivíduo. A última modalidade da identificação encontra um paralelo na Teoria da Identidade Social, que estabelece um processo no qual o indivíduo muda a visão do "eu" por

meio da incorporação das crenças que ele possui a respeito do grupo social, nesse caso, sua organização de trabalho.

Este levantamento da literatura aponta como núcleo básico das definições da identidade organizacional a idéia de que a identificação ocorre quando as crenças do indivíduo acerca da sua organização tornam-se auto-referenciais ou autodefinidoras. Outro aspecto compartilhado pelos autores diz respeito à natureza cognitiva do construto (Abrams, Ando e Hinkle, 1998; Dutton, Dukerich e Harquail, 1994; Elsbach e Kramer, 1996; Mael e Tetrick, 1992; Pratt, 1998).

Todavia, é necessário apresentar a distinção entre internalização e identificação. A Teoria da Identidade Social ao postular que o autoconceito é composto, em parte, por uma identidade social, levanta a questão da internalização, uma vez que a incorporação das identidades sociais implica algum grau de internalização para que ocorra uma mudança no autoconceito.

Uma tentativa de distinguir esses conceitos foi realizada por Ashforth e Mael (1989) quando definiram identificação como uma percepção da unicidade do indivíduo com a organização, o que significa a adoção de valores organizacionais. Posteriormente, Mael e Ashforth (1995) apresentaram outra posição, na qual a "internalização dos valores percebidos de um grupo (Eu acredito) pode também induzir o indivíduo a se identificar com o grupo (Eu sou), e identificação e internalização podem estar reciprocamente relacionadas" (p. 311). Eles acrescentaram que a imersão na identidade percebida do grupo pode levar à autodefinição, em termos daquele grupo, e à adoção de seus valores e suas atitudes.

Frente a essa questão, Pratt (1998) procurou realizar a distinção conceitual utilizando três aspectos: grau, permanência e motivação.

A identificação é motivada pela atração e envolve a adoção de alguns valores e crenças de outros, mas é motivada pela necessidade de estar certo. A internalização envolve um grau maior de profundidade que a identificação, e mudanças mais fundamentais e duradouras dentro do indivíduo. Em suma, identificação e internalização diferem em magnitude (forte *versus* mais forte), permanência (menos *versus* mais permanente) e *drive* motivacional (atração *versus* estar certo).

A contribuição oferecida por Pratt (1998) pode ser comparada com a teoria da identificação de Patchen (1970 apud Johnson, Johnson e Heimberg, 1999) que contém três aspectos:

a) similaridade – refere-se à percepção de reciprocidade compartilhada em relação às metas e aos interesses de outros membros da organização;
b) inclusão no grupo – grau em que o autoconceito de um indivíduo está ligado à organização;
c) lealdade – apoio do empregado e defesa de sua organização de trabalho.

Esta teoria deu origem a um instrumento de medida que em seu último estudo de validação confirmou a existência de dois fatores: imagem/identidade, cujo conteúdo abrange os aspectos de lealdade e similaridade, e – similaridade especializada, missão e proposta organizacionais (Johnson, Johnson e Heimberg, 1999).

Na identificação por imitação, o indivíduo percebe os valores, as metas, os interesses de outros colaboradores e as características da própria organização internalizando-os em sua identidade (similaridade e lealdade). A inclusão na organização, por sua vez, já pode ser considerada um indicador de que o autoconceito do indivíduo de alguma forma possui afinidade com determinada organização.

Conhecer os modos de identificação do indivíduo com sua organização de trabalho sem o auxílio de um instrumento confiável é uma tarefa difícil, acarretando o risco de se obter informações duvidosas. Diante disso, propõe-se a construção e a validação de uma escala que pudesse indicar os modos de identificação dos empregados com suas organizações, considerando que não havia um instrumento que se prestasse a essa finalidade na literatura consultada, tanto internacional quanto nacional. Trata-se, portanto, de uma ferramenta inédita que poderá ser utilizada por pesquisadores e profissionais da área de gestão de pessoas.

As próximas seções deste capítulo apresentarão o método aplicado à construção e validação da Escala de Identificação Organizacional (EIO), os resultados que revelaram seus indicadores psicométricos, bem como as orientações para o cômputo e a interpretação dos seus escores fatoriais médios.

CONSTRUÇÃO E VALIDAÇÃO DA ESCALA DE IDENTIFICAÇÃO ORGANIZACIONAL – EIO

A Escala de Identificação Organizacional (EIO) é uma medida multidimensional, construída e validada com o objetivo de verificar o modo de identificação do empregado com sua organização de trabalho.

Um conjunto de 32 itens foi elaborado a partir da descrição dos modos de identificação por afinidade e imitação e, posteriormente, avaliados por 12 juízes alunos do curso de psicologia que verificaram a adequação dos itens em relação ao conceito que representavam. A partir do percentual mínimo de concordância entre os juízes de 85%, seis itens foram eliminados. A clareza dos itens e das instruções foi verificada por um grupo de trabalhadores, resultando em pequenos ajustes. Após estas análises, 26 itens compuseram a versão preliminar da EIO que foi aplicada e submetida à análise fatorial.

A validação do instrumento contou com a participação de 242 trabalhadores vinculados a organizações públicas e privadas. Os participantes indicaram suas respostas, utilizando-se de uma escala de quatro pontos que revelava o quanto concordavam ou discordavam de cada afirmação (1 = discordo totalmente; 2 = discordo em parte; 3 = concordo em parte; 4 = concordo totalmente). O tamanho da amostra é adequado à aplicação da técnica análise fatorial, conforme recomenda Pasquali (1999), alcançando o número de nove respondentes por item do instrumento.

Para extração dos fatores foi realizada análise dos componentes principais que indicou seis fatores com autovalores maiores que 1,0. A análise do *scree plot* indicou a existência de dois fatores. Posteriormente, utilizou-se o método de extração dos eixos principais com rotação oblíqua que mostrou baixa correlação entre os fatores (0,20), sugerindo a adequação da rotação ortogonal (*varimax*) que foi utilizada.

Os resultados revelaram dois fatores interpretáveis que explicaram 37% da variância. As cargas fatoriais variaram de 0,43 a 0,79, sendo o valor mínimo da carga fatorial de 0,40 estabelecido *a priori*.

O primeiro fator, **identificação por afinidade**, reteve 9 itens do total de 12 itens originais. O índice de precisão (α de Cronbach) foi de 0,78 e a correlação item-total variou de 0,35 a 0,54, com média de 0,46. O segundo fator, **identificação por imitação**, preservou 13 dos 14 itens originais, produzindo um índice de precisão de 0,88. Em se tratando especificamente deste fator, 5 dos 13 itens retidos na análise fatorial puderam ser eliminados no cálculo da confiabilidade sem afetar o valor do alfa. Nesse fator, a correlação item-total variou de 0,52 a 0,71, com média de 0,63. O Quadro 11.1 apresenta os dois fatores integrantes da EIO, suas definições, seus itens e índices de precisão. A

QUADRO 11.1

Denominações, definições, itens integrantes e índices de precisão dos componentes da Escala de Identificação Organizacional

Denominações	Definições	Nº itens	Itens	Índice de precisão
Identificação por afinidade	O indivíduo percebe que parte da sua identidade é formada por valores e crenças que são compartilhados por algumas organizações das quais ele não participa.	9	1, 3, 4, 5, 8, 10, 11, 14, 17	0,78
Identificação por imitação	O indivíduo, por meio do processo de internalização, assimila valores, crenças e atributos percebidos como centrais na organização onde trabalha como parte da sua identidade.	8	2, 6, 7, 9, 12, 13, 15, 16	0,88

EIO completa, com instruções, 17 itens e escala de respostas encontra-se ao final do capítulo.

APLICAÇÃO, APURAÇÃO DOS RESULTADOS E INTERPRETAÇÃO DA EIO

A aplicação da EIO poderá ser feita de forma individual ou coletiva. Deve-se cuidar para que os respondentes tenham entendido as instruções e o modo de assinalar suas respostas. É necessário assegurar também que o ambiente de aplicação seja tranqüilo e confortável, lembrando que o tempo de aplicação da EIO é livre.

O cálculo do escore médio de cada fator da EIO poderá ser obtido somando-se os valores indicados pelo respondente dentro dos parênteses e dividindo-se essa somatória por nove, quando for se tratar da dimensão **identificação por afinidade**, ou por oito, no caso da dimensão **identificação por imitação**.

A interpretação dos resultados obtidos pela aplicação da escala deverá considerar que quanto maior for o valor do escore médio, mais o respondente concorda com aquele tipo de identificação. Os escores com valores entre 3 e 4 podem indicar que os trabalhadores percebem que sua identificação com a organização apoiava-se em crenças e valores anteriores ao seu ingresso naquela organização (afinidade) ou sua identificação foi construída ao longo de sua interação com outros trabalhadores e vivência do ambiente organizacional (imitação). Valores entre 1 e 2,9 sugerem a discordância do trabalhador em relação a um tipo de identificação.

Solicita-se que sejam mantidas as instruções, as frases e a escala de respostas durante o seu uso, para que possam ser preservadas as propriedades da medida.

Escala de identificação organizacional – EIO

Você está recebendo um questionário cuja finalidade é conhecer a sua percepção a respeito do relacionamento das pessoas com sua organização de trabalho.

Por favor, leia cada afirmativa e indique sua opção de resposta escrevendo o número que melhor demonstra sua opinião nos parênteses que antecedem cada frase. Não deixe questões sem resposta. Lembre-se de que não há respostas certas ou erradas.

1. Discordo totalmente
2. Discordo em parte
3. Concordo em parte
4. Concordo totalmente

01. ( ) Eu tenho valores pessoais parecidos com valores de algumas organizações.
02. ( ) Eu compartilho dos valores da minha organização.
03. ( ) Eu prefiro me candidatar a um emprego em uma organização quando ela tem valores parecidos com os meus.
04. ( ) Eu trabalharia em uma organização que tivesse valores parecidos com os meus.
05. ( ) Eu tenho uma visão de mundo parecida com a de algumas organizações.
06. ( ) O sucesso da minha organização é o meu sucesso.
07. ( ) Minha experiência, nesta organização, me levou a ser parecido com ela.
08. ( ) Eu conheço organizações onde as pessoas têm um jeito de pensar parecido com o meu.
09. ( ) Atualmente, eu tenho valores semelhantes aos da minha organização.
10. ( ) Eu sei quando uma organização é parecida comigo.
11. ( ) Eu conheço organizações que têm crenças semelhantes às minhas.
12. ( ) Fazer parte do quadro de empregados desta organização é importante para mim.
13. ( ) Eu me sinto valorizado ao ser reconhecido como membro desta organização.
14. ( ) Gostaria de pertencer a uma organização cujos valores fossem semelhantes aos meus.
15. ( ) Os valores desta organização fazem parte da minha auto-imagem.
16. ( ) Pertencer a esta organização é importante para a minha auto-imagem.
17. ( ) É importante para mim trabalhar em uma organização cujos valores são parecidos com os meus.

REFERÊNCIAS

ABRAMS, D.; ANDO, K.; HINKLE, S. Psychological attachment to the group: cross-cultural differences in organizational identification and subjective norms as predictors of worker's turnover intentions. *Personality and Social Psychology Bulletin*, Beverly Hills, v. 24, n. 10, p. 1027-1039, Oct. 1998.

ASHFORTH, B. E.; MAEL, F. Social identity theory and the organization. *Academy of Management Review*, Mississipi, v.14, n.1, p. 20-39, Mar. 1989.

DUTTON, J. E.; DUKERICK, J. M.; HARQUAIL, C. V. Organizational images and member identification. *Administrative Science Quarterly*, Ithaca, v. 39, n. 2, p. 239-263, June 1994.

ELSBACH, K. D.; KRAMER, R. M. Member's responses to identities threats: encountering and countering the Business Week rankings. *Administrative Science Quarterly*, Ithaca, v. 41, n. 3, p. 442-476, Sept. 1996.

JOHNSON, W. L.; JOHNSON, A. M.; HEIMBERG, F. A primary and second-order component analysis of the organizational identification questionnaire. *Educational and Psychological Measurement*, Durham, v. 59, n. 1, p.159-170, Feb. 1999.

MACHADO, H. V. A identidade e o contexto organizacional: perspectivas de análise. *Revista de Administração Contemporânea*, Curitiba, v. 7, p. 51-73, maio 2003. Número especial.

MAEL, F. A.; ASHFORTH, B. E. Loyal from day on de: biodata, organizational identification, and turnover newcomers. *Personnel Psychology*, Washington, v. 48, n. 2, p. 309-333, June 1995.

MAEL, F. A.; TETRICK, L. E. Identifying organizational identification. *Educational Psychological Measurement*, Durham, v. 52, n. 4, p. 813-824, Winter 1992.

PASQUALI, L. Testes referentes a construto: teoria e modelo de construção. In: PASQUALI, L. (Org.). *Instrumentos psicológicos:* manual prático de elaboração. Brasília: LabPAM-IBAAP, 1999. p. 37-72.

PRATT, M. G. To be or not to be: central questions in organizational identification. In: WHETTEN, D. A.; GODFREY, P. C. (Ed.). *Identity in organizations:* building theory through conversations. Thousand Oaks: Sage, 1998. p. 171-208.

TAJFEL, H. Social categorization, social identity and social comparison. In: TAJFEL, H. (Ed.). *Differentiation between groups*. London: Academic Press, 1978. p. 61-76.

12
Justiça no trabalho

Sinésio Gomide Júnior
Mirlene Maria Matias Siqueira

Indivíduos, em seus relacionamentos sociais, pesam, cognitivamente, seus investimentos e seus retornos nestas relações. Esta idéia foi apresentada pela primeira vez na literatura por Adams (1963a), que preconizou que a decisão dos indivíduos de permanecerem, ou não, nestes relacionamentos dependeria do quanto de justiça pudesse ser percebida por eles. Assim, em uma relação social, o indivíduo nela permaneceria se percebesse que seus investimentos fossem proporcionais aos investimentos do outro.

Os pressupostos de Adams (1963a) ficariam circunscritos à Psicologia Social até meados da década de 1970, quando os horizontes de seu trabalho foram ampliados para a discussão sobre os impactos da percepção de justiça no desempenho produtivo de pequenos grupos. Nesta época, as preocupações dos pesquisadores ganhariam dois novos rumos: a busca de compreensão dos critérios de alocação de recompensas percebidas como justas e o impacto da distribuição destas recompensas sobre o desempenho dos grupos em tarefas predeterminadas.

Ainda na década de 1970, uma terceira linha de pesquisa começou a despontar. Desta vez, os pesquisadores buscaram compreender quais seriam os determinantes, ou antecedentes, que levariam os indivíduos a perceberem como justa uma retribuição de recompensas a qual estivessem submetidos. Os pesquisadores da época encontraram em uma obra fora do âmbito da psicologia pressupostos que vinham ao encontro destas indagações. Em 1971, é publicada *Uma teoria de justiça* (*A theory of justice*), obra na qual seu autor, o filósofo John Rawls, propunha critérios que funcionariam como "pré-condições" para que uma distribuição de recompensas fosse percebida justa. O autor começa por propor a existência de não apenas uma, mas duas justiças, conceitual e temporalmente distintas: a justiça de distribuição (definida como a distribuição de bens escassos) e a justiça dos procedimentos (definida como a escolha dos procedimentos na seleção do critério de distribuição). Conforme o autor, um critério de distribuição de bens seria, em princípio, justo quando precedido por procedimentos de escolha honestos. Procedimentos honestos, ainda conforme o autor, seriam tentativas de determinar regras básicas, mutuamente aceitáveis, para que as instituições pudessem deliberar. Rawls advoga que procedimentos honestos seriam concebidos por uma sociedade que perceba nas regras de condutas o papel de amálgama no alcance da cooperação social e que teriam como objetivo maior determinar a divisão de vantagens e assegurar um acordo para a partilha correta. O trabalho de Rawls (1971) introduz, na literatura, a idéia de que a "justiça" possuiria dois aspectos a serem levados em consideração: o procedimento e a distribuição. Em consonância com estas propostas, Thibaut e Walker (1975) introduziram no âmbito da Psicologia Social o termo "justiça dos procedimentos".

Pesquisas que buscavam a compreensão dos mecanismos envolvidos nas relações sociais encontraram campo fértil nas organizações – tendência já antevista por Adams, ainda no princípio dos anos de 1960 (Adams, 1963b, 1964), principalmente depois da assunção, pelos psicólogos, do paradigma cognitivista e do enfoque sistêmico que redefiniu o conceito de organizações de trabalho como "um sistema de relacionamentos sociais inter-relacionados".

As pesquisas sobre percepção de justiça de distribuição em contextos organizacionais são abundantes, embora as mais ricas sejam aquelas que congregaram percepção de justiça distributiva (ou de distribuição) com percepção de justiça de procedimentos.

Segundo Gomide Jr. (2001), as pesquisas da década de 1970 buscavam identificar, principalmente, o poder de predição da percepção de justiça de distribuição sobre critérios de desempenho. Ainda segundo o autor, as pesquisas apontaram que aqueles trabalhadores que perceberam estar sendo retribuídos, por suas organizações de trabalho, conforme seus esforços no alcance dos objetivos, também eram aqueles com melhores desempenhos. Dessa forma, a partir de meados da década de 1980, pesquisadores passaram a investigar o critério da eqüidade na busca da compreensão da ocorrência, ou não, de diversos tipos de desempenho considerados desejáveis. Rotatividade no trabalho, absenteísmo, satisfação e comprometimento organizacional foram os primeiros temas a serem correlacionados com a percepção de justiça de distribuição. Em 1979, por exemplo, Dittrich e Carrel descobriram que a percepção de eqüidade explicou tanto o absenteísmo quanto a rotatividade, ou seja, tanto trabalhadores que deixaram o trabalho como também aqueles que mais faltavam, eram aqueles que *não* percebiam eqüidade na distribuição de recompensas (neste caso, salários e promoções) em suas organizações (Dittrich e Carrel, 1979).

Resultados bastante semelhantes foram encontrados em outros trabalhos quando investigaram quais seriam os melhores preditores de satisfação com o salário, intenção de permanecer na organização e apresentação de comportamentos extrapapel.

Expectativa dos empregados *versus* retorno organizacional foi um tema bastante freqüente na literatura, quando se investigava a percepção de justiça na distribuição de recompensas. Dentre diversos trabalhos vale destacar os de Witt e Wilson (1990), Witt e Broach (1992) e os de Paz (1993a, 1993b). Em todos eles, foi constatado que empregados que perceberam justiça nos retornos organizacionais (salários, benefícios, avaliações de desempenho, dentre outros) eram aqueles que, além de altos níveis de satisfação no trabalho, eram os mais comprometidos com suas organizações e também nutriam expectativas positivas frente a estes retornos.

Estes trabalhos abriram nova frente de pesquisas sobre o tema da justiça. A partir do princípio da década de 1990, elas passaram a investigar, não apenas a determinação da percepção de justiça de distribuição sobre critérios organizacionais, como também aspectos organizacionais que impactassem esta percepção.

Conforme Gomide Jr. (2001), as pesquisas que buscaram investigar os antecedentes da percepção de justiça de distribuição raramente o faziam sem que a percepção de justiça dos procedimentos estivesse presente. Assim, talvez os mais importantes trabalhos, e também os mais contemporâneos, trouxeram evidências sobre o impacto de ambas as percepções de justiça sobre critérios organizacionais.

Os primeiros trabalhos sobre percepção de justiça dos procedimentos investigaram os fatores que levariam os indivíduos a perceberem como justas as etapas anteriores à distribuição de recompensas. Os achados foram sintetizados por Leventhal (1980) naquele que talvez tenha sido o primeiro trabalho de repercussão internacional. Conforme o autor, os procedimentos seriam percebidos justos quando atendessem a seis condições: houvesse consistência das regras utilizadas ao longo do tempo e independentemente das pessoas às quais estas regras se dirigissem; houvesse supressão dos vieses determinados por atitudes ou opiniões das pessoas responsáveis pelas tomadas de decisão; houvesse acurácia nas informações prestadas aos indivíduos afetados pelas decisões tomadas; houvesse resultados positivos nas decisões; houvesse representatividade dos indivíduos afetados pelas decisões na formação do grupo de pessoas responsáveis pelas tomadas de decisões e houvesse a manutenção de padrões éticos e morais.

O trabalho de Leventhal (1980) provocou um impacto sem precedentes na literatura sobre justiça, principalmente nos ambientes organizacionais. A percepção de justiça dos procedimentos mostrou-se ótima preditora de importantes critérios organizacionais. Comprometimento com a tarefa, desempenho na tarefa, comprometimento organizacional afetivo, intenção de rotatividade e comportamentos de cidadania organizacional foram alguns dos importantes critérios que se mostraram fortemente correlacionadas à percepção de justiça dos procedimentos.

O efeito interativo de ambas as percepções também foi investigado. Gomide Jr. (1999) e Rego (2000) relatam que, quando confrontadas com a intenção do indivíduo em deixar a organização, a percepção de justiça dos procedimentos exerceu maior poder de explicação que a de distribuição. Neste caso, Gomide Jr. (1999) relata que a percepção de cultura exerceu efeito moderador entre a percepção de justiça dos procedimentos formais e a intenção de deixar a organização. Comprometimento, cooperação e confiança do empregado também têm sido relatados como fortemente influenciados pela percepção de justiça dos procedimentos (Filenga e Siqueira, 2006; Oliveira, 2004; Rego, 2000). Recentes trabalhos têm demonstrado que os vínculos do indivíduo com a organização como comprometimento organizacional afetivo é mais determinado pela percepção de justiça dos procedimentos, enquanto os comprometimentos organizacionais calculativo e normativo sofrem maior influência da percepção de justiça distributiva. Quando se investigou a cooperação dos empregados, os resultados foram semelhantes aos encontrados em estudo de comprometimento. A cooperação voluntária de empregados foi mais fortemente influenciada pela percepção de justiça dos procedimentos, enquanto a cooperação compulsória ("faço o que mandar") foi mais influenciada pela percepção de justiça de distribuição.

À guisa de conclusão, os estudos sobre as percepções de justiça em ambientes organizacionais têm demonstrado que estas percepções são poderosos determinantes de vínculos empregado-organização (Siqueira e Gomide Jr., 2004) e que estes vínculos, por sua vez, possuem naturezas diferenciadas.

Assim, tem-se demonstrado que vínculos de natureza mais egoísticos, que levam em conta satisfações mais pontuais, estão relacionados à percepção de justiça de distribuição enquanto vínculos mais altruísticos, normalmente calcados em valores mais sociais, estão relacionados à percepção de justiça dos procedimentos. Dessa forma, satisfação no trabalho, satisfação com salários, comprometimento organizacional calculativo e normativo e cooperação compulsória estão diretamente relacionados à percepção de justiça de distribuição. Conforme Rego (2000), a característica comum destes vínculos é a ação em curto prazo por parte do empregado. Por outro lado, comprometimento organizacional afetivo, confiança no supervisor, cidadania organizacional e cooperação espontânea estão diretamente relacionados à percepção de justiça dos procedimentos. Rego (2000) caracteriza a natureza destas vinculações empregado-organização como de longo prazo, implicando, por parte do empregado, maior conhecimento dos valores e das ações organizacionais.

Este capítulo apresenta duas medidas acerca de justiça no ambiente de trabalho construídas e validadas por pesquisadores brasileiros: a Escala de Percepção de Justiça Distributiva (Siqueira et al., 1996) e a Escala de Percepção de Justiça de Procedimentos (Gomide Jr., Lima e Faria Neto, 1996). Enquanto a primeira avalia o quanto o empregado percebe justiça na distribuição de recursos organizacionais, a segunda afere a percepção do quanto a empresa adota ações justas em seus processos decisórios sobre distribuição de recursos entre seus colaboradores.

CONSTRUÇÃO E VALIDAÇÃO DA ESCALA DE PERCEPÇÃO DE JUSTIÇA DISTRIBUTIVA[1]

A Escala de Percepção de Justiça Distributiva (EPJD) é uma medida unidimensional, elaborada para avaliar as crenças do empregado acerca de quão justas ele percebe as compensações que recebe da empresa como retorno para os seus investimentos no trabalho. Para representar essas crenças, foram elaboradas cinco afirmativas que abordavam a responsabilidade, a experiência profissional, os esforços no trabalho, a qualidade do trabalho e o estresse a que o trabalhador é submetido durante a realização de suas tarefas.

Antes de se iniciar o processo de validação fatorial da EPJD ela foi submetida à avaliação semântica para se verificar a compreensão de suas instruções, de seus itens (cinco frases) e da escala de respostas. Posteriormente, o estudo de sua validação foi iniciado, sendo a medida aplicada a 217 trabalhadores que indicaram em uma escala de sete pontos (1 = discordo totalmente; 2 = discordo moderadamente; 3 = discordo levemente; 4 = nem concordo nem discordo; 5 = concordo levemente; 6 = concordo moderadamente; 7 = concordo totalmente) o quanto concordavam ou discordavam das cinco frases. Os dados recolhidos foram submetidos à análise dos componentes principais e emergiu apenas um componente com autovalor maior que 1,0, explicando 70,47% da variância total. Os cinco itens tiveram cargas entre 0,69 e 0,89 no componente e produziram um índice de precisão de 0,89 (α de Cronbach), considerado satisfatório. Ao final deste capítulo encontram-se as instruções, a escala de respostas e as cinco frases que compõem a EPJD.

Aplicação, apuração dos resultados e interpretação da EPJD

A aplicação da EPJD poderá ser feita de forma individual ou coletiva. Deve-se cuidar para que os respondentes tenham entendido as instruções e o modo de assinalar suas respostas. É necessário assegurar também que o ambiente de aplicação seja tranqüilo e confortável, lembrando que o tempo de aplicação da EPJD é livre.

Para se obter o escore médio da EPJD será necessário somar os valores indicados pelo respondente dentro dos parênteses e dividir esse somatório por cinco. O resultado desses cálculos deverá ficar entre 1 e 7.

Na fase de interpretação dos resultados obtidos pela aplicação da EPJD, deve-se considerar que, quanto maior o valor médio obtido, maior será a per-

---

[1] Autores: Siqueira e colaboradores (1996).

cepção do empregado sobre o quanto a empresa o recompensa de maneira justa. Valores entre 5 e 7 tendem a representar percepção de justiça distributiva, tornando-se este mais forte à medida que o escore se aproxima de 7. Valores entre 1 e 3,9 revelam percepção frágil. Naturalmente, a percepção torna-se mais frágil ou praticamente inexistente à medida que se aproxima de 1. Valores entre 4 e 4,9 podem representar uma certa indiferença ou desconfiança do indivíduo naquele momento acerca de recompensas justas ofertadas pela empresa.

Para assegurar a manutenção das propriedades da EPJD aqui descritas, recomenda-se manter o formato de suas instruções, das frases e das respostas como estão apresentadas ao final do capítulo. Caso contrário, não existem garantias de se obter uma avaliação confiável e precisa de percepção de justiça distributiva.

CONSTRUÇÃO E VALIDAÇÃO DA ESCALA DE PERCEPÇÃO DE JUSTIÇA DE PROCEDIMENTOS[2]

A Escala de Percepção de Justiça de Procedimentos (EPJP) é uma medida unidimensional, elaborada para avaliar as crenças do empregado acerca de quão justas ele percebe as condições ou os procedimentos que norteiam as políticas de distribuição de recursos na organização que o emprega. Para representar essas crenças, foram elaboradas seis afirmativas que buscaram retratar as seis condições relatadas por Leventhal (1980) como relacionadas a procedimentos percebidos como justos.

Antes de se iniciar o processo de validação fatorial da EPJP, ela foi submetida à avaliação semântica para se verificar a compreensão de suas instruções, de seus itens (seis frases) e da escala de respostas. Posteriormente, o estudo de sua validação foi iniciado, sendo a medida aplicada a 72 trabalhadores que indicaram em uma escala de sete pontos (1 = discordo totalmente; 2 = discordo moderadamente; 3 = discordo levemente; 4 = nem concordo nem discordo; 5 = concordo levemente; 6 = concordo moderadamente; 7 = concordo totalmente) o quanto concordavam ou discordavam das seis frases. Os dados recolhidos foram submetidos à análise dos componentes principais (PC) e emergiu apenas um componente com autovalor igual a 1,5, explicando 48,6% da variância total. Os seis itens tiveram cargas entre 0,44 e 0,84 no componente e produziram um índice de precisão de 0,77 (α de Cronbach), considerado satisfatório. Ao final do capítulo encontram-se as instruções, a escala de respostas e as seis frases que compõem a EPJP.

---

[2] Autores: Gomide Jr., S.; Lima, D.M.; Faria Neto, W. (1996).

Aplicação, apuração dos resultados e interpretação da EPJP

A aplicação da EPJP poderá ser feita de forma individual ou coletiva. Deve-se cuidar para que os respondentes tenham entendido as instruções e o modo de assinalar suas respostas. É necessário assegurar também que o ambiente de aplicação seja tranqüilo e confortável, lembrando que o tempo de aplicação da EPJP é livre.

Para se obter o escore médio da EPJP será necessário somar os valores indicados pelo respondente dentro dos parênteses e dividir esse somatório por seis. O resultado desses cálculos deverá ficar entre 1 e 7.

Na fase de interpretação dos resultados obtidos pela aplicação da EPJP, deve-se considerar que quanto maior o valor médio obtido, maior será a percepção do empregado sobre o quanto a empresa possui condições ou procedimentos justos na determinação de seus critérios de alocação de recursos. Valores entre 5 e 7 tendem a representar percepção de justiça de procedimentos, tornando-se este mais forte à medida que o escore se aproxima de 7. Valores entre 1 e 3,9 revelam percepção frágil. A percepção se torna mais frágil ou inexistente à medida que se aproxima de 1. Valores entre 4 e 4,9 podem representar indiferença ou desconfiança do indivíduo, naquele momento, acerca de condições ou procedimentos justos existentes na empresa.

Para assegurar a manutenção das propriedades da EPJP aqui descritas, recomenda-se manter o formato de suas instruções, das frases e das respostas como estão apresentadas ao final do capítulo. Caso contrário, não existe garantia de se obter uma avaliação confiável e precisa da percepção de justiça de procedimentos.

Escala de percepção de justiça distributiva – EPJD

Abaixo estão listadas cinco frases relativas a alguns aspectos do seu trabalho atual. **Indique o quanto você concorda ou discorda de cada um deles.** Dê suas respostas anotando, nos parênteses que antecedem cada frase, aquele número (de 1 a 7) que melhor representa sua resposta.

1 = Discordo totalmente
2 = Discordo moderadamente
3 = Discordo levemente
4 = Nem concordo nem discordo

5 = Concordo levemente
6 = Concordo moderadamente
7 = Concordo totalmente

Na empresa onde trabalho...

( ) Sou recompensado, de maneira justa, por minha responsabilidade no trabalho.
( ) Sou recompensado, de maneira justa, por minha experiência profissional.
( ) Sou recompensado, de maneira justa, por meus esforços no trabalho.
( ) Sou recompensado, de maneira justa, pela qualidade do trabalho que apresento.
( ) Sou recompensado, de maneira justa, pelo estresse a que sou submetido durante o meu trabalho.

Escala de percepção de justiça de procedimentos – EPJP

Abaixo estão listadas seis frases relativas a alguns aspectos do seu trabalho atual. **Indique o quanto você concorda ou discorda de cada um deles.** Dê suas respostas anotando, nos parênteses que antecedem cada frase, aquele número (de 1 a 7) que melhor representa sua resposta.

1 = Discordo totalmente
2 = Discordo moderadamente
3 = Discordo levemente
4 = Nem concordo nem discordo

5 = Concordo levemente
6 = Concordo moderadamente
7 = Concordo totalmente

Quando é preciso definir o quanto o empregado receberá por seu esforço no trabalho...

( ) A empresa onde trabalho utiliza regras bem-definidas.
( ) A empresa onde trabalho utiliza as mesmas regras para todos os empregados.
( ) A empresa onde trabalho possui regras que impedem que as pessoas responsáveis pelas decisões levem vantagens pessoais.
( ) A empresa onde trabalho possui regras que foram definidas a partir de informações precisas.
( ) A empresa onde trabalho permite a participação dos empregados na formulação das regras.
( ) A empresa onde trabalho possui regras que foram elaboradas com base em padrões éticos.

REFERÊNCIAS

ADAMS, J. S. Toward and understanding of inequity. *Journal of Abnormal and Social Psychology*, Washington, v. 67, n.5, p. 422-436, Nov. 1963a.

_____. Wage inequity productivity and quality. *Industrial Relations*, Oxford, v. 3, p. 9-16, Out. 1963b.

ADAMS, J. S.; JACOBSEN, P. R. Effects of wages inequities on work quality. *Journal of Abnormal and Social Psychology*, Washington, v. 69, n.1, p. 19-25, July 1964.

DITTRICH, J. E.; CARRELL, M. R. Organizational equity perceptions, employee job satisfaction and departmental absence and turnover rates. *Organizational Behavior and Human Performance*, New York, v. 24, n. 1, p. 29-40, Aug. 1979.

FIILENGA, D.; SIQUEIRA, M. M. M. O impacto de percepções de justiça em três bases de comprometimento organizacional. *Revista de Administração da USP*, São Paulo, v. 41, n. 4, p. 431-441, out./dez. 2006.

GOMIDE JR, S. *Antecedentes e conseqüentes das percepções de justiça no trabalho*. 1999. 144 f. Tese (Doutorado em Psicologia) – Instituto de Psicologia, Universidade de Brasília, Brasília, 1999.

_____. Justiça nas organizações. In: SIQUEIRA; M. M. M.; GOMIDE JR., S.; OLIVEIRA, A. F. (Org.). *Cidadania, justiça e cultura nas organizações:* estudos psicossociais. São Bernardo do Campo: UMESP, 2001. p. 105-156.

GOMIDE JR, S.; LIMA, D. M.; FARIA NETO, W. Validade discriminante das medidas de percepção de justiça de distribuição e percepção de justiça de procedimentos. In: REUNIÃO ANUAL DA SOCIEDADE BRASILEIRA DE PSICOLOGIA, 26., 1996, Ribeirão Preto. *Resumos de comunicações científicas*. Ribeirão Preto: Sociedade Brasileira de Psicologia, 1996.

LEVENTHAL, G. S. What should be done with equity theory? In: GERGEN, K. S.; GREENBERG, J.; WEISS, R. H. (Ed.). *Social exchange:* advances in theory an research. New York: Plenum, 1980. p. 211-239.

OLIVEIRA, A. F. *Confiança do empregado na organização*: impacto dos valores pessoais, organizacionais e da justiça organizacional. 2004. 259 f. Tese (Doutorado em Psicologia) – Instituto de Psicologia, Universidade de Brasília, Brasília, 2004.

PAZ, M.G.T. Justiça distributiva na avaliação de desempenho dos trabalhadores de uma empresa estatal. In: REUNIÃO ANUAL DA SOCIEDADE BRASILEIRA DE PSICOLOGIA, 23., 1993, Ribeirão Preto. *Resumos de comunicações científicas*. Ribeirão Preto: Sociedade Brasileira de Psicologia, 1993b.

_____. Metodologia utilizada para definição das variáveis investigadas numa pesquisa sobre justiça distributiva na avaliação de desempenho. In: REUNIÃO ANUAL DA SOCIEDADE BRASILEIRA DE PSICOLOGIA, 23., 1993, Ribeirão Preto. *Resumos de comunicações científicas*. Ribeirão Preto: Sociedade Brasileira de Psicologia,1993a.

RAWLS, J. *A theory of justice*. Cambridge: Harvard University, 1971.

REGO, A. Justiça nas organizações: na senda de uma nova vaga? In: RODRIGUES, S.B.; CUNHA, M.P. (Org.). *Novas perspectivas na administração de empresas*: uma coletânea luso brasileira. São Paulo: Iglu, 2000. p. 251-283.

SIQUEIRA, M. M. M.; GOMIDE JR., S. Os vínculos do indivíduo com a organização e com o trabalho. In: ZANELLI; J.C.; BORGES-ANDRADE, J.E.; BASTOS, A.V.B. (Org.). *Psicologia, organizações e trabalho*. Porto Alegre: Artmed, 2004. p. 300-328.

SIQUEIRA, M. M. M. et al. Análise de um modelo pós-cognitivo para intenção de rotatividade. In: CONGRESSO INTERNACIONAL DE PSICOLOGIA, 26., 1996, São Paulo. *Resumos*... São Paulo: Sociedade Interamericana de Psicologia, 1996.

THIBAUT, J. W.; WALKER, L. *Procedural justice:* a psychological analysis. New York: Erlbaum/Hillsdale, 1975. p. 150.

WITT, L. A.; BROACH, D. Exchange ideology as a moderator of the procedural justice: satisfaction relationship. *The Journal of Social Psychology*, Heldref, v.133, n. 1, p. 97-103, Feb. 1992.

WITT, L. A.; WILSON, J. W. Income sufficiency as a predictor of job satisfaction and organizational commitment: dispositional differences. *The Journal of Social Psychology*, Heldref, v. 130, n. 2, p. 267-268, Apr. 1990.

13

Modelo de gestão de pessoas *agency-community*

Antonio Virgílio Bittencourt Bastos
Rebeca da Rocha Grangeiro

A gestão de pessoas nas organizações vem sendo cada vez mais desafiada a superar problemas decorrentes da transição pela qual passa o mundo contemporâneo, em função de mudanças tecnológicas, econômicas, sociais, culturais, políticas (Gómez-Mejia, Balkin e Cardy, 1998; Ulrich, 1998). Desse modo, muitos desafios são lançados à gestão de pessoas, demandando que lide com as transformações advindas da globalização da economia, da revolução tecnológica e da velocidade das comunicações; incentive um envolvimento maior dos empregados nas decisões e, ao mesmo tempo, enfatize uma maior participação dos atores em relações de interdependência, suporte mútuo, aprendizado conjunto, cooperação e adaptação coletiva ao ambiente. Este cenário tem, também, levado a mudanças importantes na forma como são estruturadas, definidas e implementadas as políticas e práticas de gestão de pessoas ao longo das últimas décadas, levando-as a assumirem, cada vez mais, caráter estratégico (Neves, 2002; Dutra, 2002, Davel e Vergara, 2001).

Neste cenário geral, Rousseau e Arthur (1999) concebem um modelo que busca reunir duas grandes orientações que ao longo da história disputaram a hegemonia na orientação das políticas e práticas de gestão de pessoas, com implicações claras sobre os vínculos estabelecidos entre as pessoas e as suas organizações empregadoras. Para os autores, um dos principais desafios da gestão de pessoas no cenário contemporâneo é o de articular práticas individualistas, que favoreçam o surgimento do empreendedor autônomo (orientação denominada *agency*), e práticas coletivistas, que favoreçam o surgimento do trabalhador comprometido (denominadas *community*). A aplicação de práticas claramente opostas (individualistas / coletivistas) é vista, pelos autores, como imprescindível para a sobrevivência da organização no mercado global.

Essas duas concepções apóiam-se em princípios e valores antagônicos e em constante tensão ao longo da história e se traduzem em práticas e políticas de gestão de pessoas que têm nuances diferentes. O argumento central para a proposta do modelo de gestão desenvolvido por Rousseau e Arthur (1999) é o de que ao mesmo tempo em que a organização carece de indivíduos proativos, capazes de tomar decisões e que assumem para si a responsabilidade de desenvolver suas carreiras, ela também carece de indivíduos que assumam os objetivos da organização como seus e que sejam comprometidos com ela.

Os termos *agency* e *communion* foram desenvolvidos por Bakan (1966), com o objetivo de refletir as duas modalidades fundamentais da existência humana. Para ele, *agency* e *communion* representam os grandes princípios organizadores da vida, ou seja, confrontam o *self* e a separação (*agency*) com o foco nos outros e nas relações (*communion*). A literatura antropológica que se acerca do tema *agency* considera as questões levantadas por esta tendência como de fundamental importância para a compreensão da relação do homem com a constituição de estruturas sociais, quer seja pela reprodução destas, quer pela transformação. Segundo Ahearn (2001), o crescimento do interesse nos estudos sobre a perspectiva *agency* não é uma mera coincidência, indo além dos movimentos sociais das últimas décadas para receber subsídios dos críticos pós-modernistas e pós-estruturalistas, os quais enfatizam as tensões, contradições e ações opositivas entre indivíduos e coletividades.

Um dos conceitos mais comuns em discussões sobre *agency* e que tende a associá-lo à imagem de "vontade livre" advém da teoria da ação, concebida pela filosofia. Apesar de ser uma das idéias mais universais do termo *agency* e apresentar uma contribuição histórica para seu estudo, a imagem de "vontade livre" advinda dos filósofos negligencia a influência da cultura nas intenções, crenças e ações humanas, desconsiderando a mediação social na construção do agir intencional.

Um importante cientista a popularizar o termo *agency* e que buscou ir além da idéia de "vontade livre" ao relacionar as ações humanas às estruturas sociais foi Giddens (1979), para quem as ações humanas são formadas por distintas estruturas sociais que, por sua vez, servem para reforçá-las ou reconfigurá-las.

No campo da psicologia, a teoria cognitiva social destaca que a influência socioestrutural, ao operar por meio de mecanismos psicológicos para produzir efeitos comportamentais, dota o sujeito *agency* de características, como intencionalidade, planejamento, auto-reatividade e auto-reflexão. No entanto, apesar de o processamento de características *agency* remeter-se ao indivíduo, o exercício de sua individualidade se dá dentro do coletivo, instância que possui um impacto direto na maneira como cada pessoa vive (Bandura, 2001).

Deste conjunto de estudos de diferentes domínios, a utilização do conceito de *agency* passou a se associar com a capacidade de agir, tendo como base a mediação sociocultural, possuindo implicações diretas na compreensão da personalidade, das causalidades, ações e intenções dos indivíduos.

A discussão sobre essa tensão entre individualismo e coletivismo (*agency-community*) é recente dentro dos estudos sobre comportamento organizacional e gestão de pessoas. Apenas mais recentemente – de forma específica a partir de 1999 com artigo publicado por Rousseau e Arthur – surgiu como tema de interesse de estudo do comportamento organizacional. Em linhas gerais, o modelo analítico proposto pelos autores procura articular estratégias que produzam o comprometimento do trabalhador, produto de práticas socializadoras que definem o pólo *community* (retenção, socialização, identificação, carreira) e, simultaneamente, capacidade empreendedora, decorrentes de práticas mais individualistas associadas ao pólo *agency* (flexibilidade, autonomia, empregabilidade). Esse movimento das organizações no sentido de aproximação destas duas orientações se expressa claramente nos valores, nas políticas e nas práticas no campo da gestão de pessoas que, deste modo, surge como intermediadora das relações entre indivíduos e organização. Os diferentes padrões de relação entre indivíduos e organização são construídos a partir das ações ou práticas que configuram o modelo de gestão de pessoas implementado pela organização.

Assim, a noção de ação *agency* defende a habilidade de os atores tomarem decisões e agirem de acordo com seus interesses. A dimensão *agency* envolve expressões de autoproteção, auto-afirmação e controle direto sobre o ambiente. Nesta dimensão, as oportunidades são vistas como fontes de flexibilidade e vantagem competitiva para o trabalhador habilitado e capitalizado segundo as demandas do mercado. Em síntese, o empreendedor autônomo é o seu protótipo.

Já a noção de *community* envolve expressões de suporte mútuo, cooperação e adaptação coletiva ao ambiente e enfatiza uma maior participação dos atores em relações de interdependência, suporte mútuo, aprendizado conjunto, cooperação e adaptação coletiva ao ambiente. Na dimensão *community*, as oportunidades são vistas como caminhos para o engajamento coletivo, a fim de promover valiosa qualidade ou inovação. Em resumo, a noção de *community* tem como base a idéia de homem comprometido.

Se as duas perspectivas encontram-se na organização, pode-se dizer que a noção de *agency-community* é a que está estabelecida no modelo de gestão de pessoas na referida organização. O modelo híbrido de gestão *agency-community* traz como inovação a possibilidade de transitar pelas características de uma concepção mais *agency* ou pelos elementos pertinentes a uma noção mais *community*, a depender das políticas e dos programas adotados pela organização. A necessidade de aproximação entre ambas as noções encontra um antecedente no trabalho de Hegelson (1994), que associa a idéia *agency* à masculinidade – ao fazer de si mesmo e das suas atividades o centro do mundo onde ele vive – e *communion* (atualmente também conhecido como *community*) à feminilidade – ao depositar os seus desejos, seus sentimentos e sua ambição em algo exterior a ela, fazendo dos outros o centro de suas emoções.

O modelo proposto por Rousseau e Arthur (1999) insere-se em uma linha de estudo mais ampla que tem o foco na compreensão dos contratos psicológicos e nas "carreiras sem fronteiras" (Rousseau, 1995, 1997; Rousseau e Parks, 1992; Arthur, 1994; Rousseau e Arthur, 2001; Dabos e Rousseau, 2004). O desenvolvimento do modelo de gestão *agency-community* constitui, portanto, uma importante contribuição para os estudos que procuram analisar a construção de vínculos entre indivíduos e organizações à luz de como se articulam o conjunto de práticas de gestão de pessoas. Fenômenos importantes tais como comprometimento organizacional, percepção de justiça organizacional, satisfação e motivação no trabalho, por exemplo, podem ser mais bem compreendidos quando incorporarem em seus modelos explicativos variáveis com poder de capturarem dimensões significativas do modelo de gestão utilizado (e não práticas isoladas) e que podem aproximar ou afastar pessoas e organizações, tendo em vista os seus valores e suas expectativas.

Toda esta discussão sobre as transformações no modelo de gestão, nas dimensões destacadas por Rousseau e Arthur, ainda se mantém no plano teórico com poucos trabalhos empíricos realizados, inexistindo na literatura consultada um instrumento para avaliar as políticas e práticas de gestão a partir destas dimensões centrais. Assim, este capítulo apresenta uma medida sobre o modelo de gestão de pessoas adotado por organizações, considerando nuances individualistas e coletivistas de suas políticas e práticas.

A Escala *Agency-Community* (EAC) busca ser capaz de identificar como os indivíduos percebem os valores fundamentais que estão na base de políticas e que se desdobram em práticas de gestão de pessoas adotadas pela organização, a partir das dimensões *agency* e *community*, como definidas por Rousseau e Arthur (1999). Trata-se de uma contribuição aos estudos organizacionais, por disponibilizar uma ferramenta de pesquisa e diagnóstico que permite ampliar a investigação sobre modelos de gestão de pessoas articulados com os vínculos que são criados, fortalecidos ou enfraquecidos entre indivíduos e organizações.

CONSTRUÇÃO E VALIDAÇÃO DA ESCALA *AGENCY-COMMUNITY* – EAC

A Escala *Agency-Community* (EAC) foi construída com o objetivo de identificar a percepção dos indivíduos sobre o modelo de gestão de pessoas adotado pela organização onde ele trabalha, de modo a avaliar como concepções, valores e práticas de gestão adotadas e idealizadas se aproximam das dimensões *agency* e *community*.

Fundamentado no modelo proposto por Rousseau e Arthur (1999), o instrumento original (anterior à validação) foi construído com 44 itens, sendo que metade dos itens referia-se ao construto *community* e a outra metade ao construto *agency*. Cada construto foi trabalhado em duas grandes dimensões: os **princípios gerais** (a filosofia que orienta cada um dos pólos deste modelo), que falam das relações de cooperação dentro da organização, tipos de vínculos estabelecidos entre empregador e empregado e valores impostos pela cultura da organização; e as **práticas de gestão** propriamente ditas, que concretizam cada um dos princípios gerais nos processos de admissão, de treinamento e desenvolvimento, na maneira que a avaliação de desempenho ocorre, na forma como a carreira do trabalhador é encarada pela organização, no modo como são distribuídas as recompensas e os benefícios, na existência de suporte social e nas atitudes tomadas no momento do desligamento. A concepção geral do instrumento é sintetizada no Quadro 13.1 que apresenta uma definição sintética dos conceitos abarcados pela escala.

QUADRO 13.1
Estrutura conceitual da Escala EAC

Dimensões avaliadas	Construtos do modelo de Gestão	
	Community	Agency
Princípios (Relações, Vínculos, Valores)	Suporte mútuo, interdependência, cooperação e adaptação coletiva ao ambiente. Criar redes dentro da organização.	Defesa de interesse de cada parte (pessoas, grupos, firmas, acionistas). Criar redes fora da organização. Vínculos descartáveis, estritamente profissionais. Valores de individualismo, autonomia, auto-regulação.
Práticas (Admissão, TD&E, Avaliação de Desempenho, Carreira, Recompensas e Benefícios, Suporte social, Desligamento)	Vínculos mais duradouros. Comprometimento, civismo, coletivismo, afiliação. Estímulo ao intercâmbio Construir relações. Colaborar no percurso de desenvolvimento integral da pessoa. Socializar. Produtos grupais (equipe). Plano de carreira interno. Mobilidade interna. Uniformidade. Suporte para o bem-estar pessoal e familiar. Procedimentos justos. Suporte para a transição.	Recrutar e orientar. Treinar e qualificar para o desempenho de tarefas. Avaliar o desempenho a partir de produtos individuais. Empregabilidade como responsabilidade do trabalhador e carreiras "sem fronteiras". Recompensas e benefícios diferenciados. Suporte social de responsabilidade do trabalhador. Desligamento atende unicamente aos aspectos legais.

O processo de validação da escala envolveu, em um primeiro momento, a avaliação dos itens gerados e sua pertinência aos construtos por 10 juízes que, segundo seus conhecimentos e suas experiências em psicologia organizacional, avaliaram se os comportamentos expressos no conjunto de itens representavam o construto que se pretendia mensurar e/ou avaliar. Obtiveram-se índices bem elevados de concordância (entre 90 e 100%) para a grande maioria dos itens, revelando que os dois construtos da escala estavam claramente formulados nas sentenças apresentadas. Apenas três itens obtiveram concordância de 70% e, com reformulações, foram mantidos para a etapa de validação empírica.

Nesta segunda etapa, o instrumento foi aplicado a 362 funcionários de 16 diferentes organizações privadas, públicas e não-governamentais de Salvador, Bahia. De início, foram empregados vários procedimentos envolvendo a análise de correlações entre os itens e entre cada um deles e os construtos e as dimensões avaliados pela escala. Tais procedimentos se justificavam pois, no modelo proposto por Rousseau e Arthur (1999), os elementos *agency* e *community* podem ou devem ser combinados nas práticas de gestão de pessoas. Os resultados obtidos foram bastante congruentes com os esperados. Cada um dos construtos (*community* e *agency*) foi analisado, isoladamente, nas suas duas dimensões – princípios e práticas. A partir dos coeficientes de correlação entre os itens e entre cada item e o escore total de cada dimensão, foram identificados itens frágeis e que deveriam ser eliminados da escala. Nesta etapa calculou-se o índice de fidedignidade da mensuração de cada construto (coeficiente α de Cronbach), como um elemento adicional para se identificar itens que, empiricamente, não pertenciam ao conjunto de itens que definiam cada dimensão e construto avaliado. As análises de correlação e os índices de fidedignidade mostravam, de início, que os dois construtos (*community* e *agency*) e as suas respectivas dimensões (princípios e práticas) apresentavam consistência interna, já apontada na análise dos juízes e ancorada no modelo teórico desenvolvido pelos proponentes do modelo.

Restava, no entanto, duas indagações básicas em um processo de validação de construto de um fenômeno psicossocial:

a) Em cada um dos construtos – *agency* e *community* –, princípios e práticas são dimensões distintas ou seus itens integram-se em uma única dimensão?
b) Quando analisados isoladamente, os princípios e as práticas diferenciam-se entre os construtos *community* e *agency*? A resposta a esta segunda questão permitiria inferências sobre a tese do hibridismo entre os dois construtos do modelo de gestão concebido por Rousseau e Arthur (1999).

Para responder a tais questões, foram utilizadas várias análises fatoriais, utilizando-se sempre o método de extração PAF (Principal Axis Factoring) e a rotação *varimax*. Todas estas análises tiveram o caráter exploratório, buscando simplificar a mensuração dos dois construtos, com a eliminação de itens que possuíam carga fatorial inferior a 0,3. Assim, vale ressaltar que não se trabalhou com a expectativa de que os resultados das análises fatoriais fossem decisivos para a aceitação da estrutura conceitual da escala, mas como apenas um passo adicional para identificar itens frágeis (baixa correlação com os fatores que emergiram das análises fatoriais) e que poderiam ser eliminados, ampliando a precisão conceitual desenvolvida. A seguir, os resultados das análises fatoriais são apresentados sinteticamente.

A primeira análise fatorial tomou o conjunto de 22 itens, que mensuram o construto *community* (envolvendo princípios e práticas). Constatou-se a existência de um único fator (autovalor = 4,85 e explicando 41,8% da variância), com cargas fatoriais acima de 0,34. O alfa de Cronbach de 0,93 revela que a medida do construto *community* poderia ter reduzida a quantidade de itens em função de uma possível repetição de idéias nos mesmos, indicada pelo valor do alfa de Cronbach superior a 0,90. O resultado mais importante a destacar, contudo, é que os princípios norteadores e as práticas de gestão deles decorrentes encontram-se em um mesmo construto, fortalecendo a noção de *community* como um conceito unidimensional para a análise do modelo de gestão de pessoas.

De forma similar, foi realizada uma análise fatorial com os itens que avaliam o construto *agency*, também envolvendo princípios e práticas. Neste caso, os resultados iniciais revelam uma estrutura de dois fatores. O primeiro, integrado por 11 itens (autovalor = 3,64; 16,6% da variância), agrupa as idéias associadas a empreendedorismo, autonomia, incentivo a cuidar da carreira pessoal – todos itens que se referem a aspectos positivos desta dimensão, incluindo princípios e práticas. O índice de fidedignidade deste primeiro fator foi de 0,82. O segundo fator, com apenas 5 itens (autovalor =1,41, 6,4% da variância), não pode ser interpretado, pois não agrupa idéias que sejam efetivamente diferentes das expressas no fator 1. Ele apresentou um alfa de Cronbach de apenas 0,44, outro indicador da sua fragilidade. Verificou-se, adicionalmente, que seis itens não possuiam cargas fatoriais significativas em nenhum dos dois fatores. Com tais resultados, conclui-se que a melhor solução seria também considerar o construto *agency* como unifatorial, implicando na perda de vários dos itens inicialmente propostos. No entanto, tais resultados apontam que tal construto, como concebido teoricamente, contém dois conjuntos de idéias que podem não integrar um mesmo construto – há idéias positivas associadas a autonomia, iniciativa, auto-responsabilidade e idéias negativas de afastamento indivíduo-organização e de individualismo que estão em um fator embrionário ou não integram nenhum dos dois fatores.

Uma terceira análise fatorial (método de extração PAF e rotação *varimax*) foi realizada com o conjunto de itens que integravam a dimensão *princípios* dos construtos *community* e *agency*. Os resultados indicam uma estrutura de dois fatores distintos. O primeiro fator (autovalor = 4,90; 30,7% da variância explicada; $\alpha = 0,87$) agrega todos os nove itens *community* que definem mais fortemente o conteúdo latente do fator e dois itens referentes a princípios *agency* positivos (autonomia, liberdade, empreendedorismo). Já o segundo fator é constituído por apenas cinco itens – todos referentes ao construto *agency* (autovalor = 1,88; 11,8% da variância explicada; $\alpha = 0,40$). Estes itens falam da precariedade e provisoriedade do vínculo entre organização e trabalhador, da afirmação e valorização de interesses pessoais e da necessidade de estímulo à competição. Tais dados sinalizam a necessidade de que este núcleo de idéias viesse a ser mais desenvolvido em uma nova versão da escala.

Finalmente, foi realizada uma análise fatorial com os itens que integram as dimensões práticas de gestão nos dois construtos. Os resultados indicam a existência de um grande fator, composto de 16 itens, com autovalor de 6,76 que explica 36,5% da variância total. Este fator inclui todos os itens que se referem às práticas *community*, assim como sete dos nove itens que compõem as práticas *agency*. A mescla de itens referentes às dimensões *agency* e *community* em um mesmo fator fortalece a interpretação de que as práticas de gestão de pessoas são unifatoriais e combinam as duas dimensões do modelo proposto por Rousseau e Arthur (1999). O segundo fator agrega apenas dois itens, que se referem ao construto *agency* (autovalor = 1,71; variância explicada = 9,5%). O alfa de Cronbach que possui valor igual a 0,5 indica uma baixa confiabilidade do mesmo. Tais dados sugerem que o segundo fator não é passível de interpretação.

Considerando-se as diversas análises realizadas, verificou-se uma maior fragilidade da medida do construto *agency* que teve, nas suas diversas etapas de validação, a indicação da necessidade de eliminação de seis itens (excluídos nas análises fatoriais, por indicação dos juízes ou por baixa correlação item-escore do construto). No final, itens foram eliminados da dimensão *community* para manter o equilíbrio entre os dois construtos na escala, fazendo com que os mesmos aspectos das práticas de gestão estivessem contemplados nas medidas dos dois construtos da escala, tendo-se escolhido aqueles com indicadores menos positivos (menor carga fatorial, por exemplo). O Quadro 13.2 sintetiza os achados do processo de validação.

Na sua versão final a escala é integrada por 34 itens. A concepção da escala diferenciando princípios e práticas dos dois construtos – *agency* e *community* – é consistente com um conjunto de indicadores obtidos no processo de validação. A validação dos juízes, os escores de correlação entre itens e escore total, e os índices de confiabilidade são evidências que o modelo teórico é consistente e pode ser utilizado para avaliar aquilo a que se propõe. No entanto, as análises fatoriais revelam que cada construto constitui uma unidade que integra princípios e práticas. Tomando-se os dois construtos mensurados, os níveis de fidedignidade são expressivos. Na realidade, a medida do construto *community* poderia ser reduzida já que o alfa de 0,93 indica possível redundância de itens.

QUADRO 13.2
Resultados do processo de validação empírica da Escala EAC

Construtos	Dimensões	Número inicial de itens	Correlações item-total	Número final de itens	Alfa de Cronbach após eliminação	
					Dimensão	Construto
Community	Princípios (PRCo)	9	Variando de 0,65 a 0,77	9	0,86	0,93
	Práticas (PTCo)	13	Variando de 0,42 a 0,78	9	0,85	
Agency	Princípios (PRAg)	10	Variando de 0,20 a 0,55	7	0,63	0,83
	Práticas (PTAg)	12	Variando de 0,29 a 0,66	9	0,75	

A validação fatorial realizada da escala favorece a interpretação de que os princípios que diferenciam as perspectivas *community* e *agency* são mais nítidos, embora, como vimos, noções como as de autonomia e empreendedorismo, teoricamente vinculadas à dimensão *agency* foram integradas ao fator mais forte e composto na sua quase totalidade por itens *community*. Para não se expandir acentuadamente o conceito de *community*, recomenda-se que, até novos estudos mais abrangentes, tais noções sejam excluídas do cômputo dos escores deste construto, já que podem se reportar a valores bem mais gerais, não incompatíveis com nenhum dos dois construtos mensurados na escala. Por outro lado, as práticas aparecem agrupadas em um único fator. Isto revela, uma vez mais, que as organizações utilizam elementos *agency* e *community* ao conduzirem as suas práticas de gestão de pessoas.

A validação fatorial realizada fornece evidência, como vimos, de que as dimensões *agency* e *community* estão presentes nas orientações e práticas das organizações que participaram do estudo, fortalecendo a tese do hibridismo defendida pelos autores do modelo. Neste sentido, as análises fatoriais realizadas fornecem mais evidências do hibrismo, não se revelando em ferramenta adequada para a validação conceitual das duas dimensões que integram o modelo. Ou seja, a presença de elementos *agency* e *community* em um mesmo fator não pode ser base para questionar os dois construtos e sim para afirmar que a organização combina estes dois elementos, aparentemente paradoxais.

Tal hibridismo, previsto no modelo teórico e encontrado na amostra pesquisada, no entanto, não pode levar a se considerar que as dimensões *agency* e *community* sejam impertinentes, quer teórica, quer empiricamente.

Como uma escala nova e avaliada em uma amostra reduzida de trabalhadores e empresas, o uso da escala deve ensejar estudos adicionais de validação que permitam aprimorar esta versão inicial do instrumento. Isto se faz necessário, sobretudo, sobre a dimensão *agency*, cujos indicadores psicométricos são bem mais frágeis do que aqueles encontrados na dimensão *community*.

APLICAÇÃO, APURAÇÃO DOS RESULTADOS E INTERPRETAÇÃO DA EAC

Como um instrumento que levanta percepções de trabalhadores sobre dimensões importantes da vida na organização, a aplicação da escala deve ser precedida de todos os esclarecimentos necessários sobre o uso dos seus resultados, de modo a assegurar o anonimato dos resultados individuais e minimizar os efeitos da desejabilidade social ao responder cada item.

A complexidade dos construtos avaliados indica que a aplicação da escala requer um nível de formação do respondente de, pelo menos, nível médio. No processo de validação realizado, ela não foi aplicada a níveis educacionais mais baixos, o que, possivelmente, exigirá adaptações e ajustes à escala se ela for aplicada a esta população.

A aplicação da escala poderá ser feita de forma individual ou coletiva. Ela também poderá ser usada como um roteiro de entrevista para descrever as políticas e práticas de gestão das organizações a partir da perspectiva dos atores que falam pela organização – executivos gerais, gestores e, em especial, gestores de pessoas ou recursos humanos. Com tal uso, a escala poderá fornecer duas perspectivas que podem ser confrontadas – a dos trabalhadores e a da organização.

Os demais indicadores do processo de validação nos permitem propor que os dados obtidos sejam trabalhados e interpretados da seguinte forma:

- Princípios *community* (**PRCo**) – escore médio dos itens 1, 3, 6, 11, 16, 20, 25, 28 e 32.
- Princípios *agency* (**PRAg**) – escore médio dos itens 7, 10, 12, 15, 22, 26 e 27.
- Práticas *community* (**PTCo**) – escore médio dos itens 5, 8 9, 13, 18, 21, 23, 30 e 31.
- Práticas *agency* (**PTAg**) – escore médio dos itens 2, 4, 14, 17, 19, 24, 29, 33 e 34.

Com base nestes quatro escores, todos variando na escala de 1 a 7, podem ser calculados dois índices adicionais:

- *Força dos elementos* community *na gestão de pessoas* (**FCom**): média aritmética de **PRCo** e **PTCo**, com escores variando de 1 a 7. Os escores mais elevados indicam maior peso dos elementos *community*, quer como princípios orientadores, quer como forma como as práticas de gestão são desenvolvidas. Em síntese, escores elevados indicam que a organização possui um conjunto de políticas e práticas de gestão voltadas para fomentar o comprometimento e para fortalecer os vínculos entre indivíduos e organização. Escores mais elevados significam, também, uma orientação por tornar os indivíduos membros que compartilham valores centrais na cultura da organização, investindo na sua permanência e na socialização de valores coletivistas.
- *Força dos elementos* agency *na gestão de pessoas* (**FAgen**): escore médio de **PRAg** e **PTAg**. Da mesma forma, podemos obter escores médios entre 1 e 7, com escores mais altos indicando uma maior presença de elementos *agency* no embasamento e na condução das práticas de gestão de pessoas. Assim, maiores escores significam que a organização prioriza valores mais individualistas, que procura tratar os empregados como empreendedores, responsáveis por suas próprias car-

reiras e, portanto, que estabelece vínculos que podem ser quebrados a qualquer momento, a partir de interesses de uma das partes.

Com tais escores, pode-se avaliar, no *continuum agency-community*, a extensão do hibridismo encontrado em cada organização, sendo possível identificar-se perfis ou configurações com que a organização combina os elementos *agency* e *community*. Tal análise pode ser feita para a força de trabalho completa da organização, assim como para segmentos específicos, permitindo identificar, a partir da percepção dos respondentes, se a organização possui políticas diferenciadas ou não para diferentes segmentos da sua força de trabalho.

Adicionalmente, a escala pode funcionar como um *check-list* para uma avaliação independente, pelo pesquisador, da filosofia que embasa as políticas e as práticas de gestão de pessoas nas organizações. Com este uso, pode-se ter uma avaliação dos construtos com base em indicadores coletados junto a gestores e à própria unidade de gestão de pessoas, permitindo avaliar o mesmo construto sem se utilizar, apenas, as percepções e os julgamentos dos respondentes.

Escala *agency-community* – EAC

Como devem ser as relações entre trabalhadores e organizações? Em que medida estas relações estão presentes na organização em que você trabalha?

Avalie, com base na escala abaixo, cada um dos itens que descrevem formas de relação entre organizações e trabalhadores. Na coluna, ao lado de cada item, indique o nível em que você considera que esta característica está presente na organização em que você trabalha atualmente, utilizando a seguinte escala:

1. Discordo plenamente
2. Discordo muito
3. Discordo levemente
4. Não discordo, nem concordo
5. Concordo levemente
6. Concordo muito
7. Concordo plenamente

1. Estimular a cooperação entre os trabalhadores.	
2. Recompensar diferencialmente o trabalhador pelo seu desempenho individual.	
3. Preocupar-se com o trabalhador em todas as suas dimensões.	
4. Priorizar as ações de recrutamento e seleção pela transitoriedade dos contratos de trabalho.	
5. Oferecer oportunidades internas de crescimento na carreira.	
6. Estimular o trabalho em equipe com troca de conhecimentos e aprendizagens.	
7. Considerar que o vínculo com o trabalhador pode ser rompido a qualquer instante.	
8. Oferecer suporte para a recolocação das pessoas que deixam a organização	
9. Recompensar o trabalhador a partir do desempenho coletivo.	
10. Considerar natural que seus empregados protejam e defendam seus próprios interesses.	
11. Fortalecer o vínculo de comprometimento do trabalhador com a organização.	
12. Oferecer alto grau de liberdade para o trabalhador, permitindo que ele expresse sua forma peculiar de desempenhar o trabalho.	
13. Assegurar recursos para o bem estar pessoal e familiar do trabalhador.	
14. Enfatizar aqueles treinamentos voltados para o desempenho das tarefas do trabalho.	

(*Continua*)

(Continuação)

Escala agency-community – EAC

15. Valorizar o trabalhador que trata o seu emprego como se fosse um negócio próprio.	
16. Preocupar-se em manter os seus colaboradores.	
17. Deixar para o trabalhador a responsabilidade por manter a sua empregabilidade.	
18. Favorecer a socialização que fortaleça a identificação do trabalhador com a cultura organizacional.	
19. Cumprir apenas as exigências legais por ocasião do término do contrato.	
20. Estimular a criação de redes interpessoais no seu interior.	
21. Criar mecanismos para integrar os seus trabalhadores à organização.	
22. Estimular algum nível de competição para melhorar o desempenho dos trabalhadores.	
23. Valorizar o intercâmbio de experiências e aprendizagens entre os trabalhadores.	
24. Recompensar de modo diferenciado os trabalhadores que sejam mais empreendedores.	
25. Estimular o suporte mútuo entre os trabalhadores.	
26. Incentivar que o trabalhador construa redes fora da organização para assegurar novas oportunidades de trabalho.	
27. Reconhecer que os trabalhadores devem agir para afirmar os seus interesses pessoais.	
28. Estabelecer vínculos com o trabalhador que possam ser duradouros.	
29. Nas ações de qualificação, priorizar o preparo para as tarefas a ele confiadas.	
30. Nos processos de seleção, valorizar a congruência entre valores pessoais e organizacionais.	
31. Oferecer apoio para que as pessoas fortaleçam sua capacidade de responder às transformações no trabalho.	

(Continua)

(*Continuação*)

32. Estimular a comunicação, ampliando as trocas de experiências e aprendizagens entre os trabalhadores.	
33. Estimular o trabalhador a participar da elaboração do desenho do seu cargo.	
34. Oferecer aos trabalhadores oportunidades de construir competências necessárias para o desenvolvimento de carreiras futuras mesmo fora da organização.	

REFERÊNCIAS

AHEARN, L. M.. Language and agency. *Annual Review of Anthropolog*, New Jersey, v. 30, n. 1, p. 107-139, Oct. 2001.

ARTHUR, M. The boundaryless career: a new perspective for organizational inquiry. *Journal of Organizational Behavior*, New Jersey, v. 15, n. 4, p. 295-306, July 1994.

BANDURA, A. Social cognitive theory: an agentic perspective. *Annual Review of Psychology*, California, v. 56, n. 1, p. 1-26, Jan. 2001.

BAKAN, D. *The duality of human existence*: isolation and communion in western man. Boston: Beacon, 1966.

DAVEL, E.; Vergara, S. *Gestão com pessoas e subjetividade*. São Paulo: Atlas, 2001.

DABOS, G.; ROUSSEAU, D. Mutuality and reciprocity in the psychological contracts of employee and employers. *Journal of Applied Psychology*, Washington, v. 89, n.1, p. 52-75, Jan. 2004.

DUTRA, J. S. *Gestão de pessoas*: modelos, processos, tendências e perspectivas. São Paulo: Atlas, 2002.

GIDDENS, A. *Central problems in social theory*: action, structure and contradiction in social analysis. Berkley: University of California, 1979.

GOMEZ-MEJIA, L. R; BALKIN, D.B.; CARDY, R.L. Managing human resources. 4th ed. New Jersey: Prentice-Hall, 1998.

HEGELSON, V. Relation of agency and communion to well-being: evidence and potential explanations. *Psychological Bulletin*, Washington, 1994, v. 116, n3, p. 412-428, May 1994.

NEVES, J. G. Gestão de recursos humanos: evolução do problema em termos dos conceitos e das práticas. In: CAETANO, A.; VALA, J. (Org.). *Gestão de recursos humanos:* contextos, processos e técnicas. Lisboa: RH, 2002, p. 4-30.

ROUSSEAU, D. Organizational behavior in the new era organizational. *Annual Review of Psychology*, New York, v. 48, n. 1, p. 515-546, Jan. 1997.

_____ . *Psychological contracts in organizations*: understanding written and unwritten agreements. London: Sage, 1995.

ROUSSEAU, D.; ARTHUR, M. *The boundaryless career*: a new employment principle for a new organizational era. New York: Oxford, 2001.

_____ . The boundaryless human resource function: building agency e community in the new economic era. *Organizational Dynamics*, New York, v. 27, n. 4, p. 7-18, Spring 1999.

ROUSSEAU, D.; PARKS, J. M. The contracts of individuals and organizations. *Research in Organizational Behavior*, Greenwich, CT, v. 15, n. 1, p. 1-43, Jan. 1992.

ULRICH, D. *Os campeões de recursos humanos*: inovando para obter melhores resultados. São Paulo: Futura, 1998.

14
Motivação e significado do trabalho

Lívia de Oliveira Borges
Antônio Alves-Filho
Álvaro Tamayo

Muito se tem criticado a multiplicidade de instrumentos de mensuração que se cria em Psicologia Organizacional e do Trabalho como conseqüência da ambigüidade e interseção dos construtos nos quais se baseiam as pesquisas neste campo do conhecimento (Borges, 2001; Siqueira, 1999, 2002). Autores como Katzell (1994) e Álvaro (1995), por sua vez, apontaram a tendência a superar tal limitação, à medida que simultaneamente fossem ampliados os estudos que articulassem diversos níveis de análises (macro, meso e micro) e fosse desenvolvido um maior número de estudos articulando mais de um construto. Além disso, são problemáticas as tentativas de adaptar ou traduzir instrumentos produzidos em outros países, ainda que tais instrumentos apresentem indubitável validade científica. Construtos como os tratados aqui – motivação e significado do trabalho – têm relação com diversos contextos, tanto específicos (uma organização, um tipo de trabalho, etc.), quanto macro (nação, cultura nacional, políticas macroeconômicas, etc.), principalmente o segundo construto que pode ser considerado um elemento cultural. Essas, entre outras razões, contribuiram para o desenvolvimento do IMST (Inventário da Motivação e so Significado do Trabalho), o qual apresentaremos neste capítulo na intenção de oferecer as informações necessárias a sua aplicação e análises dos seus resultados.

Os estudos sobre o significado do trabalho na Psicologia são mais recentes que aqueles sobre a motivação ao trabalho. Eles começaram a surgir na década de 1980, sob a égide do cognitivismo social e/ou de tendências bastante empíricas. Por isso, as diferenças de perspectivas teórico-metodológicas não são muito acentuadas embora elas existam, fato sobre o qual a literatura especializada tem discorrido (Borges, 1998; Borges, Tamayo e Alves-Filho, 2005). Além de que os estudos sobre o significado do trabalho têm considerado os estudos e/ou pesquisas sobre motivação como seus antecedentes. Temos tomado como referência central para a reflexão sobre os significados do trabalho a noção de que os significados são componentes fundantes da natureza humana (Bruner, 1997). Temos também considerado que a atribuição de significados aos diferentes eventos ou fatos sociais tem implicada a intencionalidade humana, bem como a inserção do sujeito que atribui na sociedade (Fiske, 1992) e, por conseguinte, nas organizações (Borges, 1996; Mow, 1987; Soares, 1992). Por isso, compreendemos que os significados que os indivíduos atribuem ao seu trabalho estão associados às suas motivações e ambos, os significados e as motivações, ao que fazem no ambiente de trabalho e à forma como se relacionam com esse ambiente e com a organização empregadora. Desta forma, não falta pertinência a intenção de juntar em um único inventário os dois construtos (motivação e significado do trabalho).

O Inventário da Motivação e do Significado do Trabalho (IMST) foi criado pensando, também, em melhor equipar os profissionais e pesquisadores com um instrumento confiável sobre os construtos referidos na sua designação. Sua elaboração (Borges e Alves-Filho, 2001) ocorreu a partir da ampliação do Inventário do Significado do Trabalho ([IST] Borges, 1997, 1999), pela absorção de conceitos da teoria da motivação designada como Teoria das Expectativas (Vroom, 1964, 1969) e das categorias empíricas levantadas por meio de entrevistas com bancários e profissionais de saúde em Natal. Assinalamos que o IST, por sua vez, fora criado fundamentando-se em ampla e multidisciplinar revisão de literatura sobre o assunto (significado do trabalho) e de categorias empíricas levantadas em entrevistas com operários da construção habitacional, com costureiras e com comerciários. O IMST, em específico, conta com três pesquisas, duas antecedentes (Borges e Alves-Filho, 2001, 2003) e a terceira, cujos resultados serão apresentados em primeira mão neste capítulo do livro. Todas puseram em teste sua validade, consistência e estrutura fatorial, além de que promoveram seu gradual aperfeiçoamento.

Trataremos aqui de informações sobre seus fundamentos, suas características psicométricas (validade e consistência), sua aplicação, o modo de tabulação das respostas e orientações para a interpretação dos resultados. Todos esses tópicos serão abordados de maneira sucinta, o que implica que este capítulo não substitui a necessidade do profissional e/ou pesquisador ter uma preparação técnico-científica aprofundada sobre as relações dos indivíduos com o trabalho e as organizações.

FUNDAMENTOS CONCEITUAIS DO IMST

Significado do trabalho

O trabalho, sua forma de concebê-lo, de executar envolvendo determinados instrumentos e equipamentos, bem como as relações de produção estabelecidas em torno dele são historicamente criados, acompanhando a evolução técnico-científica e cultural de cada sociedade e seus setores. Por isso, compreendemos aqui o emprego como uma forma de trabalho existente a partir do surgimento do capitalismo e que convive com outras formas de trabalho.[1] O IMST (Inventário da Motivação e do Significado do Trabalho) refere-se ao trabalho na forma de emprego (em que há assalariamento e contrato de trabalho).

Os significados, por sua vez, são componentes afetivo-cognitivos elaborados pelos indivíduos na inter-relação com a sociedade na qual se insere, constituindo-se em elementos da cultura e, por conseqüência, em componentes fundantes da própria condição humana (Bruner, 1997). Portanto, a construção de significados é um processo subjetivo que envolve tanto a história do indivíduo quanto a sua inserção social. Implica, pois, que os significados precisam ser compreendidos de forma historicamente situada e tendo em conta a intencionalidade humana (Fiske, 1992).

Considerando, então, estes dois conceitos – trabalho na forma de emprego e significado em uma perspectiva cognitivo-construtivista –, tomamos o significado do trabalho como um construto complexo que permite várias perspectivas de análise. Abordamos aqui o significado do trabalho como uma cognição subjetiva, sócio-histórica e dinâmica, caracterizado por múltiplas facetas que se articulam de diversas maneiras (Borges, 1996, 1998; Borges e Tamayo, 2001). É subjetiva, apresentando uma variação individual, a qual reflete a história pessoal de cada um e representa a forma em que o indivíduo interpreta e dá sentido ao seu trabalho. É social porque, além de apresentar aspectos compartilhados por um conjunto de indivíduos, reflete as condições históricas da sociedade na qual estão inseridos. É dinâmica, no sentido de que é um construto inacabado, em permanente processo de construção subjetiva e sócio-histórica. Tal construção pelo indivíduo ocorre através do processo de socialização, na qual o indivíduo ativa e criativamente, apropria-se e recombina os elementos da realidade social e material, bem como das concepções (ideologias) do trabalho, oriundas das diversas formas de conhecimento do seu tempo histórico.

É importante perceber que esta conceituação do significado do trabalho é concernente às tendências cognitivistas, no sentido de assumir uma perspectiva de análise interpretativa, contextual, sistêmica e que leva em conta a intencionalidade humana. O indivíduo, ao atribuir significados ao trabalho ou

---

[1] Sobre a evolução histórica do trabalho, as formas de concebê-lo, suas especificidades sob o capitalismo e as mudanças a partir da terceira revolução existe farta literatura, principalmente nos campos de saber da filosofia e sociologia, a que o leitor pode recorrer (por exemplo: Anthony, 1977; Antunes, 1995; Arendt, 1995; Borges e Yamamoto, 2004; Bülcholz, 1977; Heloani, 1996; Hopenhayn, 2001; Marx, 1975; Mattoso, 1995; Neffa, 1990; Toni, 2003; Tragtenberg, 1980).

ressignificá-lo, ora deseja justificar o que vê, vivencia e ouve no ambiente de trabalho, ora quer explicações que tornem inteligíveis suas vivências, ora pretende criar um norte para suas ações, ora pode ter tantas outras intenções implicadas. No lugar, porém, de ocuparmo-nos em identificar as variadas possibilidades de intencionalidade, importa-nos aqui considerar que atribuir significado ao trabalho é um ato dos indivíduos e, muitas vezes, da organização, do grupo e/ou da ocupação, fazendo parte efetiva da vida no trabalho.

Reconhecendo a complexidade do construto – significado do trabalho –, a bibliografia especializada tem convergido quanto a assumi-lo como multifacetado, embora haja divergências na identificação de quais são as principais facetas.[2] Borges (1998) e Borges e Tamayo (2001) têm identificado essas facetas como: *centralidade do trabalho, atributos valorativos, atributos descritivos* e *hierarquia dos atributos*.

A *centralidade do trabalho* supõe uma hierarquização das esferas de vida (família, trabalho, religião, lazer e comunidade) como é exposto por England e Misumi (1986) e a Equipe MOW (1987). É certamente a faceta sobre a qual há mais estudos empíricos e que demonstra mais estabilidade. A totalidade de pesquisas que consultamos no país[3] converge em identificar a esfera trabalho como a segunda mais importante, sendo precedida apenas pela esfera família, para a maioria dos participantes de diferentes amostras. As questões mais utilizadas sobre o assunto derivam do estudo desenvolvido pela equipe MOW (1987). Os *atributos valorativos* são os aspectos que definem como o trabalho deve ser e os *atributos descritivos* são as características do trabalho concreto, que define como o trabalho é na realidade vivencial. Por fim, entendemos por *hierarquia dos atributos* a organização hierárquica das características atribuídas ao trabalho pelos indivíduos (Ravlin e Meglino, 1989; Salmaso e Pombeni, 1986). Borges (1998) e Borges e Tamayo (2001) têm aplicado este conceito, tanto aos atributos valorativos quanto aos descritivos. A noção de hierarquia tem suas raízes nos argumentos de Rokeach (1971), no sentido de que as pessoas e as culturas se diferenciam mais pela ordem de importância que atribuem aos valores do que pelos valores assumidos. Estes são menos numerosos do que as possibilidades de hierarquizá-los. Várias pesquisas têm assumido esta noção (por exemplo, Ravlin e Meglino, 1989; Rokeach e Ball-Rokeach, 1989; Ros e Schwartz, 1995; Salmaso e Pombeni, 1986; Tamayo, 1994b).

Elaboramos o IMST para mensurar diretamente os atributos valorativos e descritivos, bem como permitir também a identificação das hierarquias dos

---

[2] No caso de se desejar conhecer as facetas que vêm sendo consideradas por outros autores, sugerimos consultar as seguintes publicações: MOW (1987); Aktouf (1986); Brief e Nord (1990).
[3] Ver Bastos, Pinho e Costa (1995), Borges e Tamayo (2001), Borges, Tamayo e Alves-Filho (2005), Santos (1995), Soares (1992).

mesmos atributos por meio de medida secundária. Por isso, o IMST consiste em um conjunto de itens, representando os diferentes atributos valorativos e descritivos do trabalho. Exemplificando para que se possa compreender melhor: quando dizemos que o nosso trabalho deve ser desafiante no seu conteúdo, deve prover o nosso sustento econômico, deve estimular e gerar contatos interpessoais com outras pessoas, estamos revelando as características valorativas que atribuímos ao trabalho. Portanto, os atributos valorativos têm um caráter prescritivo, porque estabelecem metas ao trabalho. Trabalhamos para obter desafios, sustento econômico e nos relacionar com outras pessoas. Os atributos valorativos traduzem nosso modelo de trabalho e trazem implícitas as nossas noções do que é certo e do que é errado.

Em outro ângulo de visão, quando contamos sobre nosso trabalho, dizendo quanto concretamente ele oferece de desafio, de provisão do nosso sustento e das relações interpessoais, por exemplo, estamos revelando as características descritivas que atribuímos ao trabalho. Tanto os atributos valorativos quanto os descritivos são características do trabalho, porém em faces ou perspectivas de compreensão do trabalho distintas. Por isso, apresentamos tanto os atributos valorativos quanto os descritivos como desafio, sustento econômico e estímulo às relações interpessoais. Tais desdobramentos de cada uma dessas características em duas facetas podem revelar tanto os conflitos existentes (entre o que queremos e o que temos concretamente no trabalho) quanto as sinergias entre as mesmas facetas. Os atributos valorativos e descritivos são numerosos, pois que, a despeito de exemplificarmos ambos os tipos de atributos, usando três possibilidades, a literatura internacional especializada tem explorado muitos deles e, quando nos preocupamos em explorá-los, circunscritos à realidade brasileira, identificamos mais atributos ainda, como: expressão da saúde corporal e/ou da força física, sobrevivência, sofrer exploração, viver uma situação de penosidade (Borges, 1996; Sato, 1993; Tamayo, 1994a; Traverso-Yépez, 2002). A quantidade de atributos, por si, torna o significado do trabalho um construto muito complexo, o que dificulta nossa tarefa de distinguir quais aspectos são centrais e quais são periféricos, bem como a tarefa de formular uma visão de conjunto do significado do trabalho. Por isso, temos explorado a estrutura fatorial dos atributos valorativos e descritivos com a intenção de identificar grupos de atributos e obter pistas mais diretas sobre as idéias latentes (o fator) que associam um conjunto de atributos, o que aqui está apresentado na seção específica sobre a estrutura e consistência do IMST.

Quando se pesquisa ou se faz diagnósticos ocupacionais e/ou organizacionais, tendo como fundamento teórico o significado do trabalho, há ainda de se considerar um conceito adicional às suas facetas: é o conceito de padrões do significado do trabalho (MOW, 1987). Este conceito adaptado às opções de facetas assumidas aqui consiste na configuração geral do significado do trabalho, configuração esta compartilhada por grupos sociais e operacionalmente apreendida a partir do conjunto de escores dos indivíduos nos fatores valorativos e descritivos, na centralidade ao trabalho e nas hierarquias dos atributos identificadas individualmente. Este conceito permite apreender e recuperar o caráter sistêmico do significado do trabalho. É possível ser aplicado quando utilizamos o IMST conjuntamente com as questões de centralidade do trabalho (Soares, 1992).

Motivação para o trabalho

Sobre a motivação para o trabalho, toma-se como referência a *Teoria das Expectativas*, elaborada por Vroom (1964). Esta, segundo Muchinsky (1994), consagrou o conceito de expectativas no campo da motivação. É uma teoria cognitiva e admite existir uma relação entre o esforço que se realiza e o rendimento do trabalho. Segundo Francès (1995), centra a atenção sobre o processo de motivar e não exatamente no conteúdo (os motivos). Pressupõe a unidade entre a mente e a ação humana e valoriza a volição humana. Essas características dos fundamentos da Teoria das Expectativas são coerentes e articuláveis com a nossa perspectiva de abordagem do significado exposta na seção anterior. Porém, tal teoria é muito criticada por seu caráter ahistórico, à medida que só permite revelar a motivação em um dado momento. Nós entendemos, em oposição a esta crítica, que a historicidade dos fenômenos pode e deve ser recuperada pela análise que o profissional realiza dos seus dados. Tal teoria segue em voga principalmente pelo seu amparo empírico (Antoni, 2004; Munchinsky, 1994; Hertel, Konradt e Orlikowsky, 2004; Klein et al., 1999; Silva, 2001).

Tal teoria se sustenta em cinco conceitos básicos (Muchinsky, 1994; Francès, 1995; Salanova, Hotangas e Peiró, 2002; Vroom, 1964):

1. *resultados do trabalho,* que são as conseqüências que uma organização pode oferecer a seus empregados a partir do exercício de suas funções;
2. *valência,* que consiste na atribuição a cada resultado do trabalho de desejabilidade ou não;
3. *expectativa,* que consiste na percepção de quanto os esforços despendidos conduzem aos resultados esperados ou, em outras palavras, consiste na prevenção do indivíduo sobre a probabilidade de um certo resultado (desejável ou não) venha de fato ocorrer;
4. *instrumentalidade,* que consiste no grau de relação percebida entre a execução e a obtenção dos resultados e
5. *força motivacional,* que é, então, a quantidade de esforço ou pressão de uma pessoa para motivar-se. Desde Vroom (1964), a força motivacional é uma função multiplicativa das valências, instrumentalidades e expectativas.

Vroom (1964) desenvolveu seu modelo de motivação considerando cinco grandes grupos de resultados do trabalho, a saber: a provisão de salário, o dispêndio de energia física e mental, a produção de bens e serviços, as interações sociais com outras pessoas e o *status* social. O referido autor fundamentou a eleição desses resultados em uma ampla e aprofundada revisão de literatura. Entretanto, as diferenças do contexto sócio-histórico, no que diz respeito a onde e quando se desenvolveu seu modelo, mantém-se muito distante da nossa realidade. Por isso, utilizamos como critério de eleição desses resultados os itens do IST (Borges, 1999), somados à revisão realizada para criação do IMST (a partir de entrevistas com bancários e profissionais de saúde) para, na seqüência, lidar com os fatores empiricamente encontrados. Tais fatores estão identificados na seção específica sobre a estrutura fatorial das escalas do IMST e sua consistência.

VALIDADE E CONSISTÊNCIA DO IMST

Sua forma

O IMST inicia-se por uma apresentação, seguida das instruções, nas quais se trata dos objetivos, do anonimato do participante, do compromisso da equipe com o sigilo das respostas individuais, do conteúdo do questionário, da forma de respondê-lo e de exemplos de questões extras com o mesmo estilo das que serão respondidas. Em seguida, apresenta-se a primeira parte referente aos atributos valorativos que é composta de 61 itens na forma de frases, cada uma descrevendo um valor do trabalho específico. O participante responde escrevendo pontos de 0 a 4 em linha tracejada que antecede a frase, apontando quanto a frase descreve algo que o trabalho deve ser.

Segue-se, então, a segunda parte referente às expectativas e aos atributos descritivos, com 62 itens. Estão precedidas por nova instrução contendo exemplos de questões extraordinárias respondidas. Os itens expressam possíveis resultados do trabalho. Para mensuração desses componentes (expectativas e atributos descritivos), foi adotado um formato tabular, no qual o participante apresenta duas respostas para cada item: uma dizendo quanto espera que o resultado indicado no item ocorra (expectativa) e outra dizendo quanto observa aquele resultado na prática (atributos descritivos). Estas respostas também são apresentadas em uma escala de 0 a 4.

Por fim, apresenta-se a terceira parte referente à instrumentalidade, composta de 48 itens (resultados do trabalho), aos quais o participante responde atribuindo pontos de 0 a 4 (escreve em linha tracejada antes do item), indicando quanto o seu desempenho é útil para obter o referido resultado.

Quanto ao formato, o IMST é apresentado como um caderno cujo tamanho corresponde à meia folha de papel A4. Consideramos tal formato adequado para uma apresentação coerente com a seriedade dos propósitos do IMST e, ao mesmo tempo, que facilite o manuseio de quem vai respondê-lo.

O teste empírico

O IMST teve sua elaboração ancorada, inicialmente, nas pesquisas sobre o IST (Borges, 1997, 1999; Borges e Tamayo, 2001) e, em seguida, foi submetido diretamente a dois testes empíricos antecedentes (Borges e Alves-Filho, 2001, 2003) e ao atual, terceiro teste, o qual aqui descreveremos.

A terceira pesquisa desenvolveu-se com uma amostra de 555 indivíduos, sendo 19,9% deles petroleiros, 12% funcionários técnico-administrativos de universidades, 34% bancários, 19,9% profissionais de saúde, 10,1% policiais civis e 4,2% profissionais de educação básica.

Esclarecemos que o número de participantes por ocupações não corresponde a qualquer planejamento. São as quantidades de questionários respondidos adequadamente que foram possíveis obter em cada ocupação em decorrência de aspectos da acessibilidade aos participantes.

O conjunto de participantes da amostra apresenta uma idade média de 39,1 anos (desvio padrão de 10,12) e um tempo de trabalho na instituição/organização atual de 13,6 anos (com desvio padrão de 9,88 anos). Observa-se que algumas ocupações (petroleiros, servidores técnico-administrativos de universidade federal) têm seus membros empregados em organizações vinculadas ao governo federal e estas organizações têm realizado raros concursos nos últimos anos. Isto contribui seguramente para elevar as duas médias referidas. Quanto ao sexo, 54,8% da amostra é masculina e 45,2%, feminina. Estas proporções sugerem um equilíbrio razoável na amostra quanto aos sexos. Porém, se examinamos a composição de participantes por sexo em cada ocupação, observamos concentração masculina entre os petroleiros e os policiais civis e concentração feminina entre os profissionais de saúde.

Estrutura fatorial e consistência

Estudar a estrutura fatorial de um questionário é identificar os fatores (conteúdos latentes) que agrupam seus itens permitindo tratá-los em blocos. É, portanto, uma técnica que facilita lidar com construtos complexos, usando como critério empírico de simplificação (redução) a realidade. Em outras palavras, permite agrupar vários itens ou aspectos de um construto em componentes molares segundo a forma de pensar dos participantes da amostra e não a partir exclusivamente do que pensa o pesquisador. Assim, identificar a estrutura fatorial de um questionário é um teste empírico do que o questionário pode medir daquele construto, bem como se os itens representam o construto (validade de construto). Aplicando, então, análise fatorial às respostas aos itens do IMST, estamos testando que aspectos (molares) dos componentes da motivação e do significado do trabalho este inventário pode medir. A seqüência de três pesquisas empíricas com aplicação de análise fatorial permitiu o gradual aperfeiçoamento do IMST e a concomitante clareza dos fatores dos dois tipos de atributos. Detalharemos, então, a última estrutura fatorial encontrada. A estrutura dos atributos valorativos consiste na identificação do seguinte conjunto de fatores primários ($r^2=0{,}38$):

a) Justiça no trabalho ($r^2=0{,}19$ e $\alpha=0{,}91$): define que o ambiente de trabalho deveria garantir as condições materiais, de assistência, de higiene e de equipamentos adequados às características das atividades e à adoção das medidas de segurança, bem como garantir o retorno econômico compatível, o equilíbrio de esforços e direitos entre os profissionais, o cumprimento das obrigações pela organização.
b) Auto-expressão e realização pessoal ($r^2=0{,}10$ e $\alpha=0{,}82$): define que o trabalho deveria oportunizar a expressão da criatividade, da aprendizagem contínua, da capacidade de tomar decisões, do sentimento de produtividade, das habilidades interpessoais e do prazer pela realização das tarefas.
c) Sobrevivência pessoal e familiar ($r^2=0{,}06$ e $\alpha=0{,}78$): define que o trabalho deveria garantir as condições econômicas de sobrevivência, de sustento pessoal e de assistência à família, à existência humana, à estabilidade no emprego decorrente do desempenho, o salário e o progresso social.
d) Desgaste e desumanização ($r^2=0{,}04$ e $\alpha=0{,}78$): define que o trabalho, na percepção do trabalhador, deveria implicar desgaste, pressa, atarefamento, percepção de si mesmo como máquina ou animal (desumanizado), esforço físico, dedicação e percepção de si mesmo como discriminado.

O fator valorativo *desgaste e desumanização* faz parte da estrutura fatorial, mas também apresenta um coeficiente alfa inferior aos demais fatores dos atributos valorativos. Além dessa constatação, observamos a tendência das diferentes amostras apresentarem pontuações mais baixas neste fator do que nos demais. Significa, pois, que este fator se constitui em um atributo valorativo apenas para uma parcela da amostra.

O fator *sobrevivência pessoal e familiar*, na versão atual e na versão de 2003, é o mais semelhante, em conteúdo, ao fator designado como *bem-estar socioeconômico* na versão de 2001. Ambos têm um caráter econômico, mas se diferenciam justificando a mudança de nomenclatura. No fator atual, predominam itens que se reportam a garantias básicas (sobrevivência, sustento, assistência a si e à família) associadas à noção de progresso social. Por conseguinte, o fator atual assemelha-se mais ao fator encontrado no estudo com trabalhadores da construção habitacional e de redes de supermercados (Borges e Tamayo, 2001). Na primeira pesquisa (2001), o fator designado por bem-estar socioeconômico era formado por itens mais abrangentes de recompensas econômicas e estes associados a itens de reconhecimento ao trabalho como se as recompensas representassem uma medida do reconhecimento vivenciado.

Quanto aos atributos descritivos, identificamos na sua estrutura fatorial ($r^2=0,46$) os seguintes fatores primários:

a) Auto-expressão ($r^2=0,27$ e $\alpha=0,93$): descreve o trabalho como oportunizando a aplicação de opiniões dos participantes e como lugar de influenciar nas decisões, de reconhecimento do que se faz, de expressar criatividade, de aprender e qualificar-se, de sentir-se tratado como pessoa respeitada, de relacionamento de confiança e de crescimento pessoal.
b) Desgaste e desumanização ($r^2=0,07$ e $\alpha=0,74$): descreve o trabalho como associando a desvalorização da condição de ser gente (perceber-se como máquina ou animal) à aceitação da dureza no trabalho, à exigência de rapidez, esforço físico e ritmo acelerado.
c) Independência e recompensa econômica ($r^2=0,03$ e $\alpha=0,88$): descreve o trabalho como garantia da independência econômica, do sustento, da sobrevivência e da assistência para si e para a família e de outras contrapartidas pelo esforço despendido.
d) Responsabilidade ($r^2=0,04$ e $\alpha=0,86$): descreve o trabalho como provendo o sentimento de dignidade associado à necessidade de cumprir com as tarefas e obrigações previstas para com a organização, de ocupar-se, de obedecer, de assumir as próprias decisões, de produzir e de contribuir para o progresso social.
e) Condições de trabalho ($r^2=0,04$ e $\alpha=0,88$): descreve o trabalho exigindo para o desempenho adequado um ambiente higiênico, com equipamentos específicos, conforto material, seguro e com a assistência merecida pelo trabalhador.

Ainda sobre o significado do trabalho, Borges (1998) e Borges e Tamayo (2001) encontraram que, subdividindo a amostra das suas pesquisas, segundo as hierarquias dos atributos valorativos e descritivos, as correlações entre os fatores se tornam mais fortes. Isto significa que conhecer a organização hierárquica individual dos atributos pode tornar previsíveis os nexos sistêmicos existentes entre os diversos fatores valorativos e descritivos, corroborando a previsão da bibliografia consultada sobre a sensibilidade diferenciadora dos indivíduos, própria da hierarquia dos valores. Tais hierarquias são aferidas no IMST como uma medida secundária, a partir da comparação dos escores individuais nos diversos fatores. Identifica-se, então, em que fator cada indivíduo apresentou o maior escore.

Desde os estudos da equipe MOW (1987), a tentativa de apreensão do significado do trabalho como um todo, compartilhado por um grupo, vem sendo realizada por meio do conceito de padrão do significado do trabalho, que consiste na configuração de escores dos indivíduos nas diversas facetas e fatores quando é o caso. Partindo, então, das facetas consideradas por Borges (1998, 1999) e Borges e Tamayo (2001), os padrões do significado do trabalho consistem na combinação dos escores em centralidade do trabalho, nos fatores valorativos e descritivos e na hierarquia atribuída a tais fatores. No caso, portanto, do profissional usuário do IMST desejar identificar os padrões do significado do trabalho, ele precisa aplicar este inventário juntamente com questões de centralidade do trabalho (Soares, 1992).

Passando, então, a tratar da mensuração dos componentes da motivação, encontramos que os itens sobre as expectativas ($r^2 = 0,45$) estão organizados nos seguintes fatores:

a) Auto-expressão ($r^2 = 0,27$ e $\alpha=0,87$): indica que o indivíduo espera encontrar oportunidades para sentir-se reconhecido, para expressar sua criatividade, seu bem-estar, a aprendizagem e as habilidades interpessoais, para opinar, para perceber proporcionalidade entre as retribuições das organizações e o que faz, para ser respeitado como ser humano e merecer a confiança dos superiores.
b) Desgaste e desumanização ($r^2 = 0,08$ e $\alpha=0,82$): reúne as expectativas de que o trabalho venha resultar em esgotamento, pressa, atarefamento, exigência de rapidez, desproporção entre esforços e recompensas, negação da própria condição humana, discriminação, esforço corporal e repetição de tarefas.
c) Responsabilidade ($r^2 = 0,04$ e $\alpha=0,80$): expressa as expectativas relativas ao cumprimento das tarefas e das obrigações, à responsabilidade pelas próprias decisões, ao sentimento de dignidade, à apresentação de atitudes de obediência e a manter-se ocupado.
d) Recompensas e independência econômica ($r^2=0,03$ e $\alpha=0,84$): expressa as expectativas de que o trabalho proveja o sustento e a independência econômica, garanta contrapartidas merecidas, estabilidade no emprego, assistências e a própria sobrevivência.
e) Condições materiais de trabalho ($r^2=0,03$ e $\alpha=0,84$): expressa as expectativas que o trabalho proveja uma assistência merecida pelo trabalhador, os equipamentos necessários à execução das tarefas, segurança, higiene e conforto ambiental.

A presente análise da estrutura fatorial das expectativas (estrutura aqui descrita) diferencia um número maior de fatores quando comparada àquelas das versões anteriores (Borges e Alves-Filho, 2001, 2003). Entretanto, desaparece o fator referente à justiça no trabalho. O que ocorreu foi que o primeiro fator, auto-expressão e justiça no trabalho, que havia na primeira estrutura, dividiu-se de forma que itens referentes à assistência ao trabalhador e à família, bem como ao conforto, à segurança e à higiene no trabalho passam a formar o quinto fator. Este último fator assemelha-se ao segundo fator da estrutura fatorial da versão 2003, que associava a noção de segurança e conforto às expectativas de sentir-se gente e de ser tratado com igualdade. Estas últimas expectativas referidas seguem agora no Fator 1 (*auto-expressão*), mas há um item que aborda diretamente a expectativa de ser uma pessoa digna no terceiro fator: *responsabilidade*.

A primeira impressão que se pode ter da nova estrutura fatorial pode consistir em acreditar que a noção de justiça no trabalho que havia no estudo anterior no primeiro fator esteja omissa. Isso, no entanto, é verdadeiro exclusivamente se considerarmos apenas a estrutura fatorial primária. A referida noção de justiça no trabalho é complexa e abrangia a associação entre aspectos de garantia de condições materiais, noções de dignidade e de igualdade de direitos. A estrutura fatorial atual é mais refinada na capacidade de distinguir expectativas, por isso cinco fatores. Mas trata-se de uma estrutura na qual os fatores guardam correlações entre si.

Na matriz de correlações entre os fatores, há acentuados coeficientes entre o primeiro e os três últimos fatores (respectivamente: 0,43, 051 e 0,43), sendo que o terceiro e o quarto fator também são correlacionados (r=0,40). A revelação desta associação de conteúdos socioeconômicos, incluindo idéias de reciprocidade e assistência familiar, a conteúdos interpessoais e de respeito tem nos levado ao uso da nomenclatura de justiça no trabalho. Tais correlações provavelmente indicam que a auto-expressão do indivíduo depende dos demais fatores (exceto o segundo) e, principalmente, da independência econômica, e que esta, por sua vez, representa uma contrapartida da auto-expressão e da responsabilidade.

O segundo fator de *expectativa – desgaste e desumanização –* apresentou-se aproximadamente com a mesma consistência (coeficiente α=0,83) e reúne os mesmos conteúdos: esgotamento, pressa, atarefamento, exigência de rapidez, desproporção entre esforços e recompensas, negação da própria condição humana, discriminação e esforço físico.

Para a instrumentalidade (r^2 = 0,44), foram identificados também cinco fatores:

a) Envolvimento e reconhecimento (r^2=0,23 e coeficiente α=0,87): indica quanto os indivíduos percebem o próprio desempenho como necessário para que se sintam reconhecidos, influentes, identificados às tarefas, merecedores de confiança, incluídos no grupo, produtivos e percebam-se como pessoas que buscam a melhor forma de realizar o trabalho e com igualdade de direitos em relação aos colegas.

b) Condições materiais de trabalho ($r^2 = 0{,}08$ e $\alpha = 0{,}82$): indica quanto os indivíduos percebem o próprio desempenho como influente para conseguir contar com ambiente higiênico e seguro, equipamentos adequados, conforto, assistência e para que a organização cumpra com suas obrigações.

c) Desgaste e desumanização ($r^2 = 0{,}06$ e $\alpha = 0{,}70$): indica quanto os indivíduos percebem o próprio desempenho como responsável por provocar esgotamento, atarefamento, percepção de tornar-se máquina ou um animal, esforço físico, percepção de discriminação e pressa.

d) Recompensas e independência econômica ($r^2 = 0{,}04$ e $\alpha = 0{,}85$): indica quanto os indivíduos percebem o próprio desempenho como útil para obter seu auto-sustento, independência, estabilidade e assistência.

e) Responsabilidade ($r^2 = 0{,}03$ e $\alpha = 0{,}76$): indica quanto os indivíduos percebem o próprio desempenho como um instrumento capaz de lhe proporcionar sentimento de dignidade associada ao cumprimento das tarefas, à resolução de problemas, a ver as tarefas prontas, assumir suas decisões, a ser acolhido, obediente e produtivo.

Refletindo, por último, sobre as características psicométricas referentes à escala de instrumentalidade, constatamos que se repetiu o mesmo fenômeno observado na escala das expectativas: aumentou o número de fatores primários de quatro para cinco, mas o fator *justiça no trabalho* não se apreende na estrutura fatorial primária, mas nas correlações existentes entre os fatores. Assim, compreendemos o que ocorre. O primeiro fator – *envolvimento e reconhecimento* – passou a ser designado incluindo o termo "reconhecimento" porque manteve aproximadamente os mesmos itens que os fatores das duas análises anteriores, sendo que o item "Reconhecimento da importância do que faço" foi acrescentado ao fator, passando a ser o item de maior carga. Além disso, o primeiro fator incorporou outros itens referentes à igualdade, os quais nas estruturas anteriores estavam no fator *justiça no trabalho*.

O quinto fator foi formado predominante por itens que migraram do fator 1 identificado nas análises anteriores. Quando observamos a matriz de correlações fatoriais, é o primeiro fator que apresenta coeficientes de correlações mais elevados com os demais, especialmente o segundo, o quarto e o quinto (respectivamente 0,33, 0,33 e 0,45), além de que o fator 2 também se correlaciona com o fator 4 (0,32).

O IMST não mensura diretamente a valência. Isso ocorre porque avaliamos que a diferença conceitual sutil entre atributos valorativos e valência não justificaria ter os dois conteúdos no mesmo inventário. Compreendemos que a partir da distribuição dos escores dos atributos valorativos podemos tomar alguns fatores como de valência positiva (+1) e outros, negativa (-1). Àqueles, para os quais foram encontradas as médias altas com pequeno desvio padrão, atribuímos valência positiva. Sobre aqueles com tendência a escores baixos, refletimos um pouco mais. Este era o caso exclusivamente do fator valorativo *desgaste e desumanização*. Entendemos que tal fator pode ser tomado como valor, porque os participantes das amostras podem considerar ser certo o trabalho gerar esse tipo de resultado e podem entender que não há como eliminar o desgaste e a desumanização, sendo este resultado, inclusive, prova de que alguém realmente se esforçou. Porém, as pessoas não tendem a desejar desgaste e desumanização no trabalho. Por isso, consideramos que a tal fator é pertinente atribuir uma valência negativa (-1). Lembremos que valência é o grau de desejabilidade ou proporção que um resultado é atrativo ao sujeito.

Tal compreensão afeta, então, a forma de aferição da força motivacional a partir das respostas que os indivíduos apresentam ao IMST. Estimamos, então, a força motivacional pelo produto dos somatórios dos escores nos fatores de expectativas e o somatório dos escores nos fatores de instrumentalidade, subtraído o produto dos escores no fator de expectativa e de instrumentalidade referidos a resultados indesejáveis (ou não-atrativos) do trabalho, ou seja, para os resultados os quais por hipótese se atribui valência negativa.

Adiante, na seção sobre a apuração das respostas, explicaremos mais diretamente como estimar os escores para cada fator em que o IMST mostrou-se capaz de mensurar, bem como para estimar as medidas secundárias como hierarquia dos atributos e força motivacional. Por enquanto, importa-nos assinalar que análises de variância realizadas anteriormente, comparando as médias de escores nos fatores e na força motivacional por ocupações (profissionais de saúde, bancários e petroleiros), demonstram que os escores nos fatores valorativos descritivos e na escala de instrumentalidade são capazes de diferenciar as profissões/ocupações (Borges e Alves-Filho, 2001, 2003). Tais análises são importantes para avaliar quanto o IMST é eficaz no sentido de traduzir as diferenças existentes entre as ocupações.

A APLICAÇÃO DO IMST

Aplicações recomendáveis

O IMST é útil para ser usado em processos de diagnóstico e em pesquisas na área de comportamento ocupacional e gestão organizacional, sendo seus resultados interpretados junto com outros dados e informações disponíveis sobre a organização.

As qualidades psicométricas do IMST são importantes para a escolha de seu uso, mas é importante lembrar que tais qualidades não substituem a competência e a qualificação do profissional ou do pesquisador. Espera-se que quem o utilize tenha uma formação acadêmica aprofundada sobre a teoria das organizações, a evolução do conceito e da ideologia do trabalho, os modos de organização e gestão do trabalho, o dinamismo e estrutura do mercado do trabalho na atualidade, as relações de trabalho, a cultura organizacional e do trabalho, o comportamento organizacional e/ou a psicologia social das organizações e do trabalho, a gestão de pessoas, o diagnóstico organizacional e ocupacional, a metodologia científica e, mais especificamente, sobre a construção e reconstrução de significados e sobre o desenvolvimento de análises quantitativas de dados.

Este preparo profissional é importante para planejar a pesquisa ou o diagnóstico organizacional e/ou ocupacional nos quais o uso do IMST se insere, definir as demais técnicas de coleta de dados e/ou de observação, conduzir a aplicação do questionário, compreender seus parâmetros psicométricos, ter consciência das limitações do IMST e para interpretar adequadamente os resultados encontrados. Aplicadas as técnicas de apuração dos resultados, o profissional precisa compreender o que os escores encontrados revelam e isto exige mais que compreender o próprio inventário.

Por conseqüência, é importante ter claro que o IMST é uma das ferramentas que pode facilitar bastante o trabalho de planejar e realizar o diagnóstico organizacional e do trabalho, mas que não é bastante por si só. É preciso combiná-lo com outros instrumentos, entre os quais são importantes as questões de centralidade do trabalho (Soares, 1992) e uma ficha sociodemográfica. Estamos recomendando as primeiras (questões de centralidade do trabalho) para tornar possível dispor de dados sobre todas aquelas facetas que consideramos mais importantes do significado do trabalho. A segunda (ficha sociodemográfica), para assegurar-se da representatividade da amostra para a população a quem o diagnóstico focaliza e para saber quanto a amostra assemelha-se ou diferencia-se das amostras de validação do IMST.

Situação de aplicação

O IMST pode ser aplicado individual ou coletivamente. Não há limite de tempo, entretanto, observamos um tempo médio de aplicação de 40 minutos. Os aplicadores devem procurar garantir que os respondentes estejam em ambiente tranqüilo, permitindo a leitura das instruções e o preenchimento atencioso. Em outras palavras, deve-se escolher e organizar o ambiente para evitar interrupções no preenchimento e estimulações paralelas. Distrações ou pressão para concluir com rapidez podem prejudicar a qualidade das respostas. O ambiente onde o indivíduo responde o IMST deve também apresentar condições que contribuam para manter o sigilo das respostas. Quando aplicado coletivamente, é necessário destacar que as respostas são individuais e desestimular a troca de opiniões entre os respondentes durante a sessão de aplicação, evitando que uma pessoa intervenha nas respostas do outro.

O IMST deve ser aplicado sem se exigir identificação do participante, especialmente quando se trata de diagnóstico organizacional, realizado por iniciativa da organização na qual o indivíduo mantém vínculo empregatício. Quando aplicado individualmente ou em pequenos grupos, recomendamos a adoção de uma urna para que, ao concluir o preenchimento, os indivíduos depositem os questionários ali, de forma que o ato de entrega ou a ordem de entrega não possa conduzir a identificação dos respondentes. Desaconselhamos o recebimento de questionário preenchido com lápis grafite, para não alimentar desconfiança por parte dos respondentes.

Procedimento de aplicação

Recomenda-se que quem aplique o IMST coletivamente, assim o faça em conformidade aos seguintes passos:

- Cumprimentar os participantes, apresentar-se, agradecer a presença dos que estão ali, visando à criação de clima favorável.
- Explicar os objetivos do IMST e do projeto de diagnóstico organizacional e/ou de pesquisa ocupacional na qual o IMST está inserido conforme o caso.
- Entregar os questionários e canetas para todos os indivíduos.
- Ler as instruções conjuntamente com os respondentes, dirimindo as dúvidas que os participantes possam ter. Devemos explorar os exemplos contidos nas instruções e não os itens aos quais os indivíduos devem responder.
- Certificar-se do esclarecimento de todos sobre o preenchimento.
- Certificar-se da aceitação de cada indivíduo em participar, respeitando a opção de cada um entre preencher ou não o questionário e dando inclusive a possibilidade de alguém poder interromper o preenchimento, caso modifique sua opção de contribuir.
- Mostrar ou explicar aonde serão depositados os questionários preenchidos.
- Deixar, então, que cada um responda no seu próprio ritmo, zelando pelo silêncio no ambiente e evitando uma observação intimista do preenchimento, ou seja, o aplicador deve se manter a uma distância suficiente para ficar claro que não há intenção de observar o que cada um está respondendo, nem intenção em identificá-los.

No caso de aplicação individual, o aplicador do questionário deve seguir os mesmos passos da aplicação coletiva, adaptando-os à situação individual. O aplicador deve zelar para ser igualmente cuidadoso em relação a todos os passos da aplicação, incluindo a leitura das instruções, a exposição de como garantir o sigilo e o anonimato do respondente, bem como o procedimento de depósito do questionário preenchido.

APURAÇÃO DAS RESPOSTAS

Procedimentos de apuração e estimação dos escores

Precedendo a apuração ou tabulação das respostas, devemos conferir se os questionários estão preenchidos corretamente e por completo. Não recomendamos aceitar como válidos nem exemplares com mais de 10 respostas em branco, nem preenchidos em todos os itens com um mesmo algarismo. Em seguida, devemos numerar todos os questionários validamente respondidos.

Conhecida a estrutura fatorial dos quatro componentes da motivação e do significado do trabalho, objetos de atenção do IMST – Atributos Valorativos, Atributos Descritivos, Expectativas e Instrumentalidades –, para estimar os escores individuais nos fatores, calculamos as médias ponderadas dos pontos atribuídos pelos indivíduos aos itens que compõem cada fator. Os índices ponderadores são as cargas dos itens nos fatores, encontradas nas análises fatoriais desenvolvidas na pesquisa de validação do IMST. O profissional usuário do IMST deve, então, aplicar as fórmulas especificadas na Tabela 14.1

Depois de estimados os escores nos fatores das quatro escalas, estimamos as médias e desvios padrão da amostra em cada fator. Recomendamos também que se recodifique os escores por intervalos padrão (de 0 a 1, de 1 a 2, de 2 a 3 e acima de 3) e, em seguida, sejam levantadas as freqüências de participantes por intervalo, tornando a interpretação mais fácil.

Em seção anterior, comentamos a importância de se estimar algumas medidas secundárias do IMST. Uma delas é a hierarquia dos atributos valorativos e descritivos. Esta medida se produz identificando em que fator, de cada escala, o indivíduo apresentou o maior escore depois de computado o número de indivíduos que atribuíram seu maior escore ao primeiro fator, ao segundo e assim por diante.

No caso do IMST ter sido aplicado conjuntamente às questões de centralidade do trabalho, o profissional pode, aplicando análise de *cluster*, identificar os padrões do significado do trabalho.

Estimamos a *força motivacional*, por sua vez, por meio do produto dos somatórios dos escores nos fatores de expectativas e o somatório dos escores nos fatores de instrumentalidade, subtraído o produto dos escores no fator de expectativa e de instrumentalidade referidos a resultados do trabalho não-desejáveis (ou não-atrativos), ou seja, para os quais por hipótese se atribui valência negativa. No caso, incluímos na fórmula com valência negativa apenas os fatores referentes a *desgaste e desumanização*:

$$FM = [\Sigma(Fe1, Fe3, Fe4, Fe5) * \Sigma(Fi1, Fi2, Fi4, Fi5)] - (Fe2*Fi3)$$

A aplicação da fórmula implica em gerar um resultado que em hipótese pode variar de 0 a 256. Para apoiar sua reflexão, o profissional deve procurar descrever a distribuição dos escores com base em medidas como a média, o desvio padrão e a moda. Pode também subdividir a distribuição dos escores em intervalos e levantar a freqüência dos participantes por intervalos. A escolha de outras técnicas de análises pode ser planejada pelo profissional em decorrência de seus objetivos ao aplicar o IMST.

ORIENTAÇÕES PARA INTERPRETAÇÃO DOS RESULTADOS

A interpretação dos resultados é o momento que exige maior reflexão por parte daqueles que aplicam o IMST. Neste momento, devem entrar em cena não só os resultados encontrados, mas as demais informações que o aplicador tem da organização e das ocupações envolvidas no diagnóstico, o domínio sobre os conceitos que fundamentam o IMST (tratados na primeira seção deste livro), bem como o preparo do aplicador nos termos que já especificamos na seção referente às aplicações recomendadas para o IMST. Em síntese, os resultados devem ser interpretados à luz do contexto concreto de diagnóstico e/ou de pesquisa e da abordagem anteriormente descrita sobre o significado do trabalho e a motivação. A qualidade de tal reflexão depende exclusivamente do profissional usuário do IMST.

O IMST não conta com normas de interpretação dos escores como os testes psicológicos. Define-se como inventário ou escalas. Por isso não conta com respostas certas ou erradas. É capaz, sim, de identificar diferentes significados, os quais não são melhores ou piores que outros. Uma das qualidades do IMST deve ser exatamente sua sensibilidade para diferenciar os significados. Por isso, há artigos sobre resultados do IMST (Borges e Alves-Filho, 2001, 2003) que exploram sua capacidade discriminante e mostram que os escores diferenciam-se por categoria ocupacional. Por isso, para iluminar a interpretação e avaliação adequada dos resultados, o profissional pode comparar com resultados de outros estudos já publicados. Tal estratégia pode permitir realçar diferenças ou semelhanças. Porém deve estar consciente que o próprio fundamento do IMST conduz a compreender que não existe um resultado padrão e/ou melhor que o outro.

TABELA 14.1 Fórmulas para estimativa dos escores nos fatores

Fatores por componentes	Fórmulas de estimativas dos escores
Atributos Valorativos	
Justiça no trabalho (FV1)	FV1 = Σ(item54 * 0,80, item43 * 0,80, item27 * 0,75, item53 * 0,72, item11 * 0,66, item24 * 0,63, item18 * 0,63, item8 * 0,62, item20 * 0,61, item50 * 0,60, item41 * 0,51, item12 * 0,48, item45*0,46) / 8,27
Auto-expressão e realização pessoal (FV2)	FV2 = Σ(item16 * 0,64, item60 * 0,60, item28 * 0,59, item58 * 0,57, item57 * 0,51, item1 * 0,46, item3 * 0,46, item56 * 0,46, item37 * 0,42, item30 * 0,41, item15 *0,32) /5,44
Sobrevivência pessoal e familiar (FV3)	FV3 = Σ(item31 * 0,62, item5 * 0,59, item33 * 0,59, item32 * 0,52, item61 * 0,51, item34 * 0,44, item6 * 0,41, item17 * 0,40, item19 * 0,40, item26 * 0,36) /4,84
Desgaste e desumanização (FV4)	FV4 = Σ(item47 * 0,64, item48 * 0,63, item55 * 0,59, item52 * 0,50, item39 * 0,48, item42 * 0,46, item36 * 0,46, item35 * 0,39, item38*0,38, item44 * 0,32, item21 * 0,31) / 5,16
Atributos descritivos	
Auto-expressão (FD1)	FD1 = Σ(item14 * 0,73, item59 * 0,72, item48 * 0,70, item3 * 0,69, item15 * 0,65, item4 * 0,59, item61 * 0,59, item12 * 0,56, item2 *0,55, item28 *0,55, item16 * 0,49, item58 * 0,48, item43 * 0,48, item11* 0,46, item1 * 0,45, item20 * 0,41) /9,1
Desgaste e desumanização (FD2)	FD2 = Σ(item40 * 0,65, item23 * 0,57, item47 * 0,54, item52 * 0,53, item45 * 0,52, item22 * 0,49, item56 * 0,48, item24 * 0,40) /4,18
Independência e recompensa econômica (FD3)	FD3 = Σ(item6 * 0,68, item5 * 0,68, item30 * 0,62, item25 * 0,60, item9 * 0,58, item62 * 0,52, item32 * 0,50, item18 * 0,50, item50 *0,48) /5,16
Responsablidade (FD4)	FD4 = Σ(item26 * 0,60, item34 * 0,58, item29 * 0,57, item38 * 0,56, item57 * 0,48, item19 * 0,48, item39 * 0,46, item21 * 0,44, item33 * 0,42, item36 *0,41) /5,0
Condições de trabalho (FD5)	FD5 = Σ(item49 * 0,70, item13 * 0,69, item27 * 0,59, item53 * 0,56, item41 * 0,51, item54 * 0,47) / 3,52

(*Continua*)

TABELA 14.1 Fórmulas para estimativa dos escores nos fatores (*continuação*)

Fatores por componentes	Fórmulas de estimativas dos escores
Expectativas	
Auto-expressão (FE1)	FE1 = Σ(item59 * 0,75, item61* 0,75, item28 * 0,57, item48 * 0,56, item58 * 0,54, item51* 0,52, item14 * 0,50, item46 * 0,50, item50 * 0,45, item57 * 0,42, item15 * 0,41, item43 * 0,40, item12 * 0,40) /6,77
Desgaste e desumanização (FE2)	FE2 = Σ(item45 * 0,60, item37 * 0,59, item40 * 0,57, item23 * 0,55, item56 * 0,54, item22 * 0,54, item52 * 0,54, item42 * 0,53, item35 * 0,52, item10 * 0,48, item47 * 0,46, item44 * 0,44) /6,36
Responsabilidade (FE3)	FE3 = Σ(item38 * 0,60, item29 * 0,55, item26 * 0,55, item34 * 0,51, item19 * 0,50, item39 * 0,47, item36 * 0,46, item21 * 0,42)/ 4,06
Independência econômica (FE4)	FE4 = Σ(item5 * 0,80, item6 * 0,72, item9 * 0,56, item7 * 0,53, item18 * 0,48, item3 * 0,46, item17 * 0,45, item30 * 0,41)/4,44
Segurança e dignidade (FE5)	FE5 = Σ(item54 * 0,65,item53 * 0,55, item41 * 0,51, item49 * 0,49, item27 * 0,44)/2,64
Instrumentalidade	
Envolvimento e reconhecimento (FI1)	FI1 = Σ(item3 * 0,82, item11 * 0,72, item2 * 0,63, item9 * 0,59, item13 * 0,59, item23 * 0,57, item46 * 0,57, item4 * 0,56, item33 * 0,42, item37 * 0,41, item1 * 0,40, item45 * 0,39) /6,67
Condições materiais de trabalho (FI2)	FI2 = Σ(item37 * 0,33, item41 * 0,75, item42 * 0,74, item22 * 0,72, item43 * 0,71, item35 * 0,68, item14 * 0,52, item47 * 0,44, item28 * 0,43) / 5,32
Desgaste e desumanização (FI3)	FI3 = Σ(item38 * 0,54, item40 * 0,57, item34 * 0,55, item18 * 0,47, item25 * 0,46, item36 * 0,40, item31 * 0,36) /3,45
Recompensa e independência econômica (FI4)	FI4 = Σ(item45 * 0,31, item21 * 0,60, item32 * 0,57, item15 * 0,56, item10 * 0,51, item24 * 0,51, item26 * 0,48, item39 * 0,47, item30 * 0,46, item12 * 0,43, item17 * 0,36, item44 * 0,35, item16 * 0,35, item19 * 0,33, item27 * 0,31) /6,29
Responsabilidade (FI5)	FI5 = Σ(item14 * 0,34, item5 * 0,68, item6 * 0,60, item28 * 0,44, item20 * 0,43, item48 * 0,41, item7 *0,38) /3,28

Por fim, assinalamos que a capacidade do profissional e/ou do pesquisador, usuários do IMST, levantarem questionamentos sobre a organização e/ou ocupação e sobre os resultados encontrados é de importância central no aprofundamento da interpretação dos resultados e para construir novas ações orientadas pelos resultados encontrados e pelas interpretações a eles atribuídas. É a forma de interpretarem-se os resultados que faz florescer a perspectiva de abordagem do significado e da motivação que tratamos na primeira seção deste manual. O esmero em interpretar cuidadosamente os resultados de um inventário, respeitando as respostas dos indivíduos e o anonimato dos mesmos, bem como considerando os limites do IMST e do diagnóstico e/ou pesquisa na qual se insere, é uma responsabilidade técnico-científica e ética.

Inventário da motivação e do significado do trabalho – IMST[4]

Caro participante, olá!

Temos o prazer de apresentá-lo ao Inventário da Motivação e do Significado do Trabalho (IMST). Este inventário tem o objetivo de ampliar a compreensão de suas relações com seu trabalho. Ele foi elaborado com base em pesquisas nas quais trabalhadores foram ouvidos em entrevista e em outras que testaram o uso e preenchimento do IMST, permitindo seu gradual aperfeiçoamento até o formato que você conhecerá agora.

Instruções gerais

Segue-se, então, o IMST, o qual contém perguntas sobre o trabalho em várias perspectivas: como deve ser (trabalho ideal), suas expectativas (o que você espera dele), como é na realidade e como você percebe seu desempenho contribuindo para a obtenção de resultados desejados ou não. Por isso, o IMST está dividido em três partes: a primeira aborda seu modelo ideal de trabalho; a segunda, suas expectativas e percepção do trabalho concreto e a terceira, sua percepção sobre seu desempenho.

O IMST foi elaborado baseado na confiança que temos em você, colaborador. Por isso, não há artifícios para confundi-lo. Talvez você sinta uma certa repetição, mas o que ocorre é que precisamos que opine sobre o mesmo aspecto do trabalho (por exemplo: salário e natureza das tarefas) nas quatro perspectivas de análise previstas.

Sinta-se inteiramente à vontade para dar suas opiniões. Não há previsão de respostas certas ou erradas, mas sim opiniões de pessoas diferentes. Assim, o que nos importa é sua opinião sincera. Por isso mesmo, é importante que se leve em conta sua liberdade em responder ou não ao IMST. Sua decisão será, portanto, respeitada. Entenderemos o preenchimento do IMST como seu livre consentimento.

Suas respostas serão ANÔNIMAS e mantidas em sigilo. Não escreva seu nome, nem assine os questionários. As respostas serão analisadas em conjunto e de forma confidencial.

(Continua)

---

[4] Autores: Borges, L.O.; Alves-Filho, A. (2003).

(*Continuação*)

Inventário da motivação e do significado do trabalho – IMST

Cada parte do IMST, a seguir, tem suas próprias instruções específicas. Antes de iniciar cada uma, preste bem atenção a tais instruções. Responda a todos os itens. Não deixe nada em branco.

Primeira Parte

A seguir, você vai encontrar uma lista de frases sobre o trabalho ou os resultados deste. Reflita quanto cada frase representa algo que o seu trabalho deve ser. Queremos saber como seria seu trabalho ideal. Indique-nos sobre esta sua avaliação atribuindo pontos de 0 a 4.

Vejamos antecipadamente os seguintes exemplos:

E1. _4_ Trabalhar gera alegria de viver
E2. _0_ Trabalhando, fico com uma dor nas costas.
E3. _2_ Trabalhando, sou criativo.

As respostas dadas significam que é de importância máxima o trabalho gerar *Alegria de viver*, que não é desejável que o trabalho gere *Uma dor nas costas* e que é desejável que o trabalho oportunize a expressão de sua criatividade, mas apenas moderadamente.

Agora é sua vez de responder. Vamos lá! Opine: Quanto (de 0 a 4) as frases contam algo que o trabalho deve ser?

1.	———	É um prazer realizar minhas tarefas.
2.	———	Tenho oportunidades de me tornar mais profissionalizado (mais qualificado).
3.	———	As pessoas sabem o quanto é importante o meu trabalho.
4.	———	Os chefes sabem se comunicar com cada um.
5.	———	O meu trabalho é o meu sustento.
6.	———	Sou independente porque assumo minhas despesas pessoais.
7.	———	O resultado do que faço beneficia os outros (usuários, clientes e pessoas em geral).
8.	———	Se trabalho, tenho o retorno econômico merecido.
9.	———	Estou repetindo as mesmas tarefas todos os dias.
10.	———	Eu sinto que sou tratado como pessoa respeitada.

(*Continua*)

11.	————	No meu trabalho são tomados todos os cuidados necessários à higiene do ambiente.
12.	————	Fazendo minhas tarefas, não corro riscos físicos.
13.	————	Eu gosto de ver minhas tarefas prontas.
14.	————	Minhas opiniões sobre o trabalho são levadas em conta.
15.	————	Trabalhando, faço amizades.
16.	————	Os chefes confiam em mim.
17.	————	Trabalhando, decido o que compro para mim.
18.	————	O trabalho me proporciona as principais assistências (transporte, educação, saúde, moradia, aposentadoria, etc.).
19.	————	Reconheço a autoridade dos superiores.
20.	————	A empresa cumpre obrigações para comigo.
21.	————	Trabalhar exige esforço físico (corporal).
22.	————	O trabalho é duro porque exige esforço, dedicação e luta.
23.	————	Minhas tarefas exigem de mim tentar fazer o melhor.
24.	————	O que ganho é suficiente e de acordo com meu esforço.
25.	————	O trabalho me torna uma pessoa digna.
26.	————	O trabalho é a garantia da existência humana.
27.	————	Trabalho com conforto nas formas adequadas de higiene, disponibilidade de materiais, equipamentos adequados e conveniência de horário.
28.	————	Fazendo minhas tarefas, tenho oportunidades permanentes de aprendizagem de novas coisas.
29.	————	Meu corpo é necessário para executar minhas tarefas.
30.	————	Os colegas de trabalho me querem bem.
31.	————	Meu trabalho é minha sobrevivência.
32.	————	Trabalhar bem é o que preciso fazer para continuar no meu emprego.
33.	————	Trabalho para ter assistência para mim e para minha família.
34.	————	O trabalho é a base para o progresso da sociedade.

(Continua)

(*Continuação*)

Inventário da motivação e do significado do trabalho – IMST

35.	———	O trabalho é para ser feito de acordo com o que dizem os superiores.
36.	———	Todo dia faço tarefas parecidas.
37.	———	Trabalhando, estou usando meu pensamento para fazer as tarefas.
38.	———	O trabalho é corrido quando se trabalha também em casa.
39.	———	Trabalhar é fazer a tarefa.
40.	———	Trabalho de acordo com minhas possibilidades.
41.	———	Todos os trabalhadores se esforçam como eu.
42.	———	Trabalhando, sinto-me como uma máquina ou um animal.
43.	———	No meu trabalho são adotadas todas as medidas de segurança recomendáveis.
44.	———	Sou discriminado devido ao meu trabalho.
45.	———	Todos que trabalham têm os mesmos direitos.
46.	———	Esforço-me muito e ganho pouco.
47.	———	O trabalho me deixa esgotado.
48.	———	Trabalhando, sinto-me atarefado.
49.	———	Sou reconhecido pelo que faço.
50.	———	Trabalho em ambiente limpo.
51.	———	Mereço ganhar mais pelo meu trabalho.
52.	———	No meu trabalho, estão sempre me exigindo rapidez.
53.	———	No meu trabalho, tenho as ferramentas necessárias.
54.	———	Recebo toda assistência que mereço.
55.	———	Tenho que terminar minhas tarefas com pressa.
56.	———	Sinto-me produtivo.
57.	———	Trabalhando, desenvolvo minhas habilidades interpessoais.
58.	———	Influencio nas decisões da organização (contribuindo para a formação de opiniões).
59.	———	Sigo as normas das organizações (empresas).
60.	———	Trabalhando, tenho oportunidades de expressão de minha criatividade.
61.	———	O trabalho me garante receber meu salário.

Segunda parte

Agora você vai refletir sobre vários resultados do trabalho, procurando responder a duas questões:

A) Quanto você espera que o seu trabalho apresente o resultado indicado?
B) Quanto ocorre concretamente no seu trabalho o resultado indicado?

Você responderá a estas questões atribuindo também pontos de 0 a 4. Vejamos os exemplos para que esteja mais seguro ao apresentar suas respostas:

Quadro de exemplos		
Resultados gerados pelo trabalho	Espero	Ocorre
E1. Alegria de viver	2	0
E2. Uma dor nas costas	3	4
E3. Criatividade	3	1

As respostas dos exemplos significam que você espera com moderação que o trabalho gere *Alegria de viver* e que nunca observa, de fato, isto acontecer. Quanto a *Uma dor nas costas* espera mais intensamente (mas não ao máximo) isto acontecer e observa ocorrer sempre ou intensamente. Tem a mesma expectativa em relação à criatividade no seu trabalho, porém observa ocorrer apenas raramente.

Agora que você já compreendeu, vamos lá! Aproveite a oportunidade para nos contar quanto você espera e quanto você observa ocorrer o resultado indicado onde você trabalha.

Trabalhando, obtenho:	Espero	Ocorre
1. Prazer pela realização de minhas tarefas.		
2. Oportunidades de me tornar mais profissionalizado (mais qualificado).		
3. Reconhecimento da importância do que faço.		
4. Boa comunicação dos chefes comigo.		

(*Continua*)

(*Continuação*)

Inventário da motivação e do significado do trabalho – IMST

Trabalhando, obtenho:	Espero	Ocorre
5. Meu sustento.		
6. Independência para assumir minhas despesas pessoais.		
7. Estabilidade no emprego.		
8. Benefício para os outros (usuários, clientes e pessoas em geral).		
9. Retorno econômico merecido.		
10. Repetição diária de tarefas.		
11. O uso de meu pensamento ou da cabeça.		
12. O sentimento de ser tratado como pessoa respeitada.		
13. Cuidados necessários à higiene no ambiente de trabalho.		
14. Minhas opiniões levadas em conta.		
15. A confiança dos chefes em mim.		
16. Crescimento pessoal na vida.		
17. Independência para decidir o que compro para mim.		
18. Assistência em transporte, educação, saúde, moradia, aposentadoria, etc.		
19. Responsabilidade para enfrentar os problemas do trabalho.		
20. Reconhecimento da autoridade dos superiores.		
21. Ocupação de meu tempo.		
22. Esforço físico (corporal) na execução do trabalho.		
23. Dureza, pela exigência de esforço, dedicação e luta.		
24. Exigência de tentar fazer o melhor.		

(*Continua*)

Trabalhando, obtenho:	Espero	Ocorre
25. Percepção de que ganho o suficiente e de acordo com meu esforço.		
26. Sentimento de que sou uma pessoa digna.		
27. Conforto nas formas de higiene, disponibilidade de materiais, equipamentos adequados e conveniência de horário.		
28. Oportunidades permanentes de aprendizagem de novas coisas.		
29. Responsabilidades por minhas decisões.		
30. Minha sobrevivência.		
31. Permanência no emprego pela qualidade do que faço.		
32. Assistência para mim e para minha família.		
33. Contribuição para o progresso da sociedade.		
34. Obediência aos superiores.		
35. Tarefas parecidas diariamente feitas.		
36. Percepção de estar ocupado, fazendo alguma coisa.		
37. Uma vida corrida quando se trabalha também em casa.		
38. Tarefa cumprida.		
39. Tarefas e obrigações de acordo com minhas possibilidades.		
40. Sentimento de ser como uma máquina ou um animal.		
41. Adoção de todas as medidas de segurança recomendáveis no meu trabalho.		
42. Discriminação pelo meu trabalho.		
43. Igualdade de direitos para todos que trabalham.		
44. Percepção de que ganho pouco para o esforço que faço.		
45. Sentimento de que estou esgotado.		

(*Continua*)

(Continuação)

Inventário da motivação e do significado do trabalho – IMST

Trabalhando, obtenho:	Espero	Ocorre
46. Sentimento de que sou gente.		
47. Percepção de que estou atarefado.		
48. Reconhecimento pelo que faço.		
49. Limpeza no ambiente de trabalho.		
50. Merecimento de ganhar mais pelo que faço.		
51. Sentimento de estar bem de cabeça (mentalmente).		
52. Exigência de rapidez.		
53. Equipamentos necessários e adequados.		
54. Assistência merecida.		
55. Oportunidade de exercitar o meu corpo.		
56. Pressa em fazer e terminar minhas tarefas.		
57. A percepção de ser produtivo.		
58. Desenvolvimento das minhas habilidades interpessoais.		
59. Influência nas decisões (contribuindo para a formação de opiniões).		
60. Cumprimento das normas e obrigações da organização (empresa) para comigo.		
61. Oportunidades de expressão de minha criatividade.		
62. Meu salário.		

Terceira parte

Atribuindo pontos de 0 a 4, novamente, a cada item da lista que se segue, conte-nos agora: Quanto o que você obtém do seu trabalho depende de seu desempenho e/ou de seu esforço?

1.	———	Prazer pela realização de minhas tarefas.
2.	———	Oportunidades de me tornar mais profissionalizado (mais qualificado).
3.	———	Reconhecimento da importância do que faço.
4.	———	Boa comunicação dos chefes comigo.
5.	———	Meu sustento.
6.	———	Independência, porque assumo minhas despesas pessoais.
7.	———	Estabilidade no emprego (emprego garantido).
8.	———	Benefício para os outros (usuários, clientes e pessoas em geral).
9.	———	Sentimento de ser tratado como pessoa respeitada.
10.	———	O gosto de ver minhas tarefas prontas.
11.	———	Minhas opiniões levadas em conta.
12.	———	Amizades feitas no trabalho.
13.	———	A confiança dos chefes em mim.
14.	———	Assistência em transporte, educação, saúde, moradia, aposentadoria, etc.
15.	———	Responsabilidade para enfrentar os problemas do trabalho.
16.	———	Reconhecimento da autoridade dos superiores.
17.	———	Ocupação de meu tempo.
18.	———	Esforço físico (corporal) na execução do trabalho.
19.	———	Exigência de tentar fazer o melhor.
20.	———	Percepção de que ganho o suficiente e de acordo com meu esforço.
21.	———	Sentimento de que sou uma pessoa digna.
22.	———	Conforto nas formas adequadas de higiene, disponibilidade de materiais, equipamentos e conveniência de horário.

(Continua)

(Continuação)

Inventário da motivação e do significado do trabalho – IMST

23.	———	Oportunidades permanentes de aprendizagem de novas coisas.
24.	———	Responsabilidades por minhas decisões.
25.	———	O uso do meu corpo e/ou das minhas energias físicas para executar minhas tarefas.
26.	———	Sentimento de ser querido pelos colegas de trabalho.
27.	———	Permanência no emprego pela qualidade do que faço.
28.	———	Assistência para mim e minha família.
29.	———	Contribuição para o progresso da sociedade.
30.	———	Obediência aos superiores.
31.	———	Uma vida corrida quando se trabalha também em casa.
32.	———	Tarefa cumprida.
33.	———	Igualdade de esforços entre todos os trabalhadores.
34.	———	Sentimento de ser uma máquina ou um animal.
35.	———	Adoção de todas as medidas de segurança recomendáveis no meu trabalho.
36.	———	Discriminação pelo meu trabalho.
37.	———	Igualdade de direitos para todos que trabalham.
38.	———	Sentimento de que estou esgotado.
39.	———	Sentimento de que sou gente.
40.	———	Percepção de que estou atarefado.
41.	———	Limpeza no ambiente de trabalho.
42.	———	Equipamentos necessários e adequados.
43.	———	Assistência merecida.
44.	———	A percepção de ser produtivo.
45.	———	Desenvolvimento das minhas habilidades interpessoais.

(Continua)

46.	——	Influência nas decisões (contribuindo para a formação de opiniões).
47.	——	Cumprimento das normas e obrigações da organização (empresa) para comigo.
48.	——	Meu salário.

REFERÊNCIAS

AKTOUF, O. Une visíon interne des rapports de travail: le cas de deux brasseries. *Le travail humain*, v. 49, n. 3, p. 237-248, 1986.

ÁLVARO, J. L. *Psicología social:* perspectivas teóricas y metodológicas. Madrid: Siglo Veintiuno de España, 1995.

ANTHONY, P. D. *The ideology of work.* London: Tavistock, 1977.

ANTONI, C. H. Research note: a motivational perspective on change process and outcomes. *European Journal of Work and Organizational Psychology*, v.13, n. 2, p. 197-216, 2004.

ANTUNES, R. *Adeus ao trabalho?* Ensaio sobre as metamorfoses a centralidade do mundo do trabalho. São Paulo: Cortez; Campinas: Editora da Universidade de Campinas, 1995.

ARENDT, H. Labor, trabajo, acción: una conferencia. In: ARENDT, H. *De la historia a la acción humana.* Barcelona: Paidós Ibérica, 1995. p. 89-108.

BASTOS, A. V. B.; PINHO, A. P. M.; COSTA, C. A.. Significado do trabalho: um estudo entre trabalhadores inseridos em organizações formais. *Revista de Administração de Empresas*, v. 35, n. 6, p.20-29, 1995.

BORGES, L. O A estrutura fatorial dos atributos valorativos e descritivos do trabalho: um estudo empírico de aperfeiçoamento e validação de um questionário. *Estudos de Psicologia*, v. 4, n. 1, p.107-158, 1999.

_____ . A representação social do trabalho. *Estudos de Psicologia*, v. 1, n. 1, p.7-25, 1996.

_____ . Os atributos e a medida do significado do trabalho. *Psicologia: Teoria e Pesquisa*, v.13, n. 2, p.211-220, 1997.

_____ . Os pressupostos dos estudos do significado do trabalho na Psicologia Social: no caminho do existencialismo. *Vivências*, v. 12, n. 2, p. 87-105, 1998.

_____ . Tendências em avaliação psicológicas nas organizações. In: CONSELHO REGIONAL DE PSICOLOGIA (CRP-13). *A diversidade da avaliação psicológica:* considerações teóricas e práticas. João Pessoa: Idéia, 2001. p.123-138.

BORGES, L. O.; ALVES-FILHO, A. A estrutura fatorial do Inventário do Significado e Motivação do Trabalho, IMST. *Revista Avaliação Psicológica*, v. 2, n. 2, p. 123-145, 2003.

_____. A mensuração da motivação e do significado do trabalho. *Estudos de Psicologia*, v. 6, n. 2, p.177-194, 2001.

BORGES, L. O.; TAMAYO, A. A estrutura cognitiva do significado do trabalho. *Revista Psicologia: organizações e trabalho*, v. 1, n. 2, p.11-44, 2001.

BORGES, L. O.; YAMAMOTO, O. O mundo do trabalho. In: ZANELLI, J. C.; BORGES-ANDRADE, J. E.; BASTOS, A. V. B. *Psicologia organizacional e do trabalho no Brasil*. Porto Alegre: Artmed, 2004. p. 24-62.

BORGES, L. O.; TAMAYO, A.; ALVES-FILHO, A. Significado do trabalho entre profissionais de saúde. In: BORGES, L. O. (Org.). *Os profissionais de saúde e seu trabalho*. São Paulo: Casa do Psicólogo, 2005. p. 143-198.

BRIEF, A. P.; NORD, W. R. (Org.). *Meaning of occupational work*: a collections of essays. Massachusetts/Toronto: Lexington Books, 1990.

BRUNER, J. *Actos de significado*: para uma psicologia cultural. Lisboa: Edições 70, 1997.

BÜLCHOLZ, R. A. The belief structure of managers relative to work concepts measured by a factor model. *Personnel Psychology*, v. 30, n. 4, 567-587, 1977.

ENGLAND, G. W.; MISUMI, J. Work centrality in Japan and the United States. *Journal of Cross-Cultural Psychology*, v. 17, n. 4, p. 399-416, 1986.

FISKE, S. Thinking is for doing: portraits of social cognition from daguerrreotype to laserphoto. *Journal of Personality and Social Psychology*, v.63, n.6, p.877-889, 1992.

FRANCÈS, R. *Motivation et efficience au travail*. Liège: Mardaga, 1995.

GONDIN, S. M. G.; SILVA, N. Motivação no trabalho. In: ZANELLI, J. C.; BORGES-ANDRADE, J. E.; BASTOS, A. V. B. *Psicologia, organizações e trabalho no Brasil* (Org.). Porto Alegre: Artmed, 2004. p. 145-176.

HELOANI, R. *Organização do trabalho e administração*: uma visão multidisciplinar. São Paulo: Cortez, 1996.

HERTEL, G.; KONRADT, U.; ORLIKOWSKI, B. Managing distance by interdependence: Goal setting, task interdependence, and team-based rewards in virtual teams. *European Journal of Work and Organizational Psychology*, v. 13, n. 1, p. 1-28, 2004.

HOPENHAYN, M. *Repensar el trabajo*. Buenos Aires: Norma, 2001.

KATZELL, R. Contemporary meta-trends in industrial and organizational psychology. In: TRIANDIS, H. C.; DUNNETTE, M. D.; HOUGH, L. M. (Org.). *Handbook of industrial & organizational psychology*. California: Consulting Psychology Press, 1994. v. 4, p. 1-94.

KLEIN, H. J. et al. Goal commitment and goal-setting process; conceptual clarification and empirical synthesis. *Journal of Applied Psychology*, v. 86, n. 6, p.885-896.

MARX, K. *O capital*. Rio de Janeiro: Zahar, 1975. Edição resumida por Julian Borchardt.

MATTOSO, J. *A desordem no trabalho*. São Paulo: Página Aberta, 1995.

MOW. INTERNATIONAL RESEARCH TEAM. *The meaning of working*. London: Academic Press, 1987.

MUCHINSKY, P. M. Motivación laboral. In: MUCHINSKY, P. M. *Psicologia aplicada al trabajo:* una introduccion a la psicología industrial y organizacional. Bilbao: Desclée de Brouwer, 1994. p. 367-412.

NEFFA, J. C. *El proceso de trabajo y la economia de tiempo*: contribución al análisis crítico de K. Marx, F. W. Taylor y H. Ford. Buenos Aires: Hvmanitas, 1990.

RAVLIN, E. C.; MEGLINO, B. The transitivity of work values: hierarchical ordering of socially desirable stimuli. *Organizational Behavior and Human Decision Processes*, v. 44, p. 494-508, 1989.

ROKEACH, M. Long-range experimental modification of values, attitudes and behavior. *American Psychologist*, v. 26, p. 453-459, 1971.

ROKEACH, M.; BALL-ROKEACH, S. J. Stability and change in American value priorities, 1968-1981. *American Psychologist*, v. 44, p. 775-784, 1989.

ROS, M.; SCHWARTZ, S. Jerarquía de valores en países de la Europa Occidental: una comparación transcultural. *Revista Española de Investigaciones Sociológicas*, v. 69, p. 69-87, 1995.

SALANOVA, M.; HOTANGAS, P. M.; PEIRÓ, J. M. Motivación laboral. In: PEIRÓ, J. M.; PRIETO, F. (Org.). *Tratado de psicologia del trabajo:* la actividad laboral en su contexto. Madrid: Sintesis, 2002.

SALMASO, P.; POMBENI, L. Le concept de travail. In: DOISE, W.; PALMONARI, A. (Org.). *L'étude des representations sociales*. Paris: Pelachaux & Niestlé Neuchâtel, 1986. p.196-205.

SANTOS, J. F. *As relações supervisor-subordinado e o significado do trabalho:* um estudo psicossocial das atividades dos chefes de gabinete dos Senadores da República. Universidade de Brasília. Brasília, 1995. Resenha não-publicada de dissertação de mestrado.

SATO, L. A representação social do trabalho penoso. In: SPINK, M. J. (Org.). *O conhecimento no cotidiano*. São Paulo: Brasiliense, 1993. p 188-211.

SILVA, C. L. Escala padrão do questionário de motivação para o trabalho (F. Toro) para os trabalhadores nos grupos de enfermagem da cidade de Porto Velho - Rondônia - Brasil. *Primeira Versão*, Porto Velho, ano 1, n. 32, 2001.

SIQUEIRA, M. M. M. Análise de seis medidas do comportamento organizacional. In: REUNIÃO ANUAL DE PSICOLOGIA, 29., 1999. Ribeirão Preto. *Resumos de Comunicação Científica...* Ribeirão Preto: SBP/Legis Summa, 1999. p. 43.

_____ . Medidas de comportamento organizacional. *Estudos de Psicologia*, v. 7, p. 11-18, 2002. Número especial.

SOARES, C. R. V. *Significado do trabalho:* um estudo comparativo de categorias ocupacionais. 1992. Dissertação (Mestrado) - Instituto de Psicologia, Universidade de Brasília, Brasília, 1992.

TAMAYO, A. Escala fatorial de atribuições de causalidade à pobreza. *Psicologia: Teoria e Pesquisa*, v. 10, p.21-29, 1994a.

_____ . Hierarquia de valores transculturais e brasileiros. *Psicologia: Teoria e Pesquisa*, v. 10, n. 2, p. 269-285, 1994b.

TONI, M. Visões sobre o trabalho em transformação. *Sociologias*, v. 5, n. 9, p. 244-286, 2003.

TRAGTENBERG, M. *Administração, poder e ideologia*. São Paulo: Moraes, 1980.

TRAVERSO-YÉPEZ, M. A. Trabalho e saúde: subjetividade em um contexto de precariedade. In: MENDES, A. M. B.; BORGES, L. O.; FERREIRA, M. C. *Trabalho em transição, saúde em risco*. Brasília: Universidade de Brasília, 2002. p. 111-131.

VROOM, V. H. Industrial social psychology. In: LINDSEY, G.; ARONSON, E. (Org.). *The Handbook of social psychology*. New York: Random House, 1969. v. 5, p. 198-268.

_____ . *Work and motivation*. New York: Wiley, 1964.

15
Atitudes retaliatórias

Helenides Mendonça

À luz dos debates acerca das concepções que defendem o fim das injustiças sociais, das discriminações e da violência interpessoal no local de trabalho, torna-se primordial que os analistas do comportamento organizacional busquem compreender os comportamentos negativos ou disfuncionais emitidos neste contexto. Dentre esses comportamentos podem ser citados aqueles definidos como de retaliação organizacional.

A retaliação pode ocorrer em diferentes contextos, abrangendo relações interpessoais, organizacionais e até mesmo societais. No contexto sociopolítico, a retaliação pode ocorrer de maneira sutil, dificultando importação e exportação de produtos, ou de maneira agressiva, cortando relações diplomáticas e até mesmo realizando ataques violentos a uma nação. A temática da retaliação tornou-se foco de estudo dos psicólogos organizacionais apenas na última década do século XX.

O conceito clássico de retaliação refere-se à *lei de talião*, o antigo ditado popular *olho por olho, dente por dente*, que significa a revanche, isto é, *aqui se faz, aqui se paga*. Em termos organizacionais, os primeiros pesquisadores a desenvolverem estudos empíricos sobre o comportamento de retaliação foram Skarlicki e Folger (1997), definindo-os como um subconjunto dos comportamentos negativos que ocorrem com o objetivo de punir a organização ou seus representantes, em resposta à injustiça percebida.

Para Townsend, Phillips e Elkins (2000), os comportamentos de retaliação são frutos de relações de troca insatisfatórias entre chefias e subordinados e pode ser direcionado aos supervisores, aos colegas e à organização. São definidos também como comportamentos que ocorrem de maneira sutil, na busca de restaurar a percepção de justiça (Skarlicki, Folger e Tesluk, 1999).

Mendonça (2003) analisa que a definição de Skarlicki e Folger (1997) considera a retaliação com base em uma dimensão organizacional, desconsiderando a influência de variáveis individuais e intrapsíquicas. Esta autora também considera ser a definição de Townsend e colaboradores (2000) incompleta por abordar a retaliação apenas como conseqüência de relações interpessoais de troca insatisfatórias entre chefia e subordinados. Diante dessas considerações, Mendonça (2003, p. 25) define a retaliação como "[...] comportamentos que sofrem influência de atributos pessoais dos atores organizacionais, que são emitidos de maneira sutil ou agressiva, em resposta à percepção de injustiça no trabalho, contra a organização ou pessoas que dela fazem parte".

Ao constatar que os indivíduos oferecem resistência em auto-relatar a retaliação, em razão do potencial desses comportamentos para a repreensão, Sckarliki e Folger (1997) resolveram o problema da medida por meio do relato dos colegas de trabalho. Nesse estudo, os colegas de trabalho foram randomicamente posicionados em seus grupos de trabalho e relataram, utilizando-se a escala de observação comportamental, a freqüência com que os comportamentos de retaliação eram emitidos. De acordo com Mcevoy e Buller (1987), a avaliação sobre comportamentos desfavoráveis no ambiente de trabalho, por meio da observação feita pelos pares, mostrou ser uma medida confiável e válida.

Os estudos desenvolvidos por Sckarliki e Folger (1997), Sckarliki, Folger e Tesluk, (1999) e Townsend, Phillips e Elkins (2000) abordam apenas a dimensão comportamental da retaliação e utilizam uma medida direta que investiga a freqüência com que esses comportamentos são emitidos contra a organização ou pessoas que dela fazem parte.

Em estudos desenvolvidos no Brasil (Mendonça, 2003; Mendonça et al., 2004; Mendonça e Tamayo, 2003, 2004) observa-se haver dificuldade de desenvolver medidas de comportamentos negativos na organização em razão da possibilidade de a pessoa sofrer futuras represálias. Dessa forma, as pessoas não assumem que emitem comportamentos de retaliação, não admitem que tenham vontade de retaliar, mas percebem que as outras pessoas retaliam (Mendonça et al., 2004), o que pode ocorrer por causa da desejabilidade social, pois esses comportamentos são considerados inadequados à estrutura organizacional. Esta inadequação advém das próprias características da retaliação que pode ocorrer de maneira agressiva ou sutil, como fazendo brincadeiras que exponham o outro ao ridículo, desmoralizando um colega ou até tumultuando o ambiente de trabalho. É um comportamento que tem como característica básica ser sutil (Homans, 1961; Miller, 2001; Mendonça et al., 2004; Skarlicki e Folger, 1997), o que não exclui a possibilidade de também ser um comportamento agressivo.

Mendonça e colaboradores (2004) avançaram no estudo da retaliação ao elaborar uma medida perceptiva e avaliativa do construto. Com base na percepção, o estudo da retaliação pode ser embasado em concepções congnitivistas desenvolvidas pela Psicologia Social, como a dissonância cognitiva, o conceito de atitudes, a atribuição de causalidade e a influência social. Eles partiram do pressuposto de que a percepção que as pessoas têm do mundo que as cerca possibilita uma melhor compreensão do comportamento do que as descrições objetivas dos estímulos ambientais (Lewin, 1935). Além disso, as causas do comportamento social possuem raízes na cognição, ao englobarem as percepções individuais presentes e a imaginação das suas presenças (Allport, Vernon e Lindzey, 1960).

Em outro estudo, Mendonça e Tamayo (2003) abordaram o fenômeno da retaliação em uma concepção atitudinal e consideraram que não basta apenas perceber e julgar a retaliação organizacional, mas faz-se necessário conhecer dimensões atitudinais do trabalhador acerca desses comportamentos. Com base nestes pressupostos, estes autores desenvolvem uma medida de atitude em relação à retaliação que engloba dimensões afetivas e conativas. A dimensão afetiva refere-se à indignação diante do contexto organizacional, engloba a crença de que a injustiça provoca ressentimento, abrange o julgamento da situação como decepcionante e envolve o sentimento de seriedade da injustiça. A dimensão conativa abrange a tendência consciente para reagir com a retaliação, engloba a avaliação positiva das retribuições retaliatórias, envolve a crença de que a organização merece a reação e de que atuaria de maneira idêntica diante do sentimento de injustiça.

Essa medida foi construída com base no modelo sociocognitivo desenvolvido por Feather (1996, 1998). Neste modelo, as análises de reações de retribuição às injustiças devem considerar a interação pessoa *versus* situação. Trata-se de um modelo que consiste na apresentação de cenários situacionais que permitem ao respondente analisar o contexto no qual o fenômeno da injustiça ocorre e, a partir daí, avaliar a retribuição retaliatória.

Mendonça e Tamayo (2003) basearam-se, também, nas definições clássicas de atitude, pelas quais as atitudes são conceituadas como avaliação, afeto, cognição e predisposições comportamentais (Olson e Zanna, 1993).

A análise da retaliação organizacional deve considerar o contexto onde esses comportamentos são emitidos e deve, portanto, ser feita com base na interação indivíduo *versus* organização. No trabalho desenvolvido por Mendonça e Tamayo (2003), os componentes afetivos e conativos da retaliação são investigados a partir de um cenário hipotético-conceitual que aborda uma situação que pode ser considerada injusta no contexto organizacional e essa situação provoca reações retaliatórias no trabalhador. A partir desse cenário, os respondentes manifestam-se em relação ao sentimento de raiva e ressentimento diante da injustiça no trabalho – componente afetivo – e à tendência consciente para retribuir com a retaliação a tais situações – componente conativo.

Tomadas em conjunto, as medidas de retaliação desenvolvidas por Mendonça e colaboradores (2004) e por Mendonça e Tamayo (2003) apresentam a retaliação como um comportamento que se expressa de maneira sutil ou agressiva, como por exemplo, ao se fazerem brincadeiras que exponham o outro ao ridículo, ao se desmoralizar um colega ou até ao se tumultuar o ambiente de trabalho.

Estudos sobre os antecedentes da retaliação (Mendonça e Tamayo, 2004; Sckarliki e Folger, 1997; Sckarliki, Folger e Tesluk, 1999; Townsend, Phillips e

Elkins, 2000) demonstram que este construto sofre influência dos fatores internos do indivíduo e das influências ambientais externas. Assim, o contexto organizacional pode estimular tendências retaliatórias, como resultado de experiências posteriores ao ingresso na organização.

Este capítulo apresenta duas medidas de retaliação organizacional: Escala de Percepção e Julgamento da Retaliação (EPJR), construída e validada por Mendonça, Flauzino Tamayo e Paz (2004) e a Medida de Atitude em Relação à Retaliação Organizacional (MARO), construída e validada por Mendonça e Tamayo (2003). Estas medidas de retaliação trazem contribuições importantes para a realização de diagnósticos organizacionais ao enfocarem dimensões perceptivas, avaliativas, afetivas e conativas da retaliação e ao destacarem a importância de se considerar o contexto no qual as atitudes retaliatórias emergem.

A consistência dos estudos descritos neste capítulo expressa nos resultados das investigações apresentadas, estabelece parâmetros psicométricos que indicam a validade das medidas. Espera-se que estas escalas possam servir de base para estudos que pretendam investigar em diferentes tipos de organizações e em diferentes Estados da Federação a atitude de trabalhadores em relação a comportamentos disfuncionais, como a retaliação, emitidos no contexto organizacional.

CONSTRUÇÃO E VALIDAÇÃO DA ESCALA DE PERCEPÇÃO E JULGAMENTO DA RETALIAÇÃO – EPJR[1]

A Escala de Percepção e Julgamento da Retaliação (EPJR) foi concebida com o objetivo de desenvolver uma medida que abarque não apenas a freqüência comportamental da retaliação, como o faz a escala de Skarlicki e Folger (1997), mas também as dimensões perceptivas e avaliativas desse comportamento. Com isso, foi possível contribuir para a melhor compreensão das ações retaliatórias que podem dificultar a manutenção de atos socialmente aceitos. A EPJR foi construída a partir da concepção de que a retaliação é um comportamento que ocorre sutilmente em resposta à injustiça no trabalho e é emitido contra a organização ou às pessoas que dela fazem parte. Baseados nos pressupostos de Skarlicki e Folger (1997), os itens da EPJR foram levantados solicitando-se a dois grupos independentes (compostos por funcionários efetivos com mais de dois anos de tempo de serviço) que identificassem, no ambiente organizacional, comportamentos que pudessem ser definidos como de retaliação contra a organização ou contra alguém que dela faz parte. Foi entregue

---

[1] Autores: Mendonça e colaboradores (2004).

aos participantes a seguinte definição de retaliação: "Pesquisas sugerem que quando as pessoas percebem que estão sendo tratadas injustamente no trabalho tendem a encontrar formas de contra-atacar e descontar. Essa retaliação pode ser direta ou indireta e pode ser direcionada à organização ou a alguém dentro dela" (Skarlicki e Folger, 1997). O instrumento original passou pela análise de juízes, chegando a uma primeira versão com 31 itens.

Os 31 itens foram submetidos aos procedimentos de validação em dois estudos. Foi adotado o procedimento de registrar a percepção que os indivíduos têm em relação à emissão dos comportamentos de retaliação. Além da dimensão perceptiva, foi apresentada uma dimensão avaliativa da medida de retaliação, possibilitando o julgamento acerca das ações retaliatórias. Assim, a escala ficou composta por duas medidas, que foram organizadas em duas colunas. A primeira, no modelo Likert, variando de 1 (nunca) a 5 (sempre), solicita que os sujeitos relatem **a freqüência com que as pessoas daquela organização se comportam da forma descrita (em cada frase) quando elas se sentem injustiçadas no trabalho**. Na outra, também no formato Likert de 5 pontos, variando de 1 (muito injusto) a 5 (justíssimo), a pessoa deve assinalar o quanto **considera justo o fato de as pessoas agirem daquela forma diante das injustiças sofridas no trabalho**.

No primeiro estudo, a escala composta por 31 itens foi aplicada a uma amostra de 187 sujeitos. Utilizou-se a técnica estatística análise fatorial para levantar a estrutura fatorial da medida. Preliminarmente, empregou-se o método dos componentes principais (autovalor superior a 2,0), emergindo apenas um único fator. Aplicou-se, em seguida, a rotação *oblimin* (método oblíquo) e, posteriormente, a rotação *varimax* (método ortogonal). Para obter a matriz rotada foi estipulado o critério de carga fatorial mínima de 0,40 para a inclusão dos itens. Foram eliminados os itens que não alcançaram o critério de carga fatorial estipulado, permanecendo na solução final 15 itens que foram submetidos à mesma técnica de análise. Assim, os 15 itens retidos tornaram-se os estímulos para que os respondentes expressassem tanto a sua percepção de retaliação como também seu julgamento acerca de comportamentos retaliatórios.

Dando seqüência às análises, os dados foram divididos em duas seções. A primeira descreve os resultados de análises sobre a subescala referente à percepção de retaliação organizacional e a segunda descreve os dados que se referem à subescala de julgamento dos trabalhadores em relação aos comportamentos de retaliação organizacional.

Para analisar a estrutura fatorial da **subescala de percepção de retaliação** aplicou-se o método PAF (*Principal Axis Factoring*) sobre as respostas dadas com base na escala de 5 pontos que mensurava a freqüência com que comportamentos retaliatórios ocorriam na empresa, segundo a percepção dos empregados. Apenas um fator significativo (autovalor superior a 2,0 e cargas fatoriais superiores a 0,40) emergiu dos dados nas duas soluções rotadas (*oblimin* e *varimax*), identificando apenas uma variável latente subjacente ao construto investigado. Esse fator explicava 57% da variância total (α de Cronbach = 0,95).

Para verificar a estrutura da **subescala de julgamento acerca da retaliação**, aplicou-se o método de análise fatorial PAF, sobre as respostas obtidas na outra escala de 5 pontos que aferia o quanto os empregados julgavam justos os comportamentos de retaliação contidos nos 15 itens. Assim como na subescala de percepção, apenas um fator significativo (autovalor superior a 2,0 e cargas fatoriais superiores a 0,40) emergiu dos dados. Esse fator explicava 36% da variância total (α de Cronbach = 0,89). A atribuição de justiça sobre a retaliação organizacional, portanto, possui uma estrutura que se organiza em um único fator, aglutinando itens relacionados à organização e às pessoas que dela fazem parte.

Com o objetivo de confirmar a validade e a consistência da estrutura fatorial obtida no primeiro estudo, aplicou-se a análise fatorial na técnica dos eixos principais (PAF). A análise fatorial realizada para a **subescala de percepção de retaliação** confirmou a fatorabilidade dos dados disponíveis (KMO = 0,95; Teste de esfericidade de Bartlett=3222,99, p < 0,001; *communalities* variando de 0,44 a 0,67). Apenas um fator significativo (autovalor superior a 1,0) emergiu dos dados, explicando 56,24% da variância total (α de Cronbach = 0,95).

Repetiu-se a análise fatorial para a **subescala de julgamento acerca da retaliação** utilizando-se o método PAF e obtiveram-se bons índices de fatorabilidade (KMO = 0,93; Teste de esfericidade de Bartlett = 2405,91, p < 0,001; *communalities* variando de 0,22 a 0,61). Um único fator com autovalor superior a 1 emergiu dos dados. Esse fator (α de Cronbach = 0,92) explica 45,57% da variância total.

As subescalas da EPJR, de percepção e de julgamento, demonstram validade fatorial com índices de precisão que as indicam para aplicações no âmbito científico. Além disso, comparadas aos estudos anteriores, apresentam avanços que vão de uma concepção comportamental para uma concepção perceptiva e avaliativa da retaliação organizacional. Uma versão completa da EPJR encontra-se ao final do capítulo.

Aplicação, apuração dos resultados e interpretação da EPJR

A aplicação da EPJR pode ser feita individual ou coletivamente, sem identificação dos respondentes e com garantia de sigilo. Ademais, deve-se assegurar um ambiente tranqüilo e confortável para aplicação da escala, lembrando-se de que não há tempo limite estipulado para a aplicação.

A EPJR, composta por 15 itens, é precedida por uma folha contendo explicações sobre o estudo. Esses itens devem ser respondidos em duas colunas. Na primeira coluna serão assinaladas as respostas para **subescala de per-**

cepção de retaliação e utiliza-se uma escala de 5 pontos, variando de 1 (nunca) a 5 (sempre), a ser respondida considerando a experiência pessoal do respondente. Deve-se pedir que os sujeitos apontem a freqüência com que as pessoas na empresa onde trabalham, ao se sentirem injustiçadas, comportavam-se da maneira descrita nas frases. Como estímulo para a resposta apresenta-se a seguinte pergunta: "Qual a freqüência com que as pessoas da sua organização, ao se **sentirem injustiçadas**, costumam se comportar da forma descrita nas frases abaixo?" Nesta coluna objetivou-se investigar a percepção de retaliação.

Na segunda coluna também se utiliza uma escala de 5 pontos, variando de 1 (muito injusto) a 5 (justíssimo) para a **subescala de julgamento acerca da retaliação**. Pede-se que os respondentes expressem suas opiniões pessoais e julguem os comportamentos descritos nas frases. Como estímulo para a emissão das respostas apresenta-se a seguinte frase: "Agora, considere você e **julgue** como justo ou injusto os comportamentos descritos nas frases, quando as pessoas **sofrem injustiças no trabalho**". Esta coluna foi construída com o objetivo de investigar a atribuição de justiça ao comportamento de retaliação.

A interpretação dos resultados da EPJR é feita a partir do valor do escore médio obtido em cada uma das duas subescalas – percepção e julgamento. Portanto, devem ser computados dois escores médios. Para se obter o escore médio de cada uma das subescalas da EPJR deve-se somar os valores indicados pelo respondente, dividindo-se essa somatória pelo total de itens. Este cálculo deve ser feito para cada uma das subescalas separadamente.

Deve-se considerar que as médias fatoriais iguais ou inferiores a 2,0 significam, no caso da percepção, que o trabalhador não percebe a emissão de comportamentos retaliatórios e, no caso do julgamento da retaliação, que os trabalhadores consideram injusta a emissão de comportamentos retaliatórios em resposta às injustiças recebidas. Médias iguais ou superiores a 3,0 demonstram uma tendência do respondente a perceber a emissão de comportamentos retaliatórios e a julgarem favoravelmente a emissão destes comportamentos. As médias fatoriais entre 2,1 e 2,9 indicam dúvidas na percepção do trabalhador acerca das ações retaliatórias, assim como no que se refere ao julgamento desses comportamentos.

CONSTRUÇÃO E VALIDAÇÃO DA MEDIDA DE ATITUDE EM RELAÇÃO À RETALIAÇÃO ORGANIZACIONAL – MARO[2]

A Medida de Atitude em Relação à Retaliação Organizacional (MARO) foi construída com base nas definições clássicas de atitude, pelas quais as ati-

---

[2] Autores: Mendonça, H.; Tamayo, A. (2003).

tudes são conceituadas como avaliação, afeto, cognição e predisposições comportamentais (Olson e Zanna, 1993). A medida atitudinal possibilita uma maior compreensão da retaliação e constitui-se em um instrumento tecnicamente adequado para ser utilizado na análise de fenômenos organizacionais.

A atitude em relação à retaliação organizacional é constituída por dois componentes: afetivo e conativo. Para investigar a posição dos respondentes em cada um desses componentes, primeiramente, foi montado um cenário hipotético-conceitual para analisar a atitude do trabalhador diante de reações retaliatórias contra a injustiça organizacional. Assim, de acordo com os critérios de construção de itens estabelecidos por Pasquali (1999), foram definidos 12 itens, os quais foram submetidos à análise semântica e de conteúdo. Após essas análises foi realizada uma investigação com o objetivo de estabelecer os parâmetros de validade e de fidedignidade da escala, descritos a seguir.

A MARO, composta por 12 itens que englobam os componentes afetivo e conativo, foi aplicada a uma amostra de 313 sujeitos. A validade de construto da escala foi avaliada por intermédio da análise fatorial. Primeiramente, foi aplicada a Análise de Componentes Principais para explorar a estrutura fatorial latente do instrumento de medida. A solução inicial, sem rotação, indica a fatorabilidade dos dados disponíveis (KMO = 0,87; Teste de esfericidade de Bartlett = 1532,14, p < 0,001; *communalities* variando de 0,42 a 0,74). O *scree plot* apresenta uma mudança forte na direção da curva no primeiro e no segundo fatores, indicando que há dois fatores com autovalores superiores a 1, ilustrando uma estrutura bifatorial.

Repetiu-se a análise fatorial utilizando-se o método PAF (*Principal Axis Factoring*), com rotação *varimax*. Os resultados confirmam a emergência de dois fatores com autovalores superiores a 1. O primeiro fator engloba os sete itens do componente afetivo e explica 40,6% da variabilidade (α de Cronbach = 0,84). O segundo refere-se aos cinco itens do componente conativo, explicando 18,2% da variância (α de Cronbach = 0,87). O Quadro 15.1 contém a definição dos dois fatores e seus respectivos itens.

A versão final da Medida de Atitude em Relação à Retaliação Organizacional (MARO) abre perspectivas para futuras pesquisas nacionais sobre o assunto, visto que possui validade fatorial e consistência interna dos itens. Além disso, a concepção atitudinal para o estudo da retaliação, como medida utilizada na organização, é adequada em razão de que as atitudes são consideradas como antecedentes diretos do comportamento (Ajzen, 1988; Ajzen e Fishbein, 1980). Para ROS (2002), as atitudes nos ajudam a entender a realidade, a nos posicionar frente a ela, a orientar a nossa conduta e a justificar nossas ações.

Ao final do capítulo encontra-se uma versão completa da MARO com instruções, escala de respostas e itens.

QUADRO 15.1
Denominação dos fatores, definições e itens da Medida de Atitude de Retaliação Organizacional

Denominação dos fatores	Definições	Itens
Componente afetivo	Refere-se à indignação diante do contexto organizacional em que a retaliação ocorre, e engloba a crença de que a injustiça provoca ressentimento, abrange o julgamento da situação como decepcionante e desprezível, assim como o sentimento de seriedade da injustiça cometida.	1, 2, 5, 6, 8, 10, 11
Componente conativo	Refere-se à tendência consciente para atuar, e engloba a avaliação positiva das retribuições, a crença de que a empresa merece a reação e de que ela atuaria de maneira idêntica diante de situações de injustiça.	2, 4, 7, 9, 12

Aplicação, apuração dos resultados e interpretação da MARO

A aplicação da MARO poderá ser feita individual ou coletivamente, sem identificação dos respondentes e com garantia de sigilo. Ademais, deve-se assegurar um ambiente tranqüilo e confortável para aplicação da escala, lembrando-se de que não há tempo limite estipulado para a aplicação.

A escala atitudinal da retaliação organizacional é precedida de uma situação que poderia ter ocorrido na organização onde o indivíduo trabalha, conforme transcrito a seguir:

> João recebe um memorando do chefe, no qual está escrito: "Gostaria de comunicar que esta organização irá promover uma pessoa deste departamento. Várias pessoas têm sido consideradas, mas apenas uma será promovida. Com base em minhas avaliações, decidi indicar a Maria".
> As outras pessoas do departamento, assim como João, não sabiam que haveria aquela promoção e não foi perguntada a opinião de ninguém sobre o melhor funcionário para assumir aquela nova posição.
> João sentiu-se muito injustiçado, pois ele era muito dedicado e competente, mas nem sequer ouviram a sua opinião. Com isso, passou a se comportar da seguinte maneira:

- Deixar de expor as suas melhores idéias em relação ao trabalho.
- Fingir que está doente para faltar ao serviço.
- Confrontar a chefia.
- Fazer corpo mole.

Em seguida, solicita-se que as pessoas se posicionem em relação ao caso descrito em uma escala que varia de 1 (discordo totalmente) a 5 (concordo totalmente).

A interpretação dos resultados da MARO é feita a partir do valor do escore médio obtido em cada um dos fatores da escala – afetivo e conativo. O cômputo do escore médio da MARO poderá ser obtido somando-se os valores indicados pelo respondente em cada um dos fatores – afetivo e conativo – dividindo-se essa somatória pelo total de itens que compõem o fator. Deve-se considerar que as médias fatoriais iguais ou inferiores a 2,0 significam, no caso do componente afetivo, que o trabalhador não se indigna com as situações de injustiça emitidas no contexto organizacional e, no caso do componente conativo, que os trabalhadores não possuem uma tendência consciente para reagir de maneira retaliatória a situações de injustiça. Médias iguais ou superiores a 3,0 significam, no caso do componente afetivo, que o respondente fica indignado diante do contexto organizacional injusto e, no caso do componente conativo, significa que os respondentes possuem uma tendência consciente para reagir com a retaliação diante das situações de injustiça. As médias fatoriais entre 2,1 e 2,9 indicam sentimentos ambivalentes em relação às situações de injustiça e de que possuem dúvidas acerca das possibilidades de reagirem de maneira retaliatória diante do contexto injusto.

Escala de percepção e julgamento da retaliação organizacional – EPJR

Alguns estudos sugerem que quando as pessoas são tratadas injustamente no trabalho tendem a reagir contra-atacando de algum modo.

Agora, pensando na sua experiência e no seu trabalho atual, pedimos que leia atentamente as frases abaixo e responda cada uma das colunas escrevendo o número que melhor representa a sua sincera opinião.

	1ª Coluna	2ª Coluna
	(1) nunca (2) poucas vezes (3) algumas vezes (4) muitas vezes (5) sempre	(1) muito injusto (2) injusto (3) nem injusto e nem justo (4) justo (5) justíssimo
	Qual a freqüência com que as pessoas da sua organização, ao se **sentirem injustiçadas**, costumam se comportar da forma descrita nas frases abaixo?	Agora, considere você e **julgue** como justo ou injusto os comportamentos descritos nas frases quando as pessoas **sofrem injustiças no trabalho**.
1. Alterar a forma de fazer as coisas com o intuito de prejudicar a organização.		
2. Deixar de colaborar com os colegas de trabalho.		
3. Influenciar negativamente os colegas de trabalho.		
4. Fazer corpo mole.		
5. Negar informações necessárias a um colega.		
6. Produzir abaixo da capacidade que possui.		
7. Fingir que está ocupado.		
8. Ficar indiferente às solicitações feitas pela chefia.		

(Continua)

(*Continuação*)

Escala de percepção e julgamento da retaliação organizacional – EPJR

	1ª Coluna	2ª Coluna
	(1) nunca (2) poucas vezes (3) algumas vezes (4) muitas vezes (5) sempre	(1) muito injusto (2) injusto (3) nem injusto e nem justo (4) justo (5) justíssimo
	Qual a freqüência com que as pessoas da sua organização, ao se **sentirem injustiçadas**, costumam se comportar da forma descrita nas frases abaixo?	Agora, considere você e **julgue** como justo ou injusto os comportamentos descritos nas frases quando as pessoas **sofrem injustiças no trabalho**.
9. Gastar mais tempo no intervalo do que o permitido.		
10. Falar mal da organização para pessoas estranhas ao serviço.		
11. Descumprir as normas da empresa.		
12. Tratar com indiferença as pessoas que buscam os serviços prestados pela organização.		
13. Fazer o serviço malfeito de propósito.		
14. Trabalhar contra a política da empresa.		
15. Tumultuar o ambiente de trabalho, propositalmente.		

Medida de atitude em relação à retaliação organizacional – MARO

Abaixo você encontrará uma situação que poderia ter ocorrido na organização onde você trabalha. Leia a situação com bastante atenção e dê a sua verdadeira opinião.

Situação:

João recebe um memorando do chefe, no qual está escrito: "Gostaria de comunicar que esta organização irá promover uma pessoa deste departamento. Várias pessoas têm sido consideradas, mas apenas uma será promovida. Com base em minhas avaliações, decidi indicar Maria".

As outras pessoas do departamento, assim como João, não sabiam que haveria aquela promoção e não foi perguntada a opinião de ninguém sobre o melhor funcionário para assumir aquela nova posição.

João se sentiu muito injustiçado, pois ele era muito dedicado e competente, mas nem sequer ouviram a sua opinião. Com isso, passou a se comportar da seguinte maneira:

- Deixar de expor as suas melhores idéias em relação ao trabalho.
- Fingir que está doente para faltar ao serviço.
- Confrontar a chefia.
- Fazer corpo mole.

Agora, pense no que aconteceu e utilize a escala abaixo para marcar com um **X** o número que mais corresponde à sua sincera opinião:

discordo totalmente 1	discordo parcialmente 2	nem concordo nem discordo 3	concordo parcialmente 4	concordo totalmente 5

Afirmações	1	2	3	4	5
1. Eu acho injusto o que a empresa fez com João.					
2. Eu acho que a empresa mereceu o que João fez.					
3. Eu ficaria desapontado se a empresa onde trabalho agisse comigo da forma descrita.					
4. Eu aprovo o que João fez.					
5. Eu acho que este tipo de situação faz com que as pessoas que não foram beneficiadas sintam raiva.					
6. Eu ficaria insatisfeito se a empresa onde trabalho fizesse comigo a mesma coisa que fizeram com João.					
7. Eu faria a mesma coisa que João fez.					

(Continua)

(*Continuação*)

Medida de atitude em relação à retaliação organizacional – MARO					
Afirmações	1	2	3	4	5
8. Eu acho muito sério o que a empresa fez.					
9. Eu considero a reação de João justa.					
10. Eu ficaria decepcionado se a empresa onde trabalho fizesse comigo a mesma coisa.					
11. Eu considero desprezível o que a empresa fez com João.					
12. Eu acho que João está correto na maneira de agir.					

REFERÊNCIAS

AJZEN, I. *Attitudes, personality and behavior*. Milton Keynes: Open University, 1988.

AJZEN, I.; FISHBEIN, M. *Understanding attitude and predicting social behavior*. Englewood Cliffs: Prentice-Hall, 1980.

ALLPORT, G. W.; VERNON, P.; LINDZEY, G. *Study of values*: manual. Boston: Houghton Miffin, 1960.

FEATHER, N. T. Reactions to penalties for an offense in relation to authoritarianism, values, perceived responsibility, perceived seriousness and deservingness. *Journal of Personality and Social Psychology*, Washington, v. 71, n. 3, p. 571-587, 1996.

_____ . Reactions to penalties for offenses committed by the police and public citizens: testing a social-cognitive model of retributive justice. *Journal of Personality and Social Psychology,* Washington, v. 75, n. 2, p. 528-544, Aug. 1998.

LEWIN, K. *A dynamic theory of personality*. New York: McGraw-Hill, 1935.

MCEVOY, G. M.; BULLER, P. F. User acceptance of peer appraisals in an industrial setting. *Personnel Psychology*, Durham, v. 40, n. 4, p. 785-797, Dec. 1987.

MENDONÇA, H. *Retaliação organizacional*: o impacto dos valores e das percepções de justiça. 2003. 257 f. Dissertação (Mestrado) – Instituto de Psicologia, Universidade de Brasília, Brasília, 2003.

MENDONÇA, H.; TAMAYO, A. Construção e validação de uma medida de atitude em relação à retaliação organizacional. *Avaliação Psicológica*, Porto Alegre, v. 2, n. 2, p. 147-153, Dez. 2003.

_____ . Percepção de justiça e atitudes retaliatórias nas organizações: análise empírica de um modelo atitudinal. *Revista de Administração Contemporânea - RAC*, Curitiba, v. 8, n. 2, p. 117-135, maio/jun. 2004.

MENDONÇA, H. et al. Percepção e julgamento da retaliação organizacional: construção e validação fatorial de um instrumento. *Estudos de Psicologia*, Natal, v. 9, n. 3, p. 543-551, set. 2004.

OLSON, J. M.; ZANNA, M. P. Attitudes and attitude change. *Annual Review of Psychology*, California, v. 44, p. 117-154, Jan. 1993.

ROS, M. Valores, actitudes y comportamiento: una nueva visita a un tema clásico. In: ROS, M.; GOUVEIA, V. V. (Org.). *Psicología social de los valores humanos*: desarrollos teóricos, metodológicos y aplicados. Madrid: Biblioteca Nueva, 2002. p. 79-99.

SKARLICKI, D. P.; FOLGER, R. Retaliation in the workplace: the roles of distributive, procedural, and interactional justice. *Journal of Applied Psychology*, Washington, v. 82, n. 3, p. 434-443, Mar. 1997.

SKARLICKI, D. P.; FOLGER, R.; TESLUK, P. Personality as a moderator in the relationship between fairness and retaliation. *Academy of Management Journal*, Tampa – Florida, v. 42, n. 1, p. 100-108, Feb. 1999.

TOWNSEND, J.; PHILLIPS, J.S.; ELKINS, T.J. Employee retaliation: the neglected consequences of poor leader-member exchange relations. *Journal of Occupational Health Psychology*, New York, v. 38, n. 4, p. 457-463, Oct. 2000.

16
Satisfação no trabalho
Mirlene Maria Matias Siqueira

Satisfação no trabalho é um tema que tem mobilizado a atenção de pesquisadores do comportamento organizacional e de gestores empresariais desde as primeiras décadas do século XX. Inicialmente, a procura por compreensão dos sentimentos que emergiam entre os trabalhadores foi marcada pela aproximação de satisfação com o processo motivacional. Por longo tempo satisfação e motivação no trabalho estiveram juntas nas teorias que tratavam das características individuais responsáveis por comportamentos de trabalho, tais como: teoria de motivação-higiene (Herzberg, Mausner e Snyderman, 1959), teoria de satisfação de necessidades (Vroom, 1964) e teoria de expectativas e instrumentalidade (Hackman e Porter, 1971). Estes estudiosos defendiam a noção de ser a satisfação no trabalho um componente da motivação que levava trabalhadores a apresentarem indicadores de comportamentos de trabalho importantes para os interesses empresariais, tais como aumento do desempenho e da produtividade, permanência na empresa e redução de faltas ao trabalho. Dentro desta perspectiva, satisfação foi estudada como uma "causa" de comportamentos no trabalho.

Posteriormente, entre os anos de 1970 e 1980, período em que o conceito de atitude dominava o pensamento de estudiosos do comportamento humano, satisfação no trabalho passou a ser concebida como uma atitude. Nesta época, satisfação também era tida como um fator com capacidade de predizer diferentes comportamentos de trabalho tais como produtividade, desempenho, rotatividade e absenteísmo (Tiffin e McCormick, 1975). Ainda hoje é possível encontrar o conceito de satisfação no trabalho sendo tratado como atitude, especialmente em manuais do comportamento organizacional (Hellriegel, Slocum e Woodman, 2001; Robbins, 1998). Seja por meio de sua compreensão como fator motivacional ou por sua natureza atitudinal, entende-se que trabalhador satisfeito seja também produtivo.

Uma segunda vertente de estudos sobre satisfação no trabalho está imbricada nos pressupostos humanistas e sociais que cobram das empresas maiores responsabilidades sociais. Nesta vertente, os especialistas consideram que aferir níveis de satisfação dos trabalhadores poderia ser uma estratégia para monitorar o quanto as empresas conseguem, ou não, promover e proteger a saúde e o bem-estar daqueles que com elas colaboram como força de trabalho. Tal visão está assentada na compreensão de que os sentimentos que emergem no contexto de trabalho possam se irradiar para a vida pessoal, familiar e social dos indivíduos e influenciar seus níveis de bem-estar e até sua saúde física e mental (Siqueira e Gomide Jr., 2004).

A partir dos anos de 1990, o interesse dos pesquisadores por emoções que emergem no contexto de trabalho reduziu o *status* abrangente de satisfação e tiveram grande impulso investigações acerca de outros conceitos afetivos, tais como afetos positivos e negativos, estado de ânimo e emoções discretas que abarcam as experiências emocionais no contexto de trabalho e que se tornaram importantes para a compreensão de fenômenos como estresse, *burnout*, sofrimento e saúde mental dos trabalhadores (Brief e Weiss, 2002; Gondim e Siqueira, 2004).

Satisfação no trabalho adentra o século XXI como um dos múltiplos conceitos que abordam a afetividade no ambiente de trabalho ou, mais especificamente, como um vínculo afetivo do indivíduo com o seu trabalho (Siqueira e Gomide Jr., 2004). Passa a ser compreendida como um resultado (*output*) do ambiente organizacional sobre a saúde do trabalhador e é apontada como um dos três componentes psicossociais do conceito de bem-estar no trabalho, ao lado de envolvimento com o trabalho e comprometimento organizacional afetivo (Siqueira e Padovam, s/d).

Resultados de pesquisas científicas sobre o tema permitiram compreender relações entre diversos fatores que poderiam ser desencadeadores de níveis de satisfação ou insatisfação. O acúmulo de estudos já demonstrou que características pessoais dos trabalhadores (sexo, idade, estado civil e nível de escolaridade) e do ambiente físico (ruído, temperatura, iluminação) ou de estrutura das organizações (funcional, matricial ou híbrida) pouco contribuem para explicar variações em níveis de satisfação. Por outro lado, existem evidências acumuladas por estudos brasileiros (Meleiro e Siqueira, 2005; Padovam, 2005; Siqueira, 2003, 2005; Tamayo, 1998) apontando o forte impacto de fatores do contexto sócio-organizacional, tais como valores organizacionais, percepções de justiça, percepções de suporte e de reciprocidade que emergem das relações de troca sociais e econômicas entabuladas entre empregados e organizações. Os resultados desses estudos sinalizam que satisfação no trabalho seria um sentimento extremamente sensível às políticas e práticas gerenciais, especialmente aquelas que definem os procedimentos e a distribuição de retornos (percepções de justiça no trabalho) para os comportamentos de trabalhadores, que revelam se a empresa está comprometida com os seus colaboradores, ou seja, o quanto a empresa se preocupa com o bem-estar deles (percepções de suporte organizacional) e o quanto ela (a empresa) estaria disposta a retribuir aos seus empregados os esforços e todos os investimentos que eles aplicam na organização (reciprocidade organizacional).

Apesar de transpor mais de 80 anos de sua existência sofrendo mutações em sua concepção, ora entendida como um aspecto motivacional, ora compreendida como atitude e, contemporaneamente, sendo apontada como um conceito que abarca afetividade, satisfação no trabalho não sofreu grandes alterações em suas dimensões constitutivas. Desde os primeiros anos de sua concepção já existiam proposições, defendidas por diversos estudiosos (Herzberg, Mausner e Snyderman, 1959; Smith, Kendall e Hulin, 1969) de ser satisfação no trabalho um conceito integrado por várias dimensões. As que conseguiram manter-se ao longo de décadas foram cinco: satisfação com o salário, com os colegas de trabalho, com a chefia, com as promoções e com o próprio trabalho.

Cabe ressaltar que a expressão "satisfação no trabalho" representa a totalização do quanto o indivíduo que trabalha vivencia experiências prazerosas no contexto das organizações. Assim sendo, cada uma das cinco dimensões de satisfação no trabalho compreende um foco, uma fonte ou origem de tais experiências prazerosas sendo, portanto, utilizadas as expressões "satisfação com..." (o salário, os colegas, a chefia, as promoções e o próprio trabalho). Investigar satisfação no trabalho significa avaliar o quanto os retornos ofertados pela empresa em forma de salários e promoção, o quanto a convivência com os colegas e as chefias e o quanto a realização das tarefas propiciam ao empregado sentimentos gratificantes ou prazerosos.

Uma antiga e constante preocupação de pesquisadores recai sobre a construção e a validação de medidas de satisfação no trabalho. Pelo fato de ser um tema que interessa não só aos pesquisadores, mas especialmente aos gestores que buscam conferir a adequação de suas políticas e práticas de gestão, as análises dos índices de satisfação no trabalho passaram a ser constantes em diversas organizações. Os institutos de pesquisa que se dedicam a elaborar um *ranking* das melhores empresas para se trabalhar incluem os índices de satisfação no trabalho como um dos principais indicadores das melhores empresas.

Para se constituir em uma medida útil de satisfação é indispensável que ela permita avaliar não um amplo leque de dimensões do trabalho, mas, sim, aqueles aspectos que a teoria aponta como dimensões do conceito de satisfação. Por outro lado, a medida deve ser de fácil aplicação, permitindo aos trabalhadores compreender o que se solicita deles e apontar suas respostas com tranquilidade. A medida também deve permitir a transformação dos dados por ela recolhidos em resultados que possam ser interpretados prontamente, tanto no âmbito da pesquisa científica quanto na prática gerencial.

Neste capítulo será apresentada a Escala de Satisfação no Trabalho (EST) construída e validada no Brasil. A EST está ancorada em uma visão multidimensional de satisfação no trabalho e seus itens cobrem as cinco dimensões teóricas do conceito. Ela poderá ser utilizada, tanto em sua forma completa quanto em sua versão reduzida, para aferir níveis de satisfação no trabalho de indivíduos dos sexos masculino e feminino que tenham preparo para ler e compreender as instruções, os itens e o procedimento de responder à medida, por meio do uso de uma escala de sete pontos.

Para garantir maior tranqüilidade aos que desejarem aplicar a EST, as próximas seções deste capítulo apresentarão o método aplicado no seu processo de construção e validação, os resultados que revelaram os indicadores psicométricos da EST, bem como as orientações para a sua aplicação, apuração e interpretação dos resultados obtidos.

CONSTRUÇÃO E VALIDAÇÃO DA ESCALA DE SATISFAÇÃO NO TRABALHO – EST[1]

A EST é uma medida multidimensional, construída e validada com o objetivo de avaliar o grau de contentamento do trabalhador frente a cinco dimensões do seu trabalho. Em sua fase de construção, foram elaborados 28 itens para representar contentamento no trabalho a partir de seis dimensões: **satisfação com o salário** (cinco itens), **satisfação com os colegas de trabalho** (cinco itens), **satisfação com a chefia** (cinco itens), **satisfação com as promoções** (cinco itens), **satisfação com a natureza do trabalho** (cinco itens) e **satisfação com a estabilidade no emprego** (três itens).

Após o teste de clareza e compreensão das instruções e itens da EST, 287 trabalhadores participaram do seu processo de validação. Sobre as respostas dos sujeitos, obtidas por meio de uma escala de 7 pontos (1= totalmente insatisfeito; 2 = muito insatisfeito; 3 = insatisfeito; 4 = indiferente; 5 = satisfeito; 6 = muito satisfeito; 7 = totalmente satisfeito), foram realizadas análises dos componentes principais (PC) com rotações oblíqua (*oblimin*) e ortogonal (*varimax*). Destas análises extraíram-se cinco componentes com autovalores iguais ou maiores do que 1,0, os quais explicavam 64,8% da variância total. Agrupamentos de itens mais consistentes foram obtidos a paritr da rotação oblíqua. Através de critérios propostos por Pasquali (1999) para seleção de fatores e itens, os cinco componentes extraídos foram mantidos e eliminados três itens, todos integrantes de **satisfação com a estabilidade no emprego**, visto que os mesmos haviam apresentado carga fatorial importante (CF > 0,35) no componente **satisfação com as promoções**.

O conjunto de 25 itens retidos, após rotação oblíqua, compôs os conceitos de **satisfação com os colegas de trabalho** (Fator 1, cinco itens, $\alpha = 0,86$), **satisfação com o salário** (Fator 2, cinco itens, $\alpha = 0,92$), **satisfação com a chefia** (Fator 3, cinco itens, $\alpha = 0,90$), **satisfação com a natureza do trabalho** (Fator 4, cinco itens, $\alpha = 0,82$) e **satisfação com as promoções** (Fator 5, cinco itens $\alpha = 0,87$). As qualidades psicométricas da EST, dentro de uma

---

[1] Autor: Siqueira, M.M.M. (1995).

Medidas do comportamento organizacional **269**

abordagem fatorial, podem ser atestadas pela pureza de seus cinco componentes, pelas altas cargas fatoriais de seus 25 itens cujos valores ficaram entre 0,49 a 0,88, como também pela homogeneidade semântica existente entre os itens de cada componente. Adicionalmente, foram obtidos índices satisfatórios de precisão para cada um dos seus cinco componentes que, apesar de congregarem, respectivamente, apenas cinco itens, produziram valores altos de precisão (α de Cronbach), variando de 0,82 a 0,92 (Quadro 16.1). A versão completa da EST com 25 itens encontra-se no final deste capítulo.

QUADRO 16.1
Dimensões, definições, itens e índices de precisão da EST em sua forma completa com 25 itens

Dimensões	Definições	Itens	Índices de precisão
Satisfação com os colegas	Contentamento com a colaboração, a amizade, a confiança e o relacionamento mantido com os colegas de trabalho.	1, 6, 14, 17 e 24	0,86
Satisfação com o salário	Contentamento com o que recebe como salário se comparado com o quanto o indivíduo trabalha, com sua capacidade profissional, com o custo de vida e com os esforços feitas na realização do trabalho.	5, 8, 12, 15 e 21	0,92
Satisfação com a chefia	Contentamento com a organização e capacidade profissional do chefe, com o seu interesse pelo trabalho dos subordinados e entendimento entre eles.	2, 9, 19, 22 e 25	0,90
Satisfação com a natureza do trabalho	Contentamento com o interesse despertado pelas tarefas, com a capacidade de elas absorverem o trabalhador e com a variedade das mesmas.	7, 11, 13, 18 e 23	0,82
Satisfação com as promoções	Contentamento com o número de vezes que já recebeu promoções, com as garantias oferecidas a quem é promovido, com a maneira de a empresa realizar promoções e com o tempo de espera pela promoção.	3, 4, 10, 16 e 20	0,87

VERSÃO REDUZIDA DA ESCALA DE SATISFAÇÃO NO TRABALHO 15 ITENS

Com o objetivo de compor uma versão reduzida da EST, respeitando-se a sua estrutura de cinco componentes, foram calculados índices de precisão (α de Cronbach) sobre os três itens de cada fator que detinham cargas fatoriais mais elevadas (Quadro 16.2). Uma correlação elevada e quase perfeita (r = 0,98; p < 0,01) foi observada entre a forma completa da EST com 25 itens e a sua

QUADRO 16.2

Dimensões, definições, itens e índices de precisão da EST em sua versão reduzida com 15 itens

Dimensões	Definições	Itens	Índices de precisão
Satisfação com os colegas	Contentamento com a colaboração, a amizade, a confiança e o relacionamento mantido com os colegas de trabalho.	1, 4 e 14	0,81
Satisfação com o salário	Contentamento com o que recebe como salário se comparado com o quanto o indivíduo trabalha, com sua capacidade profissional, com o custo de vida e com os esforços feitos na realização do trabalho.	3, 6 e 11	0,90
Satisfação com a chefia	Contentamento com a organização e capacidade profissional do chefe, com o seu interesse pelo trabalho dos subordinados e entendimento entre eles.	10, 12 e 15	0,84
Satisfação com a natureza do trabalho	Contentamento o interesse despertado pelas tarefas, com a capacidade de absorverem o trabalhador e com a variedade das mesmas.	5, 8 e 13	0,77
Satisfação com as promoções	Contentamento com o número de vezes que já recebeu promoções, com as garantias oferecidas a quem é promovido, com a maneira de a empresa realizar promoções e com o tempo de espera pela promoção.	2, 7 e 9	0,81

versão reduzida, com 15. Os 15 itens que compõem a versão reduzida da EST estão assinalados (®) dentre os 25 itens da escala completa apresentada ao final deste capítulo.

APLICAÇÃO, APURAÇÃO DOS RESULTADOS E INTERPRETAÇÃO DA EST

A aplicação da EST, seja em sua forma completa ou em sua versão reduzida, poderá ser feita de forma individual ou coletiva. Deve-se cuidar para que os respondentes tenham entendido as instruções e o modo de assinalar suas respostas. É necessário assegurar também que o ambiente de aplicação seja tranqüilo e confortável, lembrando que o tempo de aplicação da EST é livre.

Pelo fato da EST ser uma medida multidimensional com cinco dimensões, tanto em sua forma completa (25 itens) como em sua versão reduzida (15 itens), deverão ser computados cinco escores médios. O cálculo de cada escore médio será obtido somando-se os valores assinalados pelos respondentes em cada um dos itens que integra cada dimensão e, a seguir, divide-se este valor pelo número de itens da dimensão. Assim, para a forma completa da EST a soma será sempre dividida por cinco e para a versão reduzida, por três. Deve-se ressaltar que nos dois casos o resultado deverá ficar entre 1 e 7.

A interpretação dos resultados, tanto os obtidos a partir da forma completa quanto aqueles da versão reduzida, deverá considerar que quanto maior for o valor do escore médio, maior será o grau de contentamento ou satisfação do empregado com aquela dimensão de seu trabalho. Assim, valores entre 5 e 7 tendem a indicar satisfação. Por outro lado, valores entre 1 e 3,9 tendem a sinalizar insatisfação, enquanto valores entre 4 e 4,9 informam um estado de indiferença, ou seja, nem satisfeito, nem insatisfeito.

Vale lembrar que a EST, tanto em sua forma completa como em sua versão reduzida, resultou de estudo empírico por meio do qual foram validadas as suas cinco dimensões, os seus itens, sua escala de respostas e as instruções. Portanto, não é possível garantir os indicadores psicométricos da EST aqui descritos caso seja alterada qualquer parte de sua composição.

Escala de satisfação no trabalho – EST

As frases abaixo falam a respeito de alguns aspectos do seu trabalho atual. **Indique o quanto você se sente satisfeito ou insatisfeito com cada um deles.** Dê suas respostas anotando, nos parênteses que antecedem cada frase, aquele número (de 1 a 7) que melhor representa sua resposta.

1 = Totalmente insatisfeito
2 = Muito insatisfeito
3 = Insatisfeito
4 = Indiferente
5 = Satisfeito
6 = Muito satisfeito
7 = Totalmente satisfeito

No meu trabalho atual sinto-me...

( ) Com o espírito de colaboração dos meus colegas de trabalho. ®
( ) Com o modo como meu chefe organiza o trabalho do meu setor.
( ) Com o número de vezes que já fui promovido nesta empresa. ®
( ) Com as garantias que a empresa oferece a quem é promovido.
( ) Com o meu salário comparado com o quanto eu trabalho. ®
( ) Com o tipo de amizade que meus colegas demonstram por mim. ®
( ) Com o grau de interesse que minhas tarefas me despertam. ®
( ) Com o meu salário comparado à minha capacidade profissional. ®
( ) Com o interesse de meu chefe pelo meu trabalho.
( ) Com a maneira como esta empresa realiza promoções de seu pessoal. ®
( ) Com a capacidade de meu trabalho absorver-me. ®
( ) Com o meu salário comparado ao custo de vida.
( ) Com a oportunidade de fazer o tipo de trabalho que faço.
( ) Com a maneira como me relaciono com os meus colegas de trabalho.
( ) Com a quantia em dinheiro que eu recebo desta empresa ao final de cada mês.
( ) Com as oportunidades de ser promovido nesta empresa. ®
( ) Com a quantidade de amigos que eu tenho entre meus colegas de trabalho.
( ) Com as preocupações exigidas pelo meu trabalho.
( ) Com o entendimento entre eu e meu chefe. ®
( ) Com o tempo que eu tenho de esperar para receber uma promoção nesta empresa.
( ) Com meu salário comparado aos meus esforços no trabalho. ®
( ) Com a maneira como meu chefe me trata. ®
( ) Com a variedade de tarefas que realizo. ®
( ) Com a confiança que eu posso ter em meus colegas de trabalho. ®
( ) Com a capacidade profissional do meu chefe. ®

® Itens que compõem a versão reduzida da EST (15 itens).

REFERÊNCIAS

BRIEF, A. P.; WEISS, H. M. Organizational behavior: affect in the workplace. *Annual Review of Psychology*, Washington, DC, v. 53, p. 279-307, Jan. 2002.

GONDIM, S. M. G.; SIQUEIRA, M. M. M. Emoções e afetos no trabalho. In: ZANELLI, J. C.; BORGES-ANDRADE, J. E.; BASTOS, A. V. B. (Org.). *Psicologia, organizações e trabalho no Brasil*. Porto Alegre: Artmed, 2004. p. 207-236.

HACKMAN, R.; PORTER, L. W. Predicciones de la eficiencia en el trabajo por la teoria de las expectativas. In: FLEISHMAN, E. A.; BASS, A. R. (Org.). *Estudios de psicologia industrial y del personal*. México: Trillas, 1971. p. 295-304.

HELLRIEGEL, D.; SLOCUM JR., J. W.; WOODMAN, R. W. *Organizational behavior.* Cincinnati: South-Western College, 2001.

HERZBERG, F.; MAUSNER, B.; SNYDERMAN, B. *The motivation to work.* New York: Wiley, 1959.

MELEIRO, A.; SIQUEIRA, M. M. M. Os impactos do suporte do supervisor e de estilos de liderança sobre bem-estar no trabalho. *Revista de Práticas Administrativas,* Maringá, v. 2, n. 1, p. 89-102, 2005.

PADOVAM, V. A. R. *Antecedentes de bem-estar no trabalho:* percepções de justiça e suportes. 2005. 119 f. Dissertação (Mestrado em Psicologia da Saúde) - Faculdade de Psicologia e Fonoaudiologia, Universidade Metodista de São Paulo, 2005.

PASQUALI, L. Testes referentes a construto: teoria e modelo de construção. In: PASQUALI, L. (Org.). *Instrumentos psicológicos:* manual prático de elaboração. Brasília: LabPAM-IBAAP, 1999. p. 37-72.

ROBBINS, S. P. *Comportamento organizacional.* Rio de Janeiro: Livros Técnicos e Científicos, 1998.

SIQUEIRA, M. M. M. *Antecedentes de comportamentos de cidadania organizacional:* análise de um modelo pós-cognitivo. 1995. 265 f. Tese (Doutorado em Psicologia) – Instituto de Psicologia, Universidade de Brasília, Brasília, 1995.

_____ . Esquema mental de reciprocidade e influências sobre afetividade no trabalho. *Estudos de Psicologia,* Natal, v.10, n. 1, p. 83-93, jan./abr. 2005.

_____ . Proposição e análise de um modelo para comportamentos de cidadania organizacional. *Revista de Administração Contemporânea*, Rio de Janeiro, v. 7, p.165-185, Jan./Abr. 2003. Número especial.

SIQUEIRA, M.M.M.; GOMIDE JR., S. Vínculos do indivíduo com o trabalho e com a organização. In: ZANELLI, J. C.; BORGES-ANDRADE, J. E; BASTOS, A. V. B. (Org.). *Psicologia, organizações e trabalho no Brasil*. Porto Alegre: Artmed, 2004. p. 300-328.

SIQUEIRA, M. M. M.; PADOVAM, V.A. R. Bases teóricas de bem-estar subjetivo, bem-estar psicológico e bem-estar no trabalho. *Psicologia*: Teoria e Pesquisa, Brasília, DF, 2004. No prelo.

SMITH, P. C.; KENDALL, L. M.; HULIN, C. L. *The measurement of satisfaction in work and retirement.* Chicago: Rand McNally, 1969.

TAMAYO, A. Valores organizacionais: sua relação com satisfação no trabalho, cidadania organizacional e comprometimento afetivo. *Revista de Administração*, São Paulo, v. 33, n. 3, p. 56-63, jul./set. 1998.

TIFFIN, J.; McCORMICK, E. J. *Psicologia industrial.* São Paulo: EPU, 1975.

VROOM, V. H. *Work and motivation.* New York: Willey, 1964.

17
Saúde organizacional

Sinésio Gomide Júnior
Marília Nunes Fernandes

As primeiras proposições sobre saúde organizacional surgiram na década de 1950, atreladas à noção de efetividade organizacional (Argyris, 1958; Bennis, 1966; Jaffe, 1995). Embora não haja, ainda hoje, uma abordagem única sobre efetividade, parece haver consenso entre os pesquisadores de que este é um tema central para as ciências da organização (Cameron, 1986).

A efetividade organizacional foi definida por Georgopoulos e Tannenbaum (1957) como a extensão em que uma organização, como um sistema social, alcança seus objetivos sem incapacitar os meios e recursos e sem gerar tensão entre seus membros. Em 1964, Argyris identificou as três atividades centrais da organização, com vistas ao alcance de sua efetividade: a realização dos objetivos organizacionais, a manutenção do sistema interno e a adaptação ao ambiente externo. Schein (1965), por outro lado, definiu efetividade como a capacidade da organização de sobreviver, de se adaptar, de se manter e crescer, independente das particulares funções desempenhadas.

Outra definição clássica de efetividade foi proposta por Katz e Kahn (1966), contemplando critérios internos e externos à organização. Assim, efetividade foi concebida pelos autores como a maximização dos rendimentos organizacionais, determinada por uma combinação de eficiência da organização, como um sistema, e seu êxito em obter os insumos necessários, em condições vantajosas. Os autores fizeram, ainda, uma distinção entre "efetividade em curto prazo", associada à obtenção de lucros (critério interno) e "efetividade em longo prazo", relacionada ao armazenamento, crescimento, sobrevivência e controle do meio ambiente (critério externo).

No entanto, alguns pontos de divergência aparecem na literatura relativos aos conceitos de efetividade, principalmente no tocante a seus critérios (Argyris, 1958; Cameron, 1986). Já em 1958, por exemplo, Argyris questionou os critérios de lucratividade, satisfação do empregado, absenteísmo, elevado moral dos membros e rotatividade – os quais eram critérios comumente empregados na definição de efetividade – por não se referirem à natureza do sistema organizacional em si e por serem resultantes ou produtos desse sistema. Bennis, em consonância com Argyris, considerou esses critérios como "não-válidos" porque não se atentavam à adaptação às mudanças (Bennis, 1962, 1966).

Na tentativa de superar os entraves apontados pela literatura, Bennis (1962) propôs que os mesmos critérios empregados para a identificação do indivíduo mentalmente sadio fossem empregados para a identificação da organização saudável. Propôs, assim, a definição de um novo construto na literatura, baseado nos critérios de saúde mental de Jahoda (1958): a noção de Saúde Organizacional. Conforme Bennis (1962), a organização saudável seria aquela que apresentasse adaptabilidade, teste da realidade e senso de identidade. A adaptabilidade é uma característica que coincide com a capacidade de resolver problemas que, por sua vez, depende da flexibilidade organizacional, que é a liberdade de aprender por meio da experiência, de mudar em simultaneidade com as circunstâncias internas e externas. O teste da realidade refere-se à habilidade organizacional para perceber, conhecer e interpretar de forma correta as condições do meio ambiente que são relevantes para o funcionamento da organização. O senso de identidade é o conhecimento que a organização possui sobre o que ela é, quais são suas metas e o que deve fazer.

Schein (1965) postulou como um quarto critério de saúde organizacional, o estado de integração indivíduo-organização que diria respeito ao grau de harmonia entre os sistemas da organização. Para o autor, em uma organização saudável deveria haver uma integração entre os objetivos individuais e os objetivos da organização.

Uma visão similar de saúde organizacional foi apresentada por Fordyce e Weil (1971). Os autores ressaltaram que a organização saudável é independente, afirmativa, otimista, responsável, não se surpreende facilmente, é sensível e adaptável a mudanças. A organização saudável, para os autores, é aquela que tem um forte sentido de sua própria identidade e missão, tem a capacidade de se adaptar prontamente às mudanças e são mais prováveis de buscar e utilizar métodos mais efetivos para conduzir seus negócios. Essa definição é consoante à concepção de saúde organizacional proposta por Bennis (1962).

Uma visão ampliada dos critérios de saúde organizacional foi apresentada por Mello (1978) que desmembrou aqueles quatro critérios propostos por Bennis (1962) e Schein (1965) em sete critérios: identidade (a organização sabe o que ela é), orientação (a organização conhece seus objetivos), sensibilidade realista (capacidade de perceber modificações internas e externas), criatividade (capacidade de criar, inovar, buscar soluções e improvisar adequadamente), flexibilidade (capacidade de modificar atitudes, comportamentos, atividades, tarefas, estruturas, métodos e metas), integração (harmonia, balanço, coordenação e convergência entre as metas da organização e as necessidades dos indivíduos que nela trabalham) e reserva de energia (existência de reservas de recursos energéticos dentro do sistema e/ou capacidade de obtê-los facilmente do meio externo).

As duas origens conceituais de saúde organizacional, ou seja, sua vinculação ao conceito de efetividade organizacional e aos critérios de saúde individual foram soberanas na literatura recentemente quando Jaffe (1995) redefiniu saúde organizacional como uma noção ampliada de efetividade. A efetividade organizacional – tradicionalmente definida como busca pelo lucro, produtividade, serviços e objetivos contínuos – foi contestada pelo autor que questionou a probabilidade de o tratamento dispensado aos funcionários, à saúde e ao bem-estar individual integrarem este conceito. Como ampliação do conceito de efetividade, Jaffe (1995) considera que a organização deve ser saudável para si mesma pelo crescimento, coerência e adaptabilidade; para os empregados, oferecendo-lhes um local de trabalho saudável; para os acionistas, pelo aumento dos valores das ações; para os fornecedores e clientes, oferecendo bons valores e serviços e, finalmente, para a comunidade, tendo responsabilidade econômica e social.

As definições contemporâneas de saúde organizacional atenderam ao questionamento de Jaffe (1995) quanto à inclusão de bem-estar e saúde do empregado como critérios de efetividade organizacional. No entanto, alguns autores parecem adotar como sinônimos a saúde da organização e a saúde do trabalhador (Shoaf et al., 2004; Williams, 1994; Wilson et al., 2004) ou definiram a organização saudável como a que não gerasse estresse aos empregados (Cox e Howarth, 1990) ou, ainda, argumentaram sobre a interdependência entre saúde organizacional e saúde individual (Assmar e Ferreira, 2004; Peterson e Wilson, 2002; Quick, 1999).

Então, devido à confusão conceitual entre saúde organizacional e saúde do trabalhador das abordagens contemporâneas ou da desconsideração de critérios externos de adaptação às mudanças, a fundamentação teórica utilizada para a construção da medida de Escala de Percepção de Saúde Organizacional buscou resgatar os critérios indicados por Bennis (1962), Schein (1965) e Fordyce e Weil (1971) por considerarem, nestes critérios, maior consistência conceitual que as conceituações atuais.

Considerado o fato de a literatura, tanto nacional quanto internacional, sobre saúde organizacional estar voltada, preferencialmente, a modelos conceituais sem teste empírico das relações propostas (Assmar e Ferreira, 2004; Dejoy e Wilson, 2003; Jaffe, 1995; Peterson e Wilson, 2002), a construção de uma medida de saúde organizacional possibilitará suprir essa lacuna, além de ser um instrumento válido e confiável que poderá ser utilizado pelos gestores organizacionais.

Assim, neste capítulo será apresentada a Escala de Percepção de Saúde Organizacional – aqui em sua primeira divulgação – baseada nas primeiras propostas de validação de Gomide Jr. e colaboradores (1999). Nas próximas seções serão destacados os métodos aplicados para a construção e a validação da EPSaO.

CONSTRUÇÃO E VALIDAÇÃO DA ESCALA DE PERCEPÇÃO DE SAÚDE ORGANIZACIONAL – EPSaO

A Escala de Percepção de Saúde Organizacional (EPSaO) foi construída e validada com o propósito de verificar a percepção dos empregados a respeito da saúde da organização. Os itens da escala foram elaborados com base nos critérios de saúde organizacional apontados por Bennis (1962), Shein (1965) e Fordyce e Weil (1971) e baseados em uma primeira proposição de validação de Gomide Jr. e colaboradores (1999).

Para a validação da EPSaO, o instrumento original composto por 40 itens foi aplicado a 377 trabalhadores, que deram suas respostas de acordo com uma escala de cinco pontos (1 = Discordo totalmente; 2 = Discordo; 3 = Nem discordo nem concordo; 4 = Concordo; 5 = Concordo totalmente).

A matriz mostrou-se adequada à fatorabilidade (KMO = 0,94). Para extração dos fatores, foi realizada análise dos componentes principais que indicou três componentes com autovalores maiores que 1,5. Posteriormente, utilizou-se o método de extração dos eixos principais (PAF) com rotação oblíqua (*oblimin*), adotando-se, como critério, cargas fatoriais mínimas de 0,40 e autovalores iguais ou superiores a 1,5. A melhor configuração foi bifatorial, contendo fatores coerentes e interpretáveis, que em conjunto, explicaram 38,71% do construto. O primeiro fator foi denominado **integração de pessoas e equipes** e reuniu 20 itens com cargas fatoriais variando de 0,42 a 0,80; coeficiente de precisão (α de Cronbach) de 0,92 e correlação item-total variando de 0,48 a 0,66 (com média de 0,56). O segundo fator, denominado **flexibilidade e adaptabilidade a demandas externas**, reuniu sete itens, com cargas fatoriais entre 0,43 e 0,80, coeficiente de precisão de 0,84 e correlação item-total entre 0,49 e 0,70 (com média de 0,59). A correlação (*r* de Pearson) entre os fatores foi de 0,72. O instrumento final ficou composto de 27 itens. O Quadro 17.1 contém as informações sobre denominações, definições, itens integrantes e índices de precisão dos fatores que compõem o instrumento. Ao final do capítulo encontra-se a EPSaO completa com instruções, escala de respostas e as 27 frases.

Aplicação, apuração dos resultados e interpretação da EPSaO

A aplicação da EPSaO poderá ser feita de forma individual ou coletiva. Deve-se cuidar para que os respondentes tenham entendido as instruções e o modo de assinalar suas respostas. É necessário assegurar também que o ambiente de aplicação seja tranqüilo e confortável, lembrando que o tempo de aplicação da EPSaO é livre.

A EPSaO é uma escala composta de dois fatores. Portanto, o cálculo dos escores médios deverá ser feito para cada um dos fatores (**integração de pessoas e equipes e flexibilidade e adaptabilidade a demandas externas**). Assim, o cálculo do escore médio da EPSaO será obtido somando-se os valores assinalados pelo respondente em cada um dos itens que integra cada fator e dividindo-se este valor pelo número de itens do fator. Para o Fator 1, a soma obtida será dividida por 20 e para o Fator 2, dividida por 7. É importante destacar que o resultado deverá estar entre 1 e 5.

A interpretação dos resultados obtidos pela aplicação da EPSaO deve considerar que quanto maior o valor do escore fatorial médio, maior é a percepção do respondente de que sua organização empregadora apresenta a característica contemplada naquele fator. Assim, médias fatoriais entre 1 e 2,9 tenderiam a indicar que o empregado não percebe a característica enunciada pelo fator; médias entre 4 e 5 tenderiam a indicar que o empregado percebe a característica enunciada, enquanto médias entre 3 e 3,9 tenderiam a indicar uma dúvida do respondente quanto à presença daquela característica enunciada pelo fator.

Para que sejam garantidas as propriedades psicométricas da EPSaO, os aplicadores devem respeitar as suas características: número de fatores, itens, escala de respostas e instruções que foram submetidas a processo de validação.

QUADRO 17.1

Denominações, definições, itens integrantes e índices de precisão dos fatores que compõem a EPSaO.

Fator/ Denominações	Definições	Itens	Índices de precisão
1. Integração de Pessoas e Equipes	Crenças do empregado de que a organização é capaz de estimular o compartilhamento dos objetivos organizacionais e a integração de seus membros às suas equipes de trabalho.	1, 2, 3, 4, 5, 6, 7, 8, 9, 10, 11, 12, 13, 14, 15, 17, 18, 19, 20, 21	0,92
2. Flexibilidade e Adaptabilidade a Demandas Externas	Crenças do empregado de que a organização possui políticas e procedimentos de trabalho flexíveis e voltados para a adaptação da organização às demandas do ambiente externo.	16, 22, 23, 24, 25, 26, 27	0,84

Escala de percepção de saúde organizacional – EPSaO

Abaixo estão listadas 27 frases relativas ao trabalho na sua empresa. Indique o quanto você concorda ou discorda de cada uma delas. Dê suas respostas anotando nos parênteses que antecedem cada frase aquele número (de 1 a 5) que melhor representa sua resposta.

1 = Discordo totalmente
2 = Discordo
3 = Nem discordo nem concordo
4 = Concordo
5 = Concordo totalmente

Na empresa onde trabalho...

1. ( ) ... as pessoas conhecem os objetivos que a organização pretende alcançar.
2. ( ) ... as pessoas trabalham unidas para que a organização alcance seus objetivos.
3. ( ) ... pode-se falar sobre os problemas percebidos diretamente com as pessoas envolvidas.
4. ( ) ... as pessoas têm acesso às informações necessárias para tomar decisões relativas ao trabalho.
5. ( ) ... as ações são planejadas em equipe.
6. ( ) ... há cooperação entre as pessoas na execução dos trabalhos.
7. ( ) ... procura-se a solução dos problemas de modo a que todas as pessoas envolvidas possam opinar.
8. ( ) ... as necessidades individuais são levadas em consideração quando é preciso diagnosticar problemas organizacionais.
9. ( ) ... a competição entre equipes é feita de maneira honesta.
10. ( ) ... as pessoas procuram, espontaneamente, ajudar seus colegas por meio de sugestões.
11. ( ) ... as pessoas procuram espontaneamente ajudar seus colegas por meio de ações concretas.
12. ( ) ... quando há crises, as pessoas se reúnem para trabalhar cooperativamente para solucioná-las.
13. ( ) ... as pessoas têm respeito pelas outras.
14. ( ) ... as pessoas encaram seus trabalhos como algo importante.
15. ( ) ... as pessoas encaram seus trabalhos como algo prazeroso.
16. ( ) ... os chefes variam seus estilos de administração conforme às necessidades das diferentes situações de trabalho.
17. ( ) ... as pessoas confiam umas nas outras.
18. ( ) ... há um sentimento geral de liberdade.
19. ( ) ... as pessoas sabem o que é importante para a organização.

(Continua)

(*Continuação*)

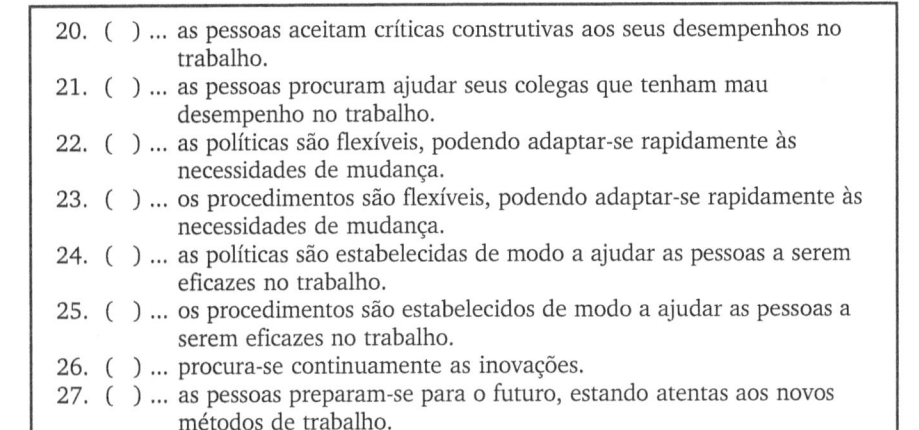

20. ( ) ... as pessoas aceitam críticas construtivas aos seus desempenhos no trabalho.
21. ( ) ... as pessoas procuram ajudar seus colegas que tenham mau desempenho no trabalho.
22. ( ) ... as políticas são flexíveis, podendo adaptar-se rapidamente às necessidades de mudança.
23. ( ) ... os procedimentos são flexíveis, podendo adaptar-se rapidamente às necessidades de mudança.
24. ( ) ... as políticas são estabelecidas de modo a ajudar as pessoas a serem eficazes no trabalho.
25. ( ) ... os procedimentos são estabelecidos de modo a ajudar as pessoas a serem eficazes no trabalho.
26. ( ) ... procura-se continuamente as inovações.
27. ( ) ... as pessoas preparam-se para o futuro, estando atentas aos novos métodos de trabalho.

REFERÊNCIAS

ASSMAR, E. M. L.; FERREIRA, M. C. Cultura, justiça e saúde no trabalho. In: TAMAYO, A. (Org.). *Cultura e saúde nas organizações*. Porto Alegre: Artmed, 2004. p.155-178.

ARGYRIS, C. *Integrating the individual and the organization*. New York: Wiley, 1964.

_____. The organization: what makes it healthy? *Harvard Business Review*, Boston, v.36, n.6, p.107-116, Nov./Dec. 1958.

BENNIS, W. G. *Changing organizations*: essays on the development and evolution of human organization. New York: McGraw-Hill, 1966.

_____ . Toward a truly scientific management: the concept of organizational health. *General Systems Yearbook*, v.7, p.269-282, Dec. 1962.

CAMERON, K. S. Effectiveness as paradox: consensus and conflict in conceptions of organizational effectiveness. *Management Science*, Linthicum, v. 32, n. 5, p.539-553, May 1986.

COX, T.; HOWARTH, S. Organizational health, culture and helping. *Work & Stress*, London, v.4, n.2, 107-110, Apr. 1990.

DEJOY, D. M.; WILSON, M. G. Organizational health promotion: broadening the horizon of workplace health promotion. *American Journal of Health Promotion*, Georgia, v.17, n.5, p. 337-341, May/June. 2003.

FORDYCE, J. K.; WEIL, R. *Managing with people*: a managers handbook methods. Reading, MA: Addison Wesley, 1971.

GEORGOPOULOS, B.; TANNENBAUM, A.S. A study of organizational effectiveness. *American Sociological Review*, Washington, v. 22, p. 534-540, Oct. 1957.

GOMIDE JR., S. et al. Explorando o conceito de saúde organizacional: construção e validação de um instrumento de medida para o ambiente brasileiro. In: REUNIÃO ANUAL DE PSICOLOGIA, 29., 1999, Campinas. *Resumos de comunicações científicas*, Campinas: SBP, 1999. p.43.

JAFFE, D. T. The healthy company: research paradigms for personal and organizational health. In: SAUTER, S. L. MURPHY, L. R. *Organizational risk factors for job stress*. Washington: American Psychological Association, 1995. p.13-39.

JAHODA, M. *Current concepts of positive mental health*. New York: Basic Books, 1958.

KATZ, D.; KAHN, R. L. *The social psychology of organizations*. New York: Wiley, 1966.

MELLO, F. A. F. *Desenvolvimento das organizações*: uma opção integradora. Rio de Janeiro: Livros Técnicos e Científicos, 1978.

PETERSON, M.; WILSON, J. F. The culture-work-health model and work stress. *American Journal of Health Behavior*, v.26, n.1, p.16-24, Jan./Feb. 2002.

QUICK, J.C. Occupational health psychology: historical roots and future directions. *Health Psychology*, Washington, v.18, n.1, p. 82-88, Jan. 1999.

SCHEIN, E. *Organizational psychology*. Englewood Cliffs, N.J: Prentice-Hall, 1965.

SHOAF, C. et al. Improving performance and quality of working life: a model for organizational health assessment in emerging enterprises. *Human Factors Ergonomics in Manufacturing*, v.14, n.1, p. 81-95, Dec. 2004.

WILLIAMS, S. Ways of creating healthy work organizations. In: COOPER, C. L.; WILLIAMS, S. (Ed.). *Creating healthy work organizations*. Chichester: Wiley, 1994. p.7-24.

WILSON, M.G. et al. Work characteristics and employee health and well-being: test of healthy work organization. *Journal of Occupational and Organizational Psychology*, Georgia, v.77, n.4, p. 565-588, Dec. 2004.

18
Suporte no trabalho

Mirlene Maria Matias Siqueira
Sinésio Gomide Júnior

A ajuda, o auxílio ou o apoio que alguém recebe de outra pessoa, de instituições públicas ou particulares, de organizações não-governamentais (ONGs) ou empresariais é tratado na literatura científica como suporte social. Suporte social é um conceito multidimensional que inclui os recursos, materiais e também psicológicos, aos quais as pessoas têm acesso através de suas redes sociais. É considerado capaz de gerar efeitos benéficos tanto para a saúde física como mental, guardando uma estreita relação com o bem-estar (Rodriguez e Cohen, 1998).

Estudos no campo da epidemiologia social têm investigado as relações entre redes sociais, mortalidade e morbidade com o objetivo de explicar como a fragmentação social poderia ter efeitos sobre a saúde e o bem-estar (Berkman et al., 2004). Diversos estudos neste campo evidenciaram a importância do suporte social para atenuar os efeitos de eventos estressores sobre a saúde e reduzir o risco de doenças (Mcdowell e Newell, 1996).

Existem diferenças entre os conceitos de redes sociais e suporte social. As redes são as fontes por meio das quais são obtidos suportes sociais por seus integrantes. Assim, suporte social pode ser definido como um processo interativo no qual ajudas são fornecidas ao indivíduo pelos integrantes da sua rede social (Bowling, 1997).

As informações que permitem ao indivíduo processar sua concepção do suporte social, segundo Cobb (1976), estão organizadas em três classes de crenças: crenças de que é amado e que existem pessoas preocupadas com ele; crenças de que é apreciado e valorizado e, finalmente, crenças de que pertence a uma rede social.

Diferentes dimensões de suporte social estão contidas na literatura. Elas referem-se aos vários tipos de apoio que alguém pode receber da rede social, sendo três os mais amplamente estudados: suporte emocional, suporte instrumental e suporte informacional. Suporte emocional refere-se ao que as pessoas fazem ou dizem a alguém (dar conselhos, ouvir seus problemas, mostrar-se empático e confiável) e são percebidas como expressões de carinho, cuidados e preocupação do outro. Suporte instrumental refere-se a ajudas tangíveis ou práticas que outros (pessoas, instituições ou organizações) podem prover a alguém (cuidados com crianças, provisões de transporte, empréstimo de dinheiro ou ajuda com tarefas diárias). Suporte informacional compreende receber de outrem noções indispensáveis para guiar e orientar ações na solução de problemas diários ou no momento de tomar uma decisão. Estudos que evidenciaram os efeitos benéficos de suporte social sobre saúde e bem-estar notaram que o componente emocional é, provavelmente, o mais importante (Rodriguez e Cohen, 1998).

Influenciados, provavelmente, pelas fortes evidências contidas na literatura e que apontavam a capacidade do suporte social proteger as pessoas face aos eventos estressores e ajudá-las a manter indicadores adequados de saúde e de longevidade (Cohen, 2004), Eisenberger e colaboradores (1986) introduziram o conceito de Percepção de Suporte Organizacional (PSO) no campo de estudos do comportamento organizacional.

Diferentemente dos estudos no campo da saúde, em que suporte social recebe atenção por seu papel como fator social de proteção e promoção da saúde e do bem-estar, os estudos acerca de PSO focalizaram a sua capacidade de explicar e predizer indicadores que interessam às empresas, tais como comprometimento organizacional, satisfação no trabalho, desempenho e produtividade. Segundo os idealizadores de PSO, "[...] os empregados desenvolvem crenças globais sobre a extensão em que a organização valoriza suas contribuições e cuida de seu bem-estar" (Eisenberger et al., 1986, p. 501). Denominada pelos próprios autores como teoria do suporte organizacional, as noções básicas que sustentam tal teoria incluem suposições como a de que quanto mais os empregados percebem suporte da organização, mais se comprometem com ela. Os pressupostos para a formação e a manutenção de altos níveis de PSO entre trabalhadores seriam valorização organizacional, aprovação, respeito, pagamento, promoção e acesso a informações e a outras formas de ajuda necessárias para realização do trabalho.

Como resultado do processo subjacente à norma de reciprocidade (Gouldner, 1964), segundo a qual se deve ajudar a quem nos ajuda e não se deve prejudicar a quem nos beneficia, Rhoades e Eisenberger (2002) argumentaram que a PSO deveria produzir nos empregados o senso de obrigação para cuidar da organização e ajudá-la a atingir seus objetivos. Neste caso, os autores estão sugerindo que a PSO possa desencadear compromissos afetivos com a organização. Por outro lado, a sensação de que a organização oferece cuidados, reconhecimento e respeito aos seus empregados pode levá-los a satisfazer necessidades socioemocionais, seja porque se sentem membros da organização ou porque reconhecem este papel como integrante de sua identidade social. Tais sensações podem não só influenciar critérios que interessam às organizações como aumento dos níveis de desempenho, de produtividade, de comprometimento afetivo e redução da rotatividade, dentre outros, como também repercutirem sobre indicadores que dizem respeito ao indivíduo, como aumento em satisfação no trabalho e fortalecimento de seu estado de ânimo. À medida que empregados e empregadores aplicam a norma de reciprocidade em seus relacionamentos, ajudas recebidas por ambas as partes serão retribuídas, possibilitando resultados que beneficiam aos envolvidos nesta troca.

Embora a PSO seja largamente apontada como um fator importante para desencadear comportamentos de trabalho que interessam às organizações, ela poderia também ser estudada como um fator antecedente de sensações prazerosas e positivas vivenciadas pelo trabalhador tanto no ambiente de trabalho – tais como satisfação no trabalho e comprometimento organizacional afetivo (Siqueira, 2005) – como também na vida pessoal através de indicadores de bem-estar subjetivo representado por satisfação geral com a vida e vivência de afetos positivos e negativos (Siqueira e Padovam, 2004).

No contexto de trabalho, os estudos acerca dos impactos exercidos por suporte social tomaram dois caminhos: no primeiro, os pesquisadores investigam os efeitos do apoio recebido das famílias, dos colegas de trabalho e de supervisores sobre indicadores subjetivos de saúde e de produtividade dos trabalhadores (Baruch-Feldman et al., 2002) ou analisam a capacidade amortecedora de suporte social sobre o estresse no trabalho (Ganster e Fusilier, 1986; Marcelissen et al., 1988), produzindo conhecimento sobre o quanto o suporte ofertado por uma rede social contribui para proteção e promoção da saúde do trabalhador.

No segundo, os estudiosos procuram analisar o papel de suporte ofertado no contexto de trabalho, quer seja por organizações (suporte organizacional) na redução de desgastes emocionais de trabalhadores (Tamayo e Tróccoli, 2002), por suporte advindo de organizações e lideranças na manutenção de seu bem-estar no trabalho (Meleiro e Siqueira, 2005), por suporte organizacional e aquele disponibilizado pela rede social existente no ambiente organizacional (suporte social no trabalho) sobre o bem-estar no trabalho (Padovam, 2005) ou sobre a capacidade de o suporte organizacional produzir resultados que interessam às empresas tais como comprometimento organizacional, satisfação e envolvimento com o trabalho (Rhoades, Eisenberger e Armeli, 2001).

Este capítulo apresenta duas medidas sobre suporte oriundos do contexto de trabalho: a Escala de Percepção de Suporte Social no Trabalho (EPSST), construída e validada por Gomide Jr., Guimarães e Damásio (2004) e a Escala de Percepção de Suporte Organizacional (EPSO), construída e validada por Eisenberger e colaboradores (1986) e adaptada ao Brasil por Siqueira (1995). Ambas as medidas constituem ferramentas importantes para estudos científicos e diagnósticos no contexto organizacional sobre suporte: enquanto a EPSST permite avaliar se o trabalhador percebe a oferta de três tipos de suporte social (emocional, instrumental e informacional) no ambiente em que trabalha, a EPSO avalia a sua percepção sobre a extensão em que a empresa que o emprega se preocupa com a promoção de seu bem-estar.

CONSTRUÇÃO E VALIDAÇÃO DA ESCALA DE PERCEPÇÃO DE SUPORTE SOCIAL NO TRABALHO – EPSST[1]

A Escala de Percepção de Suporte Social no Trabalho (EPSST) foi construída e validada com o intuito de verificar a percepção de empregados acerca do suporte social oferecido por empresas onde trabalham. Baseado nos pressupostos de Rodriguez e Cohen (1998), o instrumento original (pré-validação) foi construído com 32 frases que procuraram abarcar as três dimensões de suporte social adaptadas a situações de trabalho. Assim, suporte social emocional, suporte social instrumental ou material e suporte social informacional formaram três grupos de frases que foram submetidos à apreciação de juízes para testar a compreensão das instruções, das próprias frases e de seus conteúdos (adequação à dimensão a que se referia). Da apreciação dos juízes 11 frases foram eliminadas. As 21 frases restantes foram submetidas aos procedimentos de validação. Para sua validação, o instrumento foi submetido a 210 empregados de empresas públicas e privadas que indicaram seus graus de concordância com o conteúdo de cada item em uma escala de quatro pontos (1 = discordo totalmente; 2 = apenas discordo; 3 = apenas concordo; 4 = concordo totalmente). Submetido, inicialmente, à análise dos componentes principais, com autovalores iguais a 1,00 e cargas fatoriais iguais ou maiores que 0,30, a escala emersa das análises mostrou-se composta por três possíveis fatores. Submetida, posteriormente, à análise fatorial (PAF), com rotação oblíqua (*oblimin*), cargas fatoriais iguais ou superiores a 0,35 e indicação de extração de três fatores, a escala revelou-se composta por três fatores válidos e semanticamente interpretáveis que explicaram, juntos, 49,39% da variância do construto.

O primeiro fator (denominado Percepção de Suporte Social Informacional) reteve sete itens. Os cálculos estatísticos apontaram concisão para todos os itens da escala. Os sete itens retidos tiveram correlações item-total entre 0,42 e 0,70 (com média de 0,61), produzindo um coeficiente de confiabilidade satisfatório (α de Cronbach = 0,85). O segundo fator (chamado Percepção de Suporte Social Emocional), por sua vez, reteve seis itens, com correlações item-total entre 0,45 e 0,70 (com média de 0,61) produzindo um coeficiente de confiabilidade um pouco mais baixo que o primeiro, mas ainda satisfatório (α de Cronbach = 0,83). Já o terceiro fator (designado Percepção de Suporte Social Instrumental ou Material) ficou composto por cinco itens que, embora com índice de confiabilidade apenas satisfatório (α de Cronbach = 0,72), ainda se mostrou conciso e homogêneo, com correlações item-total entre 0,43 e 0,57, com média de 0,48. O Quadro 18.1 reúne as denominações, definições,

---

[1] Autores: Gomide Jr., S.; Guimarães, L.C.; Damásio, L.F. (2004).

QUADRO 18.1

Denominações, definições, itens integrantes e índices de precisão dos fatores que compõem a EPSST

Nomes dos fatores	Definições	Itens	Índices de precisão
Percepção de suporte social informacional no trabalho	Crenças do empregado de que a organização empregadora possui uma rede de comunicações comum que veicula informações precisas e confiáveis.	8, 9, 12, 13, 16, 17 e 18	0,85
Percepção de suporte social emocional no trabalho	Crenças do empregado de que na organização empregadora existem pessoas em quem se possa confiar, que se mostram preocupadas umas com as outras, se valorizam e se gostam.	1, 2, 3, 6, 7 e 15	0,83
Percepção de Suporte Social Instrumental (material) no Trabalho	Crenças do empregado de que a organização empregadora o prevê de insumos materiais, financeiros, técnicos e gerenciais.	4, 5, 10, 11 e 14	0,72

itens integrantes e índices de precisão dos fatores que compõem a EPSST. Ao final deste capítulo encontra-se a EPSST completa.

Aplicação, apuração dos resultados e interpretação da EPSST

A aplicação da EPSST poderá ser feita de forma individual ou coletiva. Deve-se cuidar para que os respondentes tenham entendido as instruções e o modo de assinalar suas respostas. É necessário assegurar também que o ambiente de aplicação seja tranqüilo e confortável, lembrando que o tempo de aplicação da EPSST é livre.

Pelo fato da EPSST ser uma escala multidimensional com três fatores, o cálculo dos três escores fatoriais médios será obtido somando-se os valores assinalados pelo respondente em cada um dos itens que integra cada fator e dividindo-se este valor pelo número de itens do fator. Deve-se ressaltar que o resultado deverá ficar entre 1 e 4.

A interpretação deve considerar que quanto maior for o valor do escore fatorial médio, maior é a percepção do respondente de que sua organização empregadora oferece o tipo de suporte social contemplado naquele fator. Assim, médias fatoriais iguais ou menores que 2,0 tenderiam a indicar que o empregado não percebe o suporte social enunciado pelo fator; médias iguais ou maiores que 3,0 tenderiam a indicar que o empregado percebe o suporte social enunciado, enquanto médias entre 2,1 e 2,9 tenderiam a indicar uma dúvida do respondente quanto à presença do suporte social enunciado pelo fator.

Vale lembrar que a EPSST resultou de estudo empírico por meio do qual foram validados os seus fatores, os seus itens, sua escala de respostas e as instruções. Portanto, não é possível garantir seus indicadores psicométricos aqui descritos caso seja alterada qualquer parte de sua composição.

ADAPTAÇÃO E VALIDAÇÃO DA ESCALA DE PERCEPÇÃO DE SUPORTE ORGANIZACIONAL – EPSO[2]

Em 1986 Eisenberger e colaboradores desenvolveram a Escala de Percepção de Suporte Organizacional (EPSO) contendo 36 frases, abarcando possíveis julgamentos da organização sobre seus empregados e algumas de suas ações em situações diversas, que resultariam em benefícios ou prejuízos para eles. Este conjunto de afirmações foi respondido pelos empregados em uma escala de sete pontos (1 = discordo totalmente, 7 = concordo totalmente) para apontar o grau de concordância com cada item. Após submeter os dados obtidos de 361 empregados aos procedimentos de análises fatoriais, os resultados apontaram a saturação de todos os 36 itens em um fator principal e baixas cargas fatoriais em um segundo fator. Os autores informaram que o instrumento apresentou uma confiabilidade da ordem de 0,97 (α de Cronbach) e correlação item-total variando entre 0,43 a 0,83.

Com o objetivo de adaptar a referida escala ao Brasil, o primeiro passo consistiu na tradução das 36 frases para o português e na seleção daquelas que melhor representassem as crenças dos trabalhadores sobre a preocupação da organização com a promoção do bem-estar de seus empregados. Este procedimento resultou na supressão de 26 frases e na retenção de apenas 10, sendo sete positivas e três negativas.

Inicialmente, foi avaliada a compreensão das instruções, da escala de respostas e dos 10 itens da EPSO, com vistas a assegurar a qualidade semântica da medida (Pasquali, 1999). Posteriormente, a EPSO foi submetida a 287 trabalhadores que indicaram, em uma escala de sete pontos, (1= discordo totalmente; 2= discordo moderadamente; 3= discordo levemente; 4= nem concordo nem discordo; 5= concordo moderadamente; 6= concordo levemente 7= concordo totalmente), o quanto concordavam ou discordavam de cada

---

[2] Autor: Siqueira, M.M.M. (1995).

afirmação. Para explorar a estrutura existente entre os 10 itens da EPSO, foram realizadas análises dos componentes principais com autovalor igual a 1,00 e rotações oblíqua (*oblimin*) e ortogonal (*varimax*). Dois componentes emergiram, explicando 55% da variância total, com agrupamentos semelhantes de itens nos dois métodos de rotação. Entretanto, uma análise do conteúdo dos itens destes dois componentes revelou que os sete itens do Fator 1 expressavam crenças positivas de percepção de suporte organizacional, enquanto os três itens do Fator 2 continham frases negativas acerca destas percepções.

Diante desta constatação, a EPSO foi concebida como escala unidimensional, procedendo-se à análise de concisão (desvio padrão ≤ média) e homogeneidade (correlação item-total ≥ 0,40) de cada um de seus 10 itens. Os cálculos estatísticos apontaram concisão para todos os itens da escala. Por outro lado, foi necessário eliminar um item que apresentou correlação item-total igual a 0,30, valor inferior ao critério de homogeneidade adotado. Os nove itens retidos tiveram correlações item-total entre 0,45 e 0,75, produzindo um coeficiente de confiabilidade satisfatório (α de Cronbach = 0,86).

Os procedimentos aplicados à adaptação da EPSO, envolvendo a redução do conjunto originário de 36 itens para apenas nove, produziram uma diminuição em seu índice de precisão (α de Cronbach) original de 0,97 para 0,86. Entretanto, a forma da EPSO, resultante do presente estudo, mantém um índice de confiabilidade satisfatório.

Uma versão reduzida da EPSO com seis itens positivos poderá ser utilizada em situações em que for necessário aplicar uma medida com menor número de itens, visto que a versão reduzida detém confiabilidade de 0,86, valor igual ao da escala completa com nove itens. Ademais, as duas versões da EPSO, completa com nove itens e reduzida com seis itens, produziram um alto índice de correlação entre si ($r = 0,94$; $p<0,01$). A EPSO encontra-se no final deste capítulo.

Aplicação, apuração dos resultados e interpretação da EPSO

A aplicação da EPSO, seja em sua forma completa ou em sua versão reduzida, poderá ser feita de forma individual ou coletiva. Deve-se cuidar para que os respondentes tenham entendido as instruções e o modo de assinalar suas respostas. É necessário assegurar também que o ambiente de aplicação seja tranqüilo e confortável, lembrando que o tempo de aplicação da EPSO é livre.

O cômputo do escore médio da EPSO poderá ser obtido somando-se os valores indicados pelo respondente dentro dos parênteses e dividindo-se esta somatória por nove, quando for usada a versão completa, ou por seis, no caso de ter sido aplicada a versão reduzida com seis itens.

Quando for utilizada a versão completa da EPSO com nove itens, os três itens com formulação negativa e assinalados com dois asteriscos (**) deverão ter sua pontuação atribuída **invertida**, antes de se proceder ao cômputo do escore médio. Se o respondente marcou 1 será invertido para 7 e assim sucessivamente, como segue: **1 será invertido para 7; 2 será invertido para 6; 3 será invertido para 5; 4 será mantido 4; 5 será invertido para 3; 6 será invertido para 2; 7 será invertido para 1**.

A interpretação dos resultados obtidos pela aplicação da EPSO deverá considerar que quanto maior for o valor do escore médio, mais o respondente percebe suporte organizacional. Os escores com valores entre 5 e 7 podem indicar que os trabalhadores percebem, de forma consistente, que a empresa está realmente preocupada em promover o seu bem-estar. Valores entre 4 e 4,9 podem revelar dúvidas dos trabalhadores acerca da preocupação, por parte da empresa, com o bem-estar de seus colaboradores. Valores entre 1 e 3,9 tendem a sinalizar que os trabalhadores estão percebendo falta de preocupação da empresa com o seu bem-estar.

Solicita-se que sejam mantidas as características da EPSO (instruções, frases e escala de respostas) durante o seu uso, para que possam ser preservadas as propriedades da medida.

Escala de percepção de suporte social no trabalho – EPSST

Estamos desenvolvendo uma pesquisa a respeito de como as pessoas percebem ou sentem o ambiente de trabalho em que estão envolvidas. Para expressar sua opinião, utilize o código abaixo, anotando à frente de cada frase aquele código que melhor expressa sua opinião.

1 = Discordo totalmente
2 = Apenas discordo
3 = Apenas concordo
4 = Concordo totalmente

Na empresa onde eu trabalho...

1. ( ) ... as pessoas gostam umas das outras.
2. ( ) ... as pessoas podem compartilhar umas com as outras seus problemas pessoais.
3. ( ) ... as pessoas são amigas umas das outras.
4. ( ) ... há recompensa financeira pelos esforços dos empregados.
5. ( ) ... os equipamentos estão sempre em boas condições de uso.
6. ( ) ... pode-se confiar nas pessoas.
7. ( ) ... pode-se confiar nos superiores.
8. ( ) ... as informações circulam claramente entre os setores da empresa.
9. ( ) ... as pessoas são informadas sobre as decisões que envolvem o trabalho que realizam.
10. ( ) ... existe o cumprimento das obrigações financeiras com os empregados.
11. ( ) ... há ajuda financeira para que seus empregados se especializem.
12. ( ) ... há facilidade de acesso às informações importantes.
13. ( ) ... os empregados têm os equipamentos necessários para desempenharem suas tarefas.
14. ( ) ... são pagos salários compatíveis aos esforços dos empregados.
15. ( ) ... as pessoas se preocupam umas com as outras.
16. ( ) ... as informações importantes para o trabalho são repassadas com agilidade.
17. ( ) ... os superiores compartilham as informações importantes com os empregados.
18. ( ) ... as informações importantes para o trabalho são compartilhadas por todos.

Escala de percepção de suporte organizacional – EPSO

Abaixo estão listadas várias frases sobre a empresa onde você trabalha atualmente. Gostaríamos de saber o **quanto você concorda ou discorda de cada uma delas**. Dê suas respostas anotando, nos parênteses que antecedem cada frase, aquele número (de 1 a 7) que melhor representa sua resposta.

1 = Discordo totalmente
2 = Discordo moderadamente
3 = Discordo levemente
4 = Nem concordo nem discordo
5 = Concordo levemente
6 = Concordo moderadamente
7 = Concordo totalmente

( ) Esta empresa ignoraria qualquer reclamação de minha parte**.
( ) Esta empresa não considera meus interesses quando toma decisões que me afetam**.
( ) É possível obter ajuda desta empresa quando tenho um problema®.
( ) Esta empresa realmente preocupa-se com meu bem-estar®.
( ) Esta empresa estaria disposta a ampliar suas instalações para me ajudar a utilizar minhas melhores habilidades no desempenho do meu trabalho®.
( ) Esta empresa está pronta a ajudar-me quando eu precisar de um favor especial®.
( ) Esta empresa preocupa-se com minha satisfação no trabalho®
( ) Esta empresa preocupa-se mais com seus lucros do que comigo®.
( ) Esta empresa tenta fazer com que meu trabalho seja o mais interessante possível**.

® Itens da versão reduzida da EPSO (6 itens).
** Itens com formulação negativa e que deverão ter os valores assinalados pelo respondentes invertidos.

REFERÊNCIAS

BARUCH-FELDMAN, C. et al. Sources of social support and burnout, job satisfaction, and productivity. *Journal of Occupational Health Psychology*, New York (US), v.7, n.1, p. 84-93, Jan. 2002.

BERKMAN, L.F. et al. Social integration and mortality: a prospective study of French employees of electricity of France-Gas of France. *American Journal of Epidemiology*, Washington, DC, v. 159, n.2, p. 167-174, Jan. 2004.

BOWLING, A. *Measuring health:* a review of quality of life measurement scales. Philadelphia: Open University, 1997.

COBB, S. Social support as a moderator of life stress. *Psychosomatic Medicine,* v. 38, n. 5, p. 300-314, Sep./Oct. 1976.

COHEN, S. Social relations and health. *American Psychologist,* Washington, DC, v. 59, n.8, p. 676-684, Nov. 2004.

EISENBERGER, R. et al. Perceived organizational support. *Journal of Applied Psychology,* Berkeley, CA, v.71, n. 3, p.500-507, June 1986.

GANSTER, D. C.; FUSILIER, M. R. Role of support in the experience of stress at work. *Journal of Applied Psychology,* Berkeley, CA, v. 71, n1, p. 102-110, Feb. 1986.

GOMIDE JR., S.; GUIMARÃES, L. C.; DAMÁSIO, L. F. Q. Construção e validação de um instrumento de medida de percepção de suporte social no trabalho. In: SEMINÁRIO DE PESQUISA DO GRUPO INTERINSTITUCIONAL DE PESQUISA EM BEM-ESTAR, SUPORTE SOCIAL E TRABALHO, 2., 2004, Uberlândia. *Resumos...* Uberlândia: Universidade Federal de Uberlândia, 2004.

GOULDNER, A. W. The norm of reciprocity: a preliminary statement. *American Sociological Review,* Washington, DC, v. 25, n. 2, p. 161-178, Apr. 1964.

MARCELISSEN, F. H. G. et al. Social support, and occupational stress: a causal analysis. *Social Science Medicine,* London, GB, v.26, n. 3, p. 365-373, 1988.

MCDOWELL, I.; NEWELL, C. *Measuring health:* a guide to rating scales and questionnaires 2nd ed. New York: Oxford University, 1996.

MELEIRO, A.; SIQUEIRA, M.M.M. Os impactos do suporte do supervisor e de estilos de liderança sobre bem-estar no trabalho. *Revista de Práticas Administrativas,* Maringá, v. 2, n. 1, p. 89-10, 2005.

PADOVAM, V.A.R. *Antecedentes de bem-estar no trabalho:* percepções de justiça e suportes. 2005. 119 f. Dissertação (Mestrado em Psicologia da Saúde) - Faculdade de Psicologia e Fonoaudiologia, Universidade Metodista de São Paulo, 2005.

PASQUALI, L. Testes referentes a construto: teoria e modelo de construção. In: PASQUALI, L. (Org.). *Instrumentos psicológicos:* manual prático de elaboração. Brasília: LabPAM-IBAAP, 1999. p. 37-72.

RHOADES, L.; EISENBERGER, R. Perceived organizational support: a review of the literature. *Journal of Applied Psychology,* Berkeley, CA, v. 87, n. 4, p. 698-714, July 2002.

RHOADES, L.; EISENBERGER, R.; ARMELI, S. Affective commitment to the organization: the contribution of perceived organizational support. *Journal of Applied Psychology,* Berkeley, CA, v. 86, n. 5 , p. 825-836, Out. 2001.

RODRIGUEZ, M. S.; COHEN, S. Social support. *Encyclopedia of Mental Health,* San Diego, CA, v.3, p. 535-544, 1998.

SIQUEIRA, M. M. M. *Antecedentes de comportamentos de cidadania organizacional:* análise de um modelo pós-cognitivo. 1995. 265 f. Tese (Doutorado em Psicologia) - Instituto de Psicologia, Universidade de Brasília, Brasília, 1995.

_____ . Esquema mental de reciprocidade e influências sobre afetividade no trabalho. *Estudos de Psicologia,* Natal, v. 10, n. 1, p. 83-93, jan./abr. 2005.

SIQUEIRA, M. M. M.; PADOVAM, V. A. R. Influências de percepção de suporte no trabalho e de satisfação com o suporte social sobre bem-estar subjetivo de trabalhadores. In: CONGRESSO NACIONAL DE PSICOLOGIA DA SAÚDE, 5., 2004. *Actas...* Lisboa: Fundação Calouse Gulbenkain, 2004. p. 659-664.

TAMAYO, M. R.; TRÓCCOLI, B.T. Exaustão emocional: relações com a percepção de suporte organizacional e com as estratégias de *coping* no trabalho. *Estudos de Psicologia*, Natal, v. 7, n.1, p. 37-43, jan./abr. 2002.

19
Valores do trabalho

Juliana Barreiros Porto
Álvaro Tamayo

O trabalho é um elemento central na identidade social dos indivíduos e constitui-se em um foro privilegiado para o alcance de metas individuais, pois as pessoas passam a maior parte do tempo no trabalho. Quando as pessoas vão trabalhar, elas buscam realizar metas pessoais que são importantes para elas. É preciso, portanto, que os indivíduos percebam que o ambiente permite a realização dessas metas. O estudo dos valores do trabalho visa compreender o que é importante para as pessoas no ambiente de trabalho, ou seja, quais são os motivos que levam as pessoas a trabalhar.

Os valores do trabalho são definidos por Porto e Tamayo (2003, p. 146) como

> princípios ou crenças sobre metas ou recompensas desejáveis, hierarquicamente organizados, que as pessoas buscam por meio do trabalho e que guiam as suas avaliações sobre os resultados e contexto do trabalho, bem como o seu comportamento no trabalho e a escolha de alternativas de trabalho.

Dessa forma, eles possuem características cognitiva, motivacional e hierárquica. Cognitiva porque os valores formam um conjunto de crenças sobre o que é desejável. Motivacional porque expressam desejos dos indivíduos. E hierárquica porque as pessoas organizam hierarquias de valores com base na importância que atribuem a cada um deles (Porto e Tamayo, 2003)

Estudos nacionais e internacionais têm demonstrado o impacto dos valores do trabalho sobre diversos aspectos organizacionais, como o estresse no trabalho (Siu et al., 2005), comprometimento organizacional (Meyer, Irving e Allen, 1998; Sagie e Elizur, 1996), satisfação no trabalho (Cheung e Scherling, 1999; Taris e Feij, 2001) e desempenho (Sagie e Elizur, 1996; Siu, 2003). Essas pesquisas apontam para a relevância que esse construto pode ter na compreensão do mundo do trabalho.

O desvelar dos valores relativos ao trabalho possibilita aos gestores a identificação das metas importantes aos seus funcionários, que podem subsidiar o desenvolvimento de estratégias organizacionais que auxiliem na promoção do bem-estar dos indivíduos, bem como na melhoria dos resultados organizacionais por meio de funcionários mais motivados para o trabalho.

No Brasil foram desenvolvidas duas escalas para medir esse construto: o Inventário de Significado do Trabalho (Borges, 1999) e a Escala de Valores relativos ao Trabalho – EVT (Porto e Tamayo, 2003). Ambas as escalas foram construídas a partir do contexto brasileiro, validadas por análises fatoriais exploratórias e bons índices de precisão foram observados. A EVT têm sido utilizada em diversos estudos no Brasil (Paschoal e Tamayo, 2005; Porto, 2004; Rodrigues, 2005) e recentemente foi realizada análise fatorial confirmatória para testar a estrutura encontrada inicialmente (Porto et al., 2006). O objetivo deste capítulo é apresentar o arcabouço teórico, os índices psicométricos e a forma de aplicação da EVT.

A seguir serão brevemente apresentados os principais modelos teóricos de valores do trabalho encontrados na literatura de comportamento organizacional e, em especial, o modelo teórico que subsidia a construção da Escala de Valores relativos ao Trabalho. Na seqüência será apresentada a escala.

TEORIAS SOBRE VALORES DO TRABALHO

Até os anos de 1990 é possível encontrar um significativo número de publicações sobre valores laborais, entretanto, poucos artigos embasam-se em modelos teóricos sólidos para compreender o fenômeno. Como apontam Elizur e Sagie (1999), estes modelos encontravam-se isolados das correntes que estudam os valores pessoais gerais.

A abordagem mais utilizada na literatura sobre valores laborais tem sido a que os classifica em intrínsecos e extrínsecos ao trabalho. Esta classificação provém da literatura sobre motivação e foi proposta por Herzberg (1959). Essa abordagem tem sido alvo de críticas, especialmente no que se refere à definição dos conceitos.

Dyer e Parker (1975) encontraram, pelo menos, quatro definições distintas para esses conceitos. Os autores realizaram um estudo para testar a hipótese de que esses conceitos são confusos para os psicólogos industriais e organizacionais. Os autores solicitaram a uma amostra aleatória de membros da divisão de Psicologia Industrial e Organizacional da Associação Americana de Psicologia (APA) que definisse resultados intrínsecos e extrínsecos e que classificasse uma lista de resultados dentro dessas categorias. Os resultados apontaram para a falta de consistência entre as definições e a classificação. Além disso, as pessoas que apresentavam as mesmas definições, não apresentavam concordância quanto aos tipos de resultados que compõem cada categoria. Os próprios participantes da pesquisa sugeriram que esta distinção não é válida ou útil. Depois de confirmada a hipótese da pesquisa, os autores propuseram o reexame da dicotomia intrínseca-extrínseca, considerando a base teórica e o significado desses conceitos.

Apesar dessas indicações, a classificação em valores intrínsecos e extrínsecos continuou a ser utilizada (Dagenais, 1998), só que agora acrescida dos valores sociais (Taris e Feij, 2001). Um trabalho que se propõe a repensar esta dicotomia é o de Elizur (1984). Ele questiona se estes seriam construtos separados ou se seriam elementos de uma única faceta. Para isto, ele realiza a análise das facetas, que tem sido utilizada na área de estudo dos valores (Borg e Braun, 1996; Sagie e Koslowsky, 1998). Os resultados de suas pesquisas apresentaram suporte para o modelo proposto (Elizur, 1984; Elizur et al., 1991; Elizur e Sagie, 1999; Sagie e Elizur, 1996). Esta teoria parece ser uma das estruturas de melhor fundamentação e será apresentada mais à frente.

Anteriormente a Elizur (1984), Super (1957) desenvolveu um modelo que também foge à dicotomia intrínseca-extrínseca. O seu trabalho foi muito utilizado na área de orientação vocacional, porém falta a este modelo uma definição precisa de valores o que resulta em confusão conceitual entre valores e satisfação no trabalho.

Recentemente, Ros, Schwartz e Surkiss (1999) propuseram um modelo para estudo dos valores laborais que integra a teoria dos valores gerais ao dos valores laborais. Esta já era uma recomendação de Sagie e Elizur (1996) para o avanço das teorias sobre estruturas dos valores laborais. A teoria tem recebido suporte empírico, porém era preciso investigar se a estrutura se mantém entre culturas (Ros et al., 1999). Assim, em 2003, Porto e Tamayo desenvolveram e validaram uma escala baseada nesta teoria denominada Escala de Valores relativos ao Trabalho.

A seguir, serão apresentados o modelo pioneiro de Super (1957) e os modelos mais recentes, o de Elizur (1984) e o desenvolvido por Ros, Schwartz e Surkiss (1999).

Modelo de David Super

Super (1957) apresenta uma síntese dos motivos encontrados na literatura que levam as pessoas a gostar ou não do seu trabalho. Ele identifica três principais necessidades que podem ser satisfeitas por meio do trabalho: Relações Humanas, Trabalho e Sustento. Cada uma dessas necessidades é composta por fatores específicos, os quais serão descritos a seguir:

1. Necessidades de Relações Humanas
   Os seres humanos necessitam de ser reconhecidos como pessoas, assim, surgem os fatores **independência** (que envolve autonomia,

grau de controle do seu próprio comportamento e atividades) e **tratamento justo** (que envolve um sistema de recompensas baseado em padrões conhecidos). A relação com outras pessoas, além de possibilitar o reconhecimento de si mesmo como pessoa, também possibilita a distinção e diferenciação entre os indivíduos, ou seja, a busca de *status*.

2. Necessidades de Trabalho
Esta necessidade divide-se em atividade de trabalho, para denotar o conteúdo do próprio trabalho, e contexto de trabalho, para representar os aspectos do contexto em que o trabalho é desempenhado e as pessoas com quem este trabalho é realizado. A atividade de trabalho é composta por oportunidades de auto-expressão (oportunidade de utilizar habilidades e conhecimentos e oportunidade de expressar interesses) e por variedade do trabalho.

3. Necessidades de Sustento
Esta necessidade é a mais básica e, se ela não estiver satisfeita, as anteriores perdem grande parte de sua importância. Porém, quando satisfeita, as demais tornam-se, no mínimo, tão importantes quanto ela. A necessidade de sustento inclui a satisfação com o recebimento atual, tanto o valor absoluto (indica o padrão de vida do indivíduo) quanto o relativo (indica a relação entre o valor recebido e o recebido por outras pessoas), e também a segurança no trabalho.

O trabalho de Super (1957) é muito citado na literatura de valores laborais, principalmente no que se refere ao desenvolvimento vocacional. No entanto, o modelo de valores laborais apresentado por ele confunde os valores laborais e a satisfação com o trabalho. O autor investiga o nível de satisfação do indivíduo com os aspectos do seu trabalho e não a importância dada a estes aspectos, como fica claro no fator "recebimento atual". Esta distinção é fundamental, pois uma pessoa pode dar pouca importância, por exemplo, para o seu contexto de trabalho estando, entretanto, bastante satisfeita com ele. Talvez porque dê pouca importância é que se encontre mais satisfeita. É necessário, portanto, um trabalho mais cuidadoso na definição dos valores laborais para se evitar problemas conceituais e estabelecer uma estrutura parcimoniosa para os valores laborais.

Modelo de Elizur

Com base na análise de conteúdo da literatura, exame dos itens incluídos nos vários estudos e utilizando a abordagem de análise de facetas, Elizur (1984) propôs duas facetas que constituem o espaço conceitual dos valores laborais. A faceta A foi denominada de **Modalidade do Resultado** e a faceta B de **Relação com o Desempenho da Tarefa**. Posteriormente, Elizur e Sagie (1999) passam a denominar a Faceta B de **Foco** e seus elementos de **Difusos** e **Focados**. O Quadro 19.1 apresenta estas facetas e seus elementos. Assim, a Faceta A, Modalidade do Resultado, é composta por três elementos: instrumental, afetivo e cognitivo. A Faceta B, Foco, é composta por dois elementos: recurso ou difuso e recompensa ou focado.

É importante ressaltar que no espaço multidimensional a Faceta B permeia a Faceta A, de forma que os aspectos relativos às modalidades do resultado e que apresentam relação com a recompensa pelo desempenho realizado encontram-se próximos ao centro e os que apresentam relação com recurso encontram-se na parte periférica. Esse modelo foi apoiado pelo estudo empírico utilizando a análise de estruturas de similaridades – SSA (Elizur, 1984). Um

QUADRO 19.1
Facetas dos valores laborais e seus elementos

Faceta	Elementos	Definição
A – Modalidade do resultado	Instrumental	Referem-se a resultados do trabalho de natureza material, como pagamento, benefícios, condições de trabalho.
	Afetivo	Referem-se a relacionamentos sociais, como relacionamento com colegas e chefia.
	Cognitivo	Refere-se a recompensas psicológicas do trabalho, como interesse, responsabilidade e independência.
B – Relação com o desempenho da tarefa ou foco	Recurso ou difuso	Referem-se a recompensas oferecidas antes do desempenho da tarefa ou não condicionadas ao seu resultado, como plano de benefícios e condições de trabalho.
	Recompensa ou focado	Referem-se a resultados oferecidos após o desempenho da tarefa ou em troca do resultado, como reconhecimento, *status*, progressão na carreira.

Fonte: Elizur (1984).

estudo transcultural também foi realizado confirmando a estrutura (Elizur et al., 1991).

Ros, Schwartz e Surkiss (1999), no entanto, reexaminaram as análises de Elizur (1984) e concluíram que existe evidência empírica para a existência de um quarto fator denominado prestígio que corrigiria vários problemas na análise de Elizur. O fator denominado cognitivo por Elizur poderia ser dividido em duas dimensões: intrínseca e prestígio.

Modelo de Ros, Schwartz e Surkiss

A partir da constatação da lacuna nas pesquisas sobre valores laborais que não têm considerado o desenvolvimento teórico da área de valores, Ros, Schwartz e Surkiss (1999) revisam as estruturas sobre valores laborais presentes na literatura e sugerem um modelo que se baseia na teoria de valores pessoais, de Schwartz (1992).

Schwartz (2005) propôs uma teoria de valores humanos que estabelece 10 tipos motivacionais agrupados em duas dimensões bipolares, assim denominadas: autotranscedência *versus* autopromoção; abertura à mudança *versus* conservadorismo. A primeira dimensão contrapõe a busca do bem-estar da humanidade e de pessoas próximas com a busca de sucesso pessoal e poder. A segunda dimensão contrapõe a busca de restrição pessoal em prol da estabilidade do grupo com a busca de independência e autonomia. Esta teoria tem recebido apoio empírico em diversas culturas e pode ser considerada uma teoria com características *etic*, ou seja, esta teoria identificou uma estrutura universal para os valores humanos.

Se os valores do trabalho são expressões em um contexto específico dos valores gerais, eles deveriam refletir a mesma estrutura. Esta foi a proposição de Ros, Schwartz e Surkiss. (1999). Eles analisaram a literatura sobre valores do trabalho e observaram a presença de três dos quatro tipos propostos:

1. valores intrínsecos que estariam associados à *abertura à mudança*;
2. valores extrínsecos ou materiais associados a *conservadorismo*;
3. valores sociais ou afetivos associados à *autotranscendência*.

Assim, faltava o tipo motivacional de *autopromoção*. Os autores, então, elaboraram um instrumento e validaram-no, por meio da análise fatorial exploratória e da SSA. Os resultados corroboraram a estrutura de quatro fatores assim identificados:

1. intrínseco – refere-se às metas obtidas pelo conteúdo do próprio trabalho;
2. extrínseco – refere-se às metas obtidas pelos resultados do trabalho;

3. social – refere-se à busca de metas relacionais e
4. prestígio – refere-se à busca de poder e prestígio por meio do trabalho.

A dinâmica de incompatibilidade entre valores extrínsecos e intrínsecos, bem como entre os fatores prestígio e social também foram corroboradas. Os autores concluíram ser pertinente o uso da estrutura de valores humanos proposta pro Schwartz (1992) para compreender os valores do trabalho e propõem que esta estrutura seja testada em outras culturas.

A partir dessas informações, Porto e Tamayo (2003) decidiram desenvolver e validar no Brasil a Escala de Valores relativos ao Trabalho (EVT) que será descrita a seguir.

CONSTRUÇÃO E VALIDAÇÃO DA ESCALA DE VALORES RELATIVOS AO TRABALHO – EVT[1]

A EVT avalia os "princípios ou crenças sobre metas ou recompensas desejáveis, hierarquicamente organizados, que as pessoas buscam por meio do trabalho e que guiam as suas avaliações sobre os resultados e o contexto laboral, bem como o seu comportamento e a escolha de alternativas relativas ao trabalho" (Porto e Tamayo, 2003, p. 146).

Para o desenvolvimento da EVT, inicialmente foi realizada uma revisão de literatura sobre o tema para levantamento dos instrumentos já desenvolvidos e validados. A seguir, foram realizadas 10 entrevistas com trabalhadores brasileiros e aplicados questionários abertos a 64 estudantes e profissionais. Com base nas informações coletadas foi construída a primeira versão do instrumento que foi submetida a análise de juízes e validação semântica.

O questionário para validação continha 71 itens. Este questionário foi respondido por uma amostra de 402 trabalhadores de diversos níveis hierárquicos e profissões, sendo que 74% trabalhavam no momento em que responderam o questionário e 64% eram do sexo feminino. Os dados foram, então, submetidos a análise fatorial exploratória com rotação promax. Foram identificados quatro fatores, conforme previa a teoria, compostos por itens com cargas fatoriais que variavam de 0,30 a 0,75 e índices de comunalidade que variaram de 0,22 a 0,66. Foram retidos na versão final apenas os itens com cargas fatoriais superiores a 0,40. Para uma descrição detalhada do processo de validação, ver Porto e Tamayo (2003).

A EVT é composta por 45 itens agrupados em quatro fatores, conforme Quadro 19.2. A EVT completa com instruções, escala de respostas e seus 45 itens encontra-se ao final do capítulo.

---
[1] Autores: Porto, J.B.; Tamayo, A. (2003).

QUADRO 19.2
Fatores, definições, itens e índices de precisão da EVT

Denominações	Definições	Itens	Índices de precisão
Realização no trabalho	Busca de prazer, estimulação e independência de pensamento e ação no trabalho	15	0,88
Relações sociais	Busca de relações sociais positivas no trabalho e de contribuição para a sociedade por meio do trabalho	12	0,88
Prestígio	Busca do exercício da influência sobre outras pessoas e do sucesso no trabalho	11	0,87
Estabilidade	Busca de segurança e estabilidade financeira por meio trabalho	7	0,81

APLICAÇÃO, APURAÇÃO DOS RESULTADOS E INTERPRETAÇÃO DA EVT

A aplicação da EVT poderá ser feita de forma individual ou coletiva. Deve-se cuidar para que os respondentes tenham entendido as instruções e o modo de assinalar suas respostas. É necessário assegurar também que o ambiente de aplicação seja tranqüilo e confortável, lembrando que o tempo de aplicação da EVT é livre.

Para calcular a hierarquia dos valores relativos ao trabalho do indivíduo, deve-se, primeiramente, calcular a média de cada fator:

- **Fator 1 – Realização no trabalho**: Somar o valor marcado pelo indivíduo nos itens 10, 13, 39, 16, 24, 7, 30, 5, 12, 14, 44, 40, 4, 41 e 8 e dividir por 15.
- **Fator 2 – Relações sociais**: Somar o valor marcado pelo indivíduo nos itens 36, 20, 29, 3, 19, 28, 45, 23, 26, 32, 11 e 21 e dividir por 12.
- **Fator 3 – Prestígio**: Somar o valor marcado pelo indivíduo nos itens 42, 25, 33, 22, 27, 17, 34, 31, 6, 15 e 38 e dividir por 11.
- **Fator 4 – Estabilidade**: Somar o valor marcado pelo indivíduo nos itens 1, 43, 9, 2, 18, 35 e 37 e dividir por 7.

Uma vez calculado o índice para cada fator, podem-se ordenar os fatores de forma a se identificar os fatores mais importantes (com maior média) e os menos importantes (com menor média) para os indivíduos.

Por exemplo, suponha que um grupo de funcionários de um setor da organização X tenha respondido à EVT e a média para o fator *realização no trabalho* foi de 4,8, a média para *relações sociais* foi de 4,1, a média para *prestígio* foi de 3,0 e a média para *estabilidade* foi de 3,9. Neste exemplo, o grupo valoriza mais fortemente a realização no trabalho, seguido de relações sociais, estabilidade e prestígio. Assim, este grupo busca mais fortemente independência e prazer no trabalho e menos sucesso e poder de influência. Este público buscará oportunidades de trabalho em que possam promover a sua independência e autonomia, pois estas são metas que eles valorizam no seu trabalho.

Escala de valores relativos ao trabalho – EVT

Neste questionário você deve perguntar a si próprio: "Quais são os motivos que me levam a trabalhar?", mesmo que, atualmente, você não esteja trabalhando. Esses motivos constituem os valores do trabalho.

A seguir, há uma lista de valores do trabalho. Pedimos sua colaboração para avaliar quão importante cada valor é para você **como um princípio orientador em sua vida no trabalho**, circulando o número, à direita de cada valor, que melhor indique a sua opinião. Use a escala de avaliação abaixo:

Como princípio orientador em minha vida no **trabalho**, este motivo é:

1	2	3	4	5
Nada importante	Pouco importante	Importante	Muito importante	Extremamente importante

Quanto maior o número (1, 2, 3, 4, 5), mais importante é o valor como um princípio orientador em sua vida no trabalho. Tente diferenciar, tanto quanto possível, os valores entre si, usando para isso todos os números. Evidentemente, você poderá repetir os números em suas respostas/avaliações.

É importante para mim:

1. Estabilidade financeira	1 2 3 4 5
2. Ser independente financeiramente	1 2 3 4 5
3. Combater injustiças sociais	1 2 3 4 5
4. Realização profissional	1 2 3 4 5
5. Realizar um trabalho significativo para mim	1 2 3 4 5
6. Competitividade	1 2 3 4 5
7. Trabalho intelectualmente estimulante	1 2 3 4 5
8. Autonomia para estabelecer a forma de realização do trabalho	1 2 3 4 5
9. Poder me sustentar	1 2 3 4 5
10. Ter prazer no que faço	1 2 3 4 5
11. Conhecer pessoas	1 2 3 4 5
12. Satisfação pessoal	1 2 3 4 5
13. Trabalho interessante	1 2 3 4 5
14. Crescimento intelectual	1 2 3 4 5
15. Seguir a profissão da família	1 2 3 4 5
16. Gostar do que faço	1 2 3 4 5
17. *Status* no trabalho	1 2 3 4 5
18. Ganhar dinheiro	1 2 3 4 5
19. Ser útil para a sociedade	1 2 3 4 5
20. Auxiliar os colegas de trabalho	1 2 3 4 5

(Continua)

(*Continuação*)

21. Preservar minha saúde	1 2 3 4 5
22. Ter prestígio	1 2 3 4 5
23. Bom relacionamento com colegas de trabalho	1 2 3 4 5
24. Identificar-me com o trabalho	1 2 3 4 5
25. Supervisionar outras pessoas	1 2 3 4 5
26. Amizade com colegas de trabalho	1 2 3 4 5
27. Competir com colegas de trabalho para alcançar as minhas metas profissionais	1 2 3 4 5
28. Ter compromisso social	1 2 3 4 5
29. Colaborar para o desenvolvimento da sociedade	1 2 3 4 5
30. Realização pessoal	1 2 3 4 5
31. Ter superioridade baseada no êxito do meu trabalho	1 2 3 4 5
32. Mudar o mundo	1 2 3 4 5
33. Ter fama	1 2 3 4 5
34. Ter notoriedade	1 2 3 4 5
35. Estabilidade no trabalho	1 2 3 4 5
36. Ajudar os outros	1 2 3 4 5
37. Suprir necessidades materiais	1 2 3 4 5
38. Enfrentar desafios	1 2 3 4 5
39. Ser feliz com o trabalho que realizo	1 2 3 4 5
40. Trabalho variado	1 2 3 4 5
41. Aprimorar conhecimentos da minha profissão	1 2 3 4 5
42. Obter posição de destaque	1 2 3 4 5
43. Ter melhores condições de vida	1 2 3 4 5
44. Trabalho que requer originalidade e criatividade	1 2 3 4 5
45. Colaborar com colegas de trabalho para alcançar as metas de trabalho do grupo.	1 2 3 4 5

REFERÊNCIAS

BORG, I.; BRAUN, M. Work values in East and West Germany: different weights, but identical structures. *Journal of Organizational Behavior*, New Jersey, v.17, p.541-555, Dec. 1996. Número especial.

BORGES, L. D. O. A estrutura fatorial dos atributos valorativos e descritivos do trabalho: um estudo empírico de aperfeiçoamento e validação de um questionário. *Estudos de Psicologia,* Natal, v.4, n.1, p.107-139, jan./jun. 1999.

CHEUNG, C. K.; SCHERLING, S. A. Job satisfaction, work values, and sex differences in Taiwan's organizations. *The Journal of Psychology*, Washington, v.133, n.5, p.563-75, Sep. 1999.

DAGENAIS, F. Super's work values inventory scales as intrinsic or extrinsic constructs. *Psychological Reports*, Montana, v.83, n.4, p.197-198, Aug. 1998.

DYER, L.; PARKER, D. F. Classifying outcomes in work motivation research: an examination of the intrinsic-extrinsic dichotomy. *Journal of Applied Psychology*, Washington, v.60, n.4, p.455-458, Aug. 1975.

ELIZUR, D. Facets of work values: a structural analysis of work outcomes. *Journal of Applied Psychology*, Washington, v.69, n.3, p.379-389, Aug. 1984.

ELIZUR, D.; SAGIE, A. Facets of personal values: a structural analysis of life and work values. *Applied Psychology*: An International Review, Oxford, v.48, p.73-87, Jan. 1999. Número especial.

ELIZUR, D. et al. The structure of work values: a cross cultural comparison. *Journal of Organizational Behavior*, New Jersey, v.12, n.1, p.21-38, Jan. 1991.

HERZBERG, F. *Motivation to work*. New York: Wiley, 1959.

MEYER, J. P.; IRVING, G.; ALLEN, N. J. Examination of the combined effects of work values and early work experinces on orgnaizational commitment. *Journal of Organizational Behavior*, New Jersey, v.19, n.1, p.29-59, Jan. 1998.

PASCHOAL, T.; TAMAYO, A. Impacto dos valores laborais e da interferência família-trabalho no estresse ocupacional. *Psicologia: Teoria e Pesquisa*, Brasília, v.21, n.2, p.173-180, mai./ago. 2005.

PORTO, J. B. *Estrutura e transmissão dos valores laborais:* um estudo com estudantes universitários. 2004. 155 f. Tese (Doutorado em Psicologia) - Instituto de Psicologia, Universidade de Brasília, Brasília, 2004.

PORTO, J. B.; TAMAYO, A. Escala de valores do trabalho: EVT. *Psicologia: Teoria e Pesquisa*, Brasília, v.19, n.2, p.145-152, maio/ago. 2003.

PORTO, J. B. et al. Análise fatorial confirmatória da escala de valores relativos ao trabalho In: EnANPAD, 30., 2006, Salvador. *Resumos...* Salvador: ANPAD, 2006.

RODRIGUES, M. *Assédio moral e a estabilidade dos valores do trabalho*. 2005. 182 f.. Dissertação (Mestrado em Administração) - Faculdade de Ciências Sociais e Aplicadas, Universidade Presbiteriana Mackenzie, São Paulo, 2005.

ROS, M.; SCHWARTZ, S. H.; SURKISS, S. Basic individual values, work values, and the meaning of work. *Applied Psychology: An International Review*, Oxford, v.48, p.49-71, Jan. 1999. Número especial.

SAGIE, A.; ELIZUR, D. The structure of personal values: a conical representation of múltiple life areas. *Journal of Organizational Behavior*, New Jersey, v.17, p.573-586, Dec. 1996. Número especial.

SAGIE, A.; KOSLOWSKY, M. Extra- and intra-organizational work value and behavior: a multiple-level model. In: ROUSSEAU, D. M.; COOPER, C. L. (Ed.). *Trends in organizational behavior.* New Jersey: Wiley, 1998. v.5, p.155-174.

SCHWARTZ, S. H. Universals in the content and structure of values: theoretical advances and empirical tests in 20 countries. In: ZANNA, M.P. (Ed.). *Advances in experimental social psychology.* San Diego: Academic, 1992. v.24, p.1-65.

_____ . Valores humanos básicos: seu contexto e estrutura inter-cultural. In: TAMAYO, A.; PORTO, J. B. (Ed.). *Valores e comportamento nas organizações.* Rio de Janeiro: Vozes, 2005. p. 21-55.

SIU, O. Job stress and job performance among employees in Hong Kong: the role of Chinese work values and organizational commitment. *International Journal of Psychology*, Osfordshire, UK, v.38, n.6, p.337-347, Dec. 2003.

SIU, O. et al. Work stress, self-efficacy, Chinese work values, and work well-being in Hong Kong and Beijing. *International Journal of Stress Management*, Washington, v.12, n.3, p.274-288, Aug. 2005.

SUPER, D. E. *The psychology of careers*: an introduction to vocational development. New York: Harper & Row, 1957.

TARIS, R.; FEIJ, J. A. Longitudinal examination of the relationship between supplies-values fit and work outcomes. *Applied Psychology*: An International Review, Oxford, v.50, n.1, p.52-80, Jan. 2001.

20
Valores organizacionais
Álvaro Tamayo

O estudo dos valores organizacionais é de grande relevância, tanto na área da pesquisa quanto na área do diagnóstico e da gestão organizacionais. Segundo Deal e Kennedy (1988), os valores definem uma direção comum para todos os trabalhadores de uma empresa e influenciam fortemente o comportamento organizacional. Os valores constituem o componente fundamental da identidade de uma instituição. Na opinião de Katz e Kahn (1978), as normas, os papéis e os valores constam entre os principais componentes de uma organização. Enquanto as normas expressam expectativas coletivas e os papéis prescrevem e definem formas de comportamento, os valores atuam como elementos integradores, já que eles são compartilhados pelo grupo. Apesar da importância dos valores no âmbito organizacional, na literatura internacional encontram-se poucos instrumentos específicos para a sua avaliação. No Brasil, a situação é diferente. Já foram elaborados e validados três instrumentos para a mensuração dos valores organizacionais. O objetivo deste capítulo é de apresentar esses instrumentos.

Este capítulo está estruturado em duas partes:

1. introdução teórica sobre os valores organizacionais e
2. os instrumentos brasileiros de avaliação dos valores organizacionais.

Na segunda parte serão apresentados e discutidos a Escala de Valores Organizacionais (Tamayo e Gondim, 1996), o Inventario de Valores Organizacionais (Tamayo, Mendes e Paz, 2000) e o Inventario de Perfis de Valores Organizacionais (Oliveira e Tamayo, 2004).

INTRODUÇÃO TEÓRICA SOBRE OS VALORES ORGANIZACIONAIS

Origem

A organização escolhe os seus valores desde os alvores da sua existência, desde o momento mesmo da sua fundação. Freqüentemente, os valores precedem a existência mesma da organização. A razão é simples, já que, como afirma Nietzsche, "os valores caracterizam a vontade de existir e de se afirmar de uma coletividade". Assim, por meio dos valores, a organização expressa as suas metas e se afirma como diferente na sociedade e no mercado. Dessa forma, para a organização os valores constituem um elemento fundamental e necessário para dar identidade coletiva a um grupo de pessoas e colocá-las a trabalhar em torno de ideais comuns, permitindo e favorecendo o máximo de desenvolvimento do talento individual. Para a escolha dos seus valores e da prioridade dada aos mesmos, a organização inspira-se nos valores da sociedade e nos valores dos seus membros, particularmente dos fundadores e daqueles com maior poder de influência. Como afirma Claude (2003, p. 105): "Os valores organizacionais enraízam-se naquilo que a empresa acredita, naquilo que constitui a sua força, a sua diferenciação, a sua vontade de se afirmar como uma coletividade e de perdurar enquanto tal. Se a empresa deve-se reter uma única categoria, seria certamente esta".

Os valores da organização só existem efetivamente na mente dos seus membros. É importante que este aspecto fique claro. Cada um dos trabalhadores constitui um ponto fundamental para que os valores da organização sejam efetivos. Se o trabalhador não subordina os seus valores pessoais aos valores coletivos da empresa, estes ficarão no nível de uma declaração de intenções. A aceitação e a ratificação por parte dos trabalhadores são essenciais para a existência efetiva dos valores organizacionais, isto é, enquanto princípios que dinamizam e influenciam a vida organizacional. A aceitação e a ratificação dos valores da organização por parte do empregado, bem como a subordinação dos seus valores aos organizacionais não implicam o sacrifício dos seus valores pessoais, mas o mero reconhecimento da prioridade dos interesses coletivos sobre os individuais.

Conceito

O que são os valores organizacionais? Quais são as suas dimensões fundamentais? As seguintes características descrevem os elementos mais relevantes deste conceito.

1. **Os valores são formas de conhecer a realidade organizacional.** Este conhecimento pode ter sido adquirido coletivamente ou ter sido transmitido aos outros por algum dos membros da organização (fundador, gestores, colaboradores). Por exemplo, se em uma organização, no decorrer do tempo, a produtividade individual se revela como um elemento mais positivo para a produção organizacional global e para a satisfação dos empregados do que a pontualidade, muito provavelmente esta organização considerará a produtividade individual como um fator importante no trabalho, transformando-a em um valor prioritário. Assim, os valores expressam o aprendizado organizacional cumulativo, a experiência adquirida. Esta dimensão cognitiva dos valores revela a filosofia fundamental da organização sobre o que é bom e desejável para a mesma.
2. Os valores organizacionais funcionam como **necessidades que determinam o comportamento orientado a um fim**. A importância que uma organização atribui a certos valores pode influenciar a quantidade de esforço que os seus membros investem na emissão de determinados comportamentos, bem como a sua persistência na execução dos mesmos. Assim, se uma determinada organização valoriza a criatividade, esta prioridade axiológica determinará a decisão e os esforços dos trabalhadores para apresentar comportamentos de inovação e criatividade, bem como a sua persistência através do tempo na emissão destes comportamentos. Os valores expressam metas e interesses da organização enquanto coletividade de interesses e motivações dos seus membros.
3. Os valores organizacionais são **elementos estruturantes da empresa**, constituindo padrões coletivos que orientam o trabalho e o cotidiano na organização e aos quais devem-se subordinar os valores pessoais dos membros organizacionais. Esta subordinação, porém, não significa negação dos valores dos empregados, mas orientação do comportamento organizacional a partir dos valores organizacionais. Para garantir a convivência produtiva e maximizar o potencial, a eficiência e o funcionamento sadio dos seus recursos humanos, a organização precisa criar, por meio dos seus valores, um ambiente que atenda às aspirações fundamentais do ser humano de se realizar e de ser feliz. Os valores organizacionais, enquanto padrões coletivos, constituem um compromisso entre os interesses da empresa como coletividade e as expectativas e motivações dos empregados. Dessa forma, eles não expressam exclusivamente interesses e motivações do fundador ou dos dirigentes e

gestores, mas incluem também motivações e expectativas dos membros da empresa.

4. Os valores organizacionais somente assumem o seu *status* de valores se eles são **compartilhados**. Tratando-se de valores de uma coletividade é lógico que eles sejam comuns aos membros desta coletividade. Toda empresa, todo grupo social, produz valores coletivos. Estes servem de ponto de referência para todos os membros que fazem parte da organização. Para orientar a vida da organização, os valores têm que ser endossados pelos membros da organização. O nível ou grau em que os valores são compartilhados pelos membros da organização não pode ser definido *a priori*. Ele somente pode ser identificado de forma empírica e varia de uma organização para outra e, inclusive, de um setor organizacional para outro. A identificação do grau em que os valores são compartilhados pelos membros da empresa pode ser realizada confortavelmente por meio dos instrumentos de medida apresentados na segunda parte deste capítulo.

Estratégias de identificação

Como identificar os valores de uma organização? Três estratégias encontram-se descritas na literatura. A primeira consiste em identificar os valores da organização a partir dos valores individuais dos seus membros (Sego, Hui e Law, 1997). Esta abordagem é uma aplicação direta da forma de estudar os valores de uma sociedade. Assim, por exemplo, a identificação dos valores da sociedade brasileira pode ser realizada a partir dos valores de uma amostra representativa de brasileiros. Da mesma forma, os valores de uma organização poderiam ser identificados levantando os valores pessoais dos membros desta organização ou de uma amostra significativa dos mesmos. Obviamente, a análise não seria realizada ao nível individual, mas ao nível grupal. Esta abordagem, contudo, não representa adequadamente certos valores específicos da organização. Nesta categoria encontram-se, por exemplo, valores relacionados com lucro e produtividade que são fundamentais para a organização e que podem ser subestimados ao nível dos valores pessoais dos membros da organização. Além disso, como freqüentemente existem incongruências entre os valores pessoais dos empregados e os valores organizacionais, o resultado obtido por meio desta abordagem pode não expressar de forma adequada os valores da organização.

Uma segunda estratégia avalia os valores a partir de documentos oficiais da empresa (relatórios anuais, estatutos, discursos, revistas internas...). Por meio de análise de conteúdo, identificam-se nos textos selecionados os valores organizacionais mais relevantes no discurso oficial. Recentemente, Kabanoff e Daly (2000), utilizando esta abordagem, desenvolveram uma tipologia de valores organizacionais composta por duas dimensões: a estrutura e o processo da organização. Estas duas dimensões dão origem a quatro tipos: elite, liderança, meritocrática e participativa. A quase totalidade dos estudos publicados sobre os valores organizacionais é proveniente da análise de documentos da organização. Esta abordagem é adequada particularmente para identificar os valores proclamados pela organização. Freqüentemente, porém, existe incongruência entre os valores apresentados em documentos oficiais ou representativos da empresa e os que são realmente praticados na organização. Os valores enfatizados em textos oficiais da empresa podem não ser compartilhados pelos membros da organização.

A terceira abordagem, desenvolvida particularmente no Brasil (Oliveira e Tamayo, 2004; Tamayo, 1996; Tamayo e Gondim, 1996; Tamayo, Mendes e Paz, 2000), consiste em utilizar a percepção dos trabalhadores para avaliar os valores da organização. No discurso cotidiano dos empregados podem ser observadas, freqüentemente, análises diretas dos valores da sua organização ou alusões indiretas aos mesmos. Os empregados têm uma visão relativamente clara dos valores que predominam na sua organização. Esta abordagem estuda os valores organizacionais e a sua hierarquia de acordo com a representação mental que os empregados têm do sistema axiológico da empresa. Os valores compartilhados pelos membros da organização estão imbricados nas práticas organizacionais e influenciam inevitavelmente o comportamento de gestores e empregados. Para estudar os valores percebidos pelos empregados utilizam-se questionários previamente elaborados a partir de várias fontes: análise de documentos de empresas, entrevistas com empregados de várias organizações e modelos teóricos existentes na literatura ou elaborados pelo próprio pesquisador (Oliveira e Tamayo, 2004; Tamayo, Mendes e Paz, 2000; Tamayo e Gondim, 1996). Os valores da empresa e o seu conteúdo não são definidos *a priori*, mas a partir da realidade da empresa e do que já existe na literatura. Esta abordagem adota, portanto, uma perspectiva de integração das informações provenientes da empresa e da literatura científica. Além disso, os valores apresentados no questionário são avaliados pelos trabalhadores por meio de uma escala de intensidade, de forma a expressar mais diretamente a prioridade percebida para cada um dos valores analisados. Este método permite identificar a importância acordada a cada um dos valores e determinar o grau ou a intensidade de compartilhamento dos valores entre os membros da organização. Os questionários geralmente utilizados nesta abordagem são constituídos por valores apresentando uma estrutura previamente verificada. Isto significa que os valores não são considerados isoladamente, mas em conjuntos ou fatores. Cada um dos fatores avalia uma única dimensão axiológica.

Modelos teóricos

Um modelo é uma representação simplificada da realidade. Ele não se limita a descrever, ele explicita relações estruturais entre os elementos do fenômeno estudado. Assim, para estudar os valores organizacionais e, particularmente, para elaborar instrumentos para a sua avaliação, a realidade axiológica da organização geralmente é representada por meio de um modelo. A adequação do modelo para representar o fenômeno estudado deve ser verificada por meio de estratégias e procedimentos metodológicos apropriados. Os valores organizacionais, como qualquer outra realidade, podem ser abordados a partir de diversos modelos. Estes constituem diversas aproximações da mesma realidade. A multiplicidade de modelos não é exclusiva ao estudo dos valores organizacionais. Ela é comum em todas as ciências. Por exemplo, a física estuda a luz a partir de vários modelos. O modelo corpuscular considera que a luz está composta por partículas diminutas, explicando assim porque os raios de luz passam através de uma porta entreaberta. Já o modelo ondulatório considera que a luz é uma vibração, uma onda que se propaga em linha reta. Qual dos dois modelos é verdadeiro? Para responder esta questão, Einstein propôs um novo modelo que postula que a luz é composta simultaneamente de partículas e de ondas... Devido à complexidade da realidade esta pode ser explicada por modelos, cada um deles constituindo uma aproximação do fenômeno a ser explicado. Um modelo nunca esgota a complexidade do fenômeno estudado.

Na literatura internacional não se encontra praticamente nenhum modelo para estudar e avaliar os valores organizacionais. A maioria das avaliações dos valores organizacionais tem sido realizada a partir da análise de documentos oficiais da empresa (relatórios anuais, estatutos, discursos, revistas internas...) sem hipóteses prévias, isto é, sem um modelo da forma como esses valores estão estruturados. Às vezes, o pesquisador elabora um modelo *a posteriori* para tentar integrar nele os resultados observados.

Dois modelos têm sido elaborados *a priori* para representar a estrutura dos valores organizacionais: o modelo cultural e o modelo das motivações pessoais. O **modelo cultural** dos valores organizacionais baseia-se no fato de que toda organização é e possui uma cultura. Da mesma forma que as sociedades em geral, as organizações encontram exigências universais que têm que ser satisfeitas para garantir a sua sobrevivência. Assim, elas enfrentam três problemas fundamentais:

1. conciliar os interesses do indivíduo e do grupo. A relação entre o indivíduo e o grupo é facilmente conflituosa, já que é difícil conciliar as metas e os interesses individuais e coletivos;

2. para poder subsistir, a organização tem que elaborar uma estrutura, definir papéis, normas, subsistemas organizacionais, relações entre eles, estratégias de trabalho, etc.;
3. a relação da organização com o meio ambiente natural e social, já que toda organização existe em um ponto determinado do planeta e está inserida em uma sociedade concreta.

Para poder subsistir, tem que interagir continuamente com o ambiente físico (por exemplo, extração de matéria prima), com a sociedade e com outras organizações. O modelo cultural dos valores organizacionais postula que estes estão organizados em três dimensões bipolares que representam as alternativas de resposta da organização aos dilemas mencionados: autonomia *versus* conservadorismo, hierarquia *versus* igualitarismo e harmonia *versus* domínio.

O **modelo das motivações pessoais** postula que existe isomorfismo motivacional entre os valores pessoais e organizacionais. Trata-se de dois conjuntos diferentes de valores que expressam e representam motivações semelhantes do indivíduo e do grupo, do trabalhador e da organização. Os valores são representações cognitivas, socialmente compartilhadas, de necessidades individuais, no caso dos valores pessoais, e de exigências e objetivos grupais, no caso dos valores organizacionais. As características gerais dos valores são comuns aos dois sistemas. O isomorfismo motivacional consiste na correspondência biunívoca dos tipos motivacionais de valores do trabalhador e dos valores organizacionais, isto é, na relação entre os tipos motivacionais de valores do trabalhador com os conjuntos de valores da organização. Isto implica a correspondência de metas entre o trabalhador e a organização. Por exemplo, o trabalhador conta entre suas metas e motivações cotidianas a procura de sucesso, de prestígio, de respeito à tradição. A organização também procura sucesso, prestígio e respeito da tradição. No exemplo aqui apresentado é fácil ver a correspondência de metas do empregado e da coletividade organizacional. Segundo Schwartz (2005), as motivações básicas do indivíduo são: autodeterminação, estimulação, hedonismo, realização, poder, segurança, conformidade, tradição, benevolência e universalismo. Cada uma destas motivações tem metas específicas. O modelo das motivações pessoais postula que na organização existem metas axiológicas que correspondem a cada uma destas motivações básicas, isto é, que os valores organizacionais arranjam-se em torno do conjunto das motivações pessoais, mas com metas coletivas em vez de individuais. De acordo com a teoria dos valores é possível que na correspondência biunívoca um fator organizacional seja constituído pela fusão de dois ou mais tipos motivacionais adjacentes (Schwartz, 2005). Por exemplo, benevolência e universalismo podem ser representados por um único fator, expressando a preocupação com a coletividade.

INSTRUMENTOS BRASILEIROS PARA OS VALORES ORGANIZACIONAIS

Nesta seção apresentam-se três instrumentos de medida para os valores organizacionais. Cada um deles representa uma abordagem diferente, particularmente do ponto de vista da estrutura dos valores organizacionais.

Construção e validação da Escala de Valores Organizacionais – EVO

Esta escala foi construída e validada por Tamayo e Gondim (1996). A construção da escala deu-se de forma empírica; os autores não utilizaram um modelo para representar a estrutura dos valores organizacionais. A idéia dos autores foi de identificar a sua estrutura a partir de uma amostra representativa de valores organizacionais. Para este fim, administraram um questionário a 113 funcionários de cinco organizações, públicas e privadas. O questionário, após informar o objetivo do levantamento, solicitava aos sujeitos que relacionassem, no espaço previsto, cinco valores da sua organização. Para orientar os sujeitos, os valores foram definidos como "princípios ou crenças que guiam e orientam a vida na organização". Além de indicar os valores, os sujeitos deviam dar uma curta descrição de cada um deles. Dessa forma, os autores obtiveram uma lista de mais de 500 valores que, após análise de conteúdo e eliminação dos valores sinônimos, ficou reduzida a 48 valores, cada um deles com uma curta descrição. Estes valores foram dispostos de forma aleatória em um folheto com instruções apropriadas para auto-administração

Para a sua validação, os autores utilizaram uma amostra composta por 574 sujeitos de 16 empresas, públicas e privadas, de ambos os sexos, com idade média de 57,93 anos (desvio padrão = 9,11) e tempo de serviço médio na organização de 10,57 anos (desvio padrão = 7,12). A validação foi realizada por meio de análise fatorial, *principal axis factoring*, sendo o *autovalor* de 1,5 e com rotação *oblimin*. Dez itens foram eliminados por não atender os critérios estabelecidos para as cargas fatoriais. Os 38 restantes foram distribuídos em cinco fatores que explicam 52,8% da variância observada: **eficácia/eficiência**, **interação no trabalho**, **gestão**, **inovação** e **respeito ao empregado**.

O primeiro fator, **eficácia/eficiência**, é composto por nove valores: eficácia, eficiência, qualidade, produtividade, comprometimento, planejamento, pontualidade, competência e dedicação (α de Cronbach = 0,91). Ele mede a percepção que os sujeitos têm da prioridade dada pela empresa à eficácia e à eficiência que se manifestam na produtividade e na qualidade do produto. Um escore elevado neste fator indica que a empresa enfatiza a produtividade, a eficácia, a eficiência, a qualidade, o comprometimento, a competência, o planejamento. O fator de **interação no trabalho** é composto por 10 itens. Os valores componentes deste fator são relacionados com a interação no trabalho: abertura, coleguismo, amizade, cooperação, sociabilidade, flexibilidade

(α = 0,90). Um escore elevado neste fator significa que os empregados consideram que a cultura da empresa valoriza a interação positiva no trabalho. O fator **gestão** (α = 84) é composto pelos valores tradição, hierarquia, obediência, fiscalização, supervisão, postura profissional e organização. Observe-se que os valores deste fator referem-se a uma gestão de tipo tradicional e hierárquico. Um escore elevado neste fator indica que os funcionários percebem que a empresa enfatiza na sua gestão a tradição, a hierarquia, a supervisão. O fator **inovação** é constituído por quatro valores: pesquisa, integração interinstitucional, modernização dos recursos materiais e probidade (α = 0,70). Um escore elevado neste fator indica que o trabalhador percebe a empresa como estando preocupada com inovação. Finalmente, o fator **respeito ao empregado** (α = 0,90) é constituído por oito valores relacionados com o respeito, o reconhecimento do mérito, a qualificação dos recursos humanos, a polidez, a honestidade, o plano de carreira, a harmonia e a justiça. Trata-se de valores cuja meta é a valorização do colaborador. Um escore elevado neste fator indica que os empregados percebem que a empresa valoriza o respeito ao empregado. A Escala de Valores Organizacionais com suas instruções, lista de valores e escala de respostas encontra-se ao final do capítulo.

Aplicação, apuração dos resultados e interpretação da EVO

A aplicação da Escala de Valores Organizacionais é muito simples: ela pode ser aplicada de forma individual ou coletiva, podendo ser auto-administrada, visto que as instruções fazem parte do instrumento. Dessa forma, ela pode ser aplicada simultaneamente a todos os empregados de uma empresa ou de um setor empresarial. A sua administração deve, porém, ser realizada em um local apropriado para este tipo de atividade e de forma a garantir o anonimato das respostas.

Para a apuração dos resultados é necessário levar em consideração que a escala de valores organizacionais não produz um único escore, mas um perfil de escores composto pelos cinco fatores da escala. A Tabela 20.1 apresenta os elementos necessários para o cálculo do escore em cada um dos fatores.

TABELA 20.1 Guia para a apuração dos resultados da EVO

Fatores	Itens	Divisor
Eficácia/eficiência	05, 07, 10, 12, 13, 25, 28, 31, 32	09
Interação no trabalho	01, 02, 03, 04, 06, 08, 09, 11, 15, 36	10
Gestão	14, 17, 23, 24, 29, 37, 38	07
Inovação	19, 20, 22, 30	04
Respeito ao servidor	16, 18, 21, 26, 27, 33, 34, 35	08

O escore individual é obtido através do somatório dos valores escalares atribuídos por cada sujeito aos itens que compõem o fator considerado, dividido pelo número de itens do fator. Por exemplo, o escore para o fator 4 será obtido pelo somatório dos valores atribuídos por cada um dos sujeitos aos itens 19, 20, 22 e 30, dividido por quatro. Na prática organizacional, o interesse não é pelos escores individuais, mas pelos escores médios, a fim de determinar a percepção que os empregados de um setor organizacional e/ou de uma empresa têm das prioridades axiológicas da instituição.

Construção e validação do Inventário de Valores Organizacionais – IVO

O Inventário de Valores Organizacionais foi construído e validado por Tamayo, Mendes e Paz (2000). Os autores utilizaram o modelo dos valores culturais que postula três dimensões bipolares: autonomia *versus* conservadorismo, hierarquia *versus* igualitarismo e harmonia *versus* domínio. Os valores que haviam sido levantados empiricamente por Tamayo e Gondim (1996) para a construção da Escala de Valores Organizacionais foram utilizados para este novo instrumento, já que eles expressam adequadamente alguns dos construtos axiológicos que se pretendia medir. Para representar de forma apropriada os tipos motivacionais de valores que não estavam suficientemente representados na escala de Tamayo e Gondim, foram construídos novos itens. Estes foram elaborados a partir dos pressupostos teóricos, procurando valores que expressassem particularmente os pólos de igualitarismo e autonomia, que foram os menos representados no levantamento de Tamayo e Gondim (1996). Todos os itens foram colocados em um folheto com instruções apropriadas e submetidos à análise semântica, realizada com três grupos de 6 a 8 empregados cada um, para verificar a clareza das instruções e a compreensão dos itens. O inventário para validação ficou composto por 37 itens, seguidos de uma escala de 7 pontos (de 0 a 6).

Para a sua validação os autores administraram o inventário a uma amostra de 1010 empregados voluntários de cinco organizações do Distrito Federal, com idade média de 38,82 anos (desvio padrão = 6,58), dos dois sexos (54% homens e 44% mulheres), sendo que 12% ocupavam cargos de gerência. Os dados foram submetidos a uma análise multidimensional ALSCAL, com duas dimensões, utilizando o modelo euclidiano. Os resultados revelaram as seguintes medidas de ajuste: s-stress = 0,26224, Stress = 0,23975 e RSQ = 0,80674. A medida s-stress está baseada no quadrado das distâncias entre os valores. No índice Stress são utilizadas as distâncias em vez do quadrado das mesmas. Estas duas medidas variam entre 1 (a pior solução) e 0 (ajuste perfeito). A RSQ consiste simplesmente no quadrado da correlação entre os dados e as distâncias. As medidas de ajuste obtidas nesta análise não foram perfeitas, mas elas garantem que a solução encontrada é satisfatória. Os coeficientes alfa variaram entre 0,77 e 0,87 (ver Tabela 20.2).

O pólo **autonomia** avalia a tendência da organização a perceber o empregado como sendo uma entidade autônoma, habilitada para perseguir os seus próprios interesses e fixar as suas metas em harmonia com as metas e normas da organização. Este fator revela o grau de importância dada pela organização à criatividade individual e o grau de valorização da responsabilidade individual. O pólo de **conservadorismo** avalia o quanto a organização valoriza a necessidade de conservação de usos, costumes e estruturas de poder já existentes promovendo a manutenção do *status quo* e da interdição de comportamentos que possam perturbar as normas e as tradições da empresa. O pólo da **hierarquia** avalia a valorização por parte da organização da autoridade, do poder social, da influência, da fiscalização e da supervisão. Um escore elevado neste fator expressa a preferência da organização pela hierarquia, pela distribuição hierárquica de recursos e de papéis sociais e funcionais na organização. O pólo do **igualitarismo** avalia a preocupação da empresa com o bem-estar dos outros, da organização em geral, a existência de poucos níveis de autoridade e a opção por um gerenciamento de tipo participativo. Mensura, igualmente, o quanto a organização valoriza a justiça, a igualdade, a responsabilidade e a eqüidade. O pólo **domínio** avalia a vontade de afirmação assertiva da empresa através do domínio dos recursos materiais, do mercado, da tecnologia e do conhecimento na área específica de atuação. O pólo **harmonia** avalia o acomodamento harmônico da empresa com o seu meio ambiente, respeitando a natureza e as empresas concorrentes. O IVO completo contendo instruções, itens que expressam valores da organização e escala de respostas encontra-se ao final do capítulo.

Aplicação, apuração dos resultados e interpretação do IVO

A estrutura do IVO prevê sua auto-administração. Dessa forma, ele pode ser administrado coletivamente. As suas instruções são suficientemente claras e simples e elas são corretamente compreendidas pelos sujeitos. A avaliação dos valores é realizada ao nível dos valores realmente praticados na organização e ao nível dos valores desejados. Nada impede, porém, que, dependendo dos interesses do pesquisador, os valores sejam avaliados exclusivamente a um dos dois níveis acima mencionados. Neste caso, elimina-se na folha de resposta a parte indesejada, real ou desejável, e adaptam-se as "Instruções" da seguinte forma:

1. eliminar a frase: "Esta avaliação deve ser feita a dois níveis: **real**: quanto cada item é importante na realidade atual da sua organiza-

ção; **desejável**: quanto cada item deveria ser importante para sua organização";

2. modificar a seguinte instrução: "Coloque um círculo em torno do número escolhido para cada um dos aspectos – Real e Desejável – na coluna correspondente". A instrução correta seria: "Coloque um círculo em torno do número escolhido".

A apuração realiza-se calculando o escore ao nível de cada um dos pólos das três dimensões: autonomia, conservadorismo, hierarquia, igualitarismo, domínio e harmonia. O escore se obtém dividindo o somatório dos valores escalares atribuídos pelos sujeitos a cada um dos itens do fator pelo número de itens no fator considerado (Tabela 20.2).

TABELA 20.2 Guia para a apuração dos resultados do IVO

Tipos motivacionais	Itens	Divisores
Autonomia	01, 03, 04, 05	04
Conservadorismo	02, 07, 08, 11, 16	05
Hierarquia	09, 10, 17, 18, 19, 20, 22, 24, 27, 28	10
Igualitarismo	06, 12, 13, 14, 15, 25, 26	07
Domínio	21, 23, 31, 32, 33, 34, 35, 36	08
Harmonia	29, 30	02

Construção e validação do Inventário de Perfis de Valores Organizacionais – IPVO

O IPVO consta de 48 itens distribuídos em oito fatores. Ele foi construído e validado por Oliveira e Tamayo (2004). Para a construção do inventário, a primeira providência dos autores foi formular definições constitutivas e operacionais para cada um dos tipos motivacionais de valores organizacionais esperados, com base na teoria dos valores humanos (Schwartz, 2005). A seguir os autores elaboraram os itens, sendo que cada um deles é uma breve descrição do perfil de uma organização hipotética. Cada perfil descreve metas, aspirações ou desejos que implicitamente apontam para a importância de um valor organizacional. Para cada item o sujeito deve responder à pergunta: **Quanto esta organização aqui descrita se parece com aquela na qual você trabalha?** Respostas possíveis são: "Muito parecida com minha organização", "Parecida", "Mais ou menos parecida", "Pouco parecida", "Não se parece com minha organização", "Não se parece em nada com minha organização". Assim, na apresentação do IPVO não há uma escala de resposta numérica. O sujeito utiliza somente uma escala de resposta verbal, o que não requer a transformação de seu julgamento em número, reduzindo assim o seu esforço cognitivo e simplificando sua tarefa. As respostas, porém, são codificadas pelo pesquisador que atribui a elas valores que variam de cinco a zero, correspondendo, respectivamente, à primeira e à última opção rotulada da escala verbal.

O IPVO foi validado com uma amostra de 833 empregados de empresas públicas e privadas, com idade média de 24 anos (desvio padrão = 7,22), dos dois sexos e com grau de instrução secundário completo ou universitário. Para determinar a estrutura fatorial do instrumento, os autores utilizaram o método *Principal axis factoring* com rotação oblíqua. Eles adotaram como critério cargas fatoriais maiores do que 0,35. Dessa forma, identificaram oito fatores: **autonomia, bem-estar, realização, domínio, prestígio, conformidade, tradição** e **preocupação com a coletividade**.

O fator **autonomia** ($\alpha = 0,87$) avalia a busca, por parte da organização, de aperfeiçoamento constante dos seus empregados e dos seus produtos e serviços, aperfeiçoamento que se expressa por meio de competência, inovação, curiosidade, criatividade, variedade de experiência, definição de objetivos profissionais de seus empregados e valorização dos desafios. **Bem-estar** ($\alpha = 0,87$) mede a preocupação da organização em propiciar satisfação ao trabalhador, atentando para a qualidade de vida no trabalho. Sua base teórica são os valores do tipo motivacional Hedonismo. **Realização** ($\alpha = 0,80$) avalia o sucesso, baseado em uma demonstração de competência, da organização e dos seus colaboradores. O foco deste fator é a valorização, por parte da organização, do planejamento e da competência coletiva e individual. **Domínio** ($\alpha = 0,80$) congrega itens relativos ao poder, cuja meta central é a obtenção de *status*, lucro, controle sobre pessoas e recursos e a busca de uma posição dominante no mercado. **Prestígio** ($\alpha = 0,81$) avalia a busca, por parte da organização, de prestígio, admiração e respeito da sociedade por causa da qualidade dos seus produtos e/ou serviços. **Conformidade** ($\alpha = 0,75$) mede o grau de importância dada pela organização ao respeito à regras e modelos de comportamento, tanto no ambiente de trabalho quanto no relacionamento com outras organizações. Avalia, portanto, o quanto a organização valoriza as boas maneiras, a cortesia, o respeito às regras de convivência, à correção e à hierarquia. O foco deste fator refere-se à definição de limites das ações organizacionais e comportamentos de seus membros. **Tradição** ($\alpha = 0,75$) avalia a ênfase da organização para manter o *status quo* promovendo a preservação e respeito a usos, costumes e práticas organizacionais. **Preocupação com a coletividade** ($\alpha = 0,86$) mede a valorização da igualdade, justiça, lealdade, honestidade e sinceridade nas práticas organizacionais e no relacionamento com todos: indivíduos, setores organizacionais, a coletividade organizacional, os clientes e os fornecedores. Ao final do capítulo encontra-se o IPVO completo.

Aplicação, apuração dos resultados e interpretação da IPVO

O IPVO é indicado para pesquisa nas organizações, diagnóstico organizacional e gestão pelos valores. A sua administração pode ser feita de forma coletiva ou individual. A simplicidade das instruções e dos itens facilita a sua aplicação.

O IPVO não fornece um único escore, mas um perfil de escores constituído pelos oito fatores do inventário. Para o cálculo de cada escore, calcula-se o somatório dos valores escalares atribuídos aos itens que compõem o fator considerado e divide-se pelo número de itens do fator (ver Tabela 20.3).

A interpretação deve ser feita considerando o conjunto dos oito fatores. Uma estratégia simples consiste em ordenar os fatores em ordem decrescente a partir do escore de cada um deles, de forma a visualizar facilmente as relações entre os fatores, identificando assim o que é mais valorizado e menos valorizado pela organização. A interpretação do IPVO é enriquecida quando o perfil obtido é comparado com o perfil dos valores pessoais dos trabalhadores que expressam as suas metas e motivações (Tamayo e Paschoal, 2003).[1] A possibilidade de comparação direta entre o perfil dos valores organizacionais e o dos valores pessoais que oferece o IPVO deve-se ao fato de que este está baseado no modelo motivacional dos valores pessoais. Esta propriedade do IPVO é bastante relevante particularmente no caso de diagnóstico organizacional ou de gestão por valores.

TABELA 20.3 Guia para a apuração dos resultados do IPVO

Fatores	Itens	Divisores
Autonomia	01, 13, 23, 26, 29, 30, 40, 46	08
Bem-estar	05, 09, 14, 22, 32, 48	06
Realização	04, 08, 20, 24, 36	05
Domínio	10, 18, 37, 39, 42, 45	06
Prestígio	07, 25, 33, 35	04
Conformidade	11, 17, 27, 28, 34, 41, 43	07
Tradição	06, 12, 19, 31, 47	05
Preocupação com a coletividade	02, 03, 15, 16, 21, 38, 44	07

---

[1] Para avaliação dos valores pessoais utiliza-se o Inventário de Valores ou o *Portrait Value Questionnaire – PQ* (Porto, 2005).

Escala de valores organizacionais – EVO

Instruções

Neste questionário você deve perguntar a si próprio: "Que valores são importantes para a organização (empresa, universidade, escola, etc.) em que trabalho?" Entende-se por valores organizacionais os princípios que orientam a vida das organizações.

A seguir há uma lista de valores. Estes valores foram levantados em diferentes organizações. Entre os parênteses que seguem cada valor encontra-se uma explicação que pode ajudá-lo(a) a compreender o seu significado.

Sua tarefa é avaliar quão importante é para a sua organização cada valor, *como um princípio orientador na vida da organização*.

Observe bem que não se trata de avaliar os seus valores pessoais, nem os valores que você gostaria que existissem na sua organização, mas sim os valores que, segundo você, orientam a vida da sua organização. Avalie a importância dos valores da sua organização em uma escala de 0 a 6.

A escala de avaliação encontra-se abaixo.

Como princípio orientador na vida da minha organizaçao, este valor é:

Nada importante			Importante			Muito importante
0	1	2	3	4	5	6

- **0** = significa que o valor é nada importante; não é relevante como um princípio orientador na vida da sua organização.
- **3** = significa que o valor é importante.
- **6** = significa que o valor é muito importante.

Quanto maior o número (**0, 1, 2, 3, 4, 5, 6**), mais importante é o valor como um princípio orientador na vida da sua organização.

Além dos números de 0 a 6, em suas avaliações você pode usar ainda os números -1 e 7 considerando que:

- **-1** = significa que o valor é **oposto** aos princípios que orientam a vida na sua organização.
- **7** = significa que o valor é **de suprema importância** como um princípio orientador na vida da sua organização. Geralmente, uma organização não possui mais de dois destes valores.

Como um princípio orientador na vida da minha organizaçao, este valor é:

Oposto aos princípios da organização	Nada importante			Importante			Muito importante	De suprema importância
-1	0	1	2	3	4	5	6	7

(Continua)

(*Continuação*)

Escala de valores organizacionais – EVO

No espaço antes de cada valor escreva o número (-1, 0, 1, 2, 3, 4, 5, 6, 7) que corresponde à avaliação que você faz deste valor, conforme os critérios acima definidos. Tente diferenciar, tanto quanto possível, os valores entre si, usando para isso **todos os números**. Evidentemente, você poderá repetir os números em suas respostas/avaliações.

Antes de começar, leia os valores de 1 a 32, escolha aquele que, segundo você, é o **valor supremo** para a sua organização e avalie-o com 7. A seguir, identifique o(s) **valor(es) oposto(s)** aos valores da sua organização e avalie-os como -1. Se não houver valor algum deste tipo, escolha aquele que tem menor importância para a sua organização e o avalie como 0 ou 1, de acordo com a sua importância. Depois avalie os demais valores (até o 38).

Lista de valores organizacionais

Lembre-se que não se trata de avaliar os seus valores pessoais, nem os valores que você gostaria que existissem na organização, mas sim os valores que, **segundo você,** orientam a vida na sua organização.

1. ____	**Abertura** (promoção de um clima propício às sugestões e ao diálogo)
2. ____	**Amizade** (clima de relacionamento amistoso entre os empregados)
3. ____	**Benefícios** (promoção de programas assistenciais aos empregados)
4. ____	**Coleguismo** (clima de compreensão e apoio entre os empregados)
5. ____	**Competência** (saber executar as tarefas da organização)
6. ____	**Competitividade** (conquistar clientes em relação à concorrência)
7. ____	**Comprometimento** (identificação com a missão da organização)
8. ____	**Cooperação** (clima de ajuda mútua)
9. ____	**Criatividade** (capacidade de inovar na organização)
10. ____	**Dedicação** (promoção ao trabalho com afinco)
11. ____	**Democracia** (participação dos empregados nos processos decisórios)
12. ____	**Eficácia** (fazer as tarefas de forma a atingir os objetivos esperados)
13. ____	**Eficiência** (executar as tarefas da organização de forma certa)
14. ____	**Fiscalização** (controle do serviço executado)
15. ____	**Flexibilidade** (administração que se adapta às situações concretas)
16. ____	**Harmonia** (ambiente de relacionamento interpessoal adequado)
17. ____	**Hierarquia** (respeito aos níveis de autoridade)
18. ____	**Honestidade** (promoção do combate à corrupção na organização)
19. ____	**Incentivo à pesquisa** (incentivo à pesquisa relacionada com interesses da organização)

(*Continua*)

(*Continuação*)

20. ____	**Integração interorganizacional** (intercâmbio com outras organizações)
21. ____	**Justiça** (imparcialidade nas decisões administrativas)
22. ____	**Modernização de recursos materiais** (preocupação em investir na aquisição de equipamentos, programas de informática e outros)
23. ____	**Obediência** (tradição de respeito às ordens)
24. ____	**Organização** (existência de normas claras e explícitas)
25. ____	**Planejamento** (elaboração de planos para evitar a improvisação na organização)
26. ____	**Plano de carreira** (preocupação com a carreira funcional dos empregados)
27. ____	**Polidez** (clima de cortesia e educação no relacionamento cotidiano)
28. ____	**Pontualidade** (preocupação com o cumprimento de horários e compromissos)
29. ____	**Postura profissional** (promover a execução das funções ocupacionais de acordo com as normas da organização)
30. ____	**Probidade** (administrar de maneira adequada o dinheiro público)
31. ____	**Produtividade** (atenção voltada para a produção e a prestação de serviços)
32. ____	**Qualidade** (compromisso com o aprimoramento dos produtos e serviços)
33. ____	**Qualificação dos recursos humanos** (promover a capacitação e o treinamento dos empregados)
34. ____	**Reconhecimento** (reconhecimento do mérito na realização do trabalho)
35. ____	**Respeito** (consideração às pessoas e opiniões)
36. ____	**Sociabilidade** (estímulo às atividades sociais fora do ambiente de trabalho)
37. ____	**Supervisão** (acompanhamento e avaliação contínuos das tarefas)
38. ____	**Tradição** (preservar usos e costumes da organização).

Inventário de valores organizacionais – IVO

Este questionário traz uma lista de itens que expressam valores da organização. Sua tarefa é avaliar quão importantes são estes valores como princípios orientadores da vida da sua organização. Esta avaliação deve ser feita a dois níveis:

Real: quanto cada item é importante na realidade atual da sua organização.
Desejável: quanto cada item deveria ser importante para sua organização.

Para dar sua opinião, utilize uma escala de 0 a 6, conforme a encontrada abaixo:

1	2	3	4	5	6
Nada importante		Importante			Extremamente importante

Lembre-se de que quanto mais próximo do 6 mais importante é o valor.

Coloque um círculo em torno do número escolhido para cada um dos aspectos – Real e Desejável – na coluna correspondente.

Não há resposta certa ou errada. Responda de acordo com o seu entendimento e interpretação. Não deixe nenhum item em branco.

Agradecemos a sua colaboração. Não é necessário se identificar.

N°	Item	Real	Desejável
1.	Capacidade de inovar na organização	0 1 2 3 4 5 6	0 1 2 3 4 5 6
2.	Capacidade de realizar as tarefas sem necessidade de supervisão constante	0 1 2 3 4 5 6	0 1 2 3 4 5 6
3.	Introdução de novidades no trabalho	0 1 2 3 4 5 6	0 1 2 3 4 5 6
4.	Abertura para expor sugestões e opiniões sobre o trabalho	0 1 2 3 4 5 6	0 1 2 3 4 5 6
5.	Busca constante de informação e novidades	0 1 2 3 4 5 6	0 1 2 3 4 5 6
6.	Continuidade de políticas e projetos organizados	0 1 2 3 4 5 6	0 1 2 3 4 5 6
7.	Fidelidade e organização	0 1 2 3 4 5 6	0 1 2 3 4 5 6
8.	Segurança de pessoas e bens	0 1 2 3 4 5 6	0 1 2 3 4 5 6
9.	Preservação dos costumes vigentes da organização	0 1 2 3 4 5 6	0 1 2 3 4 5 6
10.	Tradição de respeito às ordens	0 1 2 3 4 5 6	0 1 2 3 4 5 6
11.	Clima de ajuda mútua	0 1 2 3 4 5 6	0 1 2 3 4 5 6

(Continua)

(*Continuação*)

Nº	Item	Real	Desejável
12.	Distribuição do poder pelos diversos níveis	0 1 2 3 4 5 6	0 1 2 3 4 5 6
13.	Tratamento proporcional ao mérito	0 1 2 3 4 5 6	0 1 2 3 4 5 6
14.	Oportunidades iguais para todos os empregados	0 1 2 3 4 5 6	0 1 2 3 4 5 6
15.	Imparcialidade nas decisões administrativas	0 1 2 3 4 5 6	0 1 2 3 4 5 6
16.	Clima de relacionamento amistoso entre os empregados	0 1 2 3 4 5 6	0 1 2 3 4 5 6
17.	Respeito às pessoas com cargo de chefia	0 1 2 3 4 5 6	0 1 2 3 4 5 6
18.	Respeitar as regras e normas estabelecidas pela organização	0 1 2 3 4 5 6	0 1 2 3 4 5 6
19.	Controle do serviço executado	0 1 2 3 4 5 6	0 1 2 3 4 5 6
20.	Respeito aos níveis de autoridade	0 1 2 3 4 5 6	0 1 2 3 4 5 6
21.	Capacidade de influenciar pessoas na organização	0 1 2 3 4 5 6	0 1 2 3 4 5 6
22.	Preocupação com o cumprimento de horários e compromissos	0 1 2 3 4 5 6	0 1 2 3 4 5 6
23.	Dificuldade de alterar regras, normas e comportamentos na organização	0 1 2 3 4 5 6	0 1 2 3 4 5 6
24.	Acompanhamento e avaliação contínuos das tarefas	0 1 2 3 4 5 6	0 1 2 3 4 5 6
25.	Ambiente de relacionamento interorganizacional adequado	0 1 2 3 4 5 6	0 1 2 3 4 5 6
26.	Complementaridade de papéis entre organizações	0 1 2 3 4 5 6	0 1 2 3 4 5 6
27.	Utilização de recursos sem causar danos ao meio ambiente	0 1 2 3 4 5 6	0 1 2 3 4 5 6
28.	Proteção ao meio ambiente	0 1 2 3 4 5 6	0 1 2 3 4 5 6
29.	Intercâmbio com outras organizações	0 1 2 3 4 5 6	0 1 2 3 4 5 6

(*Continua*)

(*Continuação*)

Inventário de valores organizacionais – IVO

Nº	Item	Real	Desejável
30.	Atuação conjunta com outras empresas	0 1 2 3 4 5 6	0 1 2 3 4 5 6
31.	Busca de melhor posição no mercado	0 1 2 3 4 5 6	0 1 2 3 4 5 6
32.	Conquista de clientes em relação a concorrência	0 1 2 3 4 5 6	0 1 2 3 4 5 6
33.	Manutenção da superioridade em relação ao mercado	0 1 2 3 4 5 6	0 1 2 3 4 5 6
34.	Preocupação com o aumento da produção e prestação dos serviços	0 1 2 3 4 5 6	0 1 2 3 4 5 6
35.	Êxitos nos empreendimentos organizacionais	0 1 2 3 4 5 6	0 1 2 3 4 5 6
36.	Agir de forma arrojada em relação às outras empresas	0 1 2 3 4 5 6	0 1 2 3 4 5 6

Inventário de perfis de valores organizacionais – IPVO

Instruções

Ao responder este questionário, pense na organização em que você trabalha como um todo. Descrevemos, a seguir, algumas organizações. Leia cada descrição e avalie o quanto cada uma dessas organizações é semelhante àquela na qual você trabalha. Assinale com um "X" a opção que indica o quanto cada organização descrita se parece com a sua.

	Quanto esta organização aqui descrita se parece com aquela na qual você trabalha?					
	É muito parecida com minha organização	É parecida com minha organização	É mais ou menos parecida com minha organização	É pouco parecida com minha organização	Não se parece com minha organização	Não se parece em nada com minha organização
1. Esta organização estimula os empregados a enfrentarem desafios. Para ela, os desafios tornam o trabalho do empregado mais interessante.						
2. A sinceridade entre as pessoas é encorajada por esta organização. Ser verdadeiro com os outros é importante para ela.						

(*Continua*)

(Continuação)

Inventário de perfis de valores organizacionais – IPVO

	Quanto esta organização aqui descrita se parece com aquela na qual você trabalha?					
	É muito parecida com minha organização	É parecida com minha organização	É mais ou menos parecida com minha organização	É pouco parecida com minha organização	Não se parece com minha organização	Não se parece em nada com minha organização
3. Para esta organização, todas as pessoas devem ser tratadas com igualdade. Na visão dela, as pessoas merecem oportunidades iguais.						
4. Esta organização valoriza a competência. Para ela, é importante que o empregado demonstre as habilidades e os conhecimentos que possui.						
5. É muito importante para esta organização ajudar seus empregados. Ela deseja cuidar do bem-estar deles.						

(Continua)

(Continuação)

6. A tradição é uma marca desta organização. Ela tem práticas que dão continuidade aos seus costumes.						
7. Esta organização influencia outras organizações. Ela tem muito prestígio.						
8. Esta organização acha que é importante ser competente. Ela quer demonstrar o quanto é capaz.						
9. Esta organização oferece oportunidades de diversão aos empregados. Ela acha importante que eles tenham prazer no trabalho.						
10. É importante para esta organização ser rica. Ela quer ter lucros nos negócios.						
11. Para esta organização, é importante que os empregados se comportem de forma educada no ambiente de trabalho. Ela acredita que as boas maneiras devem ser praticadas.						

(Continua)

(Continuação)

Inventário de perfis de valores organizacionais – IPVO

	Quanto esta organização aqui descrita se parece com aquela na qual você trabalha?					
	É muito parecida com minha organização	É parecida com minha organização	É mais ou menos parecida com minha organização	É pouco parecida com minha organização	Não se parece com minha organização	Não se parece em nada com minha organização
12. Esta organização preserva os costumes antigos. Ela respeita a tradição.						
13. Esta organização incentiva o sucesso profissional dos empregados. Ela estimula a trabalharem de maneira competente.						
14. Nesta organização, os empregados são premiados. A satisfação deles com a organização é uma meta importante.						
15. Esta organização acredita no valor da honestidade. Ela honra seus compromissos com pessoas e organizações com as quais se relaciona.						

(Continua)

(Continuação)

16. Para esta organização é importante que todas as pessoas sejam tratadas de maneira justa. É importante, para ela, respeitar os direitos dos outros.							
17. Esta organização acha importante ter modelos de comportamento definidos. Para ela, os empregados devem ter um jeito correto de se comportar no trabalho.							
18. Esta organização busca o domínio do mercado. Ela quer eliminar a concorrência.							
19. Esta organização evita mudanças. Ela prefere manter sua forma de trabalhar.							
20. Nesta organização, é importante que os empregados conheçam bem o trabalho que fazem. Ela reconhece os empregados competentes.							
21. Esta organização acha importante ser fiel a seus empregados e clientes. Ela cumpre seus compromissos com eles.							

(Continua)

(Continuação)

Inventário de perfis de valores organizacionais – IPVO

	Quanto esta organização aqui descrita se parece com aquela na qual você trabalha?					
	É muito parecida com minha organização	É parecida com minha organização	É mais ou menos parecida com minha organização	É pouco parecida com minha organização	Não se parece com minha organização	Não se parece em nada com minha organização
22. Para esta organização é importante manter clubes destinados ao lazer dos empregados. Ela considera que a diversão é uma parte importante da vida do empregado.						
23. Esta organização valoriza empregados curiosos. Ela gosta de empregados que procuram se informar a respeito do trabalho.						
24. Esta organização gosta de empregados que mostram suas habilidades. Ela procura desenvolver a competência desses empregados.						

(Continua)

(Continuação)

25. Esta organização tem prestígio na sociedade. Ela acha importante ser admirada por todos.						
26. Esta organização procura se aperfeiçoar constantemente. Para ela, o aperfeiçoamento é uma forma de melhorar a qualidade de seus produtos e serviços.						
27. Esta organização acredita que as regras são importantes. Para ela, os empregados deveriam obedecê-las.						
28. O respeito à hierarquia faz parte das tradições desta organização. Para ela, a hierarquia deve ser respeitada pelos empregados.						
29. Esta organização valoriza empregados que buscam realização no trabalho. Ela reconhece quando um empregado tem objetivos profissionais.						

(Continua)

(Continuação)

Inventário de perfis de valores organizacionais – IPVO

	Quanto esta organização aqui descrita se parece com aquela na qual você trabalha?					
	É muito parecida com minha organização	É parecida com minha organização	É mais ou menos parecida com minha organização	É pouco parecida com minha organização	Não se parece com minha organização	Não se parece em nada com minha organização
30. Para esta organização é importante ser criativa. Ela gosta de ser original.						
31. Esta organização procura manter práticas consagradas. Ela acredita que é importante trabalhar sempre do mesmo modo.						
32. Esta organização preocupa-se com a qualidade de vida dos empregados. Ela realiza projetos sociais que contribuem para o bem-estar deles.						
33. Esta organização tem prestígio. Ela oferece produtos e serviços que são respeitados pelos clientes.						

(Continua)

(Continuação)

34. Esta organização acredita que a cortesia é importante. Para ela, as boas maneiras fazem parte do relacionamento entre os empregados e as organizações.						
35. Esta organização tem influência na sociedade. Ela acha importante ser respeitada por todos.						
36. Para esta organização, planejar metas é essencial. Ela considera a realização das metas uma prova de sua competência.						
37. Esta organização acha importante ser competitiva. Ela quer ganhar novos mercados.						
38. Esta organização acredita que a pessoa deve ser honesta em qualquer situação. Dizer a verdade faz parte dos princípios desta organização.						
39. O prazer para esta organização é obter lucros. Ela sente-se satisfeita quando os rendimentos superam as despesas.						

(Continua)

(Continuação)

Inventário de perfis de valores organizacionais – IPVO

	Quanto esta organização aqui descrita se parece com aquela na qual você trabalha?					
	É muito parecida com minha organização	É parecida com minha organização	É mais ou menos parecida com minha organização	É pouco parecida com minha organização	Não se parece com minha organização	Não se parece em nada com minha organização
40. Esta organização deseja que o empregado tenha uma vida profissional variada. Ela valoriza o empregado que tem experiências profissionais diferentes.						
41. Nesta organização, as regras de convivência são consideradas importantes. Para ela, os empregados, clientes e outras organizações deveriam respeitá-las.						
42. Esta organização considera a segurança dos negócios muito importante. Ela está atenta às ameaças do mercado.						
43. Esta organização acredita que os empregados devem aceitar o						

(Continua)

(Continuação)

trabalho que têm a fazer. Para ela, os empregados devem cumprir suas obrigações.						
44. Esta organização considera a lealdade importante. Ela é leal às pessoas e organizações próximas dela.						
45. Esta organização estimula, nos clientes, o desejo de adquirir novidades. Ela encoraja os clientes a provarem produtos e serviços novos.						
46. Esta organização incentiva o empregado a ser criativo. Ela estimula a criação de produtos e serviços originais.						
47. O comportamento do empregado, nesta organização, deve mostrar respeito aos costumes. Para ela, a tradição deve ser preservada.						
48. Esta organização propõe atividades que dão prazer ao empregado. Na visão dela, é importante o empregado sentir-se satisfeito consigo mesmo.						

REFERÊNCIAS

CLAUDE, J.F. *Le management par les valeurs*. Paris: Liaisons, 2003.

KABANOFF, B.; DALY, J. P. Values espoused by australian and US organizations. *Applied Psychology: An International Review*, Oxford, v. 49, n.2, p. 284-314, Apr. 2000.

KATZ, D.; KAHN, R. L. *Psicologia social das organizações*. São Paulo: Atlas, 1978.

KRUSKAL, J. B. Nonmetric multidimensional scaling. *Psychometrika*, 29, 1-27, 1964.

OLIVEIRA, A.; TAMAYO, A. Inventario de perfis de valores organizacionais. *Revista de Administração (USP)*, São Paulo, v. 39, no. 2, p. 129-140, abr./jun. 2004.

PORTO, J. B. Mensuração de valores no Brasil. In: TAMAYO, A.; PORTO, J.B. (Org.). *Valores e comportamento nas organizações*. Petrópolis: Vozes, 2005. p.96-119.

SCHWARTZ, S. H. Valores humanos básicos: seu contexto e estrutura intercultural. In: TAMAYO, A.; PORTO, J.B. (Org.). *Valores e comportamento nas organizações*. Petrópolis: Vozes, 2005. p. 21-55.

SEGO, D. J.; HUI, C.; LAW, K. S. Operationalizing cultural values as the mean of individual values. Problems and suggestions for research. In: EARLEY, P. C.; EREZ, M. (Org.). *New perspectives on international industrial/organizational psychology*. San Francisco: The New Lexington, 1997. p. 148-159.

TAMAYO, A. Valores organizacionais. In: TAMAYO, A.; BORGES-ANDRADE, J. E.; CODO, W. (Org.). *Trabalho, organizações e cultura*. São Paulo: Cooperativa de Autores Associados, 1996. p. 175-193.

TAMAYO, A.; GONDIM, M. G. C. Escala de valores organizacionais. *Revista de Administração – RAUSP*, São Paulo, v.31, n, 2, p. 62-72, abr. 1996.

TAMAYO, A.; PASCHOAL, T. A relação da motivação para o trabalho com as metas do trabalhador. *Revista de Administração Contemporânea – RAC*, Curitiba, v. 7, n. 4, p. 33-54, out./dez. 2003.

TAMAYO, A.; MENDES, A.; M.; PAZ, M. G. T. Inventário de valores organizacionais. *Estudos de Psicologia*, Natal, v. 5, n. 2, p. 289-315, jul. 2000.

Índice

A

Atitudes retaliatórias 249-262
  escala de percepção e julgamento da retaliação (EPJR) 252-255, 259-260
    aplicação, apuração e interpretação 254-255
    construção e validação 252-254
  medida de atitude em relação à retaliação organizacional (MARO) 255-258, 261-262
    aplicação, apuração e interpretação 257-258
    construção e validação 255-257

C

Clima organizacional 29-38
  escala de clima organizacional (ECO) 31-38
    aplicação, apuração e interpretação 33-34
    construção e validação 31-33
Comportamentos éticos organizacionais 41-47
Comprometimento organizacional 49-91
  escala de bases do comprometimento organizacional (EBACO) 60-68, 80-81
    aplicação, apuração e interpretação 64-68
    construção e validação 60-63
  escala de comprometimento organizacional afetivo (ECOA) 55-56, 78
    aplicação, apuração e interpretação 56
    construção e validação 55-56
  escala de comprometimento organizacional calculativo (ECOC) 57-59, 79
    aplicação, apuração e interpretação 57-59
    construção e validação 57
  escala de comprometimento organizacional normativo (ECON) 59-60, 80
    aplicação, apuração e interpretação 60
    construção e validação 59-60
  escala de intenções comportamentais de comprometimento organizacional (EICCO) 68-77, 82-91
    aplicação, apuração e interpretação 74-77
    construção, desenvolvimento, validação e padronização 68-74
  escala de percepção de comportamentos éticos organizacionais (EPCEO) 44-47
    aplicação, apuração e interpretação 46
    construção e validação 44-45
Confiança do empregado na organização 97-107
  escala de confiança do empregado na organização (ECEO) 100-107

aplicação, apuração e interpretação 104-105
construção e validação 100-103
versão reduzida 104
Contexto de trabalho 111-122
 escala de avaliação do contexto de trabalho (EACT) 114-122
  aplicação, apuração e interpretação 117-119
  construção e validação 114-116
Cultura organizacional 125-137
 instrumento brasileiro para avaliação da cultura organizacional (IBACO)129-137
  aplicação, apuração e interpretação 131-132
  construção e validação 129-130
  versão reduzida 130-131

E

Envolvimento com o trabalho 139-143
 escala de envolvimento com o trabalho (EET) 141-143
  adaptação e validação 141
  aplicação, apuração e interpretação 141-142
Equipes de trabalho 145-159
 escala de interdependência de tarefas (EIT) e escala de interdependência de resultados (EIR) 149-159
  adaptação e validação 149-150
  aplicação, apuração e interpretação 154-157
  processo de validação, resultados obtidos no 150-154
Escala *agency-community* 202-213
Escala de avaliação do contexto de trabalho (EACT) 114-122
Escala de bases de poder do supervisor (EBPS) 23-26
Escala de bases do comprometimento organizacional (EBACO) 60-68
Escala de clima organizacional (ECO) 31-38
Escala de comprometimento organizacional afetivo (ECOA) 55-56, 78
Escala de comprometimento organizacional calculativo (ECOC) 57-59,79
Escala de comprometimento organizacional normativo (ECON) 59-60, 80
Escala de intenções comportamentais de comprometimento organizacional (EICCO) 68-77, 82-91
Escala de confiança do empregado na organização (ECEO) 100-107
Escala de envolvimento com o trabalho (EET) 141-143
Escala de estilos de funcionamento organizacional 168-177
Escala de interdependência de resultados (EIR) 149-159
Escala de interdependência de tarefas (EIT)
Escala de percepção de comportamentos éticos organizacionais (EPCEO) 44-47
Escala de percepção de justiça de procedimentos (EPJP)
Escala de percepção de justiça distributiva (EPJD) 193-196
Escala de percepção de saúde organizacional (EPSaO) 278-281
Escala de percepção de suporte organizacional (EPSO) 288-290, 292
Escala de percepção de suporte social no trabalho (EPSST) 286-288, 291
Escala de percepção e julgamento da retaliação (EPJR) 252-255, 259-260
Escala de satisfação no trabalho (EST) 268-272
Escala de valores organizacionais (EVO) 316-318, 323-325
Escala de valores relativos ao trabalho (EVT) 301-305
Estilos de funcionamento organizacional. *Ver* Funcionamento organizacional, estilos de

F

Funcionamento organizacional, estilos de 161-177
  afiliativo 166-167
  burocrático 165-166
  cívico 168
  empreendedor 167
  escala de estilos 168-177
    aplicação, apuração e interpretação 173-177
      estilo afiliativo 173
      estilo burocrático 174
      estilo empreendedor 173
      estilo individualista 174
    construção e validação 168-172
  individualista 165

G

Gestão de pessoas *agency-community*, modelo de 199-213
  escala *agency-community* 202-213
    aplicação, apuração e interpretação 208-210
    construção e validação 202-208

I

Identificação organizacional 179-187
  escala de identificação organizacional (EIO) 184-187
    aplicação, apuração e interpretação 186
    construção e validação 184-186
Instrumento brasileiro para avaliação da cultura organizacional (IBACO) 129-137
Inventário de motivação e significado do trabalho (IMST) 214-245
Inventário de perfis de valores organizacionais (IPVO) 320-322, 329-339
Inventário de valores organizacionais (IVO) 318-320, 326-328

J

Justiça no trabalho 189-196
  escala de percepção de justiça de procedimentos (EPJP) 194-195
    aplicação, apuração e interpretação 195
    construção e validação 194
  escala de percepção de justiça distributiva (EPJD) 193-196
    aplicação, apuração e interpretação 193-194
    construção e validação 193-194

M

Medida de atitude em relação à retaliação organizacional (MARO) 255-258, 261-262
Motivação e significação no trabalho 215-245
  inventário de motivação e significado do trabalho (IMST) 214-245
    aplicação 228-231
      aplicações recomendáveis 228-229
      procedimento de aplicação 230-231
      situação de aplicação 229-230
    apuração 231-232
      apuração e estimação dos escores 231-232
    fundamentos conceituais 216-221
      motivação para o trabalho 220-221
      significado do trabalho 216-220
    orientações para interpretação dos resultados 232-235
    validade e consistência 221-228
      estrutura fatorial e consistência 222-228
      forma 221-222
      teste empírico 222

P

Poder organizacional, bases 21-26
  escala de bases de poder do supervisor (EBPS) 23-26
    adaptação e validação 23-24
    aplicação, apuração e interpretação 25-26
  poder coercitivo 21-26
  poder de perícia 21-26
  poder de recompensa 21-26

poder de referência 21-26
poder legítimo 21-26

R

Retaliação. *Ver* Atitudes retaliatórias

S

Satisfação no trabalho 265-272
  escala de satisfação no trabalho
    (EST) 268-272
    aplicação, apuração e interpretação
      271
    construção e validação 268-269
    versão reduzida 270-271
Saúde organizacional 275-281
  escala de percepção de saúde
    organizacional (EPSaO)
    278-281
    aplicação, apuração e interpretação
      278-279
    construção e validação 278
Suporte no trabalho 283-292
  escala de percepção de suporte
    organizacional (EPSO)
    288-290, 292
    aplicação, apuração e interpretação
      289-290
    construção e validação 288-289
  escala de percepção de suporte social
    no trabalho (EPSST) 286-
    288, 291
    aplicação, apuração e interpretação
      287-288
    construção e validação 286-287

V

Valores do trabalho 295-305
  escala de valores relativos ao trabalho
    (EVT) 301-305
    aplicação, apuração e interpretação
      302-303
    construção e validação 301-302
  teorias 296-301
    modelo de David Super 297-298
    modelo de Elizur 298-300
    modelo de Ros, Schwartz e Surkiss
      300-301
Valores organizacionais 309-339
  instrumentos brasileiros 316-322
    escala de valores organizacionais
      (EVO) 316-318, 323-325
      aplicação, apuração e
        interpretação 317-318
      construção e validação 316-317
    inventário de perfis de valores
      organizacionais (IPVO)
      320-322, 329-339
      aplicação, apuração e
        interpretação 322, 329-339
      construção e validação 320-321
    inventário de valores organizacionais
      (IVO) 318-320, 326-328
      aplicação, apuração e interpre-
        tação 319-320
      construção e validação 318-319
  teoria 310-315
    conceito 310-312
    estratégias de identificação 312-313
    modelos teóricos 314-315
    origem 310